普通高等教育"十三五"规划教材

创新系列·经济学

金融学（第2版）

Financial Economics, Second Edition

◆主编 贾冀南 赵 莉 ◆副主编 周群立 顾 瑶

電子工業出版社
Publishing House of Electronics Industry
北京·BEIJING

内 容 简 介

本书按从理论到实践、从国内至国际的逻辑关系安排课程体系，系统而全面，循序渐进。基本体系是：货币与货币制度、信用与利率、金融体系的构成、商业银行与中央银行的形成及基本业务、金融市场及其构成、国际金融理论、货币供求理论、货币政策、金融抑制与金融创新、金融与经济发展等诸多方面。

本书以货币金融知识为主，重点突出案例教学，每章内容后配备 1～3 个案例，案例的设计尽量贴近社会实际，并附有简要提示。全书内容力图反映货币金融领域的最新动态，并根据形势的发展及时更新了有关的数据资料。每章后配有习题，并为教师提供习题答案与电子课件，读者可登陆华信教育资源网免费注册下载。

本书可作为高等学校经济和管理类专业的教科书，也可作为其他相关专业和从事金融领域工作人员的参考、培训用书。

图书在版编目（CIP）数据

金融学/贾冀南，赵莉主编．—2 版．—北京：电子工业出版社，2016.6
（华信经管创新系列）

ISBN 978-7-121-29020-6

I．①金… II．①贾… ②赵… III．①金融学－高等学校－教材 IV．①F830

中国版本图书馆 CIP 数据核字（2016）第 128747 号

策划编辑：王志宇
责任编辑：王志宇
印　　刷：北京虎彩文化传播有限公司
装　　订：北京虎彩文化传播有限公司
出版发行：电子工业出版社
　　　　　北京市海淀区万寿路 173 信箱　　邮编：100036
开　　本：787×1 092　1/16　印张：21.5　字数：537 千字
版　　次：2011 年 8 月第 1 版
　　　　　2016 年 6 月第 2 版
印　　次：2022 年 8 月第 4 次印刷
定　　价：45.00 元

凡所购买电子工业出版社图书有缺损问题，请向购买书店调换。若书店售缺，请与本社发行部联系，联系及邮购电话：(010)88254888，88258888。

质量投诉请发邮件至 zlts@phei.com.cn，盗版侵权举报请发邮件至 dbqq@phei.com.cn。

本书咨询联系方式：(010)88254523，wangzy@phei.com.cn。

序　言

FREWORD

金融学是从经济学中分化出来的应用型经济学科，是以融通货币和货币资金的经济活动为研究对象，具体研究个人、机构、政府如何获取、支出、管理资金以及其他金融资产的学科。金融学专业主要培养具有金融保险理论基础知识和掌握金融保险业务技术，能够运用经济学一般方法分析金融保险活动、处理金融保险业务，有一定综合判断和创新能力，能够在中央银行、商业银行、政策性银行、证券公司、人寿保险公司、财产保险公司、再保险公司、信托投资公司、金融租赁公司、金融资产公司、集团财务公司、投资基金公司及金融教育部门工作的高级专门人才。

金融学作为一门独立的学科，最早形成于西方，称为“货币银行学”。近代中国的金融学，是从西方介绍来的，有从古典经济学直到现代经济学的各派货币银行学说。20 世纪 50 年代末期以后，“货币信用学”的名称逐渐被广泛采用，但这时金融学并没有受到重视。自 20 世纪 70 年代末以来，中国的金融学建设进入了新阶段，一方面结合实际重新研究和阐明马克思主义的金融学说，另一方面扭转了完全排斥西方当代金融学的倾向，并展开了对它们的研究和评价；同时，随着经济生活中金融活动作用的日益增强，金融学科受到了广泛的重视，这就为以中国实际为背景的金融学创造了迅速发展的有利条件。

21 世纪是我国经济腾飞发展的时期，现代经济从某种意义上说可以称为金融经济。随着我国经济的不断发展与改革开放的不断深化，金融在经济发展中起着越来越重要的作用，金融也开始进入寻常百姓的生活之中。教育作为发展科学技术和培养人才的基础，在现代化建设中具有先导性和全面性的作用。为了提高全民族的素质，造就更多的优秀人才，大家有必要学习一点金融知识和投资理财知识，培养金融意识，以适应经济发展的需要。

河北工程大学的贾冀南教授在多年教学和科研的基础上，组织编撰了《金融学》一书。

该教材是为了适应新形势下高等院校财经与管理类专业的教学需要，通过对课程体系和内容进行全面充实和调整编写而成的。全书遵循货币与货币制度、信用与利率、金融机构体系、金融市场、国际金融、货币供求及均衡、通货膨胀、货币政策、金融创新的理论体系，共 16 章。书中系统、完整地反映了金融业发展的现实，使学生通过本教材的学习能够更清晰地了解金融活动和金融业的全貌。在内容安排方面，体现了金融发展的历史性和逻辑性的统一。同时，本书还充分吸收了国内和国际学术界相关的研究成果，力求及时反映经济金融的新变化和金融研究的新动向。

该教材的编写重在实用、新颖，在形式上突出了重点、难点、关键词、案例、习题等内容，可以说是形式多样、图文并茂。本书重在理论联系实际，虽说是理论方面的内容，但仍具有较强的实用性。愿本书的出版能给金融理论教育带来新的生机和活力。

本书适用于不同范围和不同层次的教学需要，既可作为金融专业本科生的教材，也可作为高等院校非金融类各财经、管理专业本科生的教材，还可以作为大专、成人教育、高等职业教育的教学用书，以及金融从业人员的学习资料和培训教材。

康书生
于河北大学

前言

PREFACE

2008年以来的金融海啸正在改变着当今世界经济格局，全球无一国家能独善其身，大多数国家已经发生经济衰退，少数国家直接导致财政破产。这场金融危机对金融教育提出了新的要求。金融学是一门来自生活的科学。从银行存款到银行贷款，从物价上涨到利率调整，从基金股票到外汇期货，到处闪现着金融学原理的影子。广义的金融，包括与货币有关的一切经济活动。人活在世上每天都要与钱打交道，这注定了每个人每天都离不开金融学。在这样的背景下，我们试图编写一部适应市场经济新形势的金融学新教材。本书编写组的成员都是有着多年金融学教学经验的高校教师，结合自身的教学改革成果，经过努力探索和刻苦钻研，编写了这部《金融学》。

《金融学》第1版2011年8月出版，自发行以来4次重印，得到了广大师生和金融从业者的欢迎和肯定。由于当今世界经济形势复杂多变，金融领域的变革也日趋频繁。第1版教材的部分内容已经显得不能符合时代要求，所以，编写组决定对《金融学》第1版进行修订。通过课题组成员的努力，对第1版中的部分内容进行了补充和完善，包括：对大部分案例进行了更新，使其更加贴近当前的实际和便于更好地理解；补充了近年来在中国金融领域中出现的新事物诸如亚投行、存款保险制度等内容。这些变化使得《金融学》第2版的内容更加充实，富有现实性和新颖性，也使得读者能够更加容易地掌握和领悟当今金融领域的基本理论和发展趋势。

本书在编写的过程中，主要遵循以下原则：系统阐述基础理论；稳步进行案例教学；适时联系国际形势。为此，我们在借鉴同类教材优点的同时，力求有所突破。本教材有以下特点。

1. 注重概念表述的准确性与适当深度。近几年来的金融发展与创新，产生了许多新的金融工具、金融交易方式，相应地产生了许多新的词汇，学术界对这些词汇的解释颇多，我们力求合理和精确地表述这些概念，并进行相应的理论深度的阐述，以适合这一层次的人才培养的需要。

2. 坚持理论与实践相结合。本教材突出案例教学，每章内容后附有1～3个案例，并有简要提示供读者参考。案例的相关问题和提示使读者能够理论联系实际，更深层次地理解每章的内容。

3. 在注重自身体系完整性的同时，也考虑到与专业课的衔接，对交叉性的知识点阐述适度，为专业课留下了适当的空间。

4. 对新理论与新实践问题做了适当的介绍和分析。

5. 在借鉴金融学基本理论、基本原理的同时，广泛吸收和反映当今中外最新的研究成果，力求贴近中国实际。

本教材覆盖面广、内容新颖、难易适度、实用性强、案例丰富，能够满足应用型本科院校经济和管理类专业的教学需要，也可作为其他相关专业和从事金融领域工作人员的参考、培训用书。作为一学期授课任务，建议学时在40学时左右，学生需要一定的经济学基本理论知识，教材每章后配有习题和参考答案，并配有全书内容的电子课件供参考。

本书由贾冀南教授提出编写意图和编写大纲，在听取校内外专家学者意见后，对编写框架几次修改。全书编写工作安排及完稿后总纂主要由贾冀南教授负责，参加第2版编写的人员与分工是：赵莉(第1章)、周群立(第2章、第8章)、何湘宁(第3章、第6章)、崔志敏(第4章)、赵帅(第5章)、龚浩(第7章)、顾瑶(第9章、第11章)、汤荣敏(第10章)、贾冀南(第12章)、王敏(第13章)、徐运红(第14章)、刘艳华(第15章、第16章)。

编写过程中参考了国内外专家学者的著作和文献，参考文献附后，一些专家教授也对本书的编写提出了宝贵意见，在此一并表示感谢。

由于时间紧张和作者水平有限，本书内容难免有不够成熟之处，希望同行专家和广大读者多提建议，不吝赐教，您的建议和意见都会是我们前进的动力。

贾冀南

目 录

CONTENTS

第1章

货币与货币制度

本章学习要点

通过本章的学习，掌握马克思的货币起源理论、货币职能、货币制度的构成要素；理解货币形态的演变过程、货币制度的形式；了解中国古代及西方的货币起源理论、我国的货币制度。

本章学习重点与难点

重点是马克思的货币起源理论、货币的四大职能、货币制度的内容；难点是货币形态的演变过程、货币制度的发展形式。

本章基本概念

货币、价值形式、一般等价物、铸币、银行券、信用货币、价值尺度、流通手段、支付手段、储藏手段、世界货币、货币制度、有限法偿、无限法偿、格雷欣法则

1.1 货币的起源

在现实经济生活中，我们每天都在与货币打交道。那么，究竟什么是货币？货币的存在形式有哪些？货币的职能是什么？货币经历了一个怎样的演变过程？货币和经济之间到底存在着怎样的关系？这是本门学科必须首要解决的问题。

货币是普通而又神秘的。货币的历史悠远而复杂，其存在的形式也因时代和文化背景的不同而不同。货币是与财富、收入不同的概念，货币是一般等价物，货币对经济有着重要的影响。

1.1.1 货币的起源理论

研究货币的起源是正确理解货币本质的关键。人类社会在地球上已有百万余年的历史，货币却只不过是几千年以前才开始出现的事情。对于货币的起源，古今中外很多思想家、经济学家都看到了其与交换发展的联系。关于货币起源的理论有以下几种。

1．中国古代货币起源说

中国古代具有代表性的观点大体有两种。一种是先王制币说，认为货币是圣王先贤为解决民间交换困难而创造出来的，即先王选定某些难得的、贵重的物品作为货币。如中国的传说中，伏羲收集天下的铜铸成货币，黄帝把金铸成货币等。与这种观点相对的是司马迁的货币起源观点，司马迁认为货币是用来沟通产品交换的手段，即“为币之行，以通农商”，货币是为适应商品交换需要而自然产生的。随着农工商三业的交换和流通渠道的畅通，货币和货币流通应运而生，随之兴盛。

2．西方货币起源说

亚里士多德在描写了物物交换之后说：“一地的居民有所依赖于别处居民的货物，人们于是从别处输入本地所缺的货物，而抵偿这些收入，他们也得输出自己多余的产品，于是（作为中间媒介的）‘钱币’就应运而生了。”这种钱币是“中介货物”，是“某种本身既有用而又便于携带的货物”。

西方的货币起源说大体有三种，一种是创造发明说，认为货币是由国家或先哲创造出来的；另一种是便于交换说，认为货币是为了解决直接的物物交换的困难而产生的；第三种是保存财富说，认为货币是为保存财富而产生的。

3．马克思的货币起源理论

上述学说的提出者们对于物物交换的困难及向媒介交换的转化，引述过很多生动的事例并作了多方面的剖析，得到的结论是：货币只能是进入交换的多种商品中的一种。马克思对货币起源的论证，基本上也是沿着这条思路进行的，但却推进到了一个新的高度。即用最完整的劳动价值论揭示出推动这一进程的本质矛盾：那就是从社会分工和私有制揭示出劳动是社会劳动和私人劳动的矛盾统一体，进而揭示价值的实质及其表现的必然途径，然后通过价值形式的发展导出货币这一范畴出现在经济生活中的客观必然性。

货币的出现是与交换联系在一起的。货币是商品生产和商品交换长期发展的产物。商品是为了交换而生产的劳动产品，具有使用价值和价值两种属性，使用价值是商品的有用性，是商品的自然属性，它的表现形式就是商品的自然形式。价值是凝结在商品中的无差别的人类劳动，是商品的社会属性，是看不见摸不着的，只有通过与其他商品的交换才能证明其存在，并在其他商品上相对地表现出来。在商品交换中，用一种商品的使用价值表现另一种商品的价值，这种商品就成为另一种商品价值的表现形式。在交换不断发展的进程中，逐渐出现了作为其他一切商品价值的表现形式或者说作为其他一切商品等价物的商品，这种商品就是货币。

4．价值形式的发展与货币的产生

货币的产生与发展和商品交换是分不开的。商品交换的基础是价值的等价交换，但价值是看不见摸不着的，一种商品的价值只能通过交换才能表现出来，通过交换价值找到了看得见摸得着的外衣，这就是价值形式问题。价值形式的发展过程就是货币产生的过程。

在商品交换发展的过程中，价值形式经历了四个发展阶段，即简单的或偶然的价值形式、扩大的价值形式、一般价值形式和货币价值形式。

(1) 简单或偶然的价值形式

这是商品交换处于萌芽阶段的价值表现形式。商品交换最初是在原始公社之间发生的。原始部落都处于自给自足的自然经济，由于自然环境不同，生产条件不同，偶尔会发生互相交换余缺产品的行为。例如，内陆的原始人集团拿粮食同沿海的原始人集团交换食盐，平原地区的原始人集团拿牲畜同山区的原始人集团交换石刀、石斧。由于原始公社多余的产品不多，生产力低下，不会经常有剩余的东西用来交换，同时也还没有出现社会分工，所以，原始部落之间的这种商品交换只是偶然现象，一种商品的价值通过交换从另一种商品上表现出来，也只是偶然发生。这时的交换可以写成“A=B”，表示商品 A 很偶然的和商品 B 发生了一次交换。如：1 只绵羊=2 把石斧。

(2) 扩大的价值形式

随着社会分工的出现，共同生产逐渐被个人生产所代替；随着私有制的出现，公社与公社之间的交换，一步一步地被个人与个人之间的交换所替代。同时，由于劳动生产率的提高，自给以后可以用来交换的产品已较前增多。所以，交换日益发展成为经常的现象，交换的范围也扩大了。一种商品已经不是只能偶然地同另一种商品相交换，而是可以同多种商品相交换了。因此，商品的价值表现扩大了它的范围。一种物品的价值可以由许多种其他物品表现出来。这时的交换可以写成：

$$A=\begin{cases}B\\C\\D\\\vdots\end{cases}\quad \text{如 1 只绵羊}=\begin{cases}\text{2 把石斧}\\\text{50 斤小麦}\\\text{2 斤茶叶}\\\text{2 盎司黄金}\\\text{其他商品}\end{cases}$$

(3) 一般价值形式

物物交换有极大的局限性，必须是双方同时需要对方的商品，且要有足够的可用于交换的数量才可以，这使交换的发生非常困难。人们在交换中发现有一种商品在交换中出现的次数会非常多，因为它的使用价值是被广泛需要的，如果有了这种商品再去交换自己需要的商品就会很容易，这种商品就成为了一般等价物。这时，商品交换就分解成了两个步骤，即先用自己的产品换成一般等价物，再用一般等价物交换自己需要的产品，此为一般价值形式。可以写成“商品 A=一般等价物=商品 B”。如：

$$\left.\begin{matrix}\text{2 把石斧}\\\text{50 斤小麦}\\\text{2 斤茶叶}\\\text{2 盎司黄金}\\\text{其他商品}\end{matrix}\right\}=\text{1 只绵羊}=\begin{cases}\text{2 斤茶叶}\\\text{2 把石斧}\\\text{2 盎司黄金}\\\text{50 斤小麦}\\\text{其他商品}\end{cases}$$

(4) 货币价值形式

一般价值形式的出现，说明商品生产关系的日益确立，但那时的一般等价物是不固定的，不同地区、不同时间充当一般等价物的商品都不一样，一般等价物的不唯一性阻碍了商品交换的进一步发展和扩大，商品交换的发展需要一般等价物的统一，当一般等价物最后固定在贵金属金银上时，就出现了货币商品。以货币为媒介的商品交换称为商品流通。此阶段可写成“商品 A=货币=商品 B”。如：

$$\left.\begin{array}{l}\text{2 把石斧}\\ \text{50 斤小麦}\\ \text{2 斤茶叶}\\ \text{1 只绵羊}\\ \text{其他商品}\end{array}\right\}=\text{2 盎司黄金(货币)}=\left\{\begin{array}{l}\text{2 斤茶叶}\\ \text{2 把石斧}\\ \text{1 只绵羊}\\ \text{50 斤小麦}\\ \text{其他商品}\end{array}\right.$$

1.1.2 货币的发展

货币是固定充当一般等价物的特殊商品，它是商品交换发展到一定阶段和价值形式长期演变的产物，当所有商品的价值都由货币来表现时，货币就独占了价值形态的位置成为商品社会价值的天然代表。同时货币具有了流通性、普遍接受性、社会垄断性和排他性，这些为一般商品所不具有的基本特性，就是马克思的货币起源理论让我们看到的，商品的价值表现是“怎样从最简单的最不显眼的样子一直发展到炫目的货币形式”。

1. 币材的性质

币材是指充当货币的材料和物品，币材应具备以下一些必要条件。

(1) 价值的稳定性

价值的稳定性是货币的先决条件。历史上的普遍情况是，货币的实物形态本身也应具有内在的价值，如金银。然而，内在价值的要求也可能会发生变化。现代货币的实物形态(纸币和硬币)只是纯粹的价值象征，它们不再由贵金属铸造，但这种情形也只是近期才出现的。

(2) 数量上的有限性

与它的需求量相比较，货币的供给应处于短缺状态。这似乎与有效的交易媒介的基本条件相矛盾，但为了在支付中被接受，货币本身须具有价值或较为稀缺。正是由于其数量上的有限，货币才成为被人们持续性地追求的对象。

(3) 普遍接受性

普遍接受性是货币的基本特征，即货币必须为公众所普遍接受。原则上，可接受性是通过法律来强制执行和加以保证的，没有哪个社会成员会坚持使用其他支付形式。但如果人们对官方货币的价值失去信心，禁止他们拒收官方货币的行为也就没有足够的合法性。他们可能需要其他商品或币值更为稳定和更方便交易的货币作为支付手段。

(4) 供给富有弹性

货币必须能随着商品生产和交换的需要而有弹性的伸缩。货币能否满足此条件，关系到币值的稳定与否，这是货币能否发挥一般等价物作用的重要条件之一。若流通中的货币量超过了需求量，其价值就会下跌。这表明尽管货币作为交易媒介是价值的单位标准，但它本身仍是一种商品，其价值也会波动。

(5) 分割性

分割性是为适应交易所需。交易数额有大有小，货币应有分割的特性，如货币除有各种不同面值外，还有各种小额辅币。

(6) 易于保存与携带

易于保存与携带是保证货币被普遍接受的前提条件。易于保存即在保存过程中不会损失价值，无须支付费用；同时也要容易被携带和运输，即易于从一个地方携带到另一个地方，或从一个人转移到另一个人手中，才能保证公众愿意接受它。

2. 货币形态的演变和发展

不同的历史时期有不同的货币形式。从古至今，充当过货币的物品很多，货币的形态经历着由低级向高级的不断演变过程。在人类历史的早期，任何交易者认为重要的商品，如牛、羊、铜、铁、贝壳、羽毛、石头、谷物等都可以并确实被用做货币。但大多数社会都很快确定用贵金属，特别是黄金和白银作为货币。随着货币体系的演进，出现了以国家权力为支持的价值符号，如纸币、铸币、信用货币等。

(1) 实物货币

实物货币是货币最原始、最朴素的形式。它本身既作为商品，同时又作为货币在充当交换媒介。

曾经充当过交换媒介的那些特殊商品，如贝壳、兽皮、猎器、农具等都曾在不同时期充当过货币。最早的货币是用做装饰品的珠、玉、贝等，象征着祥瑞和驱恶避邪，人们乐于接受。在世界上许多地区，各种类型的贝壳都被用做货币。其中最为典型的是子安贝，它是一种生长在印度洋和太平洋海边的蜗牛贝壳，大约有 1 英寸长。大约在公元前 13 世纪，中国就有记载子安贝作为礼物使用。最早的中国硬币就是子安贝的青铜仿制品(公元前 5 世纪—公元前 3 世纪)。直至 19 世纪，子安贝都被正式作为印度交易单位中小额找零的形式来使用。由于用贝作为货币，具有坚固耐磨，便于携带和天然单位等特点，所以它的使用范围较广、流通时间较长。

在不同的社会里，有时牛也被作为货币。因为它具有货币的一些特征——便携性、耐用性及相对稀缺性。古罗马人相信，在采用硬币之前，他们的祖先曾经把牛作为货币。他们还认识到，单词“货币”(pecunia)就来源于单词“牛”(pecus)。在中世纪的爱尔兰及许多非洲民族，牛也是一种有限的货币形式。但对于那些零星的购买活动来说，一头牛的价值太高，很难分割成更小的单位，所以它不适合作为全能型货币。

此外，从中国到古罗马和埃塞俄比亚，另一种经常被用做货币的物质是盐。在世界许多国家，盐也很难获得，因此价值较高，自然就可把盐作为价值标准。

马可波罗是威尼斯的探险家，他记载了在中国 13 世纪后期的四川，盐作为低价值的货币，而黄金作为高价值的货币：80 桶盐等价于 1 根金条。

随着商品经济的发展人们逐渐发现这些实实在在的商品充当货币存在着体积笨重、不便分割、易腐烂变质等缺点，而金属在交换中具有同质性、可分性和易于保存等优点，于是出现了以金属充当币材的货币。

(2) 金属货币

①金属货币的初级阶段。充当货币的金属主要是金、银、铜，而铁作为货币的情况较少。这是因为铁的价值较低，用于交易过于笨重，而且易锈蚀，不便保存。古希腊斯巴达，公元前 6 世纪有使用铁钱的记载，中国五代十国之际出现铁钱，宋代四川专用铁钱，有些地方铁钱、铜钱并用，但流通范围有限。至于金、银、铜作为货币的先后顺序并非简单地、

严格地从贱金属向贵金属过渡。中国最早的货币金属是铜和金两种。商代的墓葬中曾出土有铜铸的贝。进入周代以后，中国一直是铜币流通的天下，直至20世纪30年代还有铜币的流通。黄金在商代的遗址中即有所发现。到战国时期，在古籍中已有很多用黄金论价、估价财富、馈赠、赏赐之类的记载，而其单位或“斤”或“镒”，已很确定。白银，在西汉的著述中已经出现，但直到宋代才逐渐成为主币，与铜币并行流通。在中国，白银的流通直到20世纪30年代才终止。西亚、中东、地中海沿岸等地，铜作为币材的时间在公元前1 000年—公元前800年。但在一些古文明较发达的国家，主要币材是白银，其出现也在公元前1 000年前后；金的出现或许更早，但与白银比，未占主要地位。中国境内出土的有波斯、拜占庭等地的金币、银币，银币的数量大大多于金币。公元13世纪以来，在西欧，金币逐渐增多，到18—19世纪已占据主要地位。到20世纪初，在世界主要的工业化国家中，币种已均由黄金垄断。

以黄金、白银作为货币，几乎是所有国家共同的历史。之所以如此，是因为这些金属有以下几个特点：币值稳定，便于携带；价值大，易于分割；不受场景、季节的影响，易于储藏；具有统一的价值衡量标准。但是，黄金等贵金属作为货币也有其局限性：贵金属的产量有限，难以满足不断增加的商品流通对货币的需求，且生产贵金属耗费的劳动量大；在流通中鉴别成色和称量麻烦；携带运输成本高等。所以，贵金属货币并非是最理想的货币。

②铸币。虽然货币最终固定在金银上，但金属货币最初仍是以条块形式流通的，这种做法给日益扩大的商品交换带来了诸多不便。随着商品生产和交换的发展，有些富裕的、有名望的商人在货币金属块上打上印记，标明重量和成色，以便于流通。当商品交换进一步发展并突破地方市场的范围后，对于金属块的重量、成色要求具有权威的证明。最具有权威的自然就是国家，所以，为了适应经济发展对货币的新的要求，国家便把金属块铸成一定的形状并打上面值，这样就出现了铸币。

所谓铸币，就是指由国家统一铸造，具有一定重量和成色，铸成一定形状并标明面值的金属货币。政府根据铸币所包含的实际价值标明铸币的面值，并以其信誉作担保。

中国最古老的金属铸币是铜铸币。有三种形制：一是“布”，是铲形农具的缩影。最早的布出现在西周、春秋；二是“刀”，是刀的缩影；三是铜贝，通常称之为“蚁鼻钱”。到战国中期，在秦国，圜钱大量流通。圜钱是铜铸的圆形铸币，有两类：一类是中有圆孔；另一类是中有方孔。有孔是为了可以串在一起以利于携带。圆形方孔的秦“半两”钱在中国铸币史上占有重要地位。在秦统一中国前后，正是这种形态的铜铸币，统一了中国的铸币流通。汉武帝时建立了“五铢”钱制度，钱面铸有“五铢”字样，说明重量。一铢等于1/24两。唐朝建国后，铸“开元通宝”钱，代替了五铢钱，这种形制一直延续到清代。

在中国，由于铜币流通了2 000多年，长期以来人们是把铜与货币等同起来。所以，如果一个人斤斤计较钱财，往往被讥讽为此人有铜臭气。

银元是西方贵金属铸币的典型形制。西方金银铸币出现很早。圆形、无孔、铸有统治者的头像是其一贯特点。但在中国，流通银元之前，从无金银铸币流通的记录，广泛流通银元是从鸦片战争之际开始的，其中流通最多的是墨西哥的鹰洋。由于流通方便，晚清之际也开始铸造自己的银元。最初是铸有龙的图案的“龙洋”，并在1910年将银元规定为国币。民间俗称的“袁大头”，是袁世凯在位时的北洋政府所铸的袁世凯头像银元；1927年国民党政府也曾将“国父”孙中山的头像铸在银元上。

最初的铸币都是足值货币，现在我们称它为代用足值货币。但是铸造重量轻、成色低的铸币，即劣质铸币，是古代货币流通中反复发生的事情。原因是铸币常出现重量和成色不断降低的现象：有些人常从铸币的边上削刮下一点金属，然后再使其进入流通；正常的磨损(随着铸币连续地使用，它必然会不断地磨损)；政府蓄意制造不足值的铸币，以此来搜刮财富。但这并不影响铸币的流通，因为它是建立在政府的信誉和强制力基础上的。

目前，黄金、白银等贵金属作为货币的属性主要表现在价值储藏方面。它们更多的是一般商品，发挥着一般商品的职能。但是，在那些经济、政治局势动荡，爆发战争的国家，这些贵金属仍然发挥着货币的一些功能。

(3)代用货币

代用货币的出现是商品交换日益扩大的结果。在贵金属货币流通时期，有专门经营货币的行业出现。它们替客户保管金银、鉴别成色、兑换铸币等。在替客户保管金银时，需向客户出示相应的保管凭条。这些保管凭条，最初只是作为客户取回其保管金银的一种书面证明。随着商品交易活动的日益频繁，交易规模的日益扩大，在现实商品交易中，为避免兑换程序上的烦琐，保存金银的客户不再先用保管凭条去取金银，而是直接用保管凭条进行商品劳务的购买与支付。于是保管凭条开始在市场上流通，取代金银发挥货币的各种职能。保管凭条就是典型的代用货币。

代用货币作为金属货币的替代物，其一般形态是纸制凭证，故亦称为纸币。代用货币解决了资金数量上的不足。如一些国家借助于国家权力，以黄金为准备金发行纸币，规定流通中的纸币按一定的比例兑换成黄金，比如，36 美元=1 盎司黄金等。这些以贵金属为基础发行的纸币都是代用货币。

所以，代用货币就是黄金等贵金属货币的替代品，代表黄金等贵金属发挥货币的职能。通常是由政府和银行发行，其本身价值低于货币价值，是一种不足值货币，但都有十足金银为保证。代用货币可分为兑现纸币和不兑现纸币：兑现纸币是可随时向发行的银行兑换铸币或金银条块的纸币，其效力与金属货币完全相同，且有携带便利，避免磨损和节省金属等优点；不兑现纸币是不能兑换金属铸币或金银条块的纸币，是流通中的货币符号。

(4)信用货币

信用货币是目前世界上几乎所有国家普遍采用的货币形态。当政府或当局开始发行没有黄金或任何商品支持的票据时，这些票据被称为“信用货币”。所以，信用货币只是政府通过银行向社会提供的信用流通工具。其本身价值远远低于其货币价值，而且不再代表任何贵金属，不能与金属货币兑换，实际上它只是一种货币价值符号。

货币形式发展到信用货币主要有两个原因。第一，商品货币尤其是贵金属货币的生产成本高昂，相对而言，纸币或铜币、镍币几乎无生产成本。第二，贵金属的数量不能被轻易地改变，而纸币的数量几乎可在一瞬间发生增减。

信用货币作为一般的交换媒介必须有两个条件：一是货币发行的立法保障；二是人们对此货币抱有信心。

信用货币的主要形态有以下几种。

①辅币。辅币多以贱金属铸造，本身所含的金属价值低于其货币价值，一般由政府独占发行，其功能主要承担小额或零星交易中的媒介手段。

②现钞。现钞一般由一国中央银行发行，其功能主要承担人们日常生活用品的购买手段。

③银行存款。存款是存款人对银行的债权，对银行来说，这种货币又是债务货币。银行存款种类很多，主要有活期存款、定期存款和储蓄存款。此外随着信用的发展，一些小额交易，如顾客对零售商的支付、职工的工资等，也广泛使用这类的货币。

④支票。现代银行的一项重要业务是给工商业者开立支票存款账户。银行给存款人一本有一定格式的纸片，称为支票，存款人正确地填写后，命令银行向持有人支付其指定金额，可用于支付货款、各种收费，履行对国家的财政义务，等等。在交易中用支票比用通货更为方便与安全。此外，用支票支付可提供交易记录，而用通货则不能。通常情况下，人们接受支票方式付款，但法律并不强制人们接受支票作为付款的工具。

(5)电子货币

随着电子计算机和电信技术的发展，支付系统目前已部分地实现了向电子货币系统的转换。由于电子货币根本看不到货币的影子，而只是存储于银行电子计算机中的数据，所以也称为超物货币。准确地说，电子货币是指电子计算机系统存储和处理的存款，是通过计算机网络系统，以电子信息传递形式实现支付功能的非现金货币。顾客在购物，享受服务或通过网络进行交易时，计算机自动将交易金额分别记入双方的银行账户。它具有转移迅速、安全和节约费用的优点，是货币形式发展的新趋势。

人们大量地利用计算机网络来进行金融交易和货币支付活动，产生了各种各样的信用卡、储值卡、电子钱包等，与此同时，还可借助于上网的计算机、自助柜员机或用电话操作来对货币存储额进行补充。信用卡不是货币，但是它代表的延期货币支付行为紧随交易之后。储值卡或“智能卡”代表了新一代的塑制卡，且现在越来越普及。它们都是内置芯片的塑制卡，并按电子货币单位收费。利用电子支付系统，持卡人可直接在商店中进行支付，而无须考虑开立账户的银行地理位置。

1.2 货币的职能

货币的职能是货币本质的具体体现。关于货币的职能问题，经济学家有不同的表述方法。中国的经济学家通常根据马克思的货币理论，将货币的职能描述为价值尺度、流通手段、储藏手段、支付手段和世界货币。西方经济学家从货币银行学的角度，认为货币被用做交换媒介、计价单位、价值储藏和延期支付标准。

1.2.1 马克思关于货币职能的论述

马克思的货币理论认为，货币在与商品的交换发展过程中，逐渐形成了价值尺度、流通手段、储藏手段、支付手段和世界货币五种职能。其中价值尺度和流通手段是货币的最基本职能。

1. 价值尺度

货币的价值尺度职能，是指货币能够表现和测量商品的价值。这是货币的首要职能。

货币在表现和衡量其他一切商品价值时，执行价值尺度职能。货币能够充当价值尺度职能是因为货币同样具有价值，是人类劳动的凝结，同普通商品可以进行量的比较。商品作为价值实体可以通过货币来比较计算自身的价值。

价值的货币表现就是价格，价格的倒数是货币购买力，价格水平越高，单位货币的货币购买力越低。这里的价格指全部社会产品的价格而不是某种商品的价格，总体价格水平的波动幅度即通货膨胀率，货币购买力的波动幅度与通货膨胀率的波动幅度成反比。

货币在执行价值尺度职能时具有两个特点。

(1)必须是十足价值的货币

因为货币只有本身具有价值，它才能表现其他商品的价值和衡量其他商品价值量的大小。

(2)货币执行价值尺度并不需要现实的货币

商品生产者在给商品规定价格时只要是想象中的或观念上的货币就可以了。因为货币只是发挥其计量标准的作用，商品生产者给予商品价值以价格形式时并没有将商品转化为货币，而是为了用货币来衡量商品的价值，并以此作为交换的依据。商店里的商品只要被贴上一个标明货币数量的标签就可以了，并不需要在商品旁边放上相应的货币。

2. 流通手段

货币的流通手段职能，是指货币在商品交换中充当交换的媒介。

货币在执行流通手段职能时的特点有以下两点。

(1)必须是现实的货币

因为必须用现实的货币进行交换，才能实现商品的价值。由该特点引出马克思的货币必要量公式，货币用做商品交换的媒介，所以货币量等于商品价格总额。由于货币可多次媒介，所以商品价格总额是货币量的倍数，所以：

$$M=\frac{\sum PQ}{V}$$

式中：M 为货币需求量；P 为物价水平；Q 为商品数量；V 为货币流通速度。

(2)可以是不足值的货币

流通手段起的是媒介作用，是个转瞬即逝的过程，完全可以用不足值的或没有价值的符号代替。因此仅代表货币符号的纸币可以充当流通手段。

在行使流通手段职能时，货币的作用具有两重性。一方面它克服了物物交换的困难，促进商品流通与市场的扩大。在货币作为流通手段的条件下，买与卖的过程分开了，货币作为一般等价物成为人们普遍乐于接受的媒介，从而使交易过程变得顺利，交易费用也大为降低。另一方面将交换过程分离为买和卖两个环节，出现了买卖脱节、供求失衡的可能性。由于买和卖在时间上、空间上以及需求上都有可能发生不一致，会使一部分商品卖不出去，包含着发生危机的可能性。只是这种可能性在简单的商品经济中难以成为现实，但在现代生产关系下是容易发生的。

价值尺度和流通手段是货币的两个最基本的职能，商品要求把自己的价值表现出来，需要用一个共同的一般的尺度表现并交换。商品需要等价交换，所以需要一个被社会公众所公认的交换媒介。这两个最基本的要求由一种商品表现出来时就是货币。

3. 储藏手段

货币退出流通领域后，被人们保存、收藏起来，成为储蓄的货币，执行储藏手段职能。

朴素的货币储藏的典型形式是金银窖藏。随着资本主义生产方式的出现，储藏的形式发生了变化，采取流通手段准备金、支付手段准备金和世界货币准备金，实现货币储藏。

人们之所以愿意储藏货币，是因为货币是一般财富的代表，储藏货币等于储藏社会财富。货币具有与一切商品直接相交换的能力，可随时购买商品。问题是没有任何实际价值的纸币是否可以执行储藏职能，应该说在币值稳定的条件下是可以的。人们储藏货币不外乎四个方面的目的：储藏财富，为购买或支付做准备，为投资积累资本，为预防不测之需或其他目的。

货币在执行价值储藏职能时，必须是现实的、足值的货币，要较好地发挥价值储藏功能，其本身的价值必须稳定。在金属货币流通条件下，因金银本身价值不易遭贬损，所以有较好的保值功能，而在现代纸币流通情况下，物价与币值的稳定则成为货币发挥价值储藏职能的关键，如通货膨胀、物价不稳、货币不断贬值，货币便丧失了价值储藏手段的职能，人们只能选择其他形式的资产来作为保值工具。

货币储藏手段职能在不同的货币制度下的作用不同，在金属货币制度下，金属货币价值储藏起着蓄水池作用，可自发调节货币流通量，在信用货币制度下，形成部分储蓄，影响即期购买力。

4. 支付手段

当货币用于单方面的支付或偿还债务时，执行支付手段职能。货币支付手段职能特点是没有商品劳务同时同地与之做相向运动，是在信用交易中补充交换过程的独立环节。

货币的支付手段最早起源于赊买赊卖的商品交换，即起源于商业信用。在现实的经济活动中，除了商品交易过程中需要货币充当媒介外，货币还可为信用交易活动与借贷活动充当延期支付的标准。当商品交易过程中出现先售货后付款的情况时，商品的出售者以赊销形式向购买者提供了信用，而购买者则按约定日期向出售者支付货币，这就是延期支付。货币的支付手段还扩展到商品流通以外的各个领域，如纯粹的货币借贷、财政收支信贷、收支工资和其他劳务收支等，它使货币收支在时间上、数量上不一致，进而改变了一定时期的货币流通量。

货币的支付手段的作用具有两面性：其积极的一面表现为，能使收支抵销，节约流通费用，通过非现金结算加速资金周转，促进资金集中与有效利用；其消极的一面表现为使买卖环节进一步脱节，加大供求失衡的可能性，形成经济主体的债务链条，出现债务危机的可能性，出现财政超分配和信用膨胀的可能性。

5. 世界货币

货币在国际市场上发挥一般等价物的作用时，执行世界货币职能。作为世界货币必须具有内在的价值，如黄金。其主要内容为，作为国际间的支付手段，用来支付国际收支差额；作为国际的一般购买手段，一国单方面购买另一国商品，货币商品直接同另一国的一般商品相交换；社会财富的转移，如资本转移、对外援助或战争赔款等，货币作为转移手段发挥作用。

1.2.2 西方经济学家关于货币职能的表述

从经济学含义来看，货币最好应理解为满足独立而又相关的四个方面的职能，即交换媒介、计价单位、价值储藏、延期支付标准。任何具有其中全部或部分职能的事物，即使不可能用于储备，理论上它仍可称为货币。

1. 交换媒介

交换媒介或交易媒介，是交换商品和劳务、偿付债务、交换资产(如普通股)时被普遍接受的支付手段。货币必须具有交换媒介的职能。货币的该职能在于它是一种特定的物质，并能在支付过程中被交易双方在给予和收受时普遍接受。在买卖交易中，货币被作为交换工具而提供，这种工具(货币计量单位)正是硬币和后来的纸币等实物形式，硬币和纸币本身也相应成为产品和服务的交换品。

2. 计价单位(价值尺度)

计价单位是指衡量价格与价值的尺度及比较它们的标尺。在计量产品服务的成本，以及债务与合同中出现支付活动时，货币必须充当一般计价标准。这使得人们能够确定毫不相关的商品的相对价值，如衣服和飞机票，其价值可用第三者的单位价值来表示(有时又被称为“计量单位”，它充当了货币的功效)。

3. 价值储藏

价值储藏是未来购买力的蓄水池，是指货币既是暂时性又是永久性的储存购买力的手段。无论是实物还是银行账户形态的货币，都提供了一种持有财富的有效方法，这种当时并不需要的财富，可以用来购买将来的产品和服务。为了满足此职能，实物形态的货币应耐用，这也正是历史上把金属作为优先选择的货币的原因。

4. 延期支付标准

在物物交换的条件下，缺乏一种为人们所能共同接受的价值标准，作为衡量长期性交易契约和借贷契约的基础，而货币的出现为此提供了计价单位，以便在未来的特定时期，当前的债务能以合理的数额偿还。在特定时期内若出现延期支付，贷款人就会向借款人收取一定的费用。这笔费用称为利息，它通常以贷款总额的百分比来计算。利息率代表了一定时期内的借款成本。因此，货币的使用促进了信用制度的借贷关系的发展，成为现代货币信用经济发展的基石。

在货币的历史上，这四种职能并不必然要求全部具备。例如，在古代埃及和美索不达米亚文明(公元前 2 500—公元前 400 年)中，货币是作为计量单位和延期支付标准而闻名的，而其流通中的交换媒介和普遍接受的价值储藏的职能却并不普遍。

1.3 货币制度

1.3.1 货币制度的含义及形成

货币制度，简称“币制”，是国家以法律形式及相应的章程条例规定的货币流通的结构和组织形式。建立统一的货币制度，有利于本国货币流通的正常与稳定。

货币制度分为金属货币制度和信用货币制度，是伴随着国家统一货币铸造而产生的。

在前资本主义世界，各国先后出现了铸币。公元前 7 世纪，在土耳其小亚细亚利迪亚(Lidya)地区出现西方世界第一枚硬币，后传入希腊和波斯。但由于当时自然经济状况和诸侯割据的形势，货币的发行权分散，各种货币的适用区域狭小，铸币种类繁多，成色重量下降，货币流通十分混乱。这种分散混乱的货币体系不利于正确计算成本价格和利润，不利于建立广泛而稳定的信用关系，不利于商品流通的扩展以及大市场的形成，阻碍了资本主义经济的发展。为了扫清资本主义经济发展中的障碍，创造有秩序的、稳定的货币流通体系，各个国家先后颁布法令和条例，对货币流通做出各种规定，从而形成了相对统一的、稳定的货币制度。显然，货币制度是人们在充分认识商品货币关系的基础上，由国家制定，并主要通过国家法律强制保障实施的，它体现了国家在不同程度上，从不同角度对货币所进行的控制。

1.3.2 货币制度的构成要素

货币制度也是货币本位制，它包括四个要素：货币金属，货币单位，各种通货铸造、发行和流通程序，货币发行准备制度。

1. 货币金属

这是货币制度的基础，规定用哪一种金属作为货币材料，不同的货币金属就构成了不同的货币制度。如用金、银或金银并用，就分别称为金本位制、银本位制、金银复本位制。国家不能滥用权力、随心所欲地指定一种金属作为货币材料，而是根据客观经济发展的条件，确定适宜的货币金属。

2. 货币单位

货币单位，又称价格标准。确定货币单位就是规定货币单位的名称及其所含的货币金属的重量。如英国的货币单位定名为英镑，1816 年 5 月的金币本位法案规定 1 英镑合成色 11/12 的黄金 123.274 47 格令，合 7.97 克，即纯金 113.001 6 格令。美国的货币单位定名为"元"，按 1934 年 1 月的法令，1 美元含金量规定为 13.714 格令，合 0.888 671 克。中国 1914 年的《国币条例》规定，货币单位为"圆"，1 圆含纯银 0.648 两，合 23.977 克。

3. 各种通货的铸造、发行和流通程序

通货是指流通中的货币，包括金属货币、纸币、各种信用货币，如银行券、支票、商业票据等。

金属货币分为主位币和辅币。主位币又称主币，是按照国家规定的货币金属和货币单位而铸造的货币，是国家作为价格标准的基本通货，如美元(US. Dollar)、马克(Mark)、法郎(Franc)、比索(Peso)等。本位币是一种足值铸币，即以名义价值和实际价值相一致为基本特征。主币有以下规定。

①主币可以自由铸造。每个公民有权请求政府免费（如英美）或低费（沙俄收 2‰，旧中国收 6‰）代铸，这样可以防止主币金属材料的市场价格波动，自发调节流通中的货币量。

②规定铸币的磨损公差。为避免重量不足的铸币自由流通而导致主币贬值，在货币制度中要规定每枚铸币的法定重量与磨损以后的实际重量的差别。如英国 1870 年的铸币条例规定，1 金币的标准重量是 123.274 47 格令，磨损后的铸币重量不得低于 122.5 格令。

③本位币具有无限的法定支付能力，即无限法偿。法律上赋予主币流通的权力，不论

支付金额有多大，受款人不得拒绝接受，对方无权要求改用他种货币。在使用上，本位币是最后的支付工具。

辅币是主币单位以下的小额货币，专供零星交易和找零使用。如美国的辅币为分，1 美元=100 分。1972 年以前，英国的辅币是先令、便士、法新，1 英镑=20 先令，1 先令=12 便士，1 便士=4 法新。辅币的主要特征有以下两点。

①辅币是用贱金属，如铜、镍、银等铸造的不足值的铸币，其名义价值高于实际价值。辅币不能自由铸造，统一由国库的金属铸造，铸币收入归国家所有。辅币可以按固定的比例与主币自由兑换，以保证它可以按名义价值流通。

②辅币的支付能力是有限的，即有限法偿，当支付的金额超过一定限额时，对方有权拒绝接受。如美国银币 10 分每次支付限额为 10 元，铜镍币为 25 分。不过在向国家纳税或向银行兑换时，可不受此限制。

4．货币发行准备制度

为了稳定货币，各国货币制度中都包含有发行准备制度的内容。在金属货币流通时期，国家利用金准备扩大或收缩金属货币的流通，以保证国内货币流通的稳定，同时作为国际支付的准备金和支付存款及兑换银行券的准备金。在当前世界各国不兑换的信用货币流通条件下，金准备不再作为国内金属货币的准备金以及支付存款和兑付银行券的准备金，只作为国际支付的准备金。尽管目前各国中央银行发行的信用货币不再兑换黄金，但许多国家仍然保留着发行准备制度，规定银行发行货币要有十足的准备金。如日本规定，日本银行发行货币时要有同等的资产作为保证，可充当保证的资产有公债、未到期的商业票据、外汇、金银等。瑞士规定瑞士国家银行在发行货币时至少要有黄金准备，而且要存在国外，其余准备可以用短期公债、国库券及商业票据等。

1.3.3　货币制度的演变

货币制度在发展过程中曾先后经历了银本位制、金银复本位制、金本位制和现行的纸币本位制。金本位制又可分为金币本位制、金块本位制和金汇兑本位制三种。它们之间的关系如图 1-1 所示。

- 货币制度
  - 金属本位制
    - 银本位制
      - 银两本位制（银块本位制）
      - 银币本位制
    - 金银复本位制
      - 平行本位制
      - 双本位制
      - 跛行本位制
    - 金本位制
      - 金币本位制
      - 金块本位制
      - 金汇兑本位制
  - 信用货币制度（纸币本位币）

图 1-1　历史上的货币制度

1．银本位制

银本位制是以白银为本位币的一种货币制度，其历史最为久远，在币制萌芽的中世纪为许多国家所采用。16 世纪，由于在美洲等地相继发现了丰富的银矿，白银生产技术的日益提高，使世界白银的产量猛增，为许多国家实行银本位制创造了条件。最早实行银本位制的国家有西班牙、墨西哥、秘鲁、日本、中国、印度等国，后来西欧各国也都相继采用了银本位制。我国也是最早以白银为货币的国家，公元前 119 年，西汉武帝时期便开始铸造银币，但由国家法律确认为一种货币制度是在公元 1910 年，即清宣统二年，该年四月清政府颁布了《币制条例》正式确定我国实行银本位制。

银本位制的特征是：银币可以自由铸造，持有白银者有申请铸币的权利，辅币和其他各种货币可以自由兑换成银币，具有无限法偿能力的银币与具有有限法偿能力的货币符号同时流通，白银可以自由输出输入国境。随着商品经济的发展，白银已不便于大宗的交易，加上白银产量逐年增加，白银价值猛烈跌落，必须以币值更高的贵金属充当本位币。19 世纪 40 年代，在加利福尼亚、南非、澳大利亚等地相继发现了富金矿，黄金产量大幅度增长，黄金取代白银为主币的物质条件逐步成熟。

2. 金银复本位制

金银复本位制是金银两种金属同时被法律确定为金属本位币，金银皆可自由铸造，自由输出输入，同为无限清偿的货币本位制。

金银复本位制的三种形式如下。

(1) 平行本位制

平行本位制指两种货币按各自所含金属的实际价值流通的本位制。1663 年，英国发行“基尼”金币与原来的银币“先令”同时并用，两种通货间的兑换比率完全随市场比价变动而变动。

在实行平行本位制的条件下，市场上每一种商品都必然有两种价格表现形式：一种是金币价格；另一种是银币价格。由于金银市价不断变动，金银铸币的兑换比率也不断变动，用金银两种铸币表示的商品的两种价格对比关系也随市场金银比价的变化而变化。这就使货币价值尺度功能的发挥受到影响，对商品价值的衡量缺乏统一的标准。因此，平行本位制是一种不稳定的货币制度。这种不稳定的根源在于：货币具有的排他性、独占性的本性不容许金、银同时执行价值尺度的职能。

(2) 双本位制

双本位制指国家用法律形式规定金银之间的比价，金银按法定比价流通的本位制。这种币制下的金银比价试图割断与市场比价的联系，以法定的金银比价为特征，它是复本位制的主要形式。1803 年，法国规定金银法定比价为 118.5，美国的 1792 年货币条例规定，金银法定比价为 115。

在双本位制下，金币和银币是按照法律规定的比价来流通的，这就克服了平行本位制下那种混乱的局面。但在双本位制下，当市场上金、银的比价发生变化时，会引起金币或银币的实际价值与名义价值背离。这时，实际价值高于名义价值的货币(良币)就会被人熔化，退出流通领域，而实际价值低于名义价值的货币(劣币)则会充斥市场，这就是“劣币驱逐良币”规律。即在金属货币流通条件下，如果在同一地区同时流通两种货币，则价值相对低的劣币会把价值相对高的良币排挤出流通领域。“劣币驱逐良币”规律是英国理财家格雷欣首先论及的，所以又称“格雷欣法则”(Gresham's Law)。例如，当金银的法定比价是 1:15 时，如果由于采银技术进步或其他原因使银价跌落，市场金银比价变为 1:16，这时，倘若把金币熔化为金块，把金块在市场上按市价换成白银，再把白银铸成银币，并把银币按法定比价换为金币，如此循环一周，就可得到 1 份银的利润。这种情形发展的结果是金币敛迹，而银币充斥市场；反之，亦同。

因此，在双本位制下，虽然法律规定金银两种铸币可以同时流通，但实际上，在某一时期市场上主要只有一种金属铸币流通。银贱则银币充斥市场，金贱则金币充斥市场。马克思说，凡有两种商品依法充当价值尺度的地方，事实上总是只有一种保持着这种地位。价值尺度的二重化是同价值尺度的职能相矛盾的。

(3)跛行本位制

跛行本位制在由金银复本位制向金本位制过渡时期出现。它和双本位制的区别仅在于，金币可以自由铸造而银币则不能自由铸造。由于银币限制铸造，银币的币值实际上不再取决于其本身的金属价值，而取决于银币与金币的法定兑换比率。因此，跛行本位制下的银币实际上已演化为金币的符号，起着辅币的作用。之所以实行跛行本位制，是因为实行双本位制的国家在劣币驱逐良币的情况下，不得不将劣币的铸造权收归国有，以保持流通中金币和银币的法定比价。19 世纪末世界白银过剩，银价暴跌，金银币比价日益脱离市场比价，复本位制日趋没落，这些国家或者是由于流通中的银币一时难以收回，改铸费用太大，或者是缺乏黄金，于是只好用跛行本位制来维持复本位制的残局。

随着经济的发展，金银复本位制的不稳定性造成商品价格的起伏不定和货币流通的动荡，这对迅速发展的资本主义经济起着阻碍作用，因而客观上要求建立一种稳定的货币制度。

3. 金本位制

在金本位制度下，一国的基本货币单位与一定成色及重量的黄金维持固定关系。金本位制按基本货币单位与黄金的联系程度又可分为金币本位制、金块本位制和金汇兑本位制。

(1)金币本位制

金币本位制是典型的金本位制。它的主要内容是：以一定数量与成色的金币作为本位货币，金币具有无限法偿能力；金币可以自由铸造、自由熔化；黄金可以自由输出输入；辅币和银行券可以自由兑换成金币。

金币本位制具有自由铸造、自由兑换和自由输出输入三个特征，其落脚点在于稳定币值。金币的自由铸造和熔化是为了保证金币的价值和黄金一致，可以自发地调节流通中的货币量；黄金的自由输出输入，可保持国内外黄金价格维持同一水平，从而保证外汇行市的相对稳定和国际金融市场的统一；银行券和辅币同金币之间的自由兑换，可维持这些货币之间按照法定比价流通。

英国是最早实行金币本位制的国家，于 1816 年宣布，从 1819 年实施。其后，19 世纪 70 年代，先后有德国、丹麦、瑞典、挪威、法国等欧洲工业国家由金银复本位制过渡到金本位制。19 世纪末，美国和其他资本主义国家开始实行金本位制，至 20 世纪初，世界各国都已广泛实行金币本位制。

金币本位制是相对稳定的货币制度，对资本主义经济的发展起了积极作用。人们把金币本位制下的金币流通称为“货币的黄金时代”。第一次世界大战结束后，各资本主义国家曾企图恢复金币本位制，但由于黄金供应不足和分配不均等问题，传统的金本位制很难恢复。于是，除美国继续实行金币本位制外，英、法两国开始实行金块本位制，其他资本主义国家则逐步实行金汇兑本位制。

(2)金块本位制

金块本位制，又称生金本位制。在这种货币制度下，国内不铸造、不流通金币，黄金退居准备金地位，集中存储于政府，由国家发行代表一定重量和成色黄金的纸币来流通，而纸币不能自由兑换黄金，只能按规定的含金量在一定数额以上、一定用途内兑换金块。如 1925 年，英国的英格兰银行对所发行的银行券不负兑换金币的义务，但可向英格兰银行请求兑换金块，根据规定，每次兑换额以银行券 1 700 英镑（合纯金 400 盎司）为最低限；美国则规定不再享有兑换或保存金币、金块的权利；法国 1928 年规定兑换黄金的最低限额为 21 500 法郎。实行金块本位制的国家还有荷兰、比利时等。

实行金块本位制，可以节省黄金，但要维持金块本位制，必须以国际收支平衡或有大量的黄金以供对外支付之用为条件。在世界经济动荡的冲击下，金块本位制延续时间并不长，英国从 1925 年 5 月率先推行，1931 年就首先放弃，以后法国、比利时、荷兰、瑞士等国相继放弃了金块本位制。

(3)金汇兑本位制

金汇兑本位制，又称虚金本位制。在这种货币制度下，货币单位仍规定有含金量，但国内不流通金币，以国家发行的银行券当做本位币流通。银行券不能直接在国内兑换黄金。中央银行在另一个实行金币本位制或金块本位制国家存储黄金和外汇，并规定本国货币与该国货币的兑换比率。居民可按这一比率用本国银行券兑换该国货币，再向该国兑换黄金。

实行金汇兑本位制的国家，通过无限制在国内买卖外汇，以维护本国币值的稳定。由于实行金汇兑本位制国家的货币与实行金币或金块本位制国家的货币相联系，所以其货币与黄金的联系是间接的。

金汇兑本位制最早于 1877 年在荷兰的殖民地爪哇采用，后来，印度、菲律宾、马来西亚、泰国、墨西哥、巴拿马等国也相继采用，通常适用于殖民地、半殖民地国家。第一次世界大战后，德国为整顿币制于 1924 年实行金汇兑本位制，意大利等 30 多个国家也随即实行，把本国货币与英镑、美元等挂钩，保持固定比价，并用借来的贷款作为外汇基金。1931 年，德国放弃了金汇兑本位制，同年 9 月英国放弃金块本位制，1934 年 4 月美国放弃金本位制，一系列与英镑和美元相联系的国家和地区也相继放弃了金汇兑本位制。

金块本位制和金汇兑本位制是不稳定的货币制度，表现在以下几个方面：一是国内均没有黄金流通，由于黄金失去了流通手段的职能，从而也就不能自发地调节流通中的货币量。二是银行券与黄金的自由兑换均受到限制，因而削弱了金币本位制所具有的相对稳定性。三是实行金汇兑本位制的国家，一方面，其货币依附于他国，一旦所依附国家的币值变动或不履行义务，实行金汇兑本位制国家的币值就会随之变动，且本国货币依附于他国，必然在政治上、经济上受制于人。另一方面，若金汇兑本位制国家大量提取外汇储备兑换黄金，则实行金币或金块本位制国家的通货稳定也必然受到威胁。

在整个金本位主导的时代，黄金实物本身（黄金的价值、银行金库的地理位置和黄金货币的流通量）对于世界经济的运行仍然很关键。这一情况结束于 20 世纪 30 年代，由金本位维持的经济平衡经常面临着非常大的社会压力。从一国输出黄金后，该国价格水平下跌，这将导致高失业率和经济萧条。20 世纪 30 年代的世界性大萧条是 1929 年华尔街崩溃的结果，同时此次大萧条还暴露了金本位的缺陷。1931 年，全球经济的衰退引发了伦敦黄金的挤兑狂潮，这说明人们只想持有黄金这种安全货币离开英国，但在伦敦并没有足够的黄金来满足需求，英格兰银行停止了黄金兑换业务，不得不放弃金本位。到了 1936 年，全部西方国家的货币都放弃了金本位。到 1973 年，以美元为中心的国际货币体系即布雷顿森林体系彻底崩溃，金本位制全面瓦解。

4．信用货币制度

信用货币制度又称纸币制度，是货币制度的高级形式，它使用国家的强制手段，以本身没有价值的纸币代替金银执行货币职能。在流通中，以真实货币代表出现的货币符号通常有纸币与银行券两种，它们同是本身没有内在价值的纸制货币符号。

(1) 纸币

纸币是由国家强制发行的不兑换的纸制货币符号。

纸币的流通取决于两个条件：一是中央集权制国家的政权干预，因为只有国家发行的纸币才具有权威性，只能由国家赋予纸币以强制使用的权力；二是民族市场的形成和发展，民族市场提供了吸收大量纸币的场所，使纸币能够被广泛使用。我国北宋的“交子”，出现在公元 995 年，是世界上最早的纸币。

纸币的实质主要有以下几方面。

①纸币直接是金的符号，发行纸币是用来代替铸币的，纸币上标明的货币名称往往同铸币名称是一样的，代表一定的货币金属含量。所以纸币不能直接执行价值尺度职能，只能在代表铸币的情况下，才能间接执行价值尺度职能。

②纸币不能自发调节流通中的货币量，不具有储藏手段职能，因为纸币在流通中才有价值，一旦退出流通，就一文不值。

③纸币只在一国的强制力下使用，不能超出国界。所以，不具有世界货币职能。

④纸币不能兑换金银，因为发行纸币的目的，就是取代金属货币以弥补财政的亏空，所以，纸币是不允许兑换金银的。

(2) 银行券

银行券是银行发行的一种信用货币，即代替金属货币充当支付手段和流通手段的信用证券。

在商品生产和交换不断扩大的趋势下，市场对货币的需要量剧增，而金属货币的生产能力有限，难以满足供应，客观上要求流通中以信用货币代替金属货币，另外，商品流通促进了信用制度的发展。赊购、延期支付、清偿债务等方式，使买卖行为变成了信用关系。用于买卖双方的、标明金额的定期支付凭据，即为商业票据。银行券是在票据流通的基础上产生的，持有商业票据者需要把它转变为现款时，就要到银行贴现，以取得现款。银行券是用以代替商业票据的银行家票据，是不定期的，持票人可以随时到发行银行券的银行兑换黄金，银行本票经背书后可以流通，这是最初的银行券。

信用货币制度下，各国的主要货币是中央银行发行的纸币。它是国家强制流通的价值符号，具有无限法偿能力。纸币本身没有价值，不能兑换黄金，它的发行不以金、银为保证，而是依据经济发展的客观需要，通过信用程序进入流通领域。

信用货币制度有以下特点。

①流通中的货币都是信用货币。纸币的流通完全决定于纸币发行者的信用。如纸币发行者是中央银行，则决定于中央银行的信用。银行券是银行发行的，则决定于发行银行的信用。现实经济生活中的货币，都是银行对所有者的负债，体现着信用关系。

②流通中的货币都是通过信用程序投入流通的，即通过信用程序发行的，这与金属货币制度下货币通过自由铸造投入流通不同。它们既不能兑换黄金与白银，也不能规定纸币的金、银的含量。

③国家对货币流通的管理成为经济正常发展的必要条件。在纸币制度下，货币大多是通过银行放款程序投入流通的，货币的发行不以黄金作保证，而是取决于货币当局实现货币政策的需要。如果银行放款过多就会造成通货膨胀；如果放款过少，则会造成通货紧缺。因此，中央银行必须控制、调节货币供应量保持货币流通的稳定。

1.3.4 中国的货币制度

1. 古代的货币制度

我国使用货币已有几千年的历史。尽管我国是使用纸币和信用货币最早的国家，但我国古代的货币制度是不健全的。贵金属(如金、银)与贱金属(铜、铁)同时流通，金、银称量货币与金属铸币同时流通，纸币与金属货币同时流通。这些货币平行流通，没有主币与辅币之分，政府很少硬性规定它们之间的比价，铸造货币和发行纸币比较分散。这都是我国落后的商品经济所决定的。

2. 近代的货币制度

从鸦片战争到 1949 年中华人民共和国成立以前，我国近代货币制度是一种混乱的、落后的和不独立的货币制度。

在西方国家早已实行金本位制时，我国仍旧是落后的银本位制。后来外国银元大量涌入我国，如西班牙本洋、墨西哥鹰洋、日本龙洋等不胜枚举。清政府于清光绪十五年(1889 年)开始自铸银元，通称“龙洋”，但并未废除银两制度。直至 1933 年 4 月，国民党政府进行“废两改元”的币制改革，我国才开始统一的银铸币本位。1935 年 11 月，国民党政府被迫放弃银本位制，实行“法币改革”。至此，我国铸币流通宣告结束，开始实行不兑现的纸币本位制度。

法币改革不久，抗日战争爆发，接着又是三年解放战争，国民党政府实行通货膨胀政策，仅 1945 年 8 月—1948 年 8 月，法币发行量增加了 1 000 多倍，法币贬值几乎变成了废纸。其后又先后发行金圆券、银圆券。国民党政府时期的恶性通货膨胀，严重扰乱了货币流通秩序，对人民生活和经济发展造成无可挽回的巨大损失。

与国民党统治区货币制度并存的是中国共产党领导的革命根据地的货币制度。早在第一次国内革命战争时期，中国共产党领导下的农民协会就建立了一些银行或信用机构，并发行过货币。第二次国内革命战争时期，各苏区也发行过各种货币。抗日战争和解决战争时期，各根据地的银行先后发行了地区性货币。革命根据地的货币大多是银行券，由各根据地的银行垄断发行。当时的根据地和解放区被包围分割，因此，各根据地的发行也处于分散、不统一的状态，但它的形成和发展为新型货币制度的建立积累了经验。

3. 人民币制度

1948 年 12 月 1 日，中国人民银行在石家庄正式宣告成立，并开始发行人民币，人民币成为国家的本位货币。中国人民银行的成立和人民币的发行，标志着新中国货币制度的开端。1955 年 3 月 1 日起发行新人民币，规定以新币 1 元兑换旧币 1 万元，提高了人民币单位“元”所代表的价值量。

人民币制度从产生以来，伴随着我国经济和金融的不断发展而逐步趋于完善。概括其内容，主要包括以下几个方面。

①人民币主币的单位为“元”，辅币的单位为“角”和“分”；1 元分为 10 角，1 角分为 10 分。

②人民币没有含金量的规定，它属于不兑现的信用货币。人民币的发行保证是国家拥有的商品物资，黄金外汇储备主要是作为国际收支的准备金。

③人民币是我国唯一合法的货币，严禁伪造、变造和破坏国家货币。

④人民币的发行实行高度集中统一，中国人民银行是人民币唯一合法的发行机构并集中管理货币发行基金。

⑤人民币对外国货币的汇率，由国家外汇管理局统一制定，每日公布，一切外汇买卖和国际结算都据此执行。人民币汇率采用直接标价法。

这里特别需要指出的是，随着我国经济体制改革的不断深入和对外开放的进一步发展，我国的货币制度在一些方面还有待于进一步完善。随着祖国统一大业的逐步完成，香港、澳门已回归祖国，如何协调人民币与港币、澳元等货币的流通，建立与新时期的新要求相适应的货币制度，仍然是一个需要我们认真研究的课题。此外，随着我国市场经济体制的不断发展和完善，尤其是在加入世界贸易组织(WTO)之后，货币制度中有关金银、外汇的规定，也需要做出适当的调整。

小　结

1. 研究货币的起源是正确理解货币本质的关键。中国古代货币起源说大体有两种，一种是先王制币说，认为货币是圣王先贤为解决民间交换困难而创造出来的；另一种是司马迁的货币起源观点，司马迁认为货币是用来沟通产品交换的手段。西方的货币起源说大体有三种：一种是创造发明说，认为货币是由国家或先哲创造出来的；另一种是便于交换说，认为货币是为了解决直接的物物交换的困难而产生的；第三种是保存财富说，认为货币是为保存财富产生的。

2. 马克思的货币起源理论，是用最完整的劳动价值论揭示出货币产生的过程，即从社会分工和私有制揭示出劳动是社会劳动和私人劳动的矛盾统一体，进而揭示价值的实质及其表现的必然途径，然后通过价值形式的发展导出货币这一范畴出现在经济生活中的客观必然性。

3. 货币的产生与发展和商品交换是分不开的。商品交换的基础是价值的等价交换，但价值是看不见摸不着的，一种商品的价值只能通过交换才能表现出来，通过交换价值找到了看得见摸得着的外衣，这就是价值形式问题。价值形式的发展过程就是货币产生的过程。在商品交换发展的过程中，价值形式经历了四个发展阶段，即简单的或偶然的价值形式、扩大价值形式、一般价值形式和货币价值形式。

4. 从古至今，充当过货币的物品很多，货币的形态经历着由低级向高级的不断演变过程，经历了实物货币、金属货币、代用货币、信用货币、电子货币等几个阶段。

5. 马克思的货币理论认为，货币在与商品的交换发展过程中，逐渐形成了价值尺度、流通手段、储藏手段、支付手段和世界货币五种职能。其中价值尺度和流通手段是货币的最基本职能。西方经济学家认为货币具有四个方面的职能，即交换媒介、计价单位、价值储藏、延期支付标准。

6. 货币制度，简称“币制”，是国家以法律形式及相应的章程条例规定的货币流通的结构和组织形式。建立统一的货币制度，有利于本国货币流通的正常与稳定。货币制度分为金属货币制度和信用货币制度，是伴随着国家统一货币铸造而产生的。

7. 货币制度的构成要素包括货币金属，货币单位，各种通货铸造、发行和流通程序，货币发行准备制度。货币金属，就是规定用哪一种金属作为货币材料；货币单位，就是规定货币单位的名称及其所含的货币金属的重量；各种通货铸造、发行和流通程序，就是规定金属货币中主币和辅币的价值、偿付能力和铸造权及能否自由流通和兑换，信用货币的发行和管理权及流通程序；货币发行准备制度，是规定银行发行货币要有十足的准备金，如黄金、公债、商业票据、外汇、国库券等。

8. 货币制度在发展过程中曾先后经历了银本位制、金银复本位制、金本位制和现行的纸币本位制。金银复本位制又可分为平行本位制、双本位制、跛行本位制；金本位制又可分为金币本位制、金块本位制和金汇兑本位制三种。

9. 我国现行的货币制度是人民币制度，主要内容是：人民币主币的单位为“元”，辅币的单位为“角”和“分”；人民币属于不兑现的信用货币，发行保证是国家拥有的商品物资，黄金外汇储备主要是作为国际收支的准备金；人民币是我国唯一合法的货币，严禁伪造、变造和破坏国家货币；人民币的发行实行高度集中统一，中国人民银行是人民币唯一合法的发行机构并集中管理货币发行基金；人民币对外国货币的汇率，由国家外汇管理局统一制定，人民币汇率采用直接标价法。

思考题

1. 货币的起源理论有哪些？马克思的货币起源理论的内容是什么？
2. 简述价值形式的发展，即货币的产生过程。
3. 简述货币形式的演变过程。
4. 货币的职能有哪些？
5. 什么是货币制度？其构成要素是什么？
6. 货币制度的形式有几种？其演变过程如何？
7. 什么是格雷欣法则？
8. 简述我国的货币制度。

案例简介

案例[1-1] 天南海北话货币

许多东西都充当过货币的材料，从贝壳等实物到金银等贵金属再到纸币，以至目前出现的电子货币都被当做普遍接受的交换媒介。“在古代，据说曾以牲畜作为商业上的通用媒介。牲畜无疑是极不便的媒介，但我们却发现了，古代往往以牲畜头数作为交换的评价标准，亦即用牲畜交换各种物品。荷马曾说：迪奥米德的铠甲，仅值牛九头，而格罗卡斯的铠甲，却值100头牛。据说，阿比西尼亚以盐为商业变换的媒介；印度沿海某些地方，以某种贝壳为媒介；弗吉尼亚用烟草；纽芬兰用干鱼丁；其他若干国家则用兽皮或鞣皮。据我所闻，直到今日，苏格兰还有个乡村，用铁钉作媒介，购买麦酒和面包。”（亚当·斯密，《国富论》第一篇　第四章　论货币的起源及其效用）从这段描述可以看出，牲畜、贝壳、烟草和铁钉等实物都曾充当过货币。

17 世纪，在印度的许多地方，贝壳与“巴达姆”（badam，一种不能吃的波斯硬果）被民众广泛使用，与铜币争夺地盘。在印度和中国的许多地方，由于开采铜和铸造铜币的成本比开采白银和铸造银币，甚至比开采黄金和铸造金币的成本还要昂贵，因此当铜短缺时或铸币成本太高时，在最偏远的市场上，贝壳就取代了铜币。直到18世纪，贝壳作为货币在非洲的奴隶贸易中仍有很大的需求。同时，枪支、巴西烟草、亚麻布、法国白兰地和火药也被用于黑人奴隶交易。当时，购买一个奴隶的价格分别是100磅贝壳、12支枪、5包巴西烟草、25匹亚麻布、1桶（约40升）法国白兰地或15磅火药。与贝币同时使用的还有盐币。在中国明代，楚雄府就曾用人工加工好的盐块作为货币，一个盐块重2两。1936年，云南大学历史系教授方国瑜在倮黑山还见到以盐币交易的情况，这些盐币每块长宽1.5寸，厚4分，30块重1市斤。

现在，在南太平洋的雅普岛上人们仍然把石头作为货币，“二战”中的集中营和战后的德国及20世纪80年代的俄罗斯都曾把万宝路香烟作为货币。

（资料来源：豆丁网。）

问题

有人说，黄金不是货币，而是货币的材料。你同意这种观点吗，为什么?那么货币又是什么?

简要提示

这种观点是有道理的。货币的形态是多种多样的，充当货币的材料应具有价值的稳定性、数量上的有限性、普遍接受性、供给富有弹性、分割性、易于保存与携带等特性。黄金是币材的一种，但并不是唯一的，所以不能说黄金就是货币，它只是货币形态演变过程中的一种形式。

货币是固定的充当一般等价物的特殊商品，反映一定的社会生产关系。当一般等价物固定到金银上时就产生了货币，因而“金银天然不是货币，货币天然是金银”。关于货币定义的观点很多，例如列宁认为货币是社会计算的工具，西方经济学中斯密认为货币是“选票”，马克思从货币职能角度给货币定义为价值尺度与流通手段的统一，有人从法律角度把货币定义为法律规定的具有无限制偿付能力的事物，IMF 把货币定义为 M_0、M_1、M_2 等。读者也可有自己的观点。

案例[1-2]　中国香港货币制度的变迁

20 世纪 70 年代初，香港政府当局就提出建立国际金融中心的口号，并不遗余力地推进香港金融业的发展。港英当局调整了金融制度以利于有效、有序的市场竞争。一方面充分发挥自由市场经济的种种优势，实现资源的有效配置；另一方面政府着意转换消极不干预经济的角色，加强对金融业发展的宏观调控，达到积极不干预经济政策的目的。货币制度的变化就是金融制度调整的一个重要内容。

香港的货币制度可以追溯到19世纪中叶。1842年英国发动第一次鸦片战争。次年英国政府与清朝政府签订不平等的《南京条约》，割让香港给英国作为殖民地。由于英国的殖民统治和中国历史传统的共同影响，香港的货币制度具有独特之处。在香港没有垄断货币发行权的中央银行，港币的发行与货币供应量的控制是由两家商业银行和香港政府共同承担。自19世纪中叶至今，香港的货币制度经历了银本位制、英镑汇兑本位制、外汇汇兑本位制和联系汇率制度四个时期。其中，货币制度变化中的两个时期，即由英镑汇兑本位制到外汇汇兑本位制、由外汇汇兑本位制到联系汇率制度主要是在20世纪六七十年代完成的。

英镑汇兑本位制在香港延续的时间最长。从1935年12月6日至1972年7月6日，除1941年12月25日—1945年9月23日之外，香港一直实行这种货币制度。一段时间内，英镑作为主要的国际支付手段和储存货币相当坚挺，这一货币本位制在香港实施较好。第二次世界大战后，随着世界经济形势的变化，世界货币制度进入以美元为中心的固定汇率制度时期。英镑和港币的固定联系遭受冲击。1949年和1967年英镑先后出现两次大幅度的贬值，英镑汇率波动影响港币的稳定，香港经济也因此遭受严重的损失。1972年6月，英国又一次爆发国际支付危机，英国政府在6月23日宣布任由英镑浮动，英镑区成员只限于英国和爱尔兰，海外英镑区成员成为历史名词。随后，1972年7月6日，香港政府宣布港币与英镑脱钩而与美元挂钩，当时港币的汇率是1美元 = 5.65港元，允许外汇市场汇率在这一汇率上下2.25%的幅度内波动。由于美元的不断贬值，港英当局于1974年11月取消港元与美元的固定联系，同时取消外汇管制，首次宣布港元自由浮动。在这一货币制度之下，作为纸币发行准备金的外汇基金不再只是由单一的英镑金融资产构成，还包括美元等多种外汇资产。这一时期的香港货币制度也可称为外汇本位制。这一货币制度直到1983年才被联系汇率制度所取代。

随着香港三家发钞银行地位的确立与新会计制度的运行，1983年10月17日，香港政府宣布港元与美元直接挂钩，联系汇率制正式生成。但直到1987年，联汇制的内容才逐步完善。联汇制最重要的特点是：联系汇率与市场汇率、固定汇率与浮动汇率并存。一方面，外汇基金通过对发钞银行的汇率控制，维持官方预定的 1:7.8 的汇率水平。在联汇制下，港元发行须由发钞行按照规定的7.8港元兑1美元的汇价，以百分之百的美元向外汇基金换取发钞负债证明书，挂牌银行向发钞行取得现钞也要以百分之百的美元进行兑换；回笼货币时，同样要分别以负债证明书和港元换回美元，这样便形成了一个固定汇率的银行同业港元买卖市场。另一方面，在外汇公开市场上，港元却是自由浮动的，无论是银行同业之间还是银行与公众之间的交易，汇率都是由市场供求来决定的，没有任何人为的干预。

(资料来源：根据中央财经大学网络教育学院网站资料整理。)

问题

如何从香港货币制度的变迁过程理解货币制度在经济发展中的作用？

简要提示

所谓货币制度，是指一个国家法律规定的货币流通的结构和组织形式，简称币制。货币制度的选择对任何一个国家或者地区都是至关重要的，不恰当的货币体制会带来潜在的货币危机。

本案例中，香港的货币制度也经历了从银本位制到纸币本位制的变迁历程。香港目前实行的联系汇率制度是由其特殊的历史地位所形成的特有的货币制度。从本质上说，联系汇率是一种固定汇率制度，它的运作方式是利用银行同业现钞市场和公开外汇市场之间的竞争，促使市场汇率向官方汇率靠拢。一般情况下，联系汇率制可以依靠市场自身的力量使市场汇率趋近官方汇率，但在实际运作过程中尤其是在一些特殊情况下，港府仍需运用多种政策工具直接或间接维持该制度正常运作。

20多年来联系汇率的实施进程显示出其对香港经济发展具有不容抹杀的积极作用。一方面，迅速扭转港元贬值的局面。20世纪80年代初，港府宣布实施联系汇率后，港元兑美元市场汇率迅速回升，不到一周便恢复至接近官方汇率的水平；另一方面，保持港元兑美元汇率的长期稳定，有利于宏观政策与对外经贸关系的协调。

这一案例也说明，事实上任何一种货币制度都是适应特定时期的经济环境的产物，一旦不再适应国际环境和经济的发展便会被新的货币制度所取代，香港的货币制度正是这样不断地建立和完善起来的。

第2章

信　用

本章学习要点

通过本章的学习，掌握信用、信用工具的概念；理解信用的分类、信用工具的使用及信用在经济生活中的影响；了解信用的产生与发展。

本章学习重点与难点

重点是信用的产生和发展、信用形式、信用工具；难点是信用工具及信用、民间借贷在经济发展中的作用。

本章基本概念

信用、高利贷、商业信用、银行信用、政府信用、消费信用、国际信用、信用工具、汇票、本票、支票、信用证

2.1 信用的产生与发展

2.1.1 信用的含义及特征

在经济学中，信用是借贷行为的总称。所谓借贷，就是商品或者货币的所有者将商品赊销或将货币贷放出去，借方按约定的时间偿付购货款或归还借贷本金并支付一定利息的行为。信用是以偿还和付息为条件的价值单方面让渡，它不同于商品的买卖。在商品买卖中，价值进行对等转移和运动，一手交钱一手交货，但在信用即借贷活动中，贷方将货币或商品给予借方并没有同时对贷方进行任何形式的价值补偿，借方在约定的时间内必须归还本金并支付利息。因此，虽然信用和商品买卖的形式不同，但实际上也是一种交换关系，也要遵循等价交换原则，约期归还并支付利息就是这个原则在信用范畴的具体运用。所以本书作者认为信用是建立在信任基础上以还本付息为条件的借贷活动。

信用是一种借贷行为，通常有两种表现方式，或者以收回为前提条件的贷出，或者以保证归还的承诺而借入。不管哪种方式，都是以偿还为先决条件，到期必须偿付，并且在偿付时必须支付利息。信用的这种价值运动形式与商品交换不同。一般商品交换是等价交

换，买卖双方在商品所有权通过交换而转移时都保留价值，货币执行的是流通手段的职能。借贷行为则不同，在贷出时，价值是做单向转移，贷方让渡出价值，但仍保留所有权；在归还时，价值也做单向转移，但借方除了还本外，还必须支付利息。

综上所述，信用的基本特征有以下几点。

(1) 偿还性

信用关系是一种债权债务关系，债权人暂时将实物或货币使用权让渡给债务人，这种让渡是以偿还为条件的，一旦信用关系结束，就必须按约定方式偿还。

(2) 收益性

信用关系是建立在有偿的基础上的。债权人在让渡实物或货币的使用权时，条件是偿还必须要有一个增值。这个增值，我们把它称为利息。

(3) 风险性

信用关系不同于一般商品交换的关系。实物或货币使用权的让渡与价值的实现发生分离，债权人仅持有所有权或债权凭证，到期能否收回，则存在不确定性，这个不确定性所蕴含的风险就是信用风险。

2.1.2 信用的产生与发展概述

1. 信用的产生

信用是在私有制和商品经济基础上产生的。在原始社会末期出现的两次社会大分工，即畜牧业与传统农业的分工以及农业和手工业的分工，加速了原始社会公有制的瓦解和私有制的产生，促进了商品生产和交换的发展。私有制的出现，造成了财富占有的不均，产生了贫富分化。一部分家庭因贫困而缺少生活资料和生产资料，为维持生活和继续从事生产，他们被迫向富裕家庭告借。特别是在社会再生产过程中，由于各种生产的季节性差异、生产周期长短不一、商品购销地点远近不同等因素，常常使商品的买卖与货币的支付无法同时进行。一方面商品生产者需要出售商品，实现商品价值；另一方面商品的需要者却因为种种原因而无法立即支付购货款。在这种条件下，只有通过商品赊销、延期付款或货币借贷等信用活动来进行调节，以促进商品交换的实现，满足各方面的需要，保证社会再生产的顺利进行。于是，就产生了信用和信用关系。信用产生的基本条件有两点。

(1) 商品货币经济有了一定程度的发展

随着商品生产和交换的发展，由于商品生产周期有长短之分，销售市场有远近之别，因此，商品价值的实现就会出现困难，造成有的商品生产者出售商品时，买方因为自己的商品尚未卖出而无钱购买。为了使生产能够继续进行下去，在销售商品时，商品生产者就允许买方以延期支付的方式付款。于是，商品的让渡和其价值的实现在时间上分离了。这一分离意味着买卖双方除了商品交换关系外，又形成了一种债权债务关系，这就是信用关系。

(2) 货币发挥支付手段的职能

由于货币拥有支付手段的职能，因此，能够在商品上让渡之后完成商品价值的实现。货币此时不是充当流通手段，而是充当支付手段。商品的价值通过货币表现，并实现价值的单向转移。

最初，这种借贷关系表现为实物形式，它是商品生产者由于商品生产或交换过程的不一致而出现的一种简单信用关系，随着商品生产和货币流通的进一步发展，货币形式的借贷关系得到了很大发展。

2. 信用的发展

信用是商品交换发展的必然产物。随着商品货币关系的发展和社会生产方式的变革，信用超出了商品流通范畴，不再局限于调剂余缺，更多地表现为以追求利息为目的的直接的货币借贷，即货币所有者为获取利息贷出货币，而货币需求者则以承诺到期归还并支付利息为条件取得货币的使用权。这种直接以追求利息为目的的信用活动在经济发展的不同时期有不同的表现形式。

在小生产占统治地位的自然经济条件下，基本的信用形式是高利贷，它是生息资本的古老形式。所谓高利贷，就是以取得高额利息为特征的借贷活动。由于高利贷的利息特别高，高利贷的盘剥不仅侵吞了小生产者的剩余劳动，还吞噬了他们的部分必要劳动，甚至连生产资料也被高利贷者夺走。同时，借高利贷的奴隶主和封建主为了偿还债务，会更加残酷地压榨奴隶和农奴，使生产条件更加恶化，造成生产力的萎缩。可见，高利贷对社会生产力的发展起着破坏和阻碍作用，在资本主义生产方式建立的过程中，高利贷虽然促进了资本和雇佣劳动力的形成，但过高的利息率不适应资本主义生产对信贷的迫切需要，因而最终被资本主义信用所取代，产生了借贷资本。

借贷资本是在现代商品经济条件下，货币所有者为了获得利息而贷放给货币使用者的货币资本，是生息资本的现代形式。它存在和发展的基础是社会化商品生产。在社会再生产过程中，一方面由于种种原因必然会使产业资本中游离出一部分暂时闲置的货币资本，如固定资产更新前的折旧基金、准备用于支付工人工资与购买材料的流动资金、准备用于扩大再生产的积累资金等；另一方面一些厂商为维护或扩大再生产又存在临时补充货币资本的需要，这就产生了货币资本的供求。拥有暂时闲置货币资本的借贷资本家通过信用形式将其暂时闲置的资本贷放给需要临时补充货币资本的职能资本家使用，以发挥资本的职能作用。于是，从产业资本循环过程中游离出来的暂时闲置的货币资本就转化为借贷资本，形成了现代信用。

生息资本从古老的高利贷形式到现代的借贷资本形式的发展过程，说明信用是随着社会生产力的发展而发展的，在商品经济发展的各个阶段都有与之相适应的信用形式。在现代商品经济条件下，高度社会化的大生产和发达的市场经济为信用的发展奠定了基础，同时也要求有发达的信用制度为其服务。因此，融资方式多样化、融资工具创新化、融资规模扩大化、融资活动国际化成了当今信用发展的趋势。

2.1.3 信用与货币的关系

信用与货币是两个不同的经济范畴。信用是一种借贷行为，是不同所有者之间调剂财富余缺的一种形式；货币是一般等价物，作为价值尺度，媒介与商品所有者之间的商品交换。但是，二者之间存在着密切的关系。

信用和货币的产生与私有制密切相关，信用和货币表现的都是不同商品生产者之间的经济关系，它们都是价值运动的形式。借贷形式从实物借贷发展到货币借贷，大大扩展了借贷的范围，扩大了信用的规模。同时，信用也促进了货币形式和货币流通的发展。信用货币就是以信用活动为基础而产生的一种货币形式。信用的出现发展了货币支付手段的职能，使货币能够在更大范围内媒介商品流通，信用还加速了货币流通。由此可见，信用与货币是相互促进发展的。

在金属货币退出流通领域，实行不兑现的信用货币制度条件下，信用与货币的关系得到了进一步发展。在信用货币制度下，信用和货币不可分割地联系在一起，整个货币制度是建立在信用制度基础上的。从货币形式来看，货币同时就是一种信用工具，货币是通过信用程序发行和流通的，任何信用活动都会导致货币的变动。信用扩张会增加货币供给，信用紧缩将减少货币供给；信用资金的调剂将影响货币流通速度和货币供给结构。当货币运动和信用活动不可分割地联系在一起时，便产生了货币和信用相互渗透而形成的新的范畴——金融。因此，金融是货币运动和信用活动的融合体。当然，在金融范畴出现以后，货币和信用这两个范畴依然存在。

2.2 高 利 贷

2.2.1 高利贷概述

高利贷是指索取特别高额利息的贷款。它产生于原始社会末期，在奴隶社会和封建社会它是信用的基本形式。通常把利率超过30%的任何借贷定义为高利贷。

在中国的传统语境下，“高利贷”这个概念往往跟负面的意识形态连在一起，如果按照上面的定义，我们就会把所有超过 30%年利率的借贷都认定为“坏的”。这种定义完全不顾借贷市场的资金供求状况和契约执行环境，不顾通货膨胀率的高低，完全出于局外人的主观愿望。

2.2.2 高利贷的特点

高利贷是最古老的信用形态，是通过贷放货币或实物以收取高额利息为目的的一种信用关系。高利贷信用在奴隶社会和封建社会是占主导地位的信用形式。

1．利率高

高利贷的利率一般年利率在 30%以上，借款 100 元，一年要支出 30 多元的利息。我国历史上高利贷年利一般都达 100%，而且是利滚利，即借款 100 元一年后要还 200 元，如果到期不能归还，第二年要还 400 元，第三年就是 800 元。

高利贷信用之所以有这样高的利息，是由当时的经济条件决定的。由于前资本主义是自给自足的自然经济，劳动生产力水平低，生产规模小，小生产者一般都经受不住意外事故的冲击(如天灾人祸)，一旦遇到意外事故，就无法维持原来的简单再生产，无法维持生活。在这样的情况下，小生产者(农民和其他小手工业者)就不得不向放高利贷者借钱或实物，以维持生产和生活。放高利贷者正是看到了借者为了维持生存这一点，就无情地抬高利率。

2．剥削重

高利贷的利息来源于奴隶和小生产者的剩余劳动及一部分必要劳动。小生产者借用高利贷所支付的利息，是他们直接以自己的剩余劳动或必要劳动产品支付的。奴隶主和封建主借用高利贷所支付的利息，同样是奴隶和小生产者的剩余劳动或必要劳动产品。因为奴隶主和封建主不劳动，他们所支付的利息，归根到底是对奴隶和小生产者的压榨和剥削。由于高利贷利息来源不仅要包括劳动者所创造的全部剩余劳动，还包括一部分必要劳动。这与利息只是剩余价值的一部分的资本主义利息比较，其剥削程度更重。

3. 非生产性

前面已经提到，高利贷的借者无论是统治者还是小生产者，他们借用高利贷主要用于非生产支出。统治者借高利贷主要是为了维持其奢侈的生活，小生产者借高利贷是为了其基本的生活需要。这与资本主义借贷资本的用途以及社会主义信用资金的用途有着明显的区别。

2.2.3 高利贷的作用

1. 积极作用

高利贷推动了自然经济的解体和商品货币关系的发展。高利贷信用为资本主义生产方式的到来提供了基本前提条件，一是集中了大量的资本，二是提供了雇佣工人队伍。由于高利贷的盘剥，使得放高利贷者手中集中了大量的资本，这些资本有可能投入到资本主义生产方式中去。同时，也是因为高利贷的盘剥，使得大量的小生产者破产、失业，成为无业游民。这些人在法律上是自由的，而财产上是一无所有的，他们不得不出卖自己的劳动力来维持生活，这就为资本主义生产方式提供了雇佣工人。

2. 消极作用

高利贷破坏和阻碍了生产力的发展。高利贷者必然力图阻碍生产方式由封建社会向资本主义社会过渡。放高利贷者也要尽量维持封建社会的生产方式，维护高利贷的存在基础，因为最适宜高利贷存在和发展的经济条件是小生产占优势地位的封建社会的生产方式。

2.2.4 高利贷的债权人和债务人

高利贷最突出的特点就是高利率，正是高利贷惊人的利息成本，决定了它长期以来的“非生产性”特点，即借高利贷的目的不是为了扩大再生产或投资，而是为了保证生存。私有制和商品交换的出现是高利贷产生的根源。

债权人有商人、宗教机构和统治阶级。债务人有小生产者、落魄的奴隶主、地主和贵族。

2.2.5 高利贷信用与现代信用的区别

高利贷信用与现代信用的区别主要有以下几方面。

(1)存在的基础不同

高利贷信用存在的基础是小生产占优势的旧生产方式。现代信用存在的基础是社会化的大生产方式，经济中广泛存在盈余或赤字单位。

(2)借贷的目的不同

高利贷主要用于生活性消费，与生产没有密切联系。现代信用主要用于生产，可以促进经济的发展。

(3) 对经济的作用不同

高利贷具有资本的剥削方式，它的主要借贷对象——小生产者仅用于维持简单生产活动，导致生产力发展缓慢。现代信用可以优化资源配置，调整经济结构，节约了流通费用，保证了社会化大生产的顺利进行。

2.2.6 民间借贷现象

民间借贷现在比较普遍。民间借贷受法律保护，但利息高于银行同期利率的四倍以上部分法律不予保护。至于利息超过多少才构成高利贷，由于在立法和司法中都没有统一的规定和解释，在实践中只能按照民法通则和有关法律规定的精神，本着保护合法借贷关系，有利于生产和稳定经济秩序的原则，对具体的借贷关系进行具体分析，然后再认定其是否构成高利贷。这种观点还认为在确定高利贷时，应注意区别生活性借贷与生产经营性借贷，后者的利率一般可以高于前者。因为生活性借贷只是用于消费，不会增值；而生产经营性借贷的目的，在于获取超过本金的利润，因此，它的利率应高于生活性借贷的利率。

1. 民间借贷存在的原因

目前个人要从银行贷到款，除了房贷、车贷等消费类贷款，其他的个人贷款一般都要求有抵押物，虽然有少数银行提供不需要任何抵押物的信用贷款，但只面对银行认定的一些特定优质客户。银行的高门槛拦住不少人。正常、公开的渠道筹不到钱，民间借贷甚至一些地下高利贷就有市场。另外，由于多数民营企业缺乏诚信，一些金融机构担心借给民企的钱会变成坏账，所以也不敢轻易与企业合作。因此，一些小型企业在发展过程中，当急需资金而又无法从银行取得的时候，他们只能通过民间借贷来“渡过难关”。

对农村来说，由于各国有银行相继退出县域领域，只有信用合作社可以提供贷款。这远远不能满足需求。国务院发展研究中心农村部曾经对近 2 000 个农户做过问卷调查，发现目前大约只有 1/5 的农户能够从正规的农村金融机构获得贷款。银行和信用社为避免“坏账”，在放贷时往往倍加小心，再加上部分借贷者信用意识差或还贷能力差，为保险起见，他们一般都谨慎放贷。比起银行贷款来，民间借贷条件灵活、手续简便快捷，时间不像银行卡得那么紧，往往可以拖延几天或续贷。因此，农民更倾向于民间借贷而不是银行贷款。中国金融体制改革滞后于经济增长，正规金融发展滞后，为非正规金融提供了很大的生存和发展的空间。四大商业银行从县城撤退，逐步收缩网点，使城乡信贷出现了断层。金融的城乡结构、地区结构不合理，为民贷提供了发展契机。一方面，非国有经济是国民经济新的利润增长点，它们的迅速崛起需要金融支持；另一方面，这些企业处于起步或成长阶段，原始积累不足，收益具有不确定性，难以符合正规金融机构的审贷标准。数据显示，2015 年 41.4%的西部中小企业有信贷需求，57.2%的企业融资渠道主要是通过民间借贷。此外，由于国家信贷政策的限制、融资成本过高、手续烦琐和缺乏正规的财务会计记录等，中国的中小企业几乎被排挤在正规金融机构之外。

高利贷的存在也是市场经济下利益的必然驱动。近年来随着市场经济的逐步深入，很多有头脑、有机会的人先富起来了。但由于前几年银行利息的不断下降，证券市场的不景气，苦于没有投资机会，因此转而采用传统的高利贷借贷方式，高息放贷，以获得更多利益。

2. 民间借贷的社会影响

由于民间借贷有主体分散、个人价值取向、风险控制无力等特点，民间借贷活动不可避免地会引发一定的经济和社会问题。一些利率奇高的非法民间借贷，经常出现借款人的收入增长不足以支付贷款利息的情况。当贷款拖期或者还不上时，出借方经常会采用不合法的收债渠道，如雇用讨债公司进行暴力催讨等。于是，因民间借贷死亡、家破人散、远离他乡、无家可归的现象数不胜数。这些人已经被民间借贷吸去了最后一滴血，往往都是身无分文，在外流浪，也成了社会不安定的因素。由于民间借贷利率普遍高于银行基准利率，受利益驱动，一部分人便将自有资金用于民间借贷，对地方金融机构(尤其是农村信用社)吸收存款造成很大压力。又由于其贷款机制灵活、便利，也在一定程度上造成对银行信贷的冲击。另外由于“民间借贷”多为私人之间的协议，大多没有信贷担保和抵押，而且对借款人的资信仅凭个人的主观判断，主观性和随意性很强，对风险的产生也无从控制，因此隐藏了极大的风险。如果借款人不能归还贷款，对贷款人来说打击是巨大的甚至是终身的，因而极易冲击正常的金融秩序。

2.3 信用形式

信用形式是信用活动的具体表现形式。信用的形式主要有商业信用、银行信用、政府信用、消费信用和国际信用。

2.3.1 商业信用

商业信用是指企业之间相互提供的与商品交易相联系的信用活动。其主要表现形式是延期付款和预付货款。

1. 商业信用的特点

(1) 商业信用的借贷双方都是企业

它反映的是不同的商品生产企业或商品流通企业之间因商品交易而引起的债权债务关系。

(2) 商业信用主要是以商品形态提供的信用

其资金来源是企业生产资金循环过程中的商品资金，是企业生产经营资金的一部分，而不是从生产过程中游离出来的暂时闲置的货币资金。

(3) 商业信用是一种直接信用

企业之间进行商品交易的同时也达成延期付款或预付货款的协议。延期付款是卖方给买方提供的信用，而预付货款则是买方给卖方提供的信用，资金供求双方直接达成协议，建立信用关系，无须信用中介机构的介入。

2. 商业信用的局限性

商业信用的上述特点，决定了商业信用的存在和发展必然有一定的局限性。

(1) 商业信用的规模受到限制

其受到提供信用的企业所拥有的商品和资金数量的限制，企业能赊销商品只能是商品资金的一部分。

(2)商业信用的范畴受到限制

一方面受到商品流向的限制，即商业信用只能向需要该种商品的企业提供；另一方面由于商业信用是直接信用，借贷双方只有在相互了解的信誉和偿还能力的基础上才能建立商业信用关系。

商业信用在商品经济中发挥着润滑生产和流通的作用，能够促进商品交换和商品价值的实现，加速企业资金周转，保证再生产过程的顺利进行。但是，商业信用由于是在企业之间分散自发进行的，带有一定的盲目性，特别是商品转移与货款支付脱节，容易掩盖企业经营管理上的问题，导致债务企业资金周转不畅，发生债务危机，由此会产生连锁影响，甚至可能使一系列企业都陷入债务危机之中。

2.3.2 银行信用

银行信用是银行及其金融机构以货币形式提供的信用。它包括两个方面：一是通过吸收存款，集中社会各方面闲散资金；二是通过发放贷款及证券投资，对集中起来的闲散资金加以运用。

银行信用是一种间接信用，在这一信用形式中，银行充当着信用媒介。在存款业务中，银行是债务人，存户是债权人；在贷款业务中，银行是债权人，借款方是债务人。银行信用是在商业信用的基础上产生的，它克服了商业信用的局限性，具有如下特点。

(1)银行信用的资金来源广泛

它是社会各部门暂时闲置的货币资金，信用资金来源广泛，不受个别企业资金规模的限制，因此，银行信用既可以达到巨额规模，又可以提供长期信用。

(2)银行信用是以货币形态提供的信用

它既独立于商品买卖活动，又有广泛的授信对象，能向任何部门提供信用，克服了商业信用在提供信用方向上的限制。

(3)银行信用提供的存贷方式具有相对灵活性

期限可长可短，数额可大可小，可以满足存款人和贷款人各种不同的需要。

由于银行信用在信用规模、信用方向和范围、信用期限等方面都优越于商业信用，因而银行信用更适合现代化大生产的要求，能在更大程度上满足商品经济发展的需要。同时，在现代市场经济条件下，银行信用也是国家调节国民经济发展的重要手段。随着现代银行制度的发展，银行信用得到了广泛的发展，在社会化大生产和现代市场经济社会中，银行信用处于信用体系上的主导地位。

2.3.3 政府信用

政府信用是以国家政府为主体的借贷活动。它有两种表现形式：一是政府作为债权人向社会提供资金，将部分财政资金以贷款方式提供给特定经济主体，这是财政资金使用的一种特殊形式；二是政府作为债务人通过发行债券或以其他方式向社会借款，以筹集资金，解决财政收支矛盾。在现在社会，政府信用主要表现为政府作为债务人而形成的负债。

1. 政府信用的形式

(1)公债

公债是一种长期负债，一般在1年以上，有的长达10年，统筹用于大的项目投资或建设。

(2)国库券

国库券是一种短期负债，以1年以下居多，主要解决财政先支后收的矛盾。

(3)专项债券

专项债券是一种指明用途的债券。

(4)向银行透支或借款

透支一般是临时性的，有的在年度内偿还。借款一般期限较长，通常在隔年财政收入大于财政支出时才能偿还。

政府信用与银行信用有着密切的联系。一是政府信用依赖于银行信用的支持。政府债券一般由银行代理发行，银行的部分资金也直接或间接用于购买政府债券。二是在社会闲散资金总量一定的条件下，政府信用与银行信用在数量上存在着此消彼长的关系。企业与居民用于购买政府债券的资金增多，用于银行存款与储蓄的资金就减少；反之亦然。

2. 政府信用的作用

在市场经济条件下，政府信用具有的重要作用有以下几点。

(1)政府信用的直接功能是调节财政收支不平衡

在政府财政资金不足时，可以通过发债筹集资金进行重大项目建设，解决国民经济发展中的突出矛盾。

(2)政府信用是调节经济，实施宏观调控的重要杠杆

一方面政府信用可实现储蓄和消费基金向生产基金的转化，因而通过政府信用可有效调节社会总供求，进而调节社会经济运行；另一方面通过筹集专项资金发展重点产业，以及引导社会资金合理流动，促进经济结构调整。

(3)政府发行债券为中央银行在公开市场上的业务操作，调节金融市场的资金供求和货币流通提供了现实基础

政府债券利率的高低还直接影响银行利率的调整，引导社会资金，促进资金更合理、更有效地运用。目前，我国的政府信用已成为财政政策的重要工具，在调节我国经济总量与结构方面发挥着重要的作用。

需要注意的是，政府信用在某种程度上也是国家信用，其主要方式是国家作为债务人通过金融机构发行债券来筹集资金。国家信用可分为国内信用和国外信用。国内信用是国家以债务人身份向国内各经济主体筹资的行为，这形成了一国的内债；国外信用是国家以债务人身份向国外各经济主体筹资的行为，这形成了一国的外债。

2.3.4 消费信用

消费信用是企业、银行和其他金融机构以商品、货币或劳务形式向消费者提供的直接用于生活消费的信用。它包括以下几种形式。

(1)赊销

零售商向消费者以延期付款方式销售商品，多用于日常的零星购买，属于短期消费信用。

(2) 分期付款

消费者在购买商品时，先支付部分货款，然后按合同分期加息支付其余款项，这种形式多用于购买高档耐用消费品或房屋、汽车等，属于长期消费信用。

(3) 消费信贷

银行及其他金融机构采用信用放款或抵押贷款方式，对消费者购买消费品发放贷款，规定期限偿还本金，最长时间可达20～30年。消费信贷按接受援款的对象不同可分为两种：一是买方信贷，即对购买消费品的消费者直接发放贷款；二是卖方信贷，即以分期付款做抵押对销售消费品的商业企业发放贷款，或由银行与以信用方式出售商品的商业企业签订合同，银行向商业企业放款，消费者偿还银行贷款。

消费信用是在商品货币经济发展的基础上，为促进价值的实现而产生的一种信用形式，对社会经济发展既有积极作用又会产生消极作用。在我国目前的社会经济发展状况下，由于生产力发展水平不高，广泛开展消费信用的物质基础较弱，因而应适当发展消费信用，这对指导和调节消费，促进商品生产和流通具有一定的积极作用，尤其在配合住房制度改革方面，开展与储蓄相结合的居民住房贷款是一种深受欢迎的信用形式。

2.3.5 国际信用

国际信用是不同国家(或地区)之间发生的借贷关系和借贷活动。它是信用活动极为活跃的领域，是国际经济联系的重要组成部分。如果说信用体现着用于借贷的资本活动，那么国家信用则体现着在国与国之间的资本流动。

1. 国际信用的形式

(1) 出口信贷

出口国为支持和扩大本国产品出口，提高出口产品的国际竞争力，通过提供利息补贴或信贷担保的方式，鼓励本国银行向本国出口企业或外国进口商提供的中长期贷款。

(2) 国际商业银行贷款

一些大银行向外国政府及其所属部门、私营工商企业或银行提供的中长期贷款。

(3) 政府贷款

一国政府利用国库资金向另一国政府提供的贷款，这种贷款一般具有援助性质。

(4) 国际金融机构贷款

国际金融机构对成员国政府提供的贷款。

(5) 国际资本市场业务

在国际资本市场上的融资活动，包括在国际资本市场上购买债券、股票或在国际资本市场上发行债券、股票。

(6) 国际租赁

一国银行或租赁公司向他国企业出租实物并按期收取租金的信用方式。

国际信用体现的是国与国之间的债权债务关系，直接表现为资本在国际间的流动。改革开放以来，我国充分利用国际信用，积极引进外资、先进技术设备和管理方法，缓解了国内建设资金的不足，促进了社会生产力水平的提高和社会经济的发展。

2. 国际信用的特征

与国内信用相比较，国际信用在规模、风险、复杂性等方面都有着显著的特点。

(1)规模大

国际信用关系中的授信方通常是资金实力较为雄厚的国际金融机构、跨国银行、跨国公司或发达国家政府，有充裕的资金来源；而受信者往往存在大额的资金需求，如果没有国际信用进一步拓展其资金来源，仅靠国内信用筹资难以满足。

(2)风险大

由于国际信用发生在跨国、跨地区的经济主体之间，授信者对外国政府、企业的资信难以准确评估，除了面临更大的信用风险外，还将面临国家风险、外汇风险等，因而其风险可能大于国内信用。此外，新兴市场国家或地区作为国际信用的一类重要的受信方，由于金融体制不健全，又缺乏完善的风险预防和监控机制，如果引入外资规模不当或过早开放国内金融市场，极易受到巨额短期投机性国际资本的冲击而面临各种风险，严重时甚至引发金融危机和经济危机。

(3)复杂性

这表现为国际信用的程序、形式、工具以及动机较之国内信用更复杂。以跨国公司从事海外直接投资为例，除了追求更高的资本收益率这一根本动机之外，还可能是为了分散投资风险、规避母国严格的监管或寻求避税地、维护出口市场等。

(4)方向上的不对称性

虽然国际信用的方向具有交叉性，既包含资本从发达国家向发展中国家的“垂直流动”，又包含发达国家之间、发展中国家之间的“水平流动”，并且还包含从发展中国家向发达国家的“逆向流动”，但授信方仍以国际金融机构、发达国家政府、跨国公司及国际商业银行为主，而大多数发展中国家、新兴市场国家，总体来看仍然是净债务方，但美国是最大的负债国家。

2.4 信用工具

2.4.1 信用工具概述

信用工具是资金供求者之间进行资金融通时所签署的、表明债权债务关系的书面凭证。这种凭证记载借贷双方的权利和义务，通常包括票面价格、偿还日期、偿还金额、利率水平和偿付方式等内容。

收益性、流动性和风险性是信用工具的三个重要特征。

(1)收益性

信用工具持有者的收益由两个部分组成，即利息收入和市场买卖的差价。

(2)流动性

流动性是指信用工具的变现能力。衡量信用工具的流动性不仅要看信用工具的变现是否便利，还要看变现时是否会带来资本损益。

(3)风险性

信用工具的风险是指利息收入和投入的本金遭到损失的可能性。信用工具都具有不同程度的风险，主要表现为违约风险、市场风险、流动性风险等。违约风险是指发行公司不按合同履约而造成债权人遭受本息损失的风险。市场风险是指由于市场利率变动而造成信用工具价格下跌的风险。流动性风险是指信用工具不能以接近市场价值的价格转让而造成其流动性下降的风险。

2.4.2 信用工具类型

按不同的划分标准，信用工具可分为以下几种类型。

1．按发行者的性质可分为直接信用工具和间接信用工具

直接信用工具是指非金融机构发行的用于直接金融活动的信用工具，如政府债券、公司债券、商业票据、股票、抵押契约、借款合同以及其他各种形式的借据等。间接信用工具是指由银行和其他金融机构发行或签发的用于间接融资活动的信用凭证，如银行券、金融债券、可转让大额定期存单、人寿保险单等。

2．按可接受程度可分为无限可接受性的信用工具和有限可接受性的信用工具

无限可接受性的信用工具是指社会公众普遍接受，在任何场合都能充当交易媒介和支付手段的工具，如银行所发行的银行券和银行活期存款。有限可接受性的信用工具是指可接受的程度和可使用的范围取决于该工具的性质、出票人及付款人的信用，具有一定的流动性，但不能作为一般性交易媒介的工具，如商业票据、债券、股票等。

3．按偿还期限可分为短期信用工具、长期信用工具和不定期信用工具

(1)短期信用工具

短期信用工具是指提供信用的有效期限在一年或一年以内的信用凭证，有各种票据、信用证、信用卡、旅行支票、国库券、大额可转让存单、回购协议等。短期信用工具主要是指汇票、本票、支票、信用证等。

①汇票。汇票是由债权人签发的，要求受票人在一定期间向收款人或持票人支付一定款项的支付命令书。汇票的出票人即债权人，受票人即债务人，受票人可以是债权人也可以是持票人。按付款期限划分，汇票可以分为即期汇票和远期汇票，前者见票付款，后者在见票或出票后指定的日期付款。按是否附有担保划分，汇票又可以分为跟单汇票和光票，前者附有商品凭证和货运单据，后者不附有商品凭证和货运单据。汇票须经付款人承兑后方为有效。按承兑人不同划分，汇票可划分为商业承兑汇票和银行承兑汇票，前者由企业承诺到期付款，后者由银行承诺到期付款。

②本票。本票又叫期票，是由债务人向债权人发出的，承诺在一定日期支付一定款项给收款人的债务凭证。本票的出票人即债务人，受票人即债权人。按签发人不同，本票可划分为商业本票和银行本票。商业本票是由工商企业签发的有一定金额，并于指定到期日无条件支付一定款项给债权人的一种票据，即债务人向债权人开出的保证在一定时间内无条件付款的支付保证书。银行本票是由银行签发，也由银行付款的票据，可以代替现金流通。

③支票。支票是银行的活期存款人通知银行在其存款额度内无条件支付一定金额给持票人或指定人的书面凭证。支票有很多种，如记名支票和不记名支票，前者记载收款人的姓名，后者则不记收款人的姓名。保付支票是由开户银行在支票上盖章，注明“保付”字

样，保证到期付款。画线支票是在支票上画两道平行线，表示支票只能转入收款人存款账户而不能付现。旅行支票是由银行签发的，供旅行者在外地使用的定额支票。

④信用证。信用证有商业信用证和旅行信用证之分。商业信用证是指银行受客户的委托所开出的证明客户有支付能力并保证支付的一种凭证。旅行信用证是银行为便利客户出国而发给客户据以支取现款的一种凭证。

(2)长期信用工具

长期信用工具包括各种债券和股票，通常称为有价证券。这是指具有一定的票面金额、代表债权或财产所有权、持有人能够定期取得一定收入的凭证。

①债券。债券是发行者为筹集资金而向投资者出具的承诺按一定利率支付利息并到期偿还本金的债务凭证。债券的种类很多，可以从不同的角度进行分类，其中按发行主体不同可分为政府债券、公司债券和金融债券。

②股票。股票是股份公司发给出资者作为投资入股的证书和索取股息红利的凭证。股票是一种所有权凭证，持有者作为该公司的所有者，享有股东的权益和责任。股票也是一种永久性证券，不能退股，但可以通过证券市场转让股权而收回股本。

(3)不定期信用工具

不定期信用工具是指没有规定信用关系存续期限且可长期循环使用的信用凭证，如银行发行的银行券、纸币。

4. 按权利和义务的不同可分为债务凭证和所有权凭证

股票是一种所有权凭证，其他信用工具则属于债务凭证。

2.5 信用秩序的维护

2.5.1 信用在经济中的作用

1. 信用的积极作用

(1)促进资金再分配和利润率的平均化

信用是促进资金再分配的最有效的方式。在信用活动中，价值规律能够充分发挥作用。在市场经济条件下，企业的经营目标是为了追求利润，市场竞争的结果是使利润率平均化。平均利润率的形成是以资本在各个部门之间的转移为条件，通过部门之间的竞争而实现的。因为生产资本都有特定的自然形态和用途，这就限制了资本的转移，阻碍了平均利润率的形成。借助于信用，可以吸收大量闲置资金，这些资金可以投向任何企业。利润率高的部门，由于资金大量流入，造成生产增加，价格下降，利润率也随之下降；相反，利润率低的部门，由于投资减少，供应减少，使得价格上涨，利润率也随之提高。通过资金在各部门之间的流动，促成了各部门之间利润率的平均化，从而提高了整个经济的效率。

(2)节省流通费用

流通费用是指与货币流通有关的费用，这是一种非生产性的费用，流通费用节约意味着有更多的资源用于生产。第一，利用信用进行交易形成的债权债务关系只需进行差额支付，而大部分债权债务可以相互冲销。同时，通过转账、划拨、清算等结清债权债务，节省了现金的使用。第二，信用加快货币流通速度，提高了资金的使用效率，并且通过信用工具的创造可以节约对现金的需要，降低流通费用。第三，信用可以缩短流通过程，加快整个社会资金的周转，节约大量的流通费用。

(3)信用能加快资本集中与积聚

资本集中和资本积聚是扩大个别资本总额的两种方式。信用是资本集中和资本积聚的有力杠杆。第一，信用可以集中一切分散的、零星的闲置资金。在社会资金总量不变的情况下，通过个别资金转化为社会资金，能使生产规模得以在短时间内扩大，从而提高生产力和生产的社会化程度。第二，信用通过资本的再分配职能，使企业能够利用信用扩大投资，在竞争中使资本集中在少数大企业。第三，信用可以加速剩余价值资本化。信用既可以将分散和闲置资金积聚起来形成巨额资金用于生产，又可以把一部分收入转化为资本，加快资本积聚。

(4)信用能够创造货币，扩大社会需求，刺激经济增长

社会的货币供应量在一定程度上取决于银行信用的创造。当银行吸收活期存款、开设支票存款账户，并通过支票流通和转账结算，将所吸收的存款放贷时派生存款就产生了。银行的信用创造具有重要的意义，这将扩大企业、个人的购买力，有利于刺激经济的增长。国家可以借助于信用的调节职能，改变信用的规模及其资金的流向，增加社会的有效需求，促进经济增长。

2. 信用的消极影响

在论述信用对经济的积极作用的同时，也应该认识到过度信用对经济的不良影响。过度信用将会造成某些生产部门的过度膨胀而出现各生产部门之间发展的不平衡，加深生产和消费的矛盾；此外，信用也会刺激投机，严重的投机必然会造成金融市场的动荡。

2.5.2 构建市场经济的信用秩序

在现代经济生活中，信用关系是一种最普遍的经济关系，是经济生活中一个无时不有、无处不在的基本要素，经济活动的每一个部门、每一个环节都渗透着债权债务关系。从企业的经济活动来看，企业的生存和发展与信用密切相关，任何企业都得利用信用关系活动和信用关系来保障生产的连续进行和扩大再生产。在现代社会，个人生活也与信用紧密地联系在一起。一方面，人们通过到银行存款或购买企业、政府债券而成为它们的债权人，获取投资收益；另一方面，人们通过消费信贷、分期付款等形式而成为银行或企业的债务人，同时取得信用支持，更好地安排自己的生活。现代市场经济条件下的政府活动也与信用密不可分。政府发行国库券、国债，是向企业、个人或其他部门借款，以筹集资金，解决经济和社会发展中的资金不足；同时，政府作为债权人发放贷款，以引导要素流向，解决经济发展中的“瓶颈”制约，保证社会经济持续、稳定、健康运行。总之，在现代社会里，信用关系已成为经济中最重要也是最复杂的经济关系，成为连接各经济部门，连接政府、企业和个人最重要的纽带。一旦信用关系被破坏，整个经济必然陷入危机境地。人类的经济发展历史充分证明：经济越发展，信用关系越紧密，越成为经济正常运转的必要条件。

发展信用以及提高信用关系在经济中的地位，是现代市场经济发展的必然趋势。

1．守信与失信

信用作为一个经济范畴，包含守信与失信两个侧面。借贷双方彼此遵守信用行为依此建立的契约是守信；借贷双方或任何一方不遵守信用行为依此建立的契约是失信。当然会有完全守信、完全失信，基本守信、基本失信，部分守信、部分失信等程度上的差别。

失信并不等于蓄意赖账，蓄意赖账只是失信行为中的一种。除去赖账，还有种种原因都有可能导致失信行为的产生。比如，农民借来种子种田，一场天灾造成颗粒无收，失信不可避免。贷款方也有失信的问题，如不按约定提供贷款，就有可能使借款人陷入困境。

就整个经济过程中所有信用行为来看，守信与失信是相互伴随而存在的。从逻辑上说，守信是信用范畴的支撑；不能守信，必然威胁信用范畴本身的存在。至于失信，如果持续地、大量地存在，信用联系就会受到阻碍。比如，有资金贷不出去；借款条件的恶化，必须支付高额利息；等等。如果失信成为信用行为中的主导方面，信用就会萎缩甚至中断。

2．我国当前“信用危机问题”

我国市场上存在着大量的失信行为，严重地破坏了信用联系，受到社会的广泛关注。对于这样的情况：有用“信用缺失”概括的，有用“信用危机”概括的。用意不外乎要表达问题的严重性，以希望大力予以扭转。

失信行为在改革开放前也有存在，但总的来说没有形成对经济发展的阻碍，更未形成多大的社会影响。改革开放以后，在经济体制转换的过程之中，问题不断积累并日益严重。

首先受到社会关注的，是企业相互之间的拖欠全面延展，形成扩及几乎所有企业的拖欠债务链——甲企业欠乙企业，乙企业欠丙企业，丙企业又欠甲企业，等等。就每一个企业来说，既有“应收”也有“应付”。导致企业主要考虑的不是压低乃至消除应收应付，而是把保持应收应付金额的大体平衡为最低目标。这种情况，我们习惯称为“三角债”。

企业相互拖欠的同时，必然对银行贷款也不能按期还本付息。最常见的理由是“应收”收不回来，如何有钱还本付息。问题不单纯是不按期还本付息，同时发展起来的还有故意把逃避银行债务作为掩盖经营失职、侵吞国家财产等意图的手段。

不遵守承诺的坏风气也扩展到借贷关系之外。有关部门统计，我国每年企业间签订的合同有 40 亿份之多。合同的履约率较低，能够得到一定程度执行的合同平均还不到 70%，有些地方甚至不到 20%。

以上这些情况，无疑是制约经济发展的消极因素，不过对其严重性也需估计恰当。失信行为的普遍存在，可以严重到使信用联系萎缩。这些年来，遭到破坏的信用联系，的确使微观经济行为主体之间的交易往来难以正常进行。企业与企业之间的信用关系不敢轻易建立，不敢采取便捷、灵活的方式，从而交易成本增大，不利于交易的顺畅扩展；银行与企业之间信用联系则表现为银行贷款条件的掌握趋严，以致有银行“惜贷”的说法，不利于充分发挥金融中介的作用。但就全局来说，无论是企业与企业之间，还是银行与企业之间的信用联系都在逐年扩大。特别是银行信贷规模，在资本市场筹资形式从无到有并不断扩大的条件下，还难以做出增长迟缓的判断。

3. 建立市场经济的信用秩序

中国作为文明礼仪之邦，诚实守信一直是中华传统文化的主流。在中国古代的历史文献中，“信”的思想源远流长。《论语》记载：“子以四教：文、行、忠、信。”对于“信”，孔子反复加以强调。他说“人而无信，不知其可也”，意思是说，要是不讲信誉，那就不知道他怎样为人处世了。至于自先秦诸子以来，历代思想家关于“信”的论述，更是不胜枚举。古代贤哲强调诚信作为行为规范，把道德约束视为保持社会正常运行的基本力量，是不可变易的至理名言。

重建诚信是建立市场经济信用秩序的基本性建设。社会主义市场经济体制改革，关系经济生活的方方面面，也是建立市场经济信用秩序的经济根基。市场经济秩序的培育和完善，微观经济主体经营环境的改善、经营水平的提高和盈利能力的增强，集中计划经济体制观念逐步为适应市场经济体制的观念所代替，等等，都是建立市场经济信用秩序所必需的基本条件。

现代市场经济信用体系本身的建设是一项复杂的系统工程，其完善需要一个过程。在信用缺失、信用危机概念之下所列出的种种消极现象引起人们相当忧虑之前，现代市场经济信用体系和市场经济条件下信用运行的约束机制已在起步。

小 结

1. 信用是建立在信任基础上以还本付息为条件的借贷活动。通常有两种表现方式，或者以收回为前提条件的贷出，或者以保证归还的承诺而借入。

2. 信用的基本特征是：偿还性、收益性、风险性。

3. 信用与货币是两个不同的经济范畴。信用是一种借贷行为，是不同所有者之间调剂财富余缺的一种形式；货币是一般等价物，作为价值尺度，媒介与商品所有者之间的商品交换。

4. 高利贷是最古老的信用形态，是通过贷放货币或实物以收取高额利息为目的的一种信用关系。高利贷信用在奴隶社会和封建社会是占主导地位的信用形式。

5. 高利贷信用与现代信用的区别主要有：存在的基础不同、借贷的目的不同、对经济的作用不同。

6. 信用形式是信用活动的具体表现形式。信用的形式主要有商业信用、银行信用、政府信用、消费信用和国际信用。

7. 信用工具是资金供求者之间进行资金融通时所签署的、表明债权债务关系的书面凭证。这种凭证记载借贷双方的权利和义务，通常包括票面价格、偿还日期、偿还金额、利率水平和偿付方式等内容。

8. 重建诚信是建立市场经济信用秩序的基本性建设。

思考题

1. 信用的基本特征有哪些？
2. 信用产生的基本条件是什么？
3. 信用与货币的关系是怎样的？
4. 高利贷的特点有哪些？

5. 高利贷的作用有哪些?
6. 高利贷信用与现代信用的区别主要有几方面?
7. 信用形式是什么，其主要类别有哪些?
8. 何谓信用工具，其重要特征有哪些?
9. 信用在经济中的作用有哪些?

案例简介

案例[2-1] 民间借贷——想说爱你不容易

岁末年初，因一年半内非法吸收资金 500 多亿元、受害投资人遍布全国 31 个省市区而备受关注的 P2P(网贷)平台“e 租宝”的各地机构被查封，主要负责人被检察机关批捕。这个风靡一时的网络金融平台的轰然倒塌，将互联网金融、非法集资、民间借贷等与百姓切身利益相关的词汇再次推上风口浪尖。

宏观经济进入调整期的大势让房地产、煤炭等高利润行业走弱，野蛮生长的民间借贷从帮手变为了帮凶。2015 年以来，成都、陕西、甘肃等地已屡次曝出投资公司、担保公司跑路现象，留下的是遍体鳞伤的投资群众、实体经济、地方政府等。

(资料来源：根据 2016 年 2 月 15 日新华网相关资料整理。)

问题

试分析民间借贷非正常发展的原因。

简要提示

民间借贷非正常发展及债务风波频发的深层次原因，一是金融体制改革滞后，多层次金融市场未建立，金融服务基本上还是面向国有企业和大企业，而对在经济增长中贡献率约占 60%的非国有部门贷款却占不到 20%;二是资金供求矛盾突出，“货币多、资金少”“贷款贵、贷款难”等根本问题未解决；三是大量民间金融公司仓促上马，但监管力量软弱，多头监管和监管缺位问题较为突出。如小额贷款公司和融资性担保公司由各地金融办监管，投资公司和中介机构归工商部门管理，而典当行由商务部门监管。多头分散管理使监管长期缺位，担保、中介、小贷等机构纷纷“不务正业”，违规吸存放贷。

案例[2-2] 中国的汽车消费信贷模式

汽车信贷消费是在 1998 年亚洲金融危机后，国家采取拉动内需的政策时才大力开展的业务。据统计，在汽车消费中只有很少一部分是通过分期付款形式销售的。相对世界平均信贷消费比例(70%)来说，我国的汽车信贷消费还明显低于世界平均水平。目前，中国汽车信贷消费的模式主要有三种。

1. 以银行为主体的直客模式

该模式的特点是：由银行直接面对客户，在对客户信用进行评定后，银行与客户签订信贷协议，客户拿贷款额度到汽车市场上选购自己满意的产品。在直客模式中，银行是中心，银行指定律师行出具客户的资信报告，银行指定保险公司并要求客户购买其保证保险，银行指定经销商销售车辆。在这一模式中，风险由银行与保险公司承担。

目前开展个人汽车消费信贷服务的银行非常多，几乎大多数的商业银行都参与其中，如工商银行、中国银行、建设银行、交通银行、招商银行、民生银行等。

2. 以经销商为主体的间客模式

该模式的特点是：由经销商负责为购车者办理贷款手续，以经销商自身资产为客户承担连带责任保证，并代银行收缴贷款本息，而购车者可享受到经销商提供的一站式服务。由于经销商在贷款过程中承担了一定风险并付出了一定的人力、物力，所以经销商通常要收取 2%～4%的管理费。在这一模式中，经销商是主体，它与银行和保险公司达成协议，负责与消费信贷有关的一切事务，客户只需与一家经销商打交道。这时，风险由经销商与保险公司共同承担。

目前，以经销商为主体的间客模式又有新的发展，从原来客户必须购买保险公司的保证保险到经销商不再与保险公司合作，客户无须购买保证保险，经销商独自承担全部风险。

3. 以非银行金融机构为主体的间客模式

该模式的特点是：由非银行金融机构组织对购买者的资信进行调查、担保、审批工作，向购买者提供分期付款。这些非银行金融机构通常为汽车生产企业的财务公司。

（资料来源：根据新浪汽车网相关信息整理。）

问题

结合汽车消费信贷的类型分析消费信用的特点有哪些？

简要提示

银行及其他金融机构采用信用放款或抵押贷款方式，对消费者购买消费品发放贷款，规定期限内偿还本金，最长时间可达 20～30 年。消费信贷按接受援款的对象不同可分为两种：一是对购买消费品的消费者直接发放贷款；二是以分期付款做抵押对销售消费品的商业企业发放贷款，或由银行与以信用方式出售商品的商业企业签订合同，银行向商业企业放款，消费者偿还银行贷款。

消费信用是在商品货币经济发展的基础上，为促进价值的实现而产生的一种信用形式，对社会经济发展既有积极作用又会产生消极作用。在我国目前的社会经济发展状况下，由于生产力发展水平不高，广泛开展消费信用的物质基础较弱，因而应适当发展消费信用，这对指导和调节消费，促进商品生产和流通具有一定的积极作用，尤其在配合住房制度改革方面，开展与储蓄相结合的居民住房贷款是一种深受欢迎的信用形式。

第3章

利　　率

本章学习要点

通过本章的学习，掌握利息及利率的含义、几种主要的利息理论、利率的分类；理解利息的来源与本质；了解我国的利率市场化改革。

本章学习重点与难点

重点是利率的决定及影响因素；难点是利率决定理论。

本章基本概念

利率、单利、复利、名义利率、实际利率、固定利率、浮动利率、一般利率、优惠利率、基准利率

3.1　利息与利率

3.1.1　利息

1. 利息的本质

利息伴随着信用的产生而产生，它有着悠久的历史。在信用活动中，货币所有者在一定条件下，贷出货币资本，让渡其使用权，货币使用者到期偿还借款时必须支付一个增加额，这个增加额就是利息。例如，某企业为了扩大商品生产，从货币所有者手中借入期限为一年的 100 万元货币资本，到期偿还借款时，它支付给货币所有者 110 万元。这超过借贷额的 10 万元就是利息。在这个过程中，贷者之所以可以取得利息，是因为他放弃了货币资本的使用权，而拥有对货币资本的所有权；借者之所以愿意，并且能支付利息，是因为他将这部分资本运用于生产过程中，能产生利润，形成价值的增值，他要从增值中分出一部分作为使用借贷资本的成本。因此，利息是借贷资本的增值额，或使用借贷资本的代价。它来自借者(即生产者)使用资金发挥生产职能而形成的利润的一部分。

关于利息的含义，西方经济学家们有多种说法。第一种观点认为，利息是资本所有者

"节约"或"节欲"，抑制当前消费欲望而推迟消费的报酬。这种观点被称为"节欲论"。第二种观点认为，人们对现有财货的评价要大于对未来财货的评价。同样价值的财货，现在使用的效用要高于未来使用的效用，若现在放弃使用财货，推迟到未来使用，就会有时差损失，而利息就是对这种价值时差损失的贴水。这种观点被称为"时差利息论"。第三种观点认为，人们都偏爱流动性高的货币，若要人们暂时放弃这种高流动性的货币，而等待将来使用，则必须给放弃流动性偏好者支付报酬，即利息。这种观点被称为"流动性偏好论"。上述这些观点实际上都是从 17 世纪英国古典政治经济学创始人威廉·配第（William Petty）关于利息的解释中引申出来的。配第认为，货币持有者贷出货币，就会减少用这笔货币购置土地而能获得的地租，为此，他必须获得相应的补偿，才会出借货币，这种补偿即利息。总之，在西方经济学家们看来，利息是对放弃货币的机会成本的补偿。

马克思经过科学地考察货币借贷过程及其结果后，指出：利息是使用借贷资金的报酬，是货币资金所有者凭借对货币资金的所有权向这部分资金使用者索取的报酬。

马克思的利息理论主要可以概括为以下几点。

(1) 资本所有权与资本使用权的分离是利息产生的经济基础

马克思认为，利息是与借贷资本相联系的一个范畴，借贷资本是一种所有权与使用权相分离的货币资本，货币资本家拥有借贷资本法律上的所有权，贷出的只是借贷资本的使用权，但借贷资本一经贷出，就现实地为职能资本家所占有，职能资本家实际上拥有借贷资本经济上的所有权。借贷资本法律上的所有权与经济上的所有权相分离，反映了货币资本家与职能资本家的对立。在这种经济关系下，作为贷者的货币资本家不能不要求补偿，因为他让渡出去的是借贷资本而不是单纯的货币，同时作为借者的职能资本家也能够予以补偿，因为他得到的是借贷资本而不是单纯的货币。所以，利息在这样的关系下应运而生，收付利息是协调货币资本家和职能资本家之间对立关系的不可缺少的条件。

(2) 利息是剩余价值的转化形式

马克思从利息的来源考察，认为利息是剩余价值的转化形式。把利息的性质确认为剩余价值的转化形式具有重要的意义。它肯定了利息的来源是劳动者创造的价值，明确了利息与利润之间的量的关系，即利润是利息的最高界限，揭示出资本家与劳动者的对立关系。

(3) 利息是借贷资本的"价格"

马克思指出，"如果价格表示商品的价值，那么，利息表示货币资本的增值，因而表现为一个为货币资本而支付给贷款人的价格"。又说，"生息资本虽然是和商品绝对不同的范畴，但却变成特种商品，因而利息就变成了它的价格"。但是，马克思还指出，生息资本的借贷不同于一般商品的买卖，生息资本的借入者支付给贷者的是本金和利息，因而把利息称作借贷资本的价格是不合理的，它违背了价格是商品价值的货币表现的规定。因此，这里的"价格"是带引号的。

2. 利息的计算

(1) 单利和复利

利息有两种基本计算方法：单利计算法与复利计算法。

单利计算法就是不管贷款期限的长短，仅按本金计算利息，当期本金所产生的利息不计入下期本金计算利息。因此，单利计算的特点是对利息不再付息。其计算公式是：

$$I = Prn$$

$$S=P(1+rn)$$

式中：I 为利息额；P 为本金；r 为利息率；n 为借贷期限；S 为本金和利息之和，简称本利和。例如，一笔为期 5 年、年利率为 6%的 10 万元贷款，利息总额为 100 000 元×6%×5 = 30 000 元，本利和为 100 000 元×(1+ 6%×5) = 130 000 元。

复利是一种将上期利息转为本期本金一并计息的计算方法。如按年计息，第一年按本金计息；第一年末所得的利息并入本金，形成第二年的本金并以此计算方法计息；第二年末的利息并入本金，形成第三年的本金并以此计算方法计息；以此类推，直至信用契约期满。中国对这种复利计息方法通俗地称为“息上加息”。其计算公式是：

$$S=P(1+r)^n$$

$$I=S-P$$

若将上述实例按复利计算，则：

$$S = 100\,000\times(1+6\%)^5 = 133\,322.56(\text{元})$$

$$I = 133\,822.56-100\,000 = 33\,822.56(\text{元})$$

即按复利计息，比按单利计算可多得利息 33 822.56 元。

(2) 我国的利息计算

根据我国现行利率政策，活期存款是按复利计息，每年 6 月 30 日作为结息日，所结利息计入本金计息，其余类型存款均按单利计息。我国各项贷款均按单利按季结息，每季度末月第 20 日为结息日，若结息日不能支付利息，欠息部分就并入本金，计收复利。

事实上，在我国一直执行单利政策过程中，始终没有忘记复利因素。这一点从我国的利率表中就可以反映出来。我国的利率表一直遵循着这样的原则：对同样的金额来讲，在一定期限内，按单利方法计算的定期存款利息必须大于按复利方法计算出来的活期储蓄利息；按单利方法计算的长期定期存款利息必须大于按复利方法计算出来的期限较短的定期存款利息。

(3) 复利反映利息的本质特征

利息是信用关系赖以生存的条件。利息既是债权人的一项收入来源，也是债权放弃资金流动性，暂时放弃其他赚钱机会的补偿。经济社会中既然产生了并长期存在着利息这一经济范畴，就表明了资金可以只依其所有权取得一部分社会产品的分配权利，其存在的合理性，使得复利的存在也具有了合理性。因为按期结出的利息属于贷出者所有，贷出者有权对这部分利息的使用者收取利息。因此，只有复利才能真正反映利息的本质特征。

(4) 现值与终值

经济学上，将现在的货币资金价值称为现值，将现在的货币资金在未来的价值称为终值。现值与终值是相对而言的，而且二者可以相互换算，但换算是通过复利方法来完成的。例如，一笔价值为 100 万元的货币存入银行 10 年，银行存款利率为 15%，则 100 万元的现值相当于 10 年后的价值(终值)为 404.6 万元。换算方法是 $100\times(1+15\%)^{10}=404.6$ 或者颠倒过来，10 年后的 404.6 万元的价值只相当于现时点的 100 万元(现值)，换算方法是 $404.6/(1+15\%)^{10}=100$(万元)。

3.1.2 利率及其种类

1. 利率的含义

利息产生于货币资金的交易。没有货币资金的借贷(买卖)活动，就没有信用存在，也就没有利息。因此，利息从表面上看是货币受让者借贷资金而付出的成本，从实质上讲却是利润的一部分，是剩余价值的特殊转化形式。利息来源于社会财富的增值部分，体现的是国民收入的再分配，最终表现为社会收益的一般形态。

利率是利息率的简称，是指借贷期间所形成的利息额与本金的比率，是借贷资本的价格。一般情况下，利息率的最高界限为平均利润率，最低界限为零。利息率的计算公式如下：

$$利息率=\frac{利息额}{本金}\times 100\%$$

按照计算利息的时间，可将利率分为年利率、月利率和日利率。在中国，利率习惯上用“厘”来表示。因此，年利率又称年息几厘，一般用本金的百分比来表示；月利率又称月息几厘，一般用本金的千分比来表示；日利率又称日息几厘，一般用本金的万分比来表示。此外，还可以用“分”作为利率单位。由于分是厘的 10 倍，所以，如果是年息 5 分，则表示年利率为 50%；如果是月息 5 分，则表示月利率为 5%。年利率与月利率及日利率之间的换算公式为：

$$年利率=月利率\times 12=日利率\times 360$$

2. 利率的种类

依据不同的分类标准，利率有多种划分方法。

(1) 市场利率、官方利率与公定利率

这种划分是按利率的决定主体不同来划分的。市场利率是指由资金供求关系和风险收益等因素决定的利率。一般来说，当资金供给大于需求时，市场利率会下降；当资金供给小于需求时，市场利率会上升。并且，当资金运用的收益较高，资金运用的风险也较大时，市场利率也会上升；反之亦反。因此，市场利率能够较真实地反映市场资金供求与运用的状况。

官方利率是由货币管理当局根据宏观经济运行的状况和国际收支状况及其他状况来决定的利率，它可用做调节宏观经济的手段。因此，官方利率往往在利率体系中发挥主导性作用。

公定利率是指由金融机构或行业公会、协会(如银行公会等)按协商的办法所确定的利率。公定利率只对参加该公会或协会的金融机构有约束作用，而对其他金融机构则没有约束作用，但是，公定利率对整个市场利率有重要影响。

官方利率和行业公定利率在一定程度上分别反映了政府、行业组织对市场利率形成的干预，代表着政府货币政策意志。由于官方利率和公定利率是非市场行为，因此，与市场利率存在偏差，导致货币供给与货币需求偏离均衡点，使社会资源不能得到充分的利用。我国目前以官方利率为主，绝大多数利率仍由中国人民银行制定，报经国务院批准后方可执行。市场利率范围非常有限，目前只是在同业拆借等领域内实施。随着我国金融国际化步伐的加快，中央银行的利率管制将逐步放开，最终走向利率市场化。

(2)固定利率与浮动利率

这种划分是按资金借贷关系存续期内利率水平是否变动来划分的。固定利率是指在整个借贷期限内，利率水平保持不变的利率。在物价稳定的条件下，固定利率具有简便易行、便于借贷双方进行成本收益核算的优点。固定利率适合短期资金借贷关系。因为未来是不确定的，如果借贷期限较长，市场变化又难以预测，使用固定利率就可能使借款人或贷款人承担利率变化的风险。当未来利率上升时，贷款人要承担利息损失的风险；当未来利率下降时，借款人则要承担利息成本较高的风险。

浮动利率是指在借贷关系存续期内，利率水平可随市场变化而定期变动的利率。浮动利率水平变动的依据和变动的时间长短都由借贷双方在建立借贷关系时议定。在国际金融市场上，多数浮动利率都以 LIBOR(伦敦银行间同业拆借利率)为参照指标而规定其上下浮动的幅度。这种浮动幅度是按若干个基点来计算的，通常每隔 3 个月或 6 个月调整一次。实行浮动利率对借贷双方来说，其计算成本、收益的难度要大一些，并且对借贷双方利率管理的技术要求也比较高。

但是，实行浮动利率的借贷双方所承担的利率风险比较小。浮动利率适合在市场变动较大，而借贷期限又较长的融资活动中实行。在我国，浮动利率还有另外一种含义，即指金融机构在中央银行规定的浮动范围内，以基准利率为基础，自行确定的利率。利率浮动高于基准利率而低于最高幅度(含最高幅度) 时，称为“利率上浮”，低于基准利率而高于最低幅度(含最低幅度) 时，称为“利率下浮”。为了发挥利率的杠杆作用，我国从 1987 年 1 月 24 日开始，允许各金融机构流动资金贷款利率在规定的幅度内浮动，后又多次调整了利率浮动的范围和幅度。

(3)名义利率与实际利率

这种划分是按利率水平是否剔除通货膨胀因素来划分的。在借贷过程中，债权人不仅要承担债务人到期无法归还本金的信用风险，而且要承担货币贬值的通货膨胀风险。实际利率，是指剔除通货膨胀因素的利率，即物价不变，从而货币购买力不变条件下的利息率，例如，假定某年度物价没有变化，某甲从某乙处取得 1 年期的 1 万元贷款，年利息额 500 元，实际利率就是 5%。但物价不变这种情况在当今世界的现实经济生活中是少见的，而物价不断上涨则似乎是一种普遍的趋势。如果某一年的通货膨胀率为 3%，这年末收回的 1 万元本金实际上仅相当于年初的 9 707 元，本金损失率近 3%。为了避免通货膨胀给本金带来的损失，假设仍然要取得 5% 的利息，那么粗略地计算，必须把贷款利率提高到 8% 。这样，才能保证收回的本金和利息之和与物价不变以前的相当。这个 8% 的利率就是名义利率。

因此，所谓名义利率，是指没有剔除通货膨胀因素的利率，即包括补偿通货膨胀风险的利率。概略的计算公式可以写成：

$$i=r+p$$

式中：i 为名义利率；r 为实际利率；p 为借贷期内物价的变动率。

但是通货膨胀对于利息部分也有使其贬值的影响。考虑到这一点，名义利率还应作向上的调整。这样，名义利率的计算公式可以写成：

$$i = (1 + r) \times (1 + p) - 1$$

按照上例，名义利率应当是(1+ 5%)×(1+ 3%)−1 = 8.15%，而不是 8%。

从公式 $i=(1+r)\times(1+p)-1$ 中可以推出实际利率计算公式：

$$r = \frac{1+i}{1+p} - 1$$

上式是目前国际上通用的计算实际利率的公式。

在通货膨胀的条件下，市场各种利率都是名义利率，而实际利率却不易直接观察到。通常是利用上述公式，根据已知的名义利率和通货膨胀率推出实际利率。至于名义利率的变动，在利率可以自由变动的市场经济中，取决于对实际利率的预期与对通货膨胀的预期。通货膨胀率，由于它通常是处于不断变动的过程中，所以签约时的通货膨胀率并不一定是还款时候的通货膨胀率，而对保持本金不受损失来说，主要的是要考虑还款时的通货膨胀率。如果物价下降，则意味着货币购买力上升，货币值钱了。按照实际利率不变的思路，应相应降低名义利率，但名义利率不可为负。一旦通货的升值率大于实际利率，利率会极大地下降乃至逼近于零，但一般不会倒付利息。因为利息不仅包含通货膨胀风险的补偿，而且包含对机会成本和信用风险的补偿，等等。

需要说明的是，名义利率适应通货膨胀的变化而变化，但并非同步。由于人们对价格变化的预期往往滞后于通货膨胀率的变化，所以相对于通货膨胀率的变化，名义利率的变化也往往有滞后的特点，但这不是绝对的。此外，名义利率也会由于其他原因而与通货膨胀并不保持一致。例如，税率被应用于名义收益，而财富可能受到突发性通货膨胀的不利影响。基于这些原因，名义利率不会精确地反映通货膨胀。

(4) 一般利率与优惠利率

这种划分是按金融机构对同类存贷款利率制定不同的标准来划分的。后者的贷款利率往往低于前者，后者的存款利率往往高于前者。贷款优惠利率的授予对象大多为国家政策扶持的项目，如重点发展行业、部门及对落后地区的开发项目等。在国际借贷市场上，低于 LIBOR 的贷款利率被称为优惠利率。存款优惠利率大多用于争取目标资金来源。例如，我国曾经实行的侨汇外币存款利率就高于普通居民外币存款利率。此外，各银行为了争取大额稳定的资金来源，也会给某些特殊存款户以高于市场一般水平的利率。在我国，擅自以提高利率拉存款的做法属违规，是不允许的。当然，在外币利率改革以后，各银行对 300 万美元以上存款支付的利率虽然都高于一般利率，但这是制度所允许的，不属违规行为。

(5) 长期利率与短期利率

信用有长、短期之分，因而长期信用使用的利率就是长期利率，短期信用使用的利率便是短期利率。一般而言，通常以 1 年为标准。凡是借贷期限满 1 年的利率为长期利率，不满 1 年的则为短期利率。长期利率要高于短期利率，但当收益曲线为负时，情况就有所不同。

(6) 基准利率与市场其他利率

这种划分是按利率所处的地位来划分的。基准利率指的是在市场存在多种利率的条件下起决定作用的利率，当它变动时，其他利率也会相应发生变化。在西方国家，基准利率一般是指中央银行的再贴现率，它的变动将决定市场上其他利率如存款利率、贷款利率、国债利率、同业拆借利率等的变动。我国目前基准利率的形式是中国人民银行的再贷款利率(含再贴现利率)、准备金利率及中国人民银行规定的存款利率和贷款利率四种，这与西方国家以某一种利率为基准利率有本质区别，因此实质上我国并没有基准利率。

除了以上分类外，利率的种类还有金融机构同业拆借利率、国债利率、公司债券利率、一级市场利率、二级市场利率，等等。

3.2 利率的决定及影响因素

3.2.1 利率的决定

利率决定理论主要研究利率水平的决定机制，探讨利率变动的原因及利率差异的原因，本部分重点介绍几种有代表性的利率决定理论。

1. 马克思的利率决定理论

马克思的利率决定理论是以剩余价值在不同资本家之间的分割作为起点的。马克思指出，利息是贷出资本家从借入资本的资本家那里分割来的一部分剩余价值。剩余价值表现为利润，因此，利息量的多少取决于利润总额。利息率取决于平均利润率。正如马克思所言："因为利息只是利润的一部分……所以，利润本身就成为利息的最高界限，达到这个最高界限，归职能资本家的部分就会等于零"。利息不可以为零，否则借贷资本家就不会把资本贷出。因此，利息率的变化范围是在零与平均利润率之间。当然，并不排除利息率超出平均利润率或事实上成为负数的特殊情况。

利润率决定利息率，从而使利息率具有以下特点。

①随着技术发展和资本有机构成的提高，平均利润率有下降趋势，因而也影响平均利息率有同方向变化的趋势。由于还存在某些其他影响利息率的因素，如社会财富及收入相对于社会资金需求的增长程度，信用制度的发达程度等，它们可能会加速这种变化趋势或者抵消该趋势。

②平均利润率虽有下降趋势，但这是一个非常缓慢的过程。就一个阶段来考察，每个国家的平均利润率则是一个相当稳定的量。相应地，平均利息率也具有相对的稳定性。

③由于利息率的高低取决于两类资本家对利润分割的结果，因而使利息率的决定具有很大的偶然性，如同"一个股份公司的共同利润在不同股东之间按百分比分配一样，纯粹是经验的、属于偶然性王国的事情"。这就是说，平均利息率无法由任何规律决定；相反，传统习惯、法律规定、竞争等因素，在利率的确定上都可直接起作用。

在现实生活中，人们面对的是市场利息率，而非平均利息率。平均利息率是一个理论概念，在一定阶段内具有相对稳定的特点；而市场利息率则是多变的，但不论它的变化如何频繁，在任一时点上都总表现为一个确定的量。

2. 古典利率理论

19世纪八九十年代，奥地利经济学家庞巴维克(1851—1914年)、英国经济学家马歇尔(1842—1924年)、瑞典经济学家维克塞尔(1851—1926年)和美国经济学家费雪(1867—1947年)等人对支配和影响资本供给与需求的因素进行了深入的探讨，终于提出资本的供给来自于储蓄，资本的需求来自投资，从而建立了储蓄与投资决定利率的理论。由于这些理论严格遵循着古典经济学重视实物因素的传统，强调非货币的实际因素在利率决定中的作用，因此被西方经济学者称为古典利率理论，也被后人称为实际利率理论。

古典利率理论认为，利率决定于储蓄与投资的均衡点。投资是利率的递减函数，即利率提高，投资额下降；利率降低，投资额上升；储蓄是利率的递增函数，即储蓄额与利率成正相关关系。古典利率理论可以用图3-1来表示。

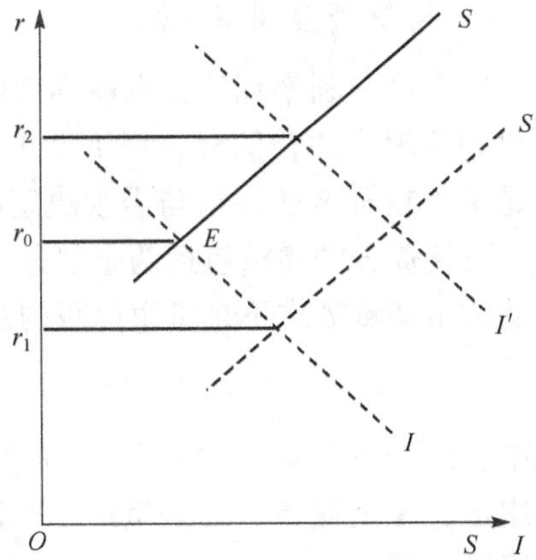

图3-1 古典利率决定理论

图3-1中，I是投资曲线，即投资与利率的线性关系。古典利率理论认为，当投资的边际收益率发生变动时，投资曲线会发生移动。图3-1中，投资曲线由I上升到I'是由于投资的边际收益上升造成的。由于投资边际收益上升，单位投资可以承担较高的利息成本，因此利率一定时，投资量将增加。反之，当投资的边际收益下降而利率一定时，投资量将减少，否则，增加的投资将产生亏损。S是储蓄曲线，即储蓄与利率的线性关系。古典的利率理论认为，当边际储蓄倾向发生变动时，储蓄曲线会发生移动，图3-1中，储蓄曲线由S移到S'是由于边际储蓄倾向提高引起的。由于边际储蓄倾向提高，在收入与利率一定时，储蓄总量增加；相反，若边际储蓄倾向下降，在收入与利率一定时，储蓄总量将减少。市场的均衡利率是由投资与储蓄两条曲线的相交点决定的，图中的E点是I与S的相交点，在这一点上储蓄与投资相等，即$S_0=I_0$，并决定了均衡利率r_0。

3．凯恩斯流动偏好利率理论

凯恩斯认为，利率决定于货币供给与货币需求的数量，而货币需求又基本取决于人们的流动性偏好。为此，凯恩斯提出了关于货币需求的流动偏好理论。他认为，人们对收入有两个抉择，一是在总收入中确定消费与储蓄的比例，即现在消费还是未来消费的选择；二是在储蓄总量确定后，具体储蓄形成的选择， 即流动偏好的选择。假定人们的收入支出只有两种资产的选择，即人们或者用其收入购买债券，从而获得利息；或者手持现金，从而满足其交易的需求、预防的需求和投机的需求。凯恩斯认为，由于人们无法准确预测未来，人们宁愿放弃债券投资可能带来的利息收入，也不愿放弃对流动性强的资产——现金的持有， 即人们对货币具有流动性偏好。人们进行债权投资可能带来的利息收入，是放弃流动性强的现金资产的报酬。因此，由于流动性偏好所形成的货币需求是利息的递减函数。凯恩斯认为，人们持有现金从而满足其交易和预防货币需求的量与利率无关，而与收入正相关。如图3-2所示，用L_1代表交易需求，用L_2代表投机性需求，Y代表总收入，则$L_1(Y)$为收入Y的递增函数，$L_2(r)$为利率的递减函数，货币总需求可表述为：$L = L_1 + L_2 = L_1(Y) + L_2(r)$，货币供给量为$M$，其中$M_1$满足$L_1$，$M_2$满足$L_2$。利率决定于货币的供求关系，是人们保持货币的欲望与现有货币数量间的均衡价格。即$M=M_1+M_2=L_1(Y)+L_2(r)$，这样，利率就由流动性偏好曲线与货币供给曲线共同决定。

货币供给量M由货币当局决定，一定时期内是不变的，因此，货币供给曲线是一条垂线；货币需求曲线 $L=L_1+L_2$，是一条向右下方倾斜的曲线，越向右，越与横轴平行。当利率降低到一定程度之后，人们预计有价证券的价格不可能继续上升，因而会持有货币，以免证券价格下跌时遭受损失。这时，人们对货币的需求趋向于无穷大，这便是凯恩斯利率理论中著名的"流动性陷阱说"。

4．可贷资金利率理论

新古典的利率理论，也被称为借贷资金学说(Theory of Loanable Funds)，1939 年由新古典利率理论的首倡者、剑桥学派的代表人物罗伯逊(D. H. Robertson)提出，他认为，利率是由可贷资金的供给与需求决定的。

可贷资金的需求包括两个部分，一是投资需求，二是货币储藏的需求。这里影响市场利率的货币储藏需求不是货币储藏的总额，而是当年货币储藏的增加额。用公式来表示，即：

$$L_d = I(i) + \Delta H(i)$$

式中：L_d 为可贷资金的需求；I 为投资；ΔH 为货币储藏的增加额。可贷资金的供给由三部分组成，一是储蓄，二是货币当局新增发的货币数量，三是商业银行的信用创造。用公式来表示，即：

$$L_s=S(i)+\Delta M(i)+DH(i)$$

式中：L_s 为可贷资金的供给；S 为储蓄；ΔM 为货币当局的货币增发额和商业银行的信用创造。可贷资金学说认为，ΔH 与 I 一样，也是利率的递减函数；ΔM 却不同于 S，ΔM 是货币当局调节货币流通的工具，是个关于利率的外生变量，与利率无关。

可贷资金学说认为，储蓄与投资决定自然利率，而市场利率则由可贷资金的供求关系来决定，当可贷资金供给与可贷资金需求达到均衡时，有 $S(i)+\Delta M(i)+DH(i)=I(i)+\Delta H(i)$，如图 3-3 所示。

可贷资金利率理论从流量的角度研究借贷资金的供求和利率的决定，可以直接用于金融市场的利率分析。特别是资金流量分析方法和资金流量统计建立之后，用可贷资金理论对利率决定做实证研究有实用价值。

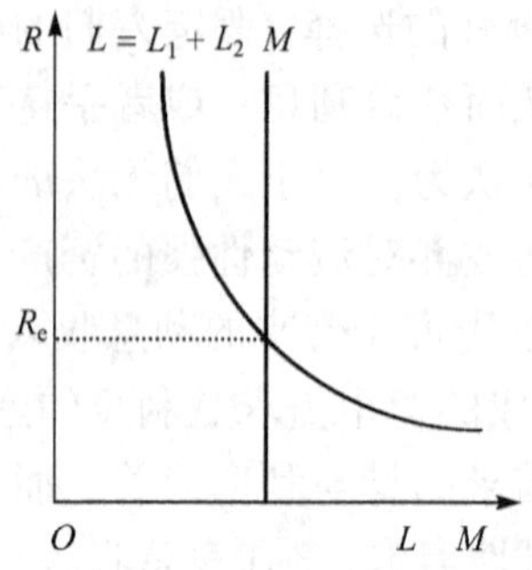

图 3-2　凯恩斯利率决定理论

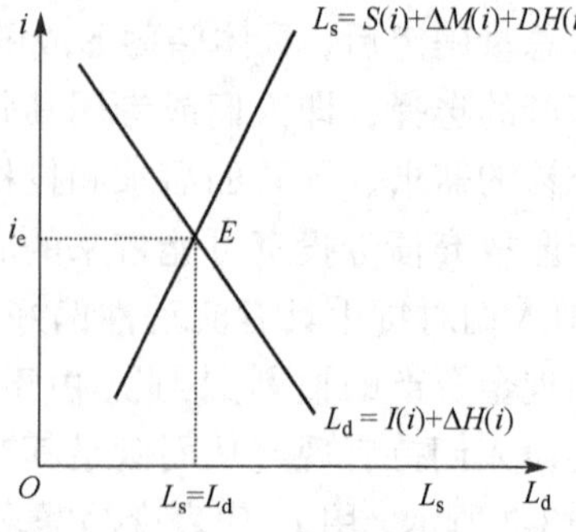

图 3-3　可贷资金利率理论

5．*IS–LM* 模型的利率决定

1937 年英国著名经济学家希克斯等人充分考虑了收入在利率决定中的作用，提出了一般均衡理论基础上的 *IS–LM* 模型，该模型是从整个市场全面均衡来讨论利率的决定机制的。其理论基础有以下几点。

①整个社会经济活动可分为两个领域：实际领域和货币领域。在实际领域中要研究的主要对象是投资 I 和储蓄 S，在货币领域中要研究的主要对象是货币需求 L 和货币供给 M。

②实际领域均衡的条件是投资 I=储蓄 S，货币领域均衡的条件是货币需求 L=货币供给 M，整个社会经济均衡必须在实际领域和货币领域同时达到均衡时才能实现。

③投资是利率 r 的反函数，即 $I(r)$；储蓄是收入 Y 的增函数，即 $S(Y)$。货币需求可按不同的需求动机分为两个组成部分 L_1 和 L_2，其中，L_1 是满足交易与预防动机的货币需求，又是收入的增函数，即 $L_1(Y)$；而 L_2 是满足投机动机的货币需求，它是利率的反函数，即 $L_2(i)$。即货币需求 $L=L_1+L_2$；货币供给 M 在一定时期由货币当局确定，因而是经济的外生变量。根据以上条件，必须在实际领域找出 I 和 S 相等的均衡点的轨迹，即 IS 曲线；在货币领域找到 L 和 M 相等的均衡点的轨迹，即 LM 曲线。然后由这两条曲线所代表的两个领域同时达到均衡的点来决定利率和收入水平，此即 IS–LM 模型。其中，IS 曲线是产品市场均衡时利率与收入组合点的轨迹，$S=I$ 是产品市场均衡的条件。储蓄 S 是收入 Y 的递增函数，投资 I 是利率的递减函数，因此，$S(Y)=I(r)$，市场均衡利率是产品市场与货币市场同时达到均衡时决定的，即由 IS 曲线与 LM 曲线相交点 E 决定的(图 3-4)。

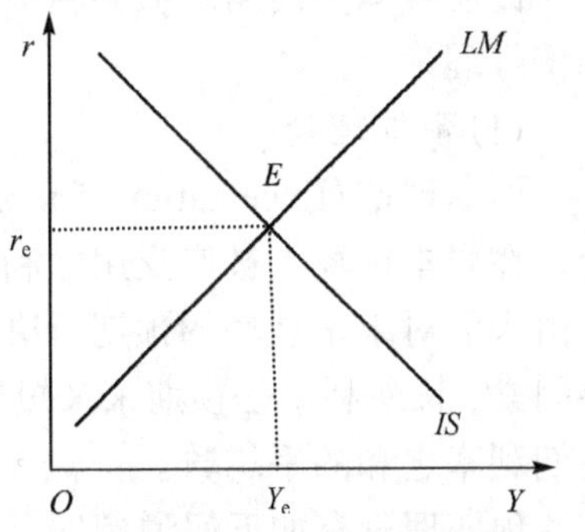

图 3-4 IS–LM 模型下的利率决定理论

从 IS–LM 模型我们可得到以下结论：均衡利率的大小取决于投资需求函数、储蓄函数、流动偏好(即货币需求函数)、货币供给量。当资本投资的边际效率提高，IS 曲线将向右上方移动，利率将上升；当边际储蓄倾向提高，IS 曲线将向左下方移动，利率将下降；当交易与谨慎的货币需求增强，即流动偏好增强时，LM 曲线将向上移动，因此利率将提高；当货币供给增加时，LM 曲线将向下移动，利率将降低。IS–LM 模型是揭示利率决定的比较系统的理论，该模型成为分析利率变动趋势的一个较好的工具。

6．期限结构理论

利率的期限结构是指不同期限的利率之间的关系，这可用债券的回报率曲线来表示。这是因为在一般情况下，债券回报率和利率有同向变动关系。这种债券的回报率曲线是指把期限不同，但风险、流动性和其他条件相同的债券回报率连成的一条曲线。这种曲线有四种可能的状态，如图 3-5 所示。

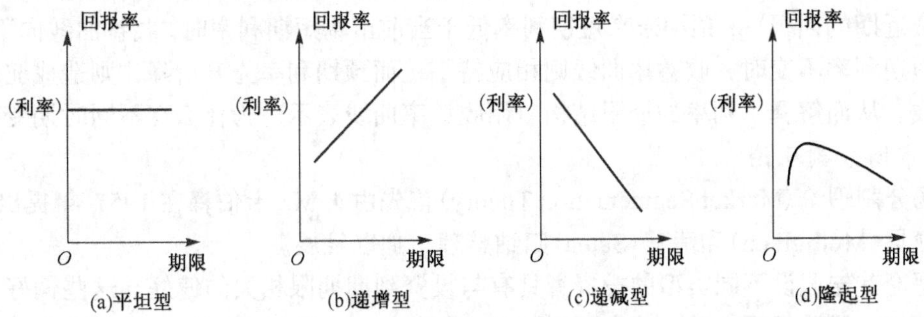

图 3-5 债券回报率曲线的四种可能状态

其中，(a)平坦型，表明长期利率和短期利率水平相同，这种情形很罕见；(b)递增型，表明利率水平和期限同增，期限越长，利率水平越高，这种情形最常见；(c)递减型，表明期限越长，利率水平越低，这种情形很少见；(d)隆起型，表明一种利率起初随期限延长，利率水平逐步上升，而在一定期限后，利率水平随期限延长而缓缓下降，这种情形也较多见。利率期限结构理论首先解释了收益率曲线为什么在不同的条件下具有不同的形状，其次解释了三个重要的经验事实：一是债券的期限不同，其利率随着时间长短波动；二是短期利率低，收益曲线更趋于向上倾斜，短期利率高，收益曲线更趋于向下倾斜；三是收益曲线几乎总是向上倾斜。

目前解释不同期限债券利率之间关系的期限结构理论主要有预期理论、市场分割理论和偏好理论。

(1)预期理论

预期理论(Expectation Theory)最早由费雪在 1896 年提出， 是最古老的期限结构理论，在资本市场上被广泛用做利率相关证券的定价依据。其基本观点是：利率曲线的形状是由人们对未来利率的预期所决定的，因此，对未来利率的预期是决定现有利率结构的主要因素；长期利率是预期未来短期利率的函数，长期利率等于当期短期利率与预期的未来短期利率之和的平均数。

预期理论有如下假说条件：

①持有债券和从事债券交易时没有税收和成本的影响；

②没有违约风险；

③具有完善的货币市场，资金的借贷双方能够正确合理地预期短期利率的未来值；

④所有投资者都是利润最大化的追求者，他们购入具有较高预期收益率的债券，也不持有预期收益率低于其他具有不同到期期限的债券；

⑤不同期限的债券可以完全替代，即不同期限的债券的预期回报率必须相等。

在这些假说条件下，它认为任何证券的利率都同短期利率的预期有关，即长期债券的利率等于长期债券到期之前人们对短期利率预期的平均值。例如，在当前市场上 1 年期债券的收益率是 6%，预期明年的 1 年期债券的收益率是 7%，后年的 1 年期债券的收益率是 8%，那么当前市场上 3 年期债券的收益率应为 $(6\%+7\%+8\%)/3=7\%$。

该理论表明：长期利率是由未来短期利率的市场预期所决定的。因此，预期决定了利率期限结构的形式。利率期限结构形式的变化反映了未来短期利率的市场预期的变动。预期未来短期利率高于当前市场短期利率时，收益率曲线向上倾斜（表明投资将来的回报要大于投资近期的回报）；预期未来短期利率低于当前市场短期利率时，收益曲线向下倾斜；当预期短期利率不变时，收益率曲线则相应持平；而预期利率先升后降，则造成驼峰型的收益曲线。从而解释了利率的期限结构（用收益率曲线表示）为什么在不同时期变动。

(2)市场分割理论

市场分割理论(Market Segmentation Theory)首先由 J. M. 卡伯森在 1957 年提出，后经莫迪利亚尼(Modigliani)和萨其(Suteh)归纳整理，加以发展。

该理论首先假设不同类型的投资者具有与投资到期期限相关的偏好。这些偏好与他们的债务结构、风险厌恶有关，或者两者兼有。例如，一个寿险公司给它的保险单持有者以长期承诺，因而它愿意投资于在一个较长时期内提供稳定收益率的证券。另一方面，商业银行通常拥有短期负债，它们可能愿意投资于短期贷款和流动证券。个人投资者既可能喜欢短期投资也可能喜欢长期投资，这取决于他们对承担风险的需要和能力。除了不同期限的证券投资者，债务发行者也需要在他们所资助的项目期限内锁定一个给定的利率。这样，借入方与出借方之间的交互作用产生了不同到期期限证券的供给与需求曲线。这些需求和供给曲线反映了投资者对长期利率变化的预期和他们对参与某个分割市场的偏好。

由于投资者的偏好，他只喜欢这种债券，而不喜欢另一种债券；故只关心偏好的期限债券的预期回报率，从而导致不同期限的债券不能完全替代。由此可见，该理论将不同期限的债券市场视为完全独立和分割的市场。由于市场是分割的，资金不能在长短期市场上自由移动，这样，各种期限债券的利率就由该种债券的供求决定，而不受其他期限债券预期回报率的影响，亦即收益率曲线的不同形状为不同期限债券的供求差异所决定。一般来说，投资者偏好期限较短、利率风险较小的债券(这看起来比较符合情理)，所以分割市场理论可以解释第三个事实，即典型的收益率曲线向上倾斜的原因。因为在典型的情况中，对长期债券的需求比对短期债券少，所以长期债券价格较低，利率较高，将来买进长期债券的收益高于短期利率，收益率曲线因此向上倾斜，但无法解释第一个和第二个事实。

市场分割理论虽然考虑到某些投资者或借贷者偏好长期证券投资的事实，因而在一定程度上补充了预期理论的不足，但其最大缺陷是忽略了长、短期证券市场之间的重要联系。

(3) 偏好理论

偏好理论(Preferred Habitat Theory)是预期理论和市场分割理论的折中，它接受了下列观点，即期限结构反映了对未来利率变化以及风险收益的预期，然而偏好理论抛弃了风险收益的增长一定得与期限保持完全一致的观点。该理论的支持者认为，只有在所有的投资者都打算以最短的时间结清所投资金，而所有的借款人都急于借取长期资金时，第二个结论才能成立。由于机构投资者的持有期限取决于其负债的性质，因此可以拒绝这个假设。

偏好理论认为，如果一定期限的资金供求并不一致，一些投资者和借款者就会转向其他的期限，显示出相反的不平衡，然而，他们需要适当风险收益的补偿，其大小反映了投资者对价格或再投资风险厌恶的程度。

因此，该理论提出，收益曲线的形状由长期利率的预期和诱使投资者改变偏好的风险收益(正或负)共同决定，显然，根据该理论，收益曲线向上、向下倾斜，或者水平、驼峰或其他复杂情形都有可能。

3.2.2 影响利率水平的因素

利率是计算使用借贷资金报酬的依据。利率水平的高低直接影响借款者的成本和贷出者的收益。决定和影响利率水平的因素是多种多样的，主要有以下五种。

1. 平均利润率

由于利息是利润的一部分，因此，利润率是决定利率的首要因素。根据市场法则，等额资本要获得等量利润，通过竞争和资源的流动，一个经济社会在一定时期内会形成一个平均利润率。这一平均利润率是确定各种利率的主要依据，它是利率的最高界限。当然，在一般情况下，利率也不会低于零。如果利率低于零，就不会有人出借资金了。所以，利率通常在平均利润率和零之间波动。从理论上讲，借贷利率不能高于平均利润率，但具体到我国的实际情况，有时借贷利率会高于平均利润率。改革开放初期，由于我国企业的债务负担和社会负担都较重，加上国家政策的因素和企业经营管理方面的原因，我国的企业尤其是国有企业经济效益不太理想，因此我国的社会平均利润率比较低，甚至低于银行存款的平均利率。随着经济改革的不断深入与发展，银行的借贷利率已逐渐趋于社会平均利润率之下。当然，经济发展的一些特殊时期，也会出现实际利率为负利率的情况，尤其是存款利率。从历史上看，在1990年9月—2011年4月这248个月中，约有88个月出现了负利率现象，分别是1992年12月—1995年11月、2003年11月—2005年3月(不包括2005年1月)、2006年12月—2008年10月(不包括2007年1月)和2010年2月—2011年4月。可以看出，负利率一旦出现，一般会持续较长时间，即使不考虑1992—1995年间由于价格闯关改革等带来的“异常”现象，平均也要持续20个月左右。

2. 借贷资金的供求关系

虽然从理论上讲，利率既不会高于平均利润率，也不会低于零，但实际上，决定某一时期某一市场上利率水平高低的是借贷资金市场上的供求关系，即利率是由借贷资金供求双方按市场供求状况来协商确定的。当借贷资金供大于求时，利率水平就会下降；当借贷资金供不应求时，利率水平就会提高，甚至高于平均利润率。

3. 预期通货膨胀率

在信用货币流通条件下，特别是在纸币制度下，物价变动是一种经常的现象。尤其是通货膨胀使借贷资金本金贬值，会给借贷资金所有者带来损失。为了弥补这种损失，债权人往往会在一定的预期通货膨胀率基础上来确定利率，以保证其本金和实际利息额不受到损失。当预期通货膨胀率提高时，债权人会要求提高贷款利率；当预期通货膨胀率下降时，利率一般也会相应地下调。

4. 中央银行货币政策

自从20世纪30年代凯恩斯主义问世以来，各国政府都加强了对宏观经济的干预。调整利率是政府干预经济最常用的货币政策手段之一。中央银行采用紧缩性货币政策时，往往会提高再贴现率、再贷款利率或其他由中央银行所控制的基准利率(如美国的联邦基金利率)；而当中央银行实行扩张性货币政策时，又会降低再贴现率、再贷款利率或其他基准利率，从而引导借贷资金市场利率作相应调整，并进而影响整个市场利率水平。

5. 国际收支状况

一国的国际收支状况对该国的利率水平也有重要的决定作用。当一国国际收支平衡时，一般不会变动利率。当一国国际收支出现持续大量逆差时，为了弥补国际收支逆差，需要利用资本项目大量引进外资。此时，金融管理当局就会提高利率。当一国国际收支出现持续大量顺差时，为了控制顺差，减少通货膨胀的压力，金融管理当局就可能会降低利率，减少资本项目的外汇流入。这当然也会使本国的借贷资金利率水平发生变化。

除了以上五种因素外，决定一国在一定时期内利率水平的因素还有很多。例如，在经济高涨时期，金融管理当局大多会提高利率；而在经济衰退时期，又大多会降低利率。一国的利率水平还与该国货币的汇率有关，当本币贬值时，会导致国内利率上升。此外，借贷期限长短、借贷风险大小、国际利率水平高低、一国经济开放程度、银行成本、银行经营管理水平等，都会对一国国内利率产生重要影响。因此，一定时期利率水平的变动，必须综合分析各种因素，才能找出利率水平变动的主要原因。

3.3 利率管理与利率市场化

3.3.1 利率管理体制的概念与类型

一国的利率管理体制是利率政策的一个重要内容，利率杠杆的功能能否发挥出来，发挥得怎么样，与利率管理体制有很大关系。

1. 利率管理体制的概念与类型

利率管理体制是一国经济管理体制的组成部分，它规定了金融管理当局或中央银行的利率管理权限、范围和程度。各国采取的利率管理体制大致可以分为三种类型：①国家集中管理；②市场自由决定；③国家管理与市场决定相结合。大多数国家在相当长的时间内采取了最后一种利率管理体制，即国家管理与市场决定相结合的利率管理体制，但国家管理的程度和方式各有不同。从 20 世纪 70 年代开始， 西方大多数国家逐步放松了利率管制，金融市场的利率更多地由市场决定，呈现出一种利率自由化的趋势，并于 20 世纪 80 年代先后完成了利率市场化改革。

美国自从联邦储备体系建立起来之后，就开始对利率实行比较严格的管制，而且对利率的管制很早就以法律的形式出现。1933 年《联邦储备法》中著名的“Q 号规则”(即 Q 条例)禁止商业银行对活期存款支付利息，并对定期存款和储蓄存款规定了利率最高限，但“Q 号规则”一开始就受到非议。从 20 世纪 60 年代开始，联邦储备委员会逐步放松了利率管制。1980 年美国国会通过《存款机构放松管制和货币控制法》(即“新银行法”)，决定分阶段取消“Q 号规则”。到 1986 年，所有联邦储备银行对存款利率上限的限制全部被取消，同时还取消了一些贷款的最高利率限制。这表明借贷双方要按市场利率支付或收取利息，联邦储备委员会则通过它掌握的贴现利率来影响市场利率的变动。

英国从 18 世纪初期到 1971 年，长期实行集中控制型的利率管理体制，英格兰银行控制再贴现利率，商业银行通过它们之间的利率卡特尔协议而使其存、贷款利率随再贴现利率同步变动。1971 年，英格兰银行宣布取消贴现率，同时要求商业银行和贴现行取消在利率方面的卡特尔协议。1972 年 10 月，英格兰银行又决定以最低贷款利率取代贴现率，而最低贷款利率又是商业银行制定利率的准绳。1981 年 8 月，英格兰银行宣布取消每周公布最低贷款利率的做法，英国的利率管理体制走上了自由化的道路。

从美国、英国等国家利率自由化的实践来看，利率自由化是金融自由化的重要组成部分，都是由银行等金融机构自发开始，都有一个过程，采取渐进式的方式向前推进。利率自由化的最终结局是利率由市场决定，利率随资金供求状况的变化而变化，从而更加有利于资金流向效益较好的行业、企业和产品，大大提高了资金的使用效益。

2．中国的利率管理体制及其变革

在计划经济体制下，中国的利率体制属高度管制型：利率由国务院统一制定，由中国人民银行统一管理。在向市场经济体制转轨的过程中，1995 年颁布的《中国人民银行法》规定，利率由中国人民银行做出决定，报国务院批准后执行。

我国的利率管理体制是在新中国成立初期，面对严重的通货膨胀、猖獗的投机倒把和高利贷活动的背景，政府采取的一系列严格管制措施中的一种。这在当时对于迅速制止金融物价领域的混乱局面和配合私营工商业的所有制改造等方面，收到了理想的效果。随着生产资料所有制社会主义改造的基本完成和高度集中的中央计划经济管理体制的建立，高度集权的利率管理体制也随之建立起来。在近 30 年的计划经济时期，利率管理的基本特征是利率档次少、水平低、利差小，管理权限高度集中，使得利率的经济调节作用相当薄弱。到 1978 年银行存贷款平均利率分别只有 1.05%和 4.72%。20 世纪 70 年代末实行经济体制改革与开放政策之后，这种局面才有所改变。这种改变首先是提高利率水平；其次是增加利率种类，档次分细，名义利率水平日趋提高；再次是利率的形成有了市场化的趋势。例如，到 1996 年 4 月 30 日，银行一年期企业存款和储蓄存款利率都为 10.98%，流动资金一年期贷款利率为 12.06%。当然，若考虑到这一过程中的通货膨胀率，实际利率并不高且有时还是负利率。到了 1996 年以后，在通货膨胀率大幅回落的情况下，利率就显得高了。于是从 1996 年开始已连续 8 次下调利率。当时的通货膨胀率为负，因而实际利率并不低。

进入 21 世纪以来，中国理论界关于利率管理体制讨论得较多的是如何建立一个灵活的利率决定机制，现在看来，改革的目标已经很明确，那就是经过利率市场化改革后，我国将形成以中央银行的基准利率为核心，以同业拆借利率为中介目标利率，各种市场利率围绕其波动的完善的市场利率体系。

3.3.2 利率市场化

1．利率市场化的含义

利率市场化，是指通过市场和价值规律机制，在某一时点上由供求关系决定的利率运行机制，它是价值规律作用的结果。它强调在利率决定中市场因素的主导作用，真实地反映资金成本与供求关系，灵活有效地发挥其经济杠杆作用，是一种比较理想的、符合市场经济要求的利率决定机制。

2．我国的利率市场化趋势

从世界各国利率市场化的过程来看，可分为三个阶段：第一阶段的目标是将利率提高到接近市场均衡状态的水平，保持经济、金融运行稳定；第二阶段的目标是通过扩大利率浮动范围，下放利率浮动权，以完善利率浮动机制；第三阶段的目标是通过增加金融交易品种，扩大交易规模，形成金融资产多样化，先在非存贷款金融交易中实现利率自由化，然后通过这些金融交易与银行存、贷款业务的竞争，促使银行先放开贷款利率，再放开存款利率，最终实现利率市场化。

借鉴国外实行利率市场化改革的成功经验，我国自 20 世纪 90 年代起，加快了利率体制改革的步伐。中国人民银行货币政策委员会明确提出，金融体制改革的一个重要内容

是实现利率市场化。中国人民银行还提出了我国利率市场化改革的次序，那就是：先外币，后本币；先农村，后城镇；先贷款，后存款；先大额，后小额。近年来，我国的利率市场化改革也正是按照这一思路在进行，并在实践中取得了较好的效果。

(1) 结合国情放开同业拆借市场利率

货币市场是利率市场化的基础，它有利于形成市场化的利率信号。市场化的利率信号的真实性和可信度，取决于货币市场的规模及其覆盖面。货币市场的覆盖面越广，参与者的种类越多，则市场的广度和深度越好，其资金交易中形成的利率水平越能准确反映资金供求状况。特别是同业拆借市场上形成的同业拆借利率，代表着市场主体取得批发性资金的成本，对整个金融市场利率水平具有导向性的作用。从1996年1月1日起，所有同业拆借业务均通过全国统一的同业拆借市场网络办理，生成了中国银行间拆借市场利率(CHIBOR)。至此，银行间拆借利率放开的制度、技术条件基本具备。

1996年6月1日，中国人民银行《关于取消同业拆借利率上限管理的通知》明确指出，银行间同业拆借市场利率由拆借双方根据市场资金供求自主确定。银行间同业拆借利率正式放开，标志着利率市场化迈出了具有开创意义的一步，为此后的利率市场化改革奠定了基础。

(2) 进一步扩大商业银行贷款利率的浮动幅度

自1993年以来，中国人民银行曾根据市场资金供求状况十多次调整贷款利率，并在此基础上逐步放松对商业银行的贷款利率管制，放宽了各商业银行贷款利率的浮动范围和幅度。如实行浮动利率制度初始，允许各金融机构流动资金贷款利率在 20% 的幅度内浮动。

1996年8月，中国人民银行在调低存贷款利率的同时，再次调整了利率浮动幅度，规定各金融机构的各项存款利率一律不准上浮，各商业银行、非银行金融机构和城市信用社(包括城市银行) 流动资金贷款最高上浮幅度为10%，农村信用社为40%，各金融机构流动资金贷款利率下浮幅度为10%。如同利率水平进行了多次调整一样，利率浮动的幅度也进行了多次调整。尤其是1998年10月以后，为配合扩大内需，加强对中小企业的支持力度，各金融机构对中小企业的贷款利率上浮幅度都作了上调。从1999年9月1日开始，该幅度除农村信用社最高为50%以外，其余金融机构也都达到了30%。

在贷款利率逐步放开的同时，为督促商业银行加强贷款利率浮动管理，人民银行于1999年转发了建设银行、上海银行的贷款浮动利率管理办法，要求商业银行以此为模板，制定各行的贷款浮动利率管理办法、编制有关模型和测算软件、建立利率定价授权制度等。2003年，人民银行再次强调，各商业银行和城乡信用社应进一步制定完善的贷款利率定价管理制度和贷款利率浮动管理办法。经过几年努力，各商业银行和部分城乡信用社基本建立起根据成本、风险等因素区别定价的管理制度。

(3) 人民币存款利率市场化取得重要进展

为探索存款利率市场化途径，兼顾金融机构资产负债管理的需要，1999年10月，中国人民银行批准中资商业银行法人对中资保险公司法人试办5年期以上(不含5年)、3 000万元以上的长期大额协议存款业务，利率水平由双方协商确定。这是存款利率市场化的有益尝试。

2002年2月和12月，协议存款试点的存款人范围扩大到全国社会保障基金理事会和已完成养老保险个人账户基金改革试点的省级社会保险经办机构。2003年11月，国家邮政局邮政储汇局获准与商业银行和农村信用社开办邮政储蓄协议存款，放开长期大额协议存款利率，为存款利率市场化改革积累了经验，同时培育了商业银行的存款定价意识，健全了存款利率管理的有关制度。改革实践使“先长期，大额；后短期，小额”、“存款利率向下浮动，管住上限”的存款利率市场化的思路更加清晰和明确。

2004 年 10 月 29 日，人民银行报经国务院批准，决定允许金融机构人民币存款利率下浮，即所有存款类金融机构对其吸收的人民币存款利率，可在不超过各档次存款基准利率的范围内浮动，但存款利率不能上浮。至此，人民币存款利率实行下浮制度，实现了“放开下限，管住上限”的既定目标。

2012 年，央行进一步扩大利率浮动区间，存款利率浮动区间的上限调整为基准利率的 1.1 倍。2014 年 11 月—2015 年 5 月，央行连续三次调整存款利率上限，最新至基准利率的 1.5 倍。2015 年 5 月，存款保险条例实施。自 2015 年 10 月 24 日起，央行下调金融机构人民币贷款存款基准利率和存款准备金率，另对商业银行和农村合作金融机构等不再设置存款利率浮动上限。放开存款利率上限真正触及了中国金融体制的根本环节，这标志着历经近 20 年的利率市场化改革终于基本完成。

(4) 放开外币利率

自 2000 年 9 月 21 日起，允许外币贷款利率市场化，外币大额定期存款(300 万美元以上)利率可由各大银行根据国际金融市场利率的变动情况以及国内经济情况、资金成本、风险差异等因素与客户协商确定， 而外汇活期存款、7 天通知存款和 300 万美元面值以下的定期存款由我国银行业协会统一制定、公布，各家银行统一执行。这是推进我国利率市场化的重要举措。放开外币利率，使外币利率率先市场化， 对我国金融改革尤其是利率体制改革必将产生重大影响。

①这将促进我国商业银行提高内部经营管理效率。因为在外币利率市场化后，商业银行必须根据国际金融市场的利率变动以及本行资金成本、资产负债结构、银行抗风险能力等来确定外币资产与负债的定价。这就需要银行合理安排资产负债结构，严格控制经营成本，提高外币资金效率以及银行资产的流动性。

②这将提高我国金融机构对利率变动的预测能力。由于实行利率市场化，利率变动频繁，而利率变动又直接影响金融机构、工商企业以及个人的金融资产价值，尤其对金融机构来说，其金融资产规模大， 利率的轻微变动会使其收益相差几百万元、几千万元乃至数亿元。所以，金融机构必须密切关注利率的变化趋势，以便及时采取措施，规避因利率变动带来的资产损失。这将促使金融机构加大对利率预测的人力、物力和财力投入，建立利率风险控制机制，提高对利率预测的准确度，以便为投资决策提供可靠的依据。

③这将会加快我国利率市场化改革的步伐。随着改革开放的不断深入发展，本、外币业务的联系不断加强，并相互渗透，外币利率市场化必然会促进本币利率市场化改革，最终加快我国本币利率市场化的进程。

2002 年 3 月，人民银行将境内外资金融机构对境内中国居民的小额外币存款，统一纳入境内小额外币存款利率管理范围。2003 年 7 月，境内英镑、瑞士法郎、加拿大元的小额存款利率放开，由各商业银行自行确定并公布。小额外币存款利率由原来国家制定并公布 7 种减少到境内美元、欧元、港币和日元 4 种。

2003年11月，小额外币存款利率下限放开，商业银行可根据国际金融市场利率变化，在不超过人民银行公布的利率上限的前提下，自主确定小额外币存款利率。赋予商业银行小额外币存款利率的下浮权限，是推进存款利率市场化改革的有益探索。

2004年11月，人民银行在调整境内小额外币存款利率的同时，决定放开1年期以上小额外币存款利率，商业银行拥有了更大的外币利率决定权。

随着境内外币存、贷款利率逐步放开，中资商业银行均制定了外币存贷款利率管理办法，建立了外币利率定价机制。各行还根据自身情况，完善了外币贷款利率的分级授权管理制度，如在国际市场利率基础上，各商业银行总行规定了其分行的外币贷款利率的最低加点幅度和浮动权限，做到了有章可循，运作规范。商业银行的利率风险意识和利率风险管理能力得到不断增强。

3．我国实现利率市场化的必要性

(1) 利率市场化是优化资源配置的需要

优化资金配置是利率主要的功能，而过去我国利率的这些功能没有很好发挥，其中一个重要的原因就是不能真正反映信贷资金的供求状况。利率市场化使利率真正成为信贷资金的价格，从而引导资金由效益低的部门流向效益高的部门，实现资金资源的合理配置，最终促进经济的发展。

(2) 利率市场化是顺利实施货币政策目标的内在要求

中央银行货币政策工具与最终目标之间需要一个中介目标，而市场化的利率则是中央银行货币政策中介目标的理想选择。

(3) 利率市场化是治理通货膨胀的急切选择

我国实现利率市场化必然带来一段时期内利率一定幅度的上升，高利率可以抑制对资金的需求，所以提高利率通常被用做医治通货膨胀的“秘方”。例如，1950年中国台湾通货膨胀率高达100%，为了遏制通货膨胀，台湾银行采取“优利存款”的办法，将年存款利率提高到125%以上，结果，货币大量回笼，物价迅速趋于稳定。

4．我国利率市场化改革的具体措施

(1) 利率管理由指令性集中管理转向导向型弹性管理，逐步放松利率管制

利率市场化的过程同时也就是放松利率管制的过程，中国人民银行要放松对存贷款利率的直接控制，赋予金融机构在利率管理上更大的自由度和灵活性，逐步由市场决定利率。中国人民银行则把利率管理的重点逐步转移到完善利率监测机制上来。

(2) 完善利率结构

要根据资金供求状况，逐步提高利率水平，使利率能较好地反映资金的供求状况。同时要完善利率结构，包括完善利率的期限结构、资产结构、层次结构等，促进利率的宏观调节作用与微观调节作用的有机统一和充分发挥。

(3) 提高利率弹性

利率的经济杠杆作用能否发挥，能够在多大程度上发挥，与利率弹性的大小有很大关系。只有当经济主体有较高的利率弹性时，利率对储蓄、投资及社会总需求与总供给才有充分灵敏的调节功能。要提高经济主体的利率弹性，就必须改革企业产权制度（包括金融企业的产权制度），提高储蓄者的金融意识。

(4) 加强银行自身建设

中央银行应当把更大的注意力放在利率的调控上，既有必要规定市场短期利率的上限和下限，更有必要灵活地调整再贷款和再贴现的利率，根据时机的不同使它们成为惩罚利率或优惠利率，总之使其成为市场利率的基准。要增加利率的档次，使之同融资的期限、风险和流动性等差异相适应。要强化利率的约束性，如提前支取的定期存款一律按活期计息，逾期贷款的利率要大幅度提高。商业银行要提高业务操作素质，进一步建立风险防范和补偿机制，并加强对市场的调研，培养驾驭市场的能力。

(5) 为利率市场化创造一个良好环境

如大力发展金融市场，特别是要优先发展货币市场，把利率管理、利率市场化纳入法制化的轨道，利率市场化进程要与汇率改革、货币供应量控制及中央银行货币政策工具的市场化同步进行。

小　结

1. 利息是使用借贷资金的报酬，它来源于剩余产品或利润的一部分，是剩余价值的特殊转化形式。

2. 利息额是按一定的利率和期限计算出来的，有单利和复利两种，而考虑货币时间价值一般是从复利计算出来的。

3. 因利率在经济中的重要地位，中西方经济学家对其水平和结构的形成和决定进行了深入的研究。总之，利率与收入水平、投资、储蓄、流动性偏好等密切相关。同时，利率还受平均利润率、借贷资金的供求关系、预期通货膨胀率、中央银行货币政策、国际收支状况等因素影响。

4. 稳步推进利率市场化是我国金融改革的主要内容。我国的利率市场化是在借鉴世界各国的经验基础上，选择了渐进的方式，按照党中央、国务院的统一部署稳步推进的。存贷款利率市场化的改革思路是“先外币，后本币；先贷款，后存款；先长期，大额；后短期，小额”。

思考题

1. 利息的本质是什么？
2. 什么是利率？通常利率可以分为哪几类？
3. 为什么说 *IS–LM* 分析的利率理论是一种一般均衡的利率理论？
4. 简述可贷资金利率理论的主要内容。
5. 分析影响利率的因素。
6. 结合我国利率市场化改革进程，分析说明我国利率改革的必要性。

案例简介

案例[3-1]　名义利率与实际利率

假定某年度物价水平没有变化，某甲从乙处取得 1 年期的 1 万元贷款，年利息额为 500 元，即实际利率为 5%。而当这一年的通货膨胀率为 3%，某乙年末收回的 1 万元本金实际相当于年初的9 709元，本金损失率近3%，而为了避免通货膨胀给本金带来的损失，乙必须把贷款利率提高到8%。

（资料来源：黄达. 金融学[M]. 北京：中国人民大学出版社，2009:52-53.）

问题

名义利率与实际利率的区别与联系是什么？

简要提示

名义利率是央行或其他提供资金借贷的机构所公布的未调整通货膨胀因素的利率，即利息(报酬)货币额与本金货币额的比率。实际利率是指剔除通货膨胀率后储户或投资者得到利息回报的真实利率。通货膨胀率是货币超发部分与实际需要的货币量之比，用以反映通货膨胀、货币贬值的程度。而名义利率和实际利率的差距即为通货膨胀率。

案例[3-2] 2015年中国利率水平变化及原因

自2015年以来，人民银行继续实施稳健的货币政策，更加注重松紧适度，适时适度预调微调，完善差别准备金动态调整机制，对部分金融机构实施定向降准，加强信贷政策的结构引导作用，鼓励金融机构更多地将信贷资源配置到“三农”、小微企业等重点领域和薄弱环节。同时，综合运用利率、存款准备金等多种工具组合，保持流动性合理充裕，引导市场利率适当下行，降低社会融资成本。总体来看，随着各项政策效果的逐步显现，货币信贷和社会融资规模合理增长，银行体系流动性保持充裕，社会融资结构有所改善，各类市场利率均有所下行，企业融资成本高问题得到有效缓解。

在经济“新常态”背景下，我国经济正处在新旧产业和发展动能转换的接续关键期，稳增长、调结构、促改革、惠民生和防风险的任务还十分艰巨，需要继续灵活运用货币政策工具，通过结构调整促进经济平稳健康发展，并着力降低社会融资成本。同时，我国物价水平仍在低位运行，实际利率高于历史平均水平，也为运用存款准备金和利率工具提供了有利条件。鉴于此，经国务院批准，中国人民银行决定，自2015年2月5日起下调金融机构人民币存款准备金率0.5个百分点。同时结合下调金融机构贷款及存款基准利率，以更好地平衡总量稳定与结构优化的关系，促进稳增长、调结构并降低社会融资成本。

2015年央行在不同时期对金融机构的存贷款利率的调整表见表3-1。

表3-1 2015年央行在不同时期对金融机构的存贷款利率的调整表

时 间	存款利率	幅 度	贷款利率	幅 度	金融机构存款利率区间上限
3.1	2.5%	–0.25%	5.35%	–0.25%	130%
5.11	2.25%	–0.25%	5.1%	–0.25%	150%
6.28	2%	–0.25%	4.85%	–0.25%	-
8.26	1.75%	–0.25%	4.6%	–0.25%	-
10.24	1.5%	–0.25%	4.35%	–0.25%	-

注：金融机构存款利率区间上限值=由当期存款利率×存款利率区间的调整利率

（资料来源：根据狂想曲资讯网、名城西安网相关内容整理。）

问题

此次结合降息进一步将存款利率浮动区间扩大至基准利率1.5倍的背景和意义是什么？

简要提示

当前我国除存款外的利率管制已全面放开，存款利率浮动区间上限不断扩大，金融机构自主定价能力显著提升，分层有序、差异化竞争的存款利率定价格局基本形成，市场化利率形成和传导机制逐步健全。同时，存款保险制度的顺利推出，以及市场利率定价自律机制的建立和完善，为加快推进存款利率市场化奠定了良好的基础。当前，银行体系流动性总体充裕，市场利率趋于下行，实际上已为放开存款利率上限提供了较好的外部环境和时间窗口。为稳妥有序地推进利率市场化改革，人民银行决定结合下调存贷款基准利率，将存款利率浮动区间的上限扩大至基准利率的1.5倍。由于目前存款利率“一浮到顶”的机构数量已明显减少，预计金融机构基本不会用足这一上限。

存款利率浮动区间上限的进一步扩大，是我国存款利率市场化改革的又一重要举措。这不仅拓宽了金融机构的自主定价空间，有利于进一步锻炼金融机构的自主定价能力，促进其加快经营模式转型并提高金融服务水平，为最终放开存款利率上限打下更为坚实的基础；也有利于资金价格更真实地反映市场供求关系，推动形成符合均衡水平和客户意愿的储蓄结构，进一步优化资源配置，促进经济、金融健康发展。

案例[3-3]　央行加息利弊分析

2011年4月5日，中国人民银行宣布，自2011年4月6日起上调金融机构人民币存贷款基准利率。这是央行继2011年2月8日、2010年10月20日、12月26日三度加息后，不到半年时间内第四次提高存贷款基准利率，根据决定，金融机构一年期存贷款基准利率分别上调0.25个百分点，其他各档次存贷款基准利率也相应调整，见表3-2。

表3-2　金融机构人民币存贷款基准利率调整一览表（2010年10月—2011年4月）

	调整前利率	调整后利率（10/10/20）	调整后利率（10/12/26）	调整后利率（11/02/09）	调整后利率（11/04/06）
一、城乡居民和单位存款					
（一）活期存款	0.36%	0.36%	0.36%	0.40%	0.50%
（二）整存整取定期存款					
三个月	1.71%	1.91%	2.25%	2.60%	2.85%
半　年	1.98%	2.20%	2.50%	2.80%	3.05%
一　年	2.25%	2.50%	2.75%	3.00%	3.25%
二　年	2.79%	3.25%	3.55%	3.90%	4.15%
三　年	3.33%	3.85%	4.15%	4.50%	4.75%
五　年	3.60%	4.20%	4.55%	5.00%	5.25%
二、各项贷款					
六个月	4.86%	5.10%	5.35%	5.60%	5.85%
一　年	5.31%	5.56%	5.81%	6.06%	6.31%
一至三年	5.40%	5.60%	5.85%	6.10%	6.40%
三至五年	5.76%	5.96%	6.22%	6.45%	6.65%
五年以上	5.94%	6.14%	6.40%	6.60%	6.80%

此次央行加息源于中国内地的通货膨胀不断加剧，中国内地2010年8月的通货膨胀数据为3.5%，继7月份的3.3%之后再次突破了3%的警戒线，而10月份更是达到了4.4%。通货膨胀来势汹汹，加息还是不加息，成为中国经济的讨论热点。

对此，中国人民银行行长周小川2010年9月9日在“牛津中国财经论坛”上表示，在危机阶段，通胀、经济增长和就业等目标可能相互冲突，故他认为，在不同阶段央行关注的重点和使用工具均应不断转变。很明显，央行的通胀目标和经济增长目标之间产生了矛盾，二者不能同时实现，需要在其中做出取舍。

如果将抑制通货膨胀，保护老百姓的财富作为货币政策的优先考虑，需要加息。因为截至 2010 年 10 月 20 日，一年期的定期存款息率为 2.25%，低于 2010 年 8 月的通胀率 3.5%(实质负利率)，存款利息收入不足以弥补通胀造成的购买力损失；相反，如果将经济增长速度作为货币政策的优先考虑，就应该维持低息、负利率环境，一方面让存款的人因购买力受到通胀侵蚀而增加投资和消费的动力，另一方面利用低息鼓励借款投资和消费，以活跃经济，促进增长。

(资料来源：根据中国人民银行网、证券之星网相关内容整理改编。)

问题

负利率有哪些危害？简要分析加息对我国经济有什么影响。

简要提示

1. 通货膨胀对弱势群体不利。

众所周知，在负利率环境里需要投资来保护自己的财富不被蚕食。不投资的人，其财富就必定会减少。负利率的实质，就是存款人用购买力的实际损失补贴借款人。

以在银行存款 1 万元满一年为例，2.25%的年利率得利息 225 元，但 3.5%的年通胀率意味着购买力贬值 350 元，即存款一年存款人购买力损失 125 元。

在中国有几种人一般较少投资，会在负利率环境受损：一是年老退休人员；二是下岗工人；三是农民工；四是农民；五是其他靠低保生活者等。他们是社会上最没有抵抗力的群体。但是，负利率剥夺最多的却是他们。因此，从道德层面讲，负利率深具不道德色彩。至 2010 年 8 月，中国已经维持了连续 7 个月的负利率，继续维持低利率政策，只会令弱势群体进一步受损，资产泡沫进一步发酵。既无助于经济的健康、高效、可持续发展，也有违政府关注弱势群体生活的宗旨，需要尽快考虑调整。

因此，中国政府适时逐步提高存款利率，具有十分重要的意义。考虑到利率变化有可能不如 CPI 指数变化那么快，短期内可能会出现实际负利率。但从历史经验来看，央行在中期范围内应该保持存款能够获得正利率，以保护弱势群体的利益，使社会健康发展。

2. 加息对我国经济主要有以下影响。

(1) 加大企业负担。提高利率会直接增加了企业的财务成本，减少利润，增加亏损，企业破产增加，失业人数扩大，社会需求萎缩，可能导致经济二次探底。

(2) 提高利率不仅加大了买房人的负担，也加大了开发商的成本。更为严重的是，银行贷款的本息收回是建立在房价不断上涨的基础上，提高利率抑制了住房需求，房价就有可能下跌，银行的贷款风险会立即显现，给国家的金融安全带来威胁。

(3) 地方财政陷入困境，影响安定。截至 2009 年年末，全国地方债务余额总计达 7 万亿，提高利率必然加大地方还本付息的压力。

(4) 加息相当于人民币汇率间接升值，这会吸引热钱，导致国际投机资本涌入。造成资产价格上涨，一方面，给中国经济的稳定带来极大隐患；另一方面，为国际游资套取中国财富创造条件。

第 4 章

金融机构体系

本章学习要点

通过本章的学习，掌握金融机构体系的构成；理解各金融机构的业务范围和职责；了解金融机构的经济功能、我国的金融机构体系及西方发达国家的金融机构体系。

本章学习重点与难点

重点是金融机构体系的构成；难点是各金融机构的职责及功能。

本章基本概念

金融机构、狭义的金融机构、广义的金融机构、金融机构体系、中央银行、商业银行、专业银行、保险公司、证券公司、投资银行

4.1 金融机构体系概述

金融机构是金融市场最主要的参与者，为社会经济发展和再生产的顺利进行提供金融服务，是国民经济体系的重要组成部分。金融机构有狭义与广义之分，狭义的金融机构是指经营货币、信用业务，从事各种金融活动的组织机构。广义的金融机构则不仅包括所有从事金融活动的金融组织，而且包括金融市场的监管者。本章采用的是广义的金融机构的概念。金融机构体系，就是在一定的历史时期和社会条件下，在一个主权国家里存在的各种金融机构及彼此间形成的关系。

4.1.1 金融机构体系的构成

金融机构种类很多，分类标准也很多。目前世界各国通常将它分为银行与非银行金融机构两大类。其中，银行类在整个金融机构体系中处于非常重要的地位。银行类主要有中央银行、商业银行和专业银行三大类，其中，中央银行是金融机构体系的核心，商业银行是金融机构体系的主体。非银行金融机构的构成十分庞杂，主要包括保险公司、信托公司、证券公司、租赁公司、财务公司、退休养老基金、投资基金等。此外，随着经济全球化、金融全球化的不断发展，各国还普遍存在着许多外资和合资金融机构。

1. 中央银行

中央银行是在银行业发展过程中，从商业银行中独立出来的一种银行。中央银行是金融机构体系的中心环节，代表国家对金融机构实行监管，管理金融市场，维护金融体系的安全运行，制定一国的货币政策，实施金融宏观调控，并代表政府与国外金融机构打交道。

当今世界各国，除了极少数国家以外，几乎都设立了中央银行，但其名称有所不同，有的直接叫中央银行，有的中央银行称为储备银行。各国中央银行尽管在成立时间、规模大小、地位等方面各不相同，但它们实质上都执行着中央银行的职能，起着中央银行的作用。

2. 商业银行

商业银行是世界上大多数国家经济中占主导地位的金融机构。该金融机构向公众提供存贷款服务，同时也提供一些正在逐渐增加的、新的、更具创新性的服务，比如投资咨询、证券承销、保险出售和财务计划。“商业”一词意味着银行将其大部分的资源用于满足企业的融资需求。不过随着金融业的深化和发展，商业银行在世界范围内明显拓展了向消费者和政府机构提供的金融服务，结果成为了一种被称为“金融百货公司”的金融机构，它满足了全球经济中最广泛的金融服务需求。

3. 专业银行

专业银行是指专门经营指定范围和提供专门性金融服务的银行。随着社会生产力的不断发展，社会分工也越来越细，专业银行便应运而生。同时，专业银行具有自身的某些特点。

(1)专门性

专业银行的业务活动具有专门性，它是针对某一特定部门或领域的顾客服务的银行。

(2)政策性

专业银行往往是因政策的需要而设置的，体现了一国政府支持和鼓励某一地区、某一部门或某一领域发展的政策导向。

(3)行政性

专业银行的建立往往具有一定的官方背景，有的甚至就是政府的银行或政府代理银行。

我国原来将中国工商银行、中国银行、中国农业银行和中国建设银行称为“专业银行”，其实，从其业务活动方式上讲，相当于西方国家的商业银行，而不是我们这里所讲的专业银行。

4. 非银行金融机构

非银行金融机构是指那些经营某些金融业务但又不称为银行的金融机构。

自20世纪80年代以来，随着各国金融自由化进程的不断加快，非银行金融机构迅猛发展，并已在各国的金融体系中占据越来越重要的地位。非银行金融机构主要包括以下几类。

(1)保险公司

保险公司是专门经营保险业务的非银行金融机构。它是以集合多数单位或个人的风险为前提，根据风险损失概率计算分摊金额，并以保险费的形式聚集起来，建立保险基金，用于补偿因自然灾害或意外事故所造成的经济损失的具有法人资格的金融机构。保险公司主要依靠投保人缴纳保险费和发行人寿保险单方式筹集资金，保险公司筹集的资金，除保留一部分以应付赔偿所需外，其余部分主要投向收入比较稳定的政府债券、企业债券和股票，以及发放不动产抵押贷款、保单贷款等。

保险公司业务的种类因划分标准不同，分类也不一样。按保险标的来分，可分为财产保险业务和人身保险业务。财产保险业务包括财产损失保险、责任保险和信用保险等业务；人身保险业务包括人寿保险、健康保险和意外伤害保险等业务。按保险人是否承担全部责任来分，保险可分为保险和再保险。按保险经营的性质来分，保险可分为政策性保险和商业性保险。按保险实施方式来分，保险可分为自愿保险和强制保险等。

(2)信托投资公司

信托投资公司起源于英国，最初叫尤斯制，是指委托人基于对受托人的信任，将其财产权转移给受托人，受托人以自己的名义，为受益人的利益或特定目的，管理或处置财产的行为，即信托公司接受老百姓的委托(动产或不动产、有形或无形)，按约定的条件和目的进行管理、运用和处置，所得收益归受益人(受益人可以是委托人，也可以是第三方)，信托公司收取手续费或佣金。

信托公司是随着市场经济的发展而产生和发展起来的。随着市场经济的发展，初期的无偿信托关系逐渐发展成为有偿信托，专门办理有偿信托业务的机构即为信托公司。因此，信托公司是以代人理财为主要经营内容，以受托人身份经营现代信托业务的金融企业。

信托投资公司是信托公司的类型之一。信托投资公司除办理一般信托业务外，其突出的特点在于从事投资业务。国际上信托投资公司的投资业务大体上可分为两类：一是以其他公司的股票、债券为经营对象，通过证券买卖、股利和债息来获取收益；二是以投资者身份直接参与对企业的投资。

(3)证券公司

证券公司是专门从事各种有价证券经营及相关业务的金融企业。它的主要业务包括：一是自营业务，即有价证券的自营买卖；二是代理业务，即受客户委托代理证券买卖，销售和认购有价证券等；三是信用业务，即向客户提供融资的业务；四是咨询业务。

证券公司既是证券交易所的重要组成成员，也是有价证券转让柜台交易的组织者和参加者。证券公司在金融市场上起着重要的作用。在一级市场上，证券公司通过承购、代销、包销有价证券，促进发行市场的顺利运行。在二级市场上，证券公司通过代理和自营买卖有价证券，使投资双方达到资金融通的目的。

(4)信用合作社

信用合作社是一种互助合作性金融组织，有农村农民的信用合作社，有城市手工业者或某一行业等特定范围成员的信用合作社。信用合作社一般规模不大，它们的资金来源于合作社成员缴纳的股金和吸收的存款，社员存款称为股份，支付给社员的收益一般不以利息而以股利的方式支付。过去信用合作社的资金运用主要是向其成员提供小额的消费贷款和短期生产贷款，现在一些资金充裕的信用合作社已增加了家庭住房抵押贷款、信用卡贷款，有的信用合作社还为社员的生产设备更新、改造提供中、长期贷款。

(5)租赁公司

租赁公司是以融物的形式起融资作用的金融企业。第一家现代租赁公司是1952年5月创立的美国金融贴现公司，现为美国国际租赁公司。租赁公司的业务方式灵活多样，其中最主要的是金融租赁，即当企业、公司(承租人)需要更新或添置设备时，不是以直接购买的方式投资，而是以付租金的方式向出租人借用设备。其具体的操作方法是：先由承租人选定设备，再由租赁公司购买承租人选定的设备后租赁给承租人，承租人在约定的期限内通过支付租金的方式有偿使用租赁设备。这里的租金包括出租人的利润、占用资金的利息、税赋等，因此，租金总额高于现货价款。

现代租赁业的租赁对象十分广泛，从不动产到动产，包括再生产过程中各个环节所需要的设备、设施、交通工具和办公设备。租赁业务可节约承租人的自有资金，扩大生产能力，是企业设备更新的较好途径。

(6) 财务公司

财务公司又称为“财务有限公司”或“金融公司”，它是大型产业集团内部的融资机构。它不以投资为目的，主要是为本集团内部各企业融通资金，是一种经营部分银行业务的非银行金融机构。其业务主要有发放贷款、投资、经营耐用品租赁或分期付款等销售业务。财务公司的资金来源主要包括：向银行借款，出售商业票据，推销企业股票、债券和发行本公司债券(大额存款证)，多数财务公司还接受定期存款。其所筹资金主要用于消费信贷和企业信贷方面。

(7) 邮政储蓄机构

邮政储蓄机构是与邮政部门关系密切的非银行金融机构，1861 年首创于英国。邮政储蓄机构主要经营小额存款，其吸收的存款一般无须提缴存款准备金，其资金运用一般是存入中央银行或购买政府债券。最初设立这种金融机构的目的是为了利用邮政部门广泛的分支机构，提供廉价有效的邮政汇款服务，提高结算速度，加快资金周转，因此在各国发展比较普遍。近年来，邮政储蓄机构向着两个方向发展：一种是逐步回归到商业银行性质；另一种是在政府支持下，变成一种公共事业，为社会提供各种服务，便利人们的生活。

5. 外资、合资金融机构

外资金融机构是指一国境内由外国投资者开设的银行、保险公司和证券公司等金融机构。合资金融机构是指外国资本与本国资本联合投资开设的银行和非银行金融机构。各国一般都将这类金融机构纳入本国金融机构体系内，并受本国金融当局的管理和监督。随着金融全球化的不断发展，各国已普遍放宽了对外资金融机构准入的限制，除有特别规定外，外资金融机构一般可从事与国内金融机构同样的业务。

4.1.2 金融机构的经济功能

金融机构通常提供以下一种或多种金融服务：第一，在市场上筹资从而获得货币资金，将其改变并构建成不同种类的更容易接受的金融资产，这类业务形成金融机构的负债和资产，这是金融机构的基本功能，行使这一功能的金融机构是最重要的金融机构类型；第二，代表客户交易金融资产，提供金融交易的结算服务；第三，自营交易金融资产，满足客户对不同金融资产的需求；第四，帮助客户创造金融资产，并把这些金融资产出售给其他市场参与者；第五，为客户提供投资建议，保管金融资产，管理客户的投资组合。

从金融机构提供的各种金融服务来看，金融机构一般具有以下经济功能。

1. 金融机构能提高资金的流动性

金融机构所发行的间接证券的最低要求额较低，并且具有较高的流动性、较低的风险和一定的利息收入，从而吸引了较广泛的储蓄阶层。

2. 金融机构能缓解直接融资中资金供求双方的信息不对称问题

信息不对称是指在金融市场上，资金需求方和资金供给方获得的信息不相等。信息不对称导致两种结果：一是交易发生前的逆向选择；二是交易发生后的道德风险。金融机构能较充分地了解资金需求者的实际经营和财务状况，并具备监督借贷公司履行各种契约条款的能力，因此金融机构可以将客户提供的资金借贷给经营状况良好的公司，从而有效解决资金市场上的逆向选择问题，同时消除直接融资中的道德风险问题。

3. 金融机构能降低交易成本

从交易过程来看，金融交易引起的交易费用包括三个方面：一是在签约之前搜寻有关交易信息而发生的费用；二是签约过程中为谈判发生的费用；三是签约之后监督、保证和强制实施合同而发生的费用。金融机构由于能积聚许多储蓄者的盈余资金，因此在投资和贷款方面能获得规模经济的利益，而资金较大的金融机构在买卖证券时所支付的单位成本较低。

4. 金融机构能够有效地降低风险

金融机构汇聚无数小额投资者的资金，成为规模庞大的机构投资者，将资金投资于各种不同性质甚至不同国家的项目和证券，使风险分散并降低至最低限度。

4.2 我国金融机构体系

随着金融体制改革的不断深入，目前我国形成了以中国人民银行、中国银行监督管理委员会(简称银监会)、中国证券监督管理委员会(简称证监会)、中国保险监督管理委员会(简称保监会)为领导，以商业银行为主体，多种金融机构并存、严格分工、相互协作的金融机构体系。

4.2.1 中国人民银行

中国人民银行是我国的中央银行。1983 年 9 月，国务院决定中国人民银行剥离商业银行业务，专门行使中央银行的职能。1995 年 3 月八届人大三次会议通过了《中华人民共和国中国人民银行法》(2003 年 12 月 27 日修订)，就中国人民银行的设立、职能等以立法形式做出了界定。

2003 年 3 月，十届人大一次会议决定将银行监管职能从中国人民银行中分离出来，单独设立银监会，对银行、金融资产管理公司、信托投资公司及其他存款类金融机构实施监督管理。中国人民银行在分离了监管职能后，将主要履行宏观调控职能，更好地执行货币政策，更好地发挥宏观调控和防范风险的作用。中国人民银行和银监会将在以后的实践中加强合作，建立密切的联系机制。

中国人民银行的主要职能是履行宏观调控职能，更好地执行货币政策。其分支机构按照总行的授权，负责本辖区的金融调控、货币政策执行职能，不负责为地方经济发展筹集资金。在总行和分支机构之间，银行业务和人事干部实行垂直领导、统一管理，地方政府需保证和监督央行贯彻执行国家的方针政策，但不能干预央行的职责。国家外汇管理局是中国人民银行代管的国务院直属局，代表国家行使外汇管理职能，其分支机构与同级中国

人民银行代管的国务院直属局，代表国家行使外汇管理职能，其分支机构与同级中国人民银行合署办公。

4.2.2　金融监管机构

我国金融业实行分业经营、分业监管，银监会、证监会和保监会分别监管银行业、证券业和保险业。

1. 中国银行业监督管理委员会（银监会）

根据十届人大一次会议通过的《关于国务院机构改革方案的决定》，国务院决定设立中国银行业监督管理委员会（简称中国银监会）。2003 年 4 月 28 日，银监会正式挂牌。银监会的成立，是我国银行监管工作中的一件大事，标志着银行监管工作迈入了一个新阶段，有利于银行业监管水平的提高。同时，将银行监管职能从中国人民银行中分离出来，可以使中央银行更超脱地从事货币政策的制定，避免宏观调控目标和微观监管需要之间的冲突，为国民经济的稳定健康发展提供政策保障。

银监会既要防范银行业的系统风险，也要防范个别银行机构的非系统性风险，其主要职责包括：制定有关银行业金融机构监管的规章制度和办法；审批银行业金融机构及其分支机构的设立、变更、终止及其业务范围；对银行业金融机构实行现场和非现场监管，依法对违法违规行为进行查处；审查银行业金融机构高级管理人员任职资格；负责统一编制全国银行数据、报表，并按照国家有关规定予以公布；会同有关部门提出存款类金融机构紧急风险处置意见和建议；负责国有重点银行业金融机构监事会的日常管理工作；承办国务院交办的其他事项。

2. 中国证券监督管理委员会（证监会）

改革开放以来，随着中国证券市场的发展，建立集中统一的市场监督管理体制势在必行。1992 年 10 月，国务院证券委员会和中国证券监督管理委员会宣告成立，标志着中国证券市场统一监管体制开始形成。国务院证券委员会是国家对证券市场进行统一宏观管理的主管机构，依照法律法规对证券市场进行监管。

1997 年 8 月，国务院决定将证券交易所由地方政府管理改为证监会管理。11 月，国务院证券监督管理机构依法对全国证券市场实行统一监督管理，中国人民银行履行的证券业监管职能划入证监会。1998 年 4 月，证监会作为国务院正部级直属事业单位，成为全国证券期货市场的主管部门；国务院证券委员会撤销，其职能归入证监会，证监会的职能得到了加强。

2005 年 10 月 27 日第十届全国人民代表大会常务委员会第十八次会议对《中华人民共和国证券法》修订，自 2006 年 1 月 1 日起施行。《证券法》强调证监会的职责是依法对证券市场实行监督管理，维护证券市场秩序，保障其合法运行。

3. 中国保险监督管理委员会（保监会）

中国保险监督管理委员会（简称中国保监会）成立于 1998 年 11 月 18 日，是国务院直属事业单位。根据国务院授权履行行政管理职能，依照法律法规统一监督管理全国保险市场，维护保险业的合法、稳健运行。2009 年 2 月修订的《中华人民共和国保险法》（简称《保险法》）规定，保监会的职责是对保险业实施监督管理，维护保险市场秩序，保护投保人、被保险人和受益人的合法权益，具体有以下方面。

①拟定保险业发展的方针政策，制定行业发展战略和规划；起草保险业监管的法律法规；制定业内规章。

②审批保险公司及其分支机构、保险集团公司、保险控股公司的设立；会同有关部门审批保险资产管理公司的设立；审批境外保险机构代表处的设立；审批保险代理公司、保险经纪公司、保险公估公司等保险中介机构及其分支机构的设立；审批境内保险机构和非保险机构在境外设立保险机构；审批保险机构的合并、分立、变更、解散，决定接管和指定接受；参与、组织保险公司的破产、清算。

③审查、认定各类保险机构高级管理人员的任职资格；制定保险从业人员的基本资格标准。

④审批关系社会公众利益的保险险种、依法实行强制保险的险种和新开发的人寿保险险种等的保险条款和保险费率，对其他保险险种的保险条款和保险费率实施备案管理。

⑤依法监管保险公司的偿付能力和市场行为；负责保险保障基金的管理，监管保险保证金；根据法律和国家对保险资金的运用政策，制定有关规章制度，依法对保险公司的资金运用进行监管。

⑥对政策性保险和强制保险进行业务监管；对专属自保、相互保险等组织形式和业务活动进行监管；归口管理保险行业协会、保险学会等行业社团组织。

⑦依法对保险机构和保险从业人员的不正当竞争等违法、违规行为以及对非保险机构经营或变相经营保险业务进行调查、处罚。

⑧依法对境内保险及非保险机构在境外设立的保险机构进行监管。

⑨制定保险行业信息化标准；建立保险风险评价、预警和监控体系，跟踪分析、监测、预测保险市场运行状况，负责统一编制全国保险业的数据、报表，并按照国家有关规定予以发布。

⑩承办国务院交办的其他事项。

4.2.3 商业银行

1. 四大国有控股商业银行

四大国有控股商业银行是由国有专业银行演变而来的，即中国工商银行、中国农业银行、中国银行和中国建设银行。1994 年，随着政策性银行的建立，原有的四大专业银行开始向商业银行转变，变成现在的 4 家国有控股商业银行。其业务范围在原有的分工基础上，逐步交叉，传统分工逐渐淡化。股份制改革后的国家控股四大商业银行，成为我国商业银行体系的主导主体。四大国有商业银行股份制改革是对我国国有银行企业的一种制度安排，对我国经济和金融市场的发展具有深远的影响。

2010 年 7 月 15 日，随着 A 股史上融资规模第一大的农业银行正式登陆上海证券交易所，四大国有控股银行的股票全部上市。

此外，随着中国邮政储蓄银行有限责任公司于 2007 年 3 月 6 日正式成立，中国邮政储蓄银行成为我国大型国有商业银行，是在改革邮政储蓄管理体制的基础上组建的商业银行，成为一支独立的金融机构。

2．股份制商业银行

随着金融体制改革的不断深入，我国陆续组建了一批股份制商业银行。1986 年第一家股份制商业银行——交通银行组建，以后又相继成立了深圳发展银行、中信银行、招商银行、广东发展银行、华夏银行、中国光大银行、兴业银行、上海浦东发展银行、中国民生银行、恒丰银行等十几家商业银行。

从业务活动范围来看，这些商业银行在初建时分为全国性商业银行和区域性商业银行，但随着金融改革的深化，银行业务在不断延伸，目前均已成为全国性商业银行。

3．城市商业银行

城市商业银行是中国银行业的重要组成和特殊群体，其前身是 20 世纪 80 年代设立的城市信用社，从 1998 年开始城市信用社陆续更名为以城市命名的城市商业银行，后又有的改为“城市或省份+银行”，如宁波银行、河北银行、长沙银行等。这类城市商业银行主要由城市企业、居民和地方财政投资入股组建，其功能也主要为本地区经济发展融通资金，重点为城市中小企业的发展提供金融服务。

城市商业银行在监管部门的政策引领和地方政府的支持下，通过自身努力经受住了 2008 年金融危机的冲击，逐渐成长为我国金融领域中一支充满活力、具有竞争力的生力军，为助推我国国民经济发展、扶持微小企业成长壮大做出了重要贡献。城市商业银行坚守风险底线，各项监管指标持续向好。为进一步发展，城市商业银行要明确市场定位，转变发展方式，走差异化、特色化发展道路。

4.2.4　政策性银行

政策性银行是指由政府发起、出资成立，为贯彻和配合政府特定经济政策和意图而进行融资和信用活动的机构，是我国深化金融体制改革过程中为实现国有专业银行向商业银行转化而成立的专门承担政策性信贷业务的银行。它们分别是 1994 年组建的国家开发银行、中国进出口银行和中国农业发展银行，均属国务院领导。

政策性银行的产生和发展是国家干预、协调经济的产物。政策性银行与商业银行和其他非银行金融机构相比，有共性的一面，如要对贷款进行严格审查，贷款要还本付息、周转使用等，但作为政策性金融机构，也有其特征：一是政策性银行的资本金多由政府财政拨付；二是政策性银行经营时主要考虑国家的整体利益、社会效益，不以营利为目标，但政策性银行的资金并不是财政资金，政策性银行也必须考虑盈亏，坚持银行管理的基本原则，力争保本微利；三是政策性银行有其特定的资金来源，主要依靠发行金融债券或向中央银行举债，一般不面向公众吸收存款；四是政策性银行有特定的业务领域，不与商业银行竞争。

2008 年，国家开发银行以发起设立的方式进行改制，设立国家开发银行股份有限公司。国家开发银行股份有限公司 2008 年 12 月 16 日在京挂牌，成为第一家由政策性银行转型而来的商业银行，标志着中国政策性银行改革取得重大进展。

4.2.5　非银行金融机构

除上述银行性金融机构外，我国还有多种非银行金融机构，其经办的金融业务和金融服务，是我国现行金融体系的重要组成部分。

1. 保险公司

改革开放以来，我国保险业得到迅速发展。保险市场初步形成了以国有商业保险公司为主，多种经济类型和中外合资保险公司并存，多家经济类型和中外合资保险公司并存，多家保险公司竞争的新格局。

2. 信托公司

信托公司是经营信托投资业务的金融机构。1979年经国务院批准成立了第一家信托投资公司——中国国际信托投资公司。从此信托业在全国范围内迅猛发展起来。我国信托公司有基本业务、代理业务和咨询业务三类。

3. 证券公司

证券公司是专门经营证券业务，具有独立企业法人地位的金融机构。它受托办理股票债券发行业务，受托代理单位及个人的证券买卖业务，同时自己也从事有价证券的买卖经营。国家对证券公司进行分类经营，分为综合类证券公司和经纪类证券公司。综合类证券公司可以经营下列证券业务：证券经纪业务、证券自营业务、证券承销业务和经证监会核定的其他证券业务。

4. 农村信用合作社

农村信用合作社在计划经济体制下，一度成为国家银行在农村的基层组织，并由农业银行或中国人民银行管理，在相当程度上丧失了它应有的合作性质。1996年进行了改革，一是实现农村信用合作社与农业银行脱钩，二是恢复它合作金融组织的性质。

4.2.6 在华外资合资金融机构

我国对外资金融机构的引进主要采取四种形式：一是允许其在我国设立代表机构；二是允许其设立业务分支机构；三是允许其与我国金融机构和工商企业合作设立中外合资金融机构；四是允许其在一定条件下成立独资法人银行。

4.2.7 我国台湾地区和香港、澳门特别行政区的金融机构体系

台湾是中国领土的一部分，由于历史原因，目前它拥有自己独立的金融机构体系，包括中央银行、商业银行、专业银行、基层合作金融机构、中央信托局、邮政储金会业局、信托投资机构及保险公司等。

香港已于1997年7月1日回归中国，但按照一国两制的原则，它保留与内地不同的金融机构体系。它的特点是没有设立专门的中央银行，中央银行的职能由金融管理局、银行同业公会和商业银行分别承担。实行银行三级制或金融三级制，即将接受存款机构划分为持牌银行、有限持牌银行和接受存款公司三类，统称认可机构。

澳门也于1999年12月20日回归中国，它的金融机构主要包括银行、保险公司、金融公司等。澳门不设立中央银行，由澳门货币暨汇兑监理署代替中央银行职能。

4.3　发达国家金融机构体系

4.3.1　银行类金融机构

银行类金融机构体系主要由中央银行、商业银行、各种专业银行组成。

1．中央银行

由于世界各国的社会制度、经济发展水平以及金融业发展的程度不同，各国的中央银行制度也有所不同。西方国家的中央银行制度主要有四种。

(1)单一的中央银行制度

在一国范围内单独设立一家中央银行，通过总分制，集中行使金融管理权，多数西方国家采取这种制度。

(2)二元的中央银行制度

在一国范围内建立中央和地方两级相对独立的中央银行机构，分别行使金融管理权，如美国、德国。

(3)跨国中央银行制度

几个国家共同组成一个货币联盟，各成员不设立本国的中央银行，或虽设立本国的中央银行，但由货币联盟设立中央银行领导。如 1998 年欧盟在法兰克福设立的欧洲中央银行，要求成员国的中央银行接受其领导，并逐步摆脱本国政府的干预。

(4)准中央银行制度

一个国家或地区只设立类似中央银行的机构，或由政府授权某个或几个商业银行行使部分中央银行职能。

2．商业银行

在西方国家，商业银行以其机构数量多、业务渗透面广和资产总额比重大等优势在整个银行体系中处于极其重要的地位，它是整个金融机构体系的骨干和中坚，也是最早出现的现代银行机构。例如，美国银行体系是由数千家小商业银行主导的，2000 年美国大约有 8 300 家运营中的商业银行机构。有的国家商业银行却是由少数几家拥有成千上万分支机构的大银行组织而成，例如，加拿大国内注册银行还不到 12 家，但分支机构众多。

3．专业银行

西方国家的专业银行种类很多，而且名称各异，这里介绍其中主要的几种。

(1)开发银行

开发银行是指专门为满足经济建设长期投资需要而设立的银行。这类投资具有投资量大、时间长、见效慢、风险大等特点，一般商业银行往往不愿承担。开发银行一般为国家或政府所创办，不以营利为目的。如新产品开发、新经济区的基础设施、全国性公共设施的建设等都属于投资多、见效慢、周期长的工程，这些工程社会效益好，但是否盈利难以预计，所以往往由国家开办的开发银行来承担。

开发银行可分为国际性开发银行、区域性开发银行和本国性开发银行三种。国际性开发银行，如国际复兴开发银行(也称世界银行)，主要为成员国提供长期贷款，满足成员国经济复兴和开发对资金的需求。区域性开发银行主要为某一区域的会员国提供服务，如亚洲开发银行，仅仅对亚洲地区参加该组织的会员国提供服务。本国性开发银行主要对国内企业和建设项目提供长期贷款。

(2)投资银行

投资银行是指专门对工商企业办理投资和长期信贷业务的银行。投资银行与商业银行不同，商业银行主要以吸收企业短期存款，发放短期贷款，为企业日常生产和商业活动服务；而投资银行是对工商企业办理长期投资、长期贷款、包销或代销新发行的有价证券业务的专业银行，其资金来源主要依靠发行自己的股票和债券来筹集，有些国家虽然也允许投资银行吸收存款，但主要是定期存款，有些国家的投资银行则根本不能吸收存款。从其经营的业务范围来看，投资银行的主要业务有：对工商企业的股票和债券进行直接投资；对工业企业提供中长期贷款；为工商企业代办发行或包销股票与债券；参与企业的创建重组和并购活动；包销本国政府和外国政府的公债券；提供投资和财务咨询服务等。

投资银行在世界各国的称谓有所不同，投资银行是在美国和欧洲大陆的称呼，在英国，投资银行被称为商人银行，在日本，则称为证券公司。此外，与这种银行性质相同的还有实业银行、长期信贷银行、金融公司、持股公司、投资公司等多种形式和名称。

(3)储蓄银行

储蓄银行是指办理居民储蓄并以吸收居民储蓄存款为主要资金来源的银行。储蓄银行的服务对象主要是居民，其资金来源主要是居民的储蓄存款，资金运用主要是为居民提供消费信贷和其他贷款，同时，也可以在可靠的债券市场投资(如购买国家债券等)。与我国几乎所有的金融机构都经营储蓄业务的情况有所不同，在西方国家，储蓄银行大多是专门建立的、独立的金融机构。此外，为了保护小额储蓄者的利益和保证储蓄银行所集聚的大量资金的合理投向，各国对储蓄银行大多有专门的管理法令。

各国对储蓄银行的称谓也有所不同，如美国称之为互助储蓄银行、储蓄贷款协会等，英国称之为信托储蓄银行，日本称之为储蓄银行。尽管称谓不同，但其功能基本相同，都是为居民直接提供金融服务的。储蓄银行既有私营的，也有公营的。

(4)进出口银行

进出口银行是专门为对外贸易提供结算、信贷等国际金融服务的银行。进出口银行一般承担商业银行不愿承担的高风险贷款，弥补商业银行提供进出口信贷上的不足，改善本国出口融资条件，增强本国商品的出口竞争力。所以，这类银行在经营原则上带有浓厚的政治色彩，一般属于政策性银行的范畴，是官方或半官方的金融机构，美国称之为进出口银行，日本称之为输出输入银行，法国称之为对外贸易银行。

进出口银行的资金来源有政府拨入资金、借入资金、发行债券和其他渠道等。其资金运用主要是通过提供优惠出口信贷来增强本国企业的出口竞争力，并且为私人金融机构提供出口信贷保险，承保的范围主要是政治风险。同时，进出口银行往往也执行本国政府对外援助的一个金融机构。

(5)农业银行

农业银行是指为贯彻和配合政府政策，专门为农业、畜牧业、林业、渔业的发展提供金融服务的银行。农业由于受自然因素影响比较大，农业贷款具有规模小、期限长、风险大、收益低等特点，商业银行一般都不愿为农业部门提供融资，因此，政府需要设立专门的金融机构为之服务。如美国的联邦土地银行，法国的农业信贷银行，德国的农业抵押银行，日本的农林渔业金融公库，印度的国家农业及农村开发银行，亚洲的太平洋地区农业信贷协会等。

农业银行的资金来源呈多样化，主要包括借入政府资金、发行债券、借入其他金融机构资金、吸收存款和国外借款等。资金运用主要是向农、牧、渔民创业和发展生产提供低息贷款、担保和发放补贴等。农业银行一般是官方或半官方的金融机构。

4.3.2 非银行类金融机构

1. 保险公司

西方国家的保险业十分发达，各类保险公司是各国最重要的非银行金融机构。在西方国家，几乎是无人不保险、无物不保险、无事不保险。为此，西方国家按保险种类分别设有形式多样的保险公司，如财产保险公司、人寿保险公司、意外灾害保险公司、信贷保险公司、存款保险公司、再保险公司，等等。其中，人寿保险公司兼有保险和储蓄的双重性质和特殊优势，在保险业发展中居于领先地位。

2. 退休或养老基金

退休或养老基金，即以定期收取退休或养老储蓄金的方式，向退休者提供退休收入或年金的金融机构。这类机构与保险公司一样，同属契约性的储蓄机构，通常由雇主或雇员按期缴付工资的一定比例，收益人退休后可一次性取得或按月支取退休养老金。

3. 投资基金

投资基金是一种把多种投资者的不同投资份额汇集起来，交由专业的投资经理进行操作，所获得的收益按投资者出资比例分享的金融机构。投资基金本质上是一种金融信托。投资者持有的每一单位基金，都代表着基金所有的投资组合的一个相应比例的份额。投资基金的优点主要在于投资组合、分散风险、专家理财、规模经济。

投资基金在不同国家具有不同的名称。在美国称之为共同基金，在英国称之为单位信托基金，在日本称之为证券投资信托。世界上最早的投资基金是英国于1886年成立的海外殖民信托基金，到1990年年底，英国的投资基金已有1 400多家。美国1924年在波士顿成立第一家投资基金，到1993年年底，各类投资基金超过4 500家，总资产2.1万亿美元。1997年年底，全美共同基金资产总额已达4.49万亿美元。

投资基金的组织形式分为契约型与公司型两种。契约型是指基金的设定人(基金经理或基金管理公司)设计特定类型的基金，以信托契约形式发行受益凭证，募集投资者的定期资金，进行运营和投资。基金的募集、保管、利润分配、收益及本金的偿还支付等业务，则委托银行具体办理。日本、韩国、新加坡等国家的投资基金多属于这种类型。公司型投资基金是指通过组建基金股份公司来发行基金股票，募集投资者的资金，由公司投资经理部门或委托其他投资管理公司操作投资，并以基金股息、红利形式将收益分配给投资者，基金资产的保管与业务处理可以由公司本身负责，也可以委托银行办理。公司型投资基金的最大特点是：基金与投资者之间的关系是股份公司与股东的关系。美国绝大部分投资基金是这种类型。

4. 邮政储蓄机构

邮政储蓄机构，即利用邮政机构网点设立的非银行金融机构，主要经营小额存款，其吸收的存款一般不用提缴准备金，其资金运用一般是存入中央银行或购买政府债券。邮政储蓄机构于1861年首创于英国，其设立的初衷是为了利用邮政部门广泛的分支机构，提供廉价有效的邮政汇款服务，提高结算速度，加速资金周转，因此在各国发展比较普遍。

5. 信用合作社

信用合作社简称信用社，是西方国家普遍存在的一种由个人集资联合、以互助合作为宗旨的金融机构。其基本的经营目标是：以简便的手续和较低的利率向社员提供信贷服务，帮助经济力量薄弱的个人和中小企业解决资金困难，以免受高利贷的盘剥。

信用合作社通常可按地域划分为农村信用社和城市信用社，或按专业领域划分为农业生产信用社、渔业生产信用社、林牧生产信用社及土地信用社等。信用社的资金主要来源于其成员交纳的股金和吸收存款，贷款则用于解决其成员的资金需求。信用社的传统业务是发放短期生产贷款和消费贷款，但现在一些资金充裕的信用社也提供中、长期贷款，以解决企业在生产设备更新和技术改造中的资金需求。

此外，非银行金融机构还有信托投资公司、租赁公司、企业集团财务公司等。

4.3.3 外资合资金融机构

外资金融机构是指在一国境内由外国投资者开设的银行和非银行金融机构。合资金融机构是指外国资本与本国资本联合投资开设的银行和非银行金融机构。各国一般都将这类金融机构纳入本国金融机构体系内，并受本国金融当局的管理和监督。除特别限制之外，外资金融机构一般与国内同类金融机构从事同样的业务。随着WTO服务贸易总协定的实施，金融业市场准入扩大，外资金融机构设立的障碍在减小，业务经营的限制在缩小，但由于各国都还有一些或明或暗的壁垒，因而要享受真正的国民待遇，还不是一件很容易的事。

西方发达国家的金融机构体系庞大而复杂，以上只是一般性的归纳，具体每个国家的金融机构体系都与别国不同。

4.4 国际金融机构

4.4.1 世界银行

世界银行是国际复兴开发银行的简称，1944年与国际货币基金组织同时成立，也属于联合国的一个专门机构。它于1946年6月开始营业，总行设在美国首都华盛顿。我国是世界银行创始会员国之一，于1980年5月15日恢复在世界银行的合法席位。世界银行与国际开发协会、国际金融公司、多边投资担保机构、国际投资争端解决中心共同组成了世界银行集团。世界银行的宗旨是：通过提供和组织长期贷款和投资，解决会员国第二次世界大战后恢复和发展经济的需要。根据协定，凡参加世界银行的会员国必须是国际货币基金组织的会员国，但国际货币基金组织的会员国不一定都参加世界银行。世界银行建立之初，有 39 个会员国，目前已增至 185 个会员国。凡会员国均须认购世界银行的股份，认购额由申请国与世界银行协商，并经理事会批准。一般情况下，一国认购股份的多少是根据其经济和财政实力，并参照该国在国际货币基金组织缴纳份额的大小而定。世界银行会员国的投票权与认缴股本的数额成正比例。世界银行的最高权力机构是理事会，由每一会员国委派理事和副理事各一名组成。理事会每年 9 月同国际货币基金组织联合举行年会。由 21 人组成的执行董事会是世界银行负责组织日常业务的机构。世界银行的资金来源除会员国缴纳的股份以外，还有向国际金融市场借款、出让债权和利润收入。其主要业务活动是提供贷款、技术援助和领导国际银团贷款（又称国际辛迪加贷款）。

4.4.2　国际货币基金组织

国际货币基金组织是根据 1944 年 7 月联合国国际货币金融会议（简称布雷顿森林会议）通过的《国际货币基金组织协定》建立的政府间的国际金融机构。1945 年 12 月 31 日正式成立，1947 年 3 月正式营业，同年 11 月 15 日成为联合国的一个专门机构。二十国集团（G20）财长和央行行长会议于 2010 年 10 月 23 日在韩国庆州闭幕，各国就国际货币基金组织（IMF）的份额改革问题达成共识，会议商定将在 2012 年之前向包括新兴国家在内代表性不足的国家转移 6%以上的份额，而中国所占份额将从第 6 位升至第 3 位。国际货币基金组织的宗旨是：通过会员共同研讨和协商国际货币问题，促进国际货币合作；促进国际贸易的扩大和平衡发展，开发会员国的生产资源；促进汇率稳定和会员国有条不紊的汇率安排。避免竞争性的货币贬值；协助会员国建立多边支付制度，消除妨碍世界贸易增长的外汇管制；协助会员国克服国际收支困难。国际货币基金组织是以会员国入股方式组成的按企业经营规则运作的金融机构。国际货币基金组织的最高权力机关是理事会，由各会员国选派理事和副理事各一人组成；处理日常业务的机构是执行董事会。国际货币基金组织的重大问题都由理事会或执行董事会通过投票表决的方式做出决定。会员国投票权的多少取决于该国所认缴的基金份额的多少。美国拥有的投票权占全部投票权的 20%以上，因此它在国际货币基金组织的决策中起决定性的作用。国际货币基金组织的资金主要来自会员国缴纳的基金份额、借款和信托基金三方面。除了对会员国的汇率政策进行监督、与会员国就经济形势进行磋商和协调外，国际货币基金组织的主要业务活动是向会员国提供贷款和各种培训、咨询业务。

4.4.3　亚洲开发银行

亚洲开发银行（Asian Development Bank，ADB）是 1965 年 3 月根据联合国亚洲及远东经济委员会（联合国亚洲及太平洋地区经济社会委员会）第 21 届会议签署的《关于成立亚洲开发银行的协议》创立的，是仅次于世界银行的第二大开发性国际金融机构，也是亚太地区最大的政府间金融机构。1966 年 11 月，在日本东京正式成立，同年 12 月开始营业，总部设在菲律宾首都马尼拉。亚洲开发银行的宗旨是：通过发放贷款和进行投资、技术援助，促进本地区经济发展与合作。其主要业务是向亚太地区加盟银行成员国和地区的政府及其所属机构、境内公私企业以及发展本地区有关的国际性或地区性组织提供贷款，贷款分为普通贷款和特别基金贷款两种。前者贷款期为12～25年，利率随金融市场的变化调整；后者贷款期为25～30年，利率为1%～3%，属于长期低利优惠贷款。亚洲开发银行的资金来源主要是加入银行的国家和地区认缴的股本、借款和发行债券，以及某些国家的捐赠款和由营业收入所积累的资本。

4.4.4 亚投行

亚洲基础设施投资银行，简称亚投行，是一个政府间性质的亚洲区域多边开发机构，重点支持基础设施建设，总部设在北京。2013年，国家主席习近平及总理李克强在不同场合先后提出筹建亚洲基础设施投资银行的战略构想，其目的在于为亚洲地区相对落后国家的国内基础设施建设提供更多的资金援助，以更好地促进亚洲国家的经济发展。此倡议一经提出，便受到世界各国尤其是亚洲国家的积极响应。2014年10月亚投行筹建之初，即有21个国家申请成为意向创始成员国，截至2015年4月，最终确立的创始成员国达到57家。作为由中国提出创建的区域性金融机构，亚洲基础设施投资银行主要业务是援助亚太地区国家的基础设施建设。在全面投入运营后，亚洲基础设施投资银行将运用一系列支持方式为亚洲各国的基础设施项目提供融资支持，包括贷款、股权投资以及提供担保等，以振兴包括交通、能源、电信、农业和城市发展在内的各个行业投资。

基础设施投资是经济增长的基础，在各类商业投资中潜力巨大，增长带动力强。亚洲基础设施投资银行不仅能够夯实经济增长动力引擎的基础设施建设，还将弥补亚洲发展中国家在基础设施投资领域存在的巨大缺口，减少亚洲区内资金外流，提高亚洲资本的利用效率及对区域发展的贡献水平。

4.4.5 其他国际金融机构

1. 国际清算银行

国际清算银行，是根据1930年1月20日签订的海牙国际协定，由英、法、德、意、瑞士、比利时和日本各国的中央银行以及代表美国银行业利益的摩根银行、纽约花旗银行和芝加哥花旗银行，于同年5月17日在瑞士的巴塞尔联合成立的。它实际上是第一家国际金融机构，是其成员国中央银行间的商业银行组织，世界其他地区多数国家的中央银行都是其客户，被人们称为“中央银行的银行”。其主要职能体现在以下四个方面：一是国际货币和银行领域合作的论坛；二是为各国中央银行提供国际银行服务；三是国际货币金融问题的研究中心；四是作为国际代理或受托机构，协助执行国际金融协定，以及为私人充当欧洲货币清算和交割系统的代理人和一些外债重组的抵押品代理人。

2. 国际金融公司

国际金融公司，是专门向经济不发达会员国的私营企业提供贷款和投资的国际性金融组织，属世界银行集团，其组织机构和管理方式与世界银行相同。国际金融公司成立于1956年7月，申请加入国际金融公司的国家必须是世界银行的会员国。其主要宗旨是专门针对不发达成员国的私营企业的新建、改建和扩建等项目提供无须政府担保的中期贷款或投资，促进不发达国家的私营经济的增长和这些国家资本市场的发展，以作为世界银行贷款的辅助来源。其资金来源主要有成员国认缴的股本、公司逐年累计的收益、在国际金融市场上的筹资、世界银行对公司的贷款等。

3. 国际开发协会

国际开发协会，是专门对较穷的发展中国家发放条件较宽的长期贷款的国际金融机构，属世界银行集团，于1960年9月成立。其宗旨主要是为最贫穷的成员国提供比世界银行贷款条件更优惠的贷款，借此减轻其国际收支负担，促进它们的经济发展和居民生活水平的提高。其资金来源有成员国认缴的股金、捐助国捐款、世界银行拨款和协会业务经营的净收益，其中最主要的是认缴份额。

小 结

金融机构有狭义与广义之分，狭义的金融机构是指经营货币、信用业务，从事各种金融活动的组织机构。广义的金融机构则不仅包括所有从事金融活动的金融组织，而且包括金融市场的监管者。

金融机构体系就是在一定的历史时期和社会条件下，在一个主权国家里存在的各种金融机构及彼此间形成的关系。

金融机构种类很多，分类标准也很多。目前世界各国通常将它分为银行与非银行金融机构两大类。

中央银行是在银行业发展过程中，从商业银行中独立出来的一种银行。中央银行是一国金融机构的核心，处于金融机构体系的中心环节。

商业银行是世界上大多数国家经济中占主导地位的金融机构。

专业银行是指专门经营指定范围和提供专门性金融服务的银行。随着社会生产力的不断发展，社会分工也越来越细，专业银行便应运而生。

非银行金融机构是指那些经营某些金融业务但又不称为银行的金融机构。

目前我国形成了以中国人民银行、中国银行监督管理委员会(简称银监会)、中国证券监督管理委员会(简称证监会)、中国保险监督管理委员会(简称保监会)为领导，以商业银行为主体，多种金融机构并存、严格分工、相互协作的金融机构体系。

思考题

1. 简述广义的金融机构和狭义的金融机构的构成分别是什么。
2. 简述金融机构体系的含义。
3. 简述金融机构体系的一般构成。
4. 简述中央银行在金融机构体系中的地位和作用。
5. 简述商业银行在金融机构体系中的地位和主要业务。
6. 简述专业银行的主要特点。
7. 简述非银行金融机构主要有哪些。
8. 简述保险公司的业务种类。
9. 简述证券公司的主要业务。
10. 简述我国当前金融机构体系的构成。

11. 简述西方国家中央银行的种类。

12. 简述国际金融机构的构成。

案例简介

案例[4-1]　中国金融机构体系的结构状况

截至2015年12月，中国银行业、证券业、基金和保险业总资产已超过229.12万亿元，其中银行业总资产占84.75%，比“十一五”期末增加102.17万亿元；而且商业银行总资产150.94万亿元，比上年增长15.4%，占银行业金融机构比例为77.7%；总负债139.46万亿元，比上年增长15.1%，占银行业金融机构比例为77.9%。

截至2015年12月31日，125家证券公司总资产为6.42万亿元，净资产为1.45万亿元，净资本为1.25万亿元，客户交易结算资金余额(含信用交易资金)2.06万亿元，托管证券市值33.63万亿元，受托管理资金本金总额11.88万亿元。

截至2015年6月底，中国有统计数据的96家基金公司合计资管总规模为16.13万亿元。其中资管规模在4 000亿元以上的基金公司有12家，天弘、招商与工银瑞信基金分别以9 479亿元、7 487亿元和7 310亿元的资产业务管理规模排名前三位，民生加银、华夏、嘉实、易方达、鹏华、平安大华、博时、融通和南方基金居其后。而基金行业的发展体现出强者恒强的格局。据统计，前十大基金公司合计管理的资产总规模达6.36万亿元，占全行业总资管规模的39.43%，接近四成。2016年中国人寿工作会议公布的数据显示，截至2015年年底，中国人寿集团合并总资产达3.03万亿元(未经审计，下同)，合并营业收入突破6 000亿元，其中保费收入突破4 000亿元，比2010年增长了30.7%。

截至2015年12月，保险业继续保持强劲发展势头，行业发展再创佳绩。2015年全国保费收入2.4万亿元，同比增长20%。其中，财产险保费收入7 995亿元，同比增长11%；人身险保费收入1.6万亿元，同比增长25%。为全社会提供风险保障1 718万亿元，赔款与给付8 674.1亿元，同比增长20.2%。保险业总资产达到12.4万亿元，较年初增长21.7%，全行业净资产1.6万亿元，较年初增长21.4%；同时保险行业偿付能力总体充足，市场运行安全稳健，没有发生大的风险事件。

从以上数据可粗略得出，截至2015年年末，证券业、基金及保险业的资产总额为34.95万亿元，占金融机构总资产的15.25%，而对于金融业发达的美国而言，非银行业金融机构资产总额占金融机构资产总额的75%左右，从而反映出我国非银行业的金融机构在金融业中比率较低，非银行业的金融机构的发展有待提高。

(资料来源：根据搜狐财经、凤凰财经、网易新闻和财经新闻等网站综合整理。)

问题

从以上数据可知我国金融业结构存在哪些问题？

简要提示

1. 金融机构体系结构比例失衡，抑制了金融机构之间的平等竞争。国有商业银行在我国金融机构体系中占主导地位，制约了金融机构之间平等竞争，新兴商业银行难以与国有商业银行开展平等竞争。

2. 金融机构体系的结构性缺陷仍比较突出。非银行业金融机构的资产与银行业金融机构的资产差距过大，证券业、保险业整体规模偏小。长期以来，中国金融体系一直以间接融资为主导，直接融资发展缓慢，导致证券业规模明显偏小。与国际大型投资银行相比，除总股本外总资产及管理资产总规模仍然过小。

3. 证券行业的市场集中度不足，市场份额过于分散。这种小型化、分散化的格局，很难与国际大型化、全能化投行相竞争。

案例[4-2]　亚投行的成立背景及意义

近年来，亚洲经济总体发展较快，区域财经合作不断深入，但在发展中也面临着不少挑战，特别是区域内“一带一路”沿途新兴市场和发展中国家的基础设施亟待完善，基建融资缺口巨大，目前以世界银行(WB)—亚洲开发银行(ADB)为主的多变融资供给体系远远不能满足这一需求，需要新的多边金融机构给予补充。2013 年 10 月，习近平主席和李克强总理在先后出访东南亚时提出了筹建亚投行(AIIB)的倡议，得到许多国家的广泛支持。2014 年年初，由中方牵头与亚洲域内、域外国家进行了广泛沟通，虽然以美国为主导的一些国家对建立亚投行不满，但经过多轮多边磋商，与各域内意向创始成员国就备忘录达成了共识，其中英国、法国、意大利、德国等欧洲国家纷纷表态愿意参加亚投行。2015 年 12 月 25 日，由中国倡议成立、57 国共同筹建的亚洲基础设施投资银行正式成立，全球迎来首个由中国倡议设立的多边金融机构。并且于 1 月 16 日正式开张。

亚投行成立的意义首先在于解决亚洲发展中国家在基础设施投资领域存在的巨大资金缺口问题，缓解因亚洲缺少融资渠道而造成亚洲区域内资金外流的窘境，进而夯实经济增长动力引擎的基础设施建设，提高亚洲资本的利用效率及对区域发展的贡献水平；其次是对亚洲普遍存在的高储蓄率问题，资金利用率较低，贬值较快，亚投行(AIIB)能将高储蓄率变成亚洲的高投资，实现亚洲国家相互融资和项目合作等，如跨国家的高速铁路和水利工程的建设；最后是中国已经形成巨大的原料生产能力，许多产业产能过剩，如果向外投资，则可以帮助中国消化这些产能，也可以使中国有许多直接投资的机会。另外，中国提倡筹建亚洲基础设施投资银行，也能继续推动国际货币基金组织(IMF)和世界银行(WB)的进一步改革，因为这些金融机构实在太偏爱发达国家或者非亚洲国家，亚洲因为有中国这样的国家，使他们似乎忘记了亚洲，亚太地区获得投融资与国际援助职能的机会要由自己来创造。

(资料来源：高鹏. 亚投行 魅力四射[J]. 时事，2014(06):18-19，以及环球军事网综合整理。)

问题

亚投行的建立对中国的影响是什么？

简要提示

1. 防止外汇储备贬值缩水。改革开放以来，我国一直实行出口导向的经济发展策略，积累了巨额外汇储备，截至 2015 年年底，我国外汇储备余额为万亿美元。长期以来，我国外汇储备以投资美国安全性较高的债券为主，虽然保证了安全性，但却损失了效率性。通过设立亚投行，将外汇储备借给需要资金的国家，收取一定的利息，防止外汇储备贬值缩水，让其产生更大的利益。

2. 消化国内产能过剩。近年来，我国存在严重的产能过剩问题，尤其是钢铁、水泥等基建行业，这既需要产业转型淘汰落后产能，也需要将已存在的过剩产能消化掉。中国企业拥有成熟的基础设施建设经验和技术，通过设立亚投行，在向需要基础设施建设的国家贷款的同时，输出经验和技术，顺带出口钢材、水泥等基建产品，消化过剩产能。

3. 促进“一带一路”战略的实现。2013 年，习近平主席提出了两个关乎中华崛起的中国国家战略，这两个战略是中国的全球战略，即丝绸之路经济带战略和 21 世纪海上丝绸之路战略。要将这两个战略实施，首先要解决的就是交通运输、通信等沟通各国的基础设施建设问题。如何加快实施中国的这“一带一路”战略呢？诸如上合组织开发银行、金砖国家新开发银行和亚洲基础设施投资银行，就是在中国倡议和主导下出现的解决这一问题的办法，这些机构将担负起为新兴国家提供基础设施发展资金的责任。

4. 提高中国在亚太区域经济整合能力，提升中国的经济话语权。当今世界经济正在进行区域的加速整合，未来世界经济将不再是个体的竞争，而是区域集团化的竞争。未来，谁拥有的合作集团越多，谁的影响力就越大，当然竞争能力也就越强。在这种大趋势背景下，中国有必要加速主导区域经济整合，提升自己的区域经济影响能力。从某种意义上说，中国对这些区域的经济话语权越大，中国在未来国际经济游戏规则重组中话语权也就越大。

第5章

商业银行

本章学习要点

通过本章的学习，掌握商业银行的组织形式和发挥的功能、商业银行主要的资产、负债和中间业务和各类业务的细分及相应特点；理解商业银行经营管理的原则和演变、商业银行管理原则与理论；了解商业银行产生发展的历史、商业银行在社会经济中的作用。

本章学习重点与难点

重点是商业银行的产生与发展、商业银行的组织形式和发挥的功能、商业银行主要的资产、负债和中间业务以及商业银行经营管理的原则和演变；难点是区分各类业务的细分及相应的性质特点，运用管理原则与理论对商业银行发展进行探讨。

本章基本概念

商业银行、单一银行制、分支行制、集团银行制、连锁银行制、跨国银行制、负债业务、资产业务、中间业务、同业拆借、再贴现、法定存款准备金、流动性原则、安全性原则、盈利性原则、资产负债管理理论

5.1 商业银行概述

5.1.1 商业银行产生及发展

1. 近代西方商业银行的起源和演变

英语单词“Bank”的意义源于拉丁文中的“Banco”一词，“Banco”的意思是“长板凳”。在中世纪中期的欧洲，各国之间的贸易往来日益频繁，意大利的威尼斯、热那亚等港口城市由于水运交通便利，各国商贩云集，成为欧洲最繁荣的商业贸易中心。各国商贾带来了五花八门的金属货币，不同的货币由于品质、成色、大小不同，兑换起来就有些麻烦，于是就出现了专门为商人鉴别、估量、保管、兑换货币的人。按照当时的惯例，这些人都在港口或集市上坐着长板凳，等候需要兑换货币的人，渐渐地，这些人就有了一个统一的称呼——“坐长板凳的人”。

“坐长板凳的人”由于经常办理保管和汇兑业务，手里就有一部分没有取走的现金，他们把这部分暂时不用兑付的现金借给急需用钱的人，以赚取利息。老百姓（现称为客户）有了闲钱就可以存到“坐长板凳的人”那里去，需要时取出来。这些机构就像一个存钱的箱子，所以后来人们又把它们称为“Bank”，这就是银行的英文名称“Bank”一词的由来。

在我国，过去主要使用银子作为流通货币，商铺又常常被称为“行”，所以“Bank”翻译成中文就被称为“银行”。

商业银行是商品经济发展到一定阶段的产物，在历史上，较早出现的银行是 1171 年成立的威尼斯银行和 1407 年成立的热那亚银行，当时的威尼斯和热那亚是地中海沿岸与欧亚地区贸易交往的中心。当时的所谓银行是为了适应商品经济的发展而形成，并以高利贷为主要特征经营的。随着资本主义生产方式和社会化大生产的出现，高利贷性质的银行已不能适应社会化大生产对货币资本的需要，客观上需要建立一种新型的、规模巨大的、资本雄厚的、能满足和适应资本主义生产方式的银行来为经济发展服务。于是，从治理结构角度看，大量旧式的高利贷银行兼并、重组，并以股份公司形式组建新的商业银行。1694 年，在国家支持下，由英国商人集资合股成立了第一家股份制银行——英格兰银行，它的成立标志着适应资本主义生产方式要求的新信用制度的确定，是现代商业银行产生的标志。

随后，各国相继仿效，对加速资本的积累和生产的集中起到了巨大作用，推动了资本主义经济的发展，尤其是美国、日本等经济大国，在其资本主义经济高速发展的阶段，银行业作为经济的“助推器”，发挥了无可替代的作用，美英等国也随之成为了“金融帝国”。

2．我国商业银行的产生与发展

据记载，我国银行业有悠久的历史，其产生早于欧洲，但 2 000 余年的封建社会和自给自足的自然经济，使中国银行业的发展受到了严重阻碍。早在春秋战国时期，我国货币经济已经相当发达，信用放款也很普遍，不少人靠放债致富。北宋时期出现了世界上最早的纸币——交子。到了明代末期，又相继出现近代的银行机构——钱庄和票号。鸦片战争以后，中国沦为半封建半殖民地社会，资本主义银行也随之涌入中国。最早是在 1845 年，英国在广州设立了丽如银行，后改称东方银行。1897 年，中国第一家民族资本银行——中国通商银行在上海成立。1906 年，清政府设立了官商合办的户部银行，该银行可以铸造货币、发行货币、代理国库，具有国家银行性质，后来改称大清银行，1912 年又改称中国银行。1927 年以后，国民党政府为了控制中国金融业，于 1928 年成立了中央银行，之后，又控制了中国银行和交通银行、中国农民银行，设立了邮政储金汇业局、中央信托局和中央合作金库，逐渐形成了以“四行、二局、一库”为核心的旧中国官僚买办金融体系。

新中国成立以后，直至 1979 年改革开放以前，我国大陆的银行体系总的来说是高度集中的银行体系，全国基本上只有一家中国人民银行，它既掌管货币发行权和管理金融活动，又办理所有银行业务。随着经济金融体制改革的推进，我国逐步开始打破“大一统”的银行体系，恢复和组建了中国农业银行（1972 年 2 月恢复）、中国银行（1979 年 3 月分设）、中国人民建设银行（1979 年分设，1983 年明确为金融经济实体，1996 年更名为中国建设银行）、中国工商银行（1984 年成立）四家国有专业银行，在其各自分工的领域内从事银行业务活动。此后，随着改革步伐的加快，专业银行逐步实行企业化经营，原有严格的专业分工界限被打破，业务交叉经营的现象日益明显，业务趋于多样化、综合化，专业银行的职能在削弱，商业银行的功能在逐步强化。1986 年 4 月，国务院批准重新组建以公有制为主体的股份制银行——交通银行。其后，中信实业银行、招商银行、广东发展银行、深圳发展银行、福建兴业银行、光大银行、华夏银行等商业银行相继成立，成为中国银行业的新生力量。由此，我国银行业形成了以中央银行为领导、专业银行为主体、多家商业银行共存的银行体系。

1994 年，原国有四大专业银行改组为国有独资商业银行，将原有的政策性业务转交给新设立的政策性银行——中国农业发展银行、中国进出口银行、国家开发银行来经营。由此，我国建立了更为完善的银行体系，即以中央银行为核心、商业银行为主体、政策性银行及其他金融机构并存的金融体系。其中，商业银行体系包括国有商业银行、股份制商业银行、城市商业银行、农村信用社、外资银行等。特别值得一提的是，到目前为止，我国银行业改革迈出重大步伐，银行业改革持续快速发展，中国建设银行、中国银行、中国工商银行三大国有商业银行治理结构日趋完善，成功完成重组上市，并成为国际资本市场上举足轻重的大型国有控股商业银行，在经济社会发展中发挥着重要的支撑和促进作用。

5.1.2 商业银行组织形式

商业银行的组织形式也叫商业银行的组织制度，自诞生以来，商业银行已经形成了多种不同的组织形式，发挥着各种功能满足社会公众的不同需求。由于各国政治经济环境不同，商业银行的组织形式也有所不同。商业银行的组织形式主要有单一银行制、分支行制、集团银行制、连锁银行制和跨国银行制等。

1. 单一银行制

单一银行制又称为单元银行制，是指银行业务由一个营业机构办理，不设立或不允许设立分支机构的商业银行制度。在世界上，实行单一银行制的主要是美国。由于担心银行任意开设分支行可能会引起金融权力的过分集中，因此，美国联邦及各州原来都禁止或限制银行开设分支行。1900 年左右，美国共有 8 738 家商业银行，但分支行只有 119 家。后来，美国对银行开设分支行的限制逐步放宽，到 1975 年底，美国共有 14 654 家商业银行，分支行总数达到了 30 262 家，平均每家商业银行就有两家支行。到了 20 世纪 80 年代，美国又放松了银行跨州设立分支行的限制，采用单一银行制的组织模式越来越少了。

单一银行制有其优点，如：营业成本比较低；有利于自由竞争，防止银行的垄断；有利于协调地方政府与银行的关系，银行具有更高的独立性和自主性；业务的灵活性较大，银行管理层次较少，便于管理目标的实现。这种银行制度也存在弱点，如：限制了商业银行的业务发展和金融创新；银行资金实力单薄，抵御风险的能力较弱；容易破产倒闭；会削弱银行的竞争力等。

2. 分支行制，即总分行制

总分行制又称分支行制，是目前商业银行普遍采用的一种组织制度，是指除法律允许在总行以外，可在本地和外地(海外)设立若干分支机构的银行制度。分支行制的总行一般都设立在大城市，作为分支行，所有业务都统一遵照总行的指示办理。目前，大多数国家都主要采取了分支行制，其中又以英国、德国、日本最为典型，中国也不例外，例如，中国工商银行、中国建设银行、中国银行和中国农业银行四大国有商业银行都在北京设立了总行，然后在各个省、自治区和直辖市设有一级分行，又在各地中心城市设有二级分行，在二级分行以下，各区县又有很多的支行，分支机构遍布各大城市，形成一个庞大的银行网络。

分支行制按照管理方式不同，又可以将其划分为总行制银行与总管理处制银行。总行制是指总行除了管理、控制各个分支机构，本身也对外营业，办理业务；而在总管理处制下，管理处只负责控制管理各个分支行，其本身不对外营业，在总管理处所在地还要另设分支行负责对外营业，如我们国家的交通银行就是实施的总管理处制的商业银行。

实行分支行制的优点在于可以实现种种大规模经营的利益。例如：因规模较大，可以实现较细的分工；在现金准备的运用方面，也可以在分支行之间互相调度，从而减少闲置资金，提高资金的运用效率；另外，由于在各地区都设有分支行，贷款也就分散到了各地区，这也有利于分散银行贷款的地区风险；也便于宏观管理水平的提高等。实行分支行制的缺点是极易形成垄断和加大了银行内部的控制难度等。

3. 银行持股公司制

银行持股公司制也称集团银行制，是指由某一企业或者成立控股公司，再由该公司控制或收购的一家或若干家独立的银行而建立起的银行制度。集团银行制在美国最为流行。1974年年底，美国共有276个集团，控制着2 122家银行和8 887家分支行。例如，花旗集团就是银行性持股公司，它控制旗下300多家银行。

银行持股公司主要有以下两种典型形式。

(1) 多银行持股公司

多银行持股公司是指控制了两家以上银行的持股公司。多银行持股公司出现得较早，这种组织形式之所以产生，主要是美国法律限制银行设立分支机构，银行和企业便采用了这种对策。在美国那些禁止设立分行的州，利用持股公司形式，可以收到类似银行分行的效果。因此，在这些地区，银行持股公司发展得很快。持股公司各部门向其子银行提供多种服务，如稽核、投资指导、资料的收集与处理、保险、税收和经营方法、广告、招聘雇员以及各银行间的职员交流等。从业务上考察，银行持股公司是相当集权化的，子银行的财务预算、资本金管理、证券和贷款管理等方面的政策，都由持股公司集中控制。在代理行关系、参加银团贷款、联储资金交易、负债管理以及金融产品定价方面，也在很大程度上由持股公司控制。这样做，可以减少各子银行业绩上的差异，从而有效地起到了替代分行的作用。不过，子银行与分支行并不完全一样，比如说，子银行为独立法人，分支行为非独立法人。多银行持股公司下属的银行多为中小银行。

(2) 单银行持股公司

单银行持股公司控制一家商业银行的股权，便于设立各种附属公司，开展多种非银行金融业务。一些国家对商业银行的经营范围有比较严格的控制。面对激烈的竞争，商业银行要开拓业务经营范围，便采取设立单银行持股公司这一对策。这种持股公司具有多银行持股公司的组织形式，也具有总分行制银行的特点，自20世纪60年代末期以来发展很快。单银行持股公司一般拥有多种业务经营权，它通过购买新公司的办法使其成为自己的子公司，最终形成以一家银行为主、多家子公司为辅的持股公司，开展诸如代理资料处理、租赁、抵押等业务。这样，顾客就可以在一家银行获得多种金融服务，从而使单银行持股公司拥有有效的竞争手段。单银行持股公司中的银行以大银行为主。

银行持股公司制的优点主要是能有效扩大资本总量，增强银行的实力，其业务更综合、更全面，可取得规模效益。它的缺点是容易形成银行业的集中与垄断，不利于银行间开展竞争，在一定程度上对银行自主经营有所限制。

4．连锁银行制

连锁银行制是指由一个人或一个集团控制两家或者两家以上银行的组织形式。这种控制可通过持有股权、共同指导或其他法律允许的形式进行。连锁银行的成员多是形式上保持独立的小银行，它们通常环绕在一家主要银行的周围。连锁银行同银行持股公司的区别是：银行持股公司在各子银行(公司)之上有一个董事会，连锁银行则没有；银行持股公司经营规模一般较大，而连锁银行经营规模和活动地域都很小，常以一家较大的银行为中心，从而实现资金业务往来，甚至人员交换的便利。

5．跨国银行制

跨国银行是指以国内银行为基础，拥有广泛的国外金融机构，在一些国家和地区从事信贷业务和其他业务的国际性银行。跨国银行的基本特征，是通过其所拥有的国际网络，在国际间行使其职能，它拥有广泛的国际网络；经营广泛的国际业务；从全球目标出发采用全球经营战略；实行集中统一的控制。

5.1.3 商业银行性质及职能

1．商业银行的内涵

我国《中华人民共和国商业银行法》将商业银行(Commercial Bank)定义为依照本法和《中华人民共和国公司法》设立的吸收公众存款、发放贷款、办理结算等业务的企业法人。

总的来看，传统的商业银行是指以吸收可以开支票的活期存款为主要资金来源，以向工商企业发放短期贷款为主要资金运用的银行。随着20世纪80年代以来西方各国金融管制的放松，商业银行的业务范围不断扩展。从资金来源业务来看，商业银行不仅吸收活期存款，而且吸收储蓄存款、定期存款等各类存款；商业银行不仅吸收存款，而且还通过发行金融债券等多种方式筹集资金。从资金运用业务来看，商业银行不仅发放短期贷款，而且发放长期贷款；不仅向工商企业提供生产性贷款，而且向一般居民发放消费性贷款；不仅通过发放贷款获取利润，而且通过证券投资、黄金买卖、租赁、信托、保险、咨询等获取收入。因此，现代商业银行已成为以营利为目的，以经营存款、放款和汇兑为主要业务，以多种形式的金融创新为手段，全方位经营各类金融业务的综合性、多功能的金融企业。现代商业银行已经是全能的、综合性的金融机构的代名词了。

商业银行与中央银行异同归纳，见表5-1。

表5-1 中央银行与商业银行的异同

名称 项目	中央银行	商业银行
相同点	1．都是一国经济、金融的主体； 2．都在一个经济、金融发展中起着重要的作用； 3．许多中央银行是由商业银行演变而来的； 4．许多中央银行的早期都兼营商业银行业务。	

续表

名称 项目	中央银行	商业银行
不同点	1．调控者、监管者	被调控者、被监管者
	2．货币信用与金融业的核心	金融业的主体
	3．不能以营利为目的	要以营利为目的
	4．对其存款不支付利息	对其存款要支付利息
	5．资产应具有最大清偿性	资产应是“三性”的最佳均衡
	6．不在国外设立分支机构	要在国外设立分支机构，条件成熟时应是国内金融与国际金融对接的桥梁
	7．与政府是相对独立关系	与政府是“自主经营、依法纳税”关系
	8．资本主要归国家所有	实行股份制
	9．政策性运作	商业性运作
	10．分支机构有限适度	分支机构众多
	11．创造基础货币	创造派生存款
	12．总裁由国会、皇室或总统任命	总裁由董事会聘请

2．商业银行的性质

商业银行是指以经营存款、贷款、转账结算为主要业务，为客户提供多种功能和综合化服务的并以获取利润最大化为目的的金融企业。商业银行的性质具体体现在以下几个方面。

(1) 商业银行是企业

从本质上看，商业银行无论是生产过程、经营原则还是经营目标，与一般企业并无二致。商业银行具有一般企业的特征，拥有自有资本，依法经营，照章纳税，自负盈亏，具有独立的法人资格，拥有独立的财产、名称、组织机构和场所。其经营目标是追求利润最大化，获取最大利润既是其经营与发展的基本前提，也是其发展的内在动力。

(2) 商业银行是一种特殊的企业

商业银行具有一般企业的特征，但又不是一般的企业，是特殊的企业。一般企业处于社会再生产的生产或流通环节，经营的是具有具体使用价值的一般商品；而商业银行处于分配环节，它所经营的是具有一般使用价值的特殊商品，即货币和货币资本。所以，商业银行是一种特殊企业，即金融企业。和一般企业相比，商业银行这种金融企业的特殊性具体表现在以下三个方面。

①商业银行经营的内容特殊。一般企业从事的是一般商品的生产和流通，经营的是普通商品，而商业银行是以金融资产和金融负债为经营对象，从事包括货币收付、借贷以及各种与货币有关的或与之相联系的金融服务，经营的是特殊商品，即货币和货币资本。

②商业银行对社会的影响特殊。一般企业经营的好坏只影响到本企业的股东、债权人，以及和这一企业相关的其他当事人等有限的人，而商业银行的经营好坏可能影响到千千万万的个人、家庭、企业的利益乃至整个社会的稳定。因此，商业银行对社会的影响比一般企业要大得多。

③国家对商业银行的管理特殊。由于商业银行对社会的特殊影响，国家对商业银行的管理要比对一般工商企业的管理严格得多，管理范围也要广泛得多。

(3) 商业银行是一种特殊的金融企业

商业银行作为金融企业，也有其特殊性。

①与中央银行相比较，商业银行面向工商企业、公众及政府机构，办理具体的存放业务。中央银行是金融体系的核心，不以营利为目的，不办理具体信用业务，其身份是监管者、领导者与政策执行者。

②与其他经营机构相比，商业银行的业务经营具有广泛性和综合性，不限于其他专业银行或非银行金融机构特定的经营界限，并且随着金融自由化浪潮的推进，现代商业银行已经发展为金融百货公司、万能银行，业务触角伸至社会经济生活的各个角落。

3. 商业银行的职能

商业银行特殊的企业性质决定了商业银行的基本职能，一般来说，商业银行具有以下四个方面的职能。

(1)信用中介

信用中介是最基本的，也是最能反映商业银行经营活动特征的职能。商业银行的信用中介职能表现在两个方面：一方面，通过办理负债业务将社会上各种暂时闲置的资金集中起来；另一方面，又通过办理资产业务将其投放到各产业和经济部门。

商业银行信用中介职能的发挥，对一国经济的运行和发展具有重要意义。

①商业银行发挥信用中介职能，克服了借贷双方之间直接借贷的局限性，为他们顺利进行资金融通提供了现实条件。当借贷双方的借贷数量、借贷期限不一致或贷出者对贷入者的信用状况不了解时，借贷行为就难以成立，而商业银行作为信用中介，则不受上述条件的限制，它可以和任何一个企业、单位发生信用联系，为它们提供必要的资金支持。

②商业银行发挥信用中介职能，可以提高社会总资本的使用效率，集中社会上的闲散资金，再贷放出去，可以大大提高社会总资本的使用效率，促进经济的发展。

(2)支付中介

商业银行作为货币经营机构，具有为客户保管、出纳和代理支付货币的功能，即支付中介的职能。

支付中介职能是商业银行作为货币经营业的传统职能。商业银行为客户办理转账结算、货币收付、货币汇兑等业务，主要通过账户间的划拨和转移，从而最大限度地节约了现钞的使用和降低流通成本，加快了结算过程和资金周转速度，为社会生产的顺利进行提供了条件。

(3)信用创造

商业银行的信用创造职能，是建立在信用中介职能和支付中介职能的基础之上产生的，是商业银行的特殊职能。信用创造职能主要表现为创造信用流通工具和创造存款货币。

在早期的贵金属货币时代，银行最初创造出了信用工具——银行券，在中央银行垄断货币发行权之后，商业银行所创造的支票成为现代经济主要的支付工具。目前，信用卡和“电子货币”等新的信用支付手段日益盛行。

商业银行吸收存款，提出一定的准备金后，利用超额准备金进行放贷，这些放款的绝大部分通过一定的渠道和方式又会回到银行，形成新的存款，此过程在银行系统内不断进行，使银行体系存款大量增加、信用不断提升。

(4)金融服务

这一职能是商业银行综合性、多功能性的体现，是商业银行利用其在经济生活中的特殊地位，以及凭借其在提供信用中介和支付中介业务过程中所获得的大量信息的优势，运用电子计算机和网络等先进手段，为客户提供电子银行、国际结算、银行卡和财富管理等多种服务。金融服务功能大大拓宽了商业银行的业务领域，增加了业务收入，密切了与客户的联系，提高了自身的竞争力。

5.2 商业银行业务

商业银行以资金来源与资金运用的不同分为负债业务、资产业务和中间业务。商业银行通过负债业务和资产业务筹措资金并加以运用以谋求利润的同时,履行其信用中介职能。商业银行从事中间业务，代理委托事项，收取手续费，中间业务并不占商业银行自身的资产，实现的是支付中介、金融服务职能。

5.2.1 商业银行负债业务

商业银行作为信用中介，负债是最基本、最主要的业务。商业银行负债业务是指形成其资金来源的业务，包括存款业务、借款业务和自有资本。商业银行的资金来源包括自有资本和吸收的外来资金两个部分，其中，存款和借款业务属于吸收的外来资金。

1. 存款业务

银行主要的资金来源是吸收外来资金，其中最主要的是吸收存款。存款是银行接受客户存入资金，存款人可以随时或按约定时间支取款项的一种信用业务。这是商业银行传统的业务之一，也是其主要的资金来源。

(1)活期存款

活期存款是商业银行传统的存款业务，是客户可以随时开出支票对收款人进行支付而无须事先通知开户银行的一种存款形式。这种存款不受期限限制，客户可以随时存取和支付，银行有义务随时兑付。

商业银行经营活期存款流动性很大，存取频繁，手续繁杂，并且要为客户提供许多相应的服务，如存取、提现、转账、支票和清算等，银行需要付出大量的人力和物力，成本较高。虽然活期存款经营成本较高，与商业银行的经营原则相矛盾，但各国商业银行却十分重视这项业务，并且千方百计地扩大活期存款。这是因为活期存款是商业银行经营的重要的资金来源。银行通过吸收活期存款，取得了短期的资金来源，就可以用于短期贷款和投资，并获得收益，而且在存款客户存取的过程中，还会形成一个相对稳定的余额，这些余额则可以用于中长期的贷款和投资。另外，经营活期存款的业务量大，存取频繁，有利于密切银行与顾客之间的关系。20 世纪 60 年代以来，随着金融业竞争加剧，西方国家的商业银行(主要是美国)在吸收活期存款方面不断进行金融创新，如可转让支付命令账户、自动转账服务账户、货币市场存款账户等。

(2)定期存款

定期存款是存款客户与银行事先约定期限，并支付较高利息的存款形式，这种存款要求到期才能支付本金和利息。定期存款是从利润中提存的，在近期内暂未支用，具有稳定性的特点，银行可以将余额作为长期资金运用。期限通常为 3 个月、6 个月和 1 年不等，也有1年以上、3年、5年甚至更长，利率随期限的长短而不同，一般存期越长，利率越高。

当客户未到期而要求提前支付时，银行制度规定不予提取。但为了争取客户，吸引存款，银行一般并不执行这一制度。实际做法是，要求客户提前一定时间通知银行，并填写“存单提前提取书”，银行扣除提前日期的利息或无论存期长短，一律按活期存款利息计息。

定期存款单不能像支票一样流通转让，只是到期提取存款的凭证，但定期存款单可以作为客户抵押品取得银行贷款。

(3) 储蓄存款

储蓄存款主要针对个人积蓄货币和取得利息收入而开办的一种存款形式。储蓄存款可分为活期存款和定期存款。银行对储蓄存款要支付利息。

储蓄存款中的活期存款，存取没有期限规定，只凭存折便可提现。

定期储蓄存款分零存整取、整存整取、存本取息、定活两便等几种形式。它是预先约定存款期限，期限越长利息率越高，是个人投资取息的重要手段。定期存款如果提前支取，存户必须预先通知银行，如在美国，需提前14天通知。在我国须持有存户本人身份证或其他有效证件方可提前支取，并按活期存款利率计息。

2. 借款业务

商业银行的一部分资金还可来源于其他各种借款，包括同业借款、向中央银行借款、国际金融市场借款、发行金融债券、短期资金占用等。

(1) 同业借款

同业借款是指商业银行之间或商业银行同其他金融机构之间发生的短期资金融通活动。商业银行向同业借款有几种形式。

①银行同业拆借。参加拆借的银行主要是商业银行以及非银行金融机构。

②抵押借款。同业拆借一般都是隔夜拆借，不需要抵押品。当商业银行资金紧张，周转发生困难，需要稍长时间的资金时，还可以通过抵押方式，向其他同业银行借入资金。作为抵押的资产，大部分是客户的抵押资产(包括动产和不动产)。另外，银行也可以将所持有的票据、债券、股票等金融资产作为抵押品，向其他银行借入资金。

③转贴现借款。银行将已贴现未到期商业票据向另一金融机构转让，在约定时间将票据购回，自行办理票据款项托收，以解决暂时资金短缺。

④回购协议。这是指商业银行将其持有的有价证券，如国库券、政府债券等，暂时出售给其他金融机构、政府甚至企业，并在将来约定的日期以约定价格购回的一种协议。

(2) 向中央银行借款

中央银行是商业银行的最后贷款者，向商业银行发放贷款或办理再贴现业务，以解决商业银行融通资金的需要。商业银行向中央银行借款主要有两种形式。

①再贴现，指商业银行把自己办理贴现业务时买进的未到期票据，如短期商业票据、国库券等转卖给中央银行以取得资金。

②再贷款，指商业银行用自己持有的合格票据、银行承兑汇票、政府债券等有价证券作为抵押品向中央银行取得抵押贷款。

(3) 国际金融市场借款

近二三十年，各国商业银行，尤其是大的商业银行，在国家货币市场上广泛地通过办理定期存款，发行大额定期存单，出售商业票据、银行承兑票据及发行债券等方式筹集资金。

(4) 发行金融债券

商业银行按照国家有关的规定，作为发行人向社会公众发行债券筹措资金。金融债券在到期之前一般不能提前兑换，只能在市场上转让，从而保证了所筹集资金的稳定性，可以使商业银行筹措到稳定且期限灵活的资金，从而有利于优化资产结构，扩大长期投资业务。

(5) 短期资金占用

这是商业银行在为客户办理转账结算业务过程中占用的客户资金。客户汇款时，将资金交给汇出行，至汇入行将资金付给收款人，期间有一定的时间间隔。在这段时间内，款项为银行所占用。

3. 自有资本

自有资本是银行拥有的永久归银行支配使用的资金。任何商业银行在设立登记注册时，必须筹集拥有规定数额的最原始的资金来源，形成银行的自有资本。

商业银行的自有资本主要包括以下几个方面。

(1) 股本

股本是商业银行最原始的资金来源，是筹建银行时所发行股票面值的合计金额。股本的主要作用在于：创办银行时购置房产、设备以及开办时的其他各项费用支出；作为重要的信贷资金来源之一，用于发放贷款；标志着银行的清偿能力和承担风险的能力，用于弥补银行的业务亏损和呆账损失。

(2) 资本盈余

资本盈余是商业银行新发行普通股或增资扩股时，由于股票的市场价格高于票面价格而产生的溢价部分。

(3) 未分配利润

未分配利润也叫留存盈余，是商业银行在向股东支付股息和红利之后剩余的营业收益部分。它是商业银行增加自有资金的主要来源，仍属于股东所有。

(4) 公积金

公积金是商业银行按法定比率提留的那部分营业收益，是商业银行追加新资本的重要渠道。

(5) 风险准备金

风险准备金是商业银行为应付意外损失而从收益中提留的资金。

一家银行需要多少资本，每种形式的资本在总量中占有多大的比例，是商业银行资本管理中的核心问题。从理论上讲，银行的资本实力应足够雄厚，以保护存款人和其他债权人不受损失，激励公众信心和能够提供足够的贷款；但实际上，资本不是越多越好。因为，根据风险与收益的比例关系，如果资本积累到超过需要，可能会引起股东权益不必要的降低。在一般情况下，银行应在不违背法律的前提下，根据自己的经营环境，确定适度的资本需要量，即资本充足程度。所谓资本充足程度，是银行管理当局要求银行在一定资产规模条件下，必须持有的资本数量。

国际清算银行巴塞尔委员会制定的一个银行资本充足程度的国际标准，即“新巴塞尔协议”。该协议主要有以下几点内容。

①规定了国际通用的资本标准。“巴塞尔协议”将资本划分为核心资本和附属资本两部分，并规定核心资本在总资本中不得低于 50%，核心资本充足率 8%。

②使用 5 个风险权数，即 0%、10%、20%、50%、100%，来判断资产的信用风险。风险权数为 0%的有：库存现金、在本国中央银行的存款、对本国中央银行的放款、购买本国中央银行债券等。风险权数为 10%的有：对本国公共部门的债权(也可以是 0%、20%和 50%)。风险权数为 20%的有：对本国银行担保的贷款、托收中的现款等。风险权数为 50%的有：住宅抵押贷款、对私人部门的债权等。风险权数为 100%的有：对不动产投资及其他投资等。

5.2.2　商业银行资产业务

资产业务是商业银行将其形成的货币资金加以运用的业务，是商业银行取得收益的主要途径，是银行创造利润的渠道；但是商业银行必须保留一定的存款准备金和库存现金，以备存款客户提取。按照营利性和流动性的原则，商业银行的资产业务主要有现金资产、贷款业务、票据业务和证券投资业务。

1. 现金资产

现金资产是银行资产中最富有流动性的部分，基本上不给银行带来直接的收益，法律对其持有量也有严格规定。现金资产包括库存现金、法定存款准备金、存放同业款项，托收未达款等。

(1) 库存现金

库存现金是指为应付客户取现和日常业务开支及收付需要而存放在银行金库中的现钞和硬币。虽然支票结算、信用卡等信用工具的使用已大大超过现金的使用，但目前为应付客户小额提款及银行自身日常开支的需要，仍必须保有一定的库存现金。

(2) 法定存款准备金

按法律规定，商业银行必须按其吸收存款量的一定比例交存中央银行作为法定存款准备金。它的最初作用是增强商业银行应付客户提取现金的能力，保证存款人的利益和维护银行业的稳定，现在已转变为中央银行贯彻货币政策的一个重要工具。

(3) 存放同业款项

商业银行为便于同业之间结算收付及开展代理业务，存放在其他银行的资金，称为存放同业款项；其他银行存放在本行的资金，称为同业存款。存放同业具有活期存款的性质，流动性强。

(4) 托收未达款

托收中的现金是指在商业银行经营中，每天都会收到开户人拿来的支票或现款，其中的支票有可能非本行付款而须向付款行收取，这种须向别的银行收款的支票称为“托收中的现金”。在电子支付网络系统引入银行业务后，托收在途资金数量大幅减少。

2. 贷款业务

贷款是银行将其所吸收的资金，按一定的利率贷放给客户，并约期归还的业务。贷款是商业银行的传统资产业务，也是主要资产业务，是银行运用资金取得利润的主要途径。

商业银行贷款业务种类很多，按不同的标准，可大致划分为如下几类。

(1)按照贷款的保证程度

按照贷款的保证程度可分为：抵押贷款、质押贷款、担保贷款和信用贷款。

①抵押贷款是借款人以特定的抵押品作为保证的贷款。如果借款人不履行债务，银行有权处理其抵押品。可以用做抵押品的包括：住宅、厂房、汽车、设备、商品等不动产和动产，以及应收账款、公司股票、债券之类的各种资产。

②质押贷款是以借款人或担保人的流动性强的动产(如存单，债券等)或权利(如专利权、商标权等)为担保而发放的贷款。

③担保贷款是由借贷双方以外的有相应经济实力的第三方为担保人而发放的一种贷款。要求担保人出具证书，如在贷款到期时债务人不能如约归还贷款，则由担保人承担责任。

④信用贷款是指完全根据借款人的信用，即借款人的品德和财务状况而发放的贷款。

(2)按贷款用途划分

按贷款用途可以分为：工商业贷款、农业贷款、不动产贷款、消费者贷款、证券贷款和其他贷款。

①工商业贷款是发放给工商企业的用于固定资产投资和流动资产资金需要等用途的贷款，它是商业银行的主要贷款业务。

②农业贷款是银行对农业生产提供的用于购买种子、化肥、农药等的短期用途和购买土地、改良土壤、建造水利设施等长期用途的贷款。

③不动产贷款是对土地开发、住宅公寓、厂房建筑、大型设施购置等项目所提供的贷款。这类贷款收益高，但期限较长，一般为5～20年。

④消费者贷款是商业银行向达到法定年龄，具有法律诉讼能力，可以承担法律责任的自然人提供的用于个人购买住房、汽车、耐用消费品或其他消费项目的贷款。

⑤证券贷款是商业银行对证券经营商、经纪人、投资银行和证券公司发放的短期贷款。

(3)按贷款期限长短划分

贷款按期限长短划分，有短期贷款、中期贷款和长期贷款。短期贷款，是指贷款期限在1年以内(含1年)的贷款。中期贷款，是指贷款期限在1年以上(不含1年)5年以下(含5年)的贷款。长期贷款，是指贷款期限在5年(不含5年)以上的贷款。

(4)按借款人最终偿还贷款本金和利息的实际能力划分

按借款人的最终偿还贷款本金和利息的实际能力，确定贷款的遭受损失的风险程度，将贷款分为正常贷款、关注贷款、次级贷款、可疑贷款和损失贷款，也叫贷款五级分类法。

①正常贷款指借款一直能够正常还本付息，银行对借款人最终偿还贷款有充分的把握，各方面情况正常，不存在任何影响贷款本息及时全额偿还的消极因素，没有任何理由怀疑贷款会遭受损失。

②关注贷款指借款人偿还贷款本息仍属正常，但是发生了一些可能影响贷款本息偿还的不利因素，如果这些因素继续存在下去，则有可能影响到贷款本息的偿还。

③次级贷款指借款人的还款能力出现明显问题，完全依靠其正常收入无法足额偿还贷款本息，即使执行担保，也可能会造成一些损失。

④可疑贷款指借款人无法足额偿还贷款本息，即使执行担保，也肯定要造成较大损失。

⑤损失贷款指在采取了所有可能的措施后或者一切必要的法律程序后，本息仍然无法收回，或只能收回较少的部分。

(5)按贷款的偿还方式划分

按贷款的偿还方式可以分为一次还清贷款和分期偿还贷款。

①一次还清贷款，要求借款人于贷款的最后到期日偿还其全部本金，但贷款利息可以分期偿还或于还本时一次付清。

②分期偿还贷款的本息可以按月、按季、按半年或按年支付。

3. 票据业务

商业银行的票据业务包括：票据贴现和票据抵押放款两种。

(1)票据贴现

票据贴现是银行购买未到期的票据，在扣除从贴现日起至票据到期日止的利息以后，将余额以现款付给客户，或转入其活期账户的业务。能够进行贴现的票据有：银行承兑汇票、商业承兑汇票、商业期票、银行本票和汇票。目前，商业银行贴现范围已经扩展到政府债券，包括公债和国库券。

(2)票据抵押贷款

票据抵押贷款是一种由银行发放的以未到期的票据作为抵押的贷款。

4. 证券投资业务

证券投资业务是指商业银行在公开市场上购进有价证券，如购买公债券、国库券、公司债券等形成的商业银行资金运用业务。商业银行购买有价证券既增强了银行资产的流动性，又能获取一定的收益。

证券投资业务与贷款业务的区别是：

①证券投资业务具有较强的流动性，可以随时出售证券变现，而用于贷款的资金，要求在贷款期满后才能收回；

②证券价格受市场供求关系影响较大，银行很难控制，而贷款时银行有权决定贷款条件，如期限、利率、担保等；

③投资存在很大的风险，银行为了保证证券投资的安全性，大多选择投资于政府债券或信誉良好的公司债券，而这些债券的利率一般比贷款利率要低，但是证券投资业务还有可能取得对企业的控股权，这是贷款业务所无法实现的；

④商业银行贷款业务过程中可以创造派生存款，从而增加银行的准备，而投资不具备这项功能。

5.2.3 商业银行中间业务

商业银行中间业务也称无风险业务，是指银行接受客户委托，为客户提供各种服务，收取各种费用(包括佣金、手续费、管理费等)的一种业务。中间业务很少占用银行自己的资金。大致可分为结算类中间业务，如汇款等；代理类中间业务，如代理证券业务、代理保险业务等；担保类中间业务，包括各种担保等；承诺类中间业务，包括贷款承诺等；交易类中间业务，如外汇买卖、期货买卖等；其他中间业务，如基金托管、信息咨询、财务顾问、保管箱业务、资金信托等。

1. 结算类中间业务

支付结算是单位、个人在社会经济活动中由于商品交易、劳务供应和资金调拨等引起的货币给付及其清算行为。按给付方式的不同，可分为现金结算和转账结算两种。现金结算是收付双方直接使用现金进行的货币给付行为；转账结算是通过银行将款项从付款单位账户划转到收款单位账户的货币收付行为，表现为各存款账户之间的资金转移。支付结算类中间业务是由商业银行为客户办理因债权债务关系引起的货币支付、资金划拨等相关业务。

(1)汇兑业务

汇兑也称汇款，是客户以现款交付银行，由银行把款项支付给异地收款人的一种业务。使用的汇兑凭证有银行支票、银行本票、邮信、汇票或电报的付款委托书。这些凭证都是承汇银行向另一家银行或其他分行发出的命令，命令后者向第三者支付一定数额的款项。按汇出行将付款命令通知汇入行的方式不同，可分为电汇、信汇和票汇三种形式。随着互联网的普及，银行广泛使用电子技术，除小额款项仍使用电汇、信汇或票汇形式外，大笔资金基本上都是通过电子资金调拨系统处理。

(2)信用证业务

信用证是由银行根据申请人的要求和指示，向受益人开立的载有一定金额，在一定期限内凭规定的单据在指定地点付款的书面保证文件。这种业务在国际贸易中广泛应用。银行经办信用证业务，不仅可以增加手续费收入，还要收取一定的货款作为结算保证金，银行可以暂时占用这部分资金。

(3)托收承付

托收承付是根据购销合同由收款人发货后委托银行向异地付款人收取款项，由付款人向银行承认付款的结算方式。

(4)银行卡业务

银行卡是由经授权的金融机构(主要指商业银行)向社会发行的具有消费信用、转账结算、存取现金等全部或部分功能的信用支付工具。依据清偿方式，银行卡可分为借记卡和贷记卡(信用卡)。银行卡业务既可减轻银行的柜台业务，又可为银行带来丰厚收入。

2. 代理类中间业务

代理业务是商业银行接受单位或个人的委托，以代理人的身份代表委托人办理一些经双方议定的经济事项的业务。在代理时，客户并没有转移财产的所有权，而且银行并不使用自己的资产，不为客户垫款，不参与收益的分配，只收取代理手续费。

(1)代收代付业务

代收代付业务指银行接受客户的委托代为办理指定款项的收付事宜的业务，如代发工资、代理各项公用事业收费、代理行政事业性收费和财政性收费等。

(2)代理保险业务

代理保险业务指商业银行接受保险公司委托代其办理保险业务的业务。商业银行代理保险业务，可以受托代个人或法人投保各险种的保险事宜，也可以与保险公司签订代理协议，作为保险公司的代表，代保险公司承接有关的保险业务。

(3) 代理证券业务

代理证券业务是银行代理证券的发行、兑付、买卖，代办债券利息的发行、股息的支付、证券的清算等。

(4) 代理融通业务

代理融通业务是一种应收账款的综合业务。它是指商业银行接受他人的委托，以代理人的身份代为收取应收账款，并为委托者提供资金融通的业务。

3．担保类中间业务

担保业务是指银行接受客户的委托对第三方承担责任的业务，包括保函、备用信用证、跟单信用证、承兑等。担保包括融资类担保，如借款担保、融资租赁担保、1 年期以上(不含 1 年)的延期付款担保、以现汇偿还的补偿贸易担保等；非融资类担保，如贸易项下或承包工程项下的投标担保、履约担保、预付款担保、质量及维修担保、付款担保等；1 年期以下的延期付款担保，以及以实物偿还的补偿贸易担保也属非融资类对外担保等。

4．承诺类中间业务

承诺类中间业务是指商业银行在未来某一日期按照事前约定的条件向客户提供约定信用的业务，主要指贷款承诺。贷款承诺是银行与客户达成的在规定的有效期内银行承诺对其进行贷款的一种契约。在有效期内，银行须按双方协定的金额、利率、期限随时准备向客户提供贷款，客户可根据实际需要决定贷款与否，包括可撤销承诺和不可撤销承诺两种。

5．交易类中间业务

交易类中间业务指商业银行为满足客户保值或自身风险管理等方面的需要，利用各种金融衍生工具进行的资金交易活动，包括远期合约、金融期货、互换、期权等几种金融衍生业务。

6．其他中间业务

(1) 代保管业务

银行把单纯保管货币扩展为可代保管一切物品。保管箱业务是指银行出租保险箱为顾客保管物品的形式，它可靠安全，保密性好，租金低廉。

(2) 信息咨询顾问业务

商业银行凭借广泛的信息来源、资深专家和现代化设备的优势，向政府、企业或个人提供咨询服务，包括财务分析、资信调查、市场信息、企业信用、等级评估、资产管理顾问、财务顾问等，满足客户的需要。

(3) 信托业务

信托业务是银行以受托人的身份，接受客户委托代为管理、应用、处理有关钱财的业务活动，这也是商业银行重要的中间业务，包括资金信托、基金托管等。

5.3 现代商业银行的经营与管理

5.3.1 商业银行经营与管理的一般原则

安全性、流动性和营利性是商业银行在业务经营活动中必须遵循的原则，即“三性原则”。商业银行在以营利为目标的经营活动中，面临着各种风险，因而必须认真考虑如何保持银行的安全性和流动性，而营利性、安全性和流动性三者之间往往存在着矛盾。因此，商业银行必须对三性的协调组合做出最佳选择。

1．安全性

安全性原则要求商业银行在经营活动中必须保持足够的清偿能力，尽量避免各种不确定性因素的影响。这是商业银行在经营过程中所要遵循的首要原则。商业银行在经营过程中会面临各种风险，如信用风险、利率风险、汇率风险、流动性风险、市场风险等。这些风险的发生和发展会影响银行的资金收回，削弱银行的清偿力甚至导致银行倒闭，故商业银行应在经营活动中，坚持稳健经营的理念，保持较高的资本充足率，合理安排资产负债结构，注重资产质量，运用各种法律允许的策略和措施来分散和控制风险，提高银行抗风险的能力。

2．流动性

流动性原则要求商业银行能够具备随时应付客户提现和满足客户借贷的能力。流动性包括资产的流动性和负债的流动性两个方面。资产的流动性是指银行资产在不受损失的前提下随时变现的能力。负债的流动性是指银行能经常以合理的成本吸收各种存款和其他所需资金。一般情况下，我们所说的流动性是指前者，即资产的变现能力。银行要满足客户提取存款等方面的要求。银行在安排资金运用时，一方面要求使资产具有较高的流动性；另一方面必须力求负债业务结构合理，并保持较强的融资能力。

3．营利性

营利性原则是指商业银行在稳健经营的前提下，尽可能提高银行的盈利能力，力求获取最大利润，以实现银行的价值最大化目标。因此，营利性目标是商业银行经营活动的最终目标，这是由商业银行的性质所决定的。

商业银行的盈利是指业务收入减去业务支出的净值。商业银行的业务收入包括：贷款利息收入、投资收入（股息、红利、债息、出卖有价证券的价格净差额等）、劳务收入（指各种手续费、佣金等）。业务支出包括：吸收存款支付的利息、借入资金支付的利息、贷款与投资的损失、支付的工资、办公费、税金等。商业银行在经营过程中，要尽量降低成本，提高资产的质量，尽量减少资产损失。

商业银行的“三性原则”既有相互统一的一面，又有相互矛盾的一面。商业银行的“三性原则”是相互统一的。流动性是商业银行正常经营的前提条件，是商业银行资产安全性的重要保证；安全性是商业银行稳健经营的重要原则，离开安全性，商业银行的营利性也就无从谈起；营利性原则是商业银行的最终目标，保持盈利又是维持商业银行流动性和保证银行安全的重要基础。商业银行的“三性原则”又是相互矛盾的。当银行保持较多的流动性强的资产或保持较多的资本时，银行的营利性会减弱；反之，当银行将更多的资金用于长期放款和长期投资时，营利性较强，但会引起流动性不足、安全性不足。协调商业银行的三原则关系，在实现银行利益最大化的同时，实现流动性、安全性和营利性最佳组合极为重要。

5.3.2 商业银行经营与管理理论的演变

商业银行的经营管理理论随着经济环境的发展变化而变化，经历了 20 世纪 60 年代以前盛行的资产管理理论、60 年代至 70 年代中期盛行的负债管理理论、70 年代末期兴起的资产负债理论和 80 年代末的资产负债外管理理论。

1. 资产管理理论

资产管理是商业银行传统的、历史最悠久的管理方法，强调资产的流动性和经营的安全性。20 世纪 60 年代以前，西方商业银行流行的是资产管理理论。当时，由于投资机会和投资品种很少，银行业缺乏竞争，居民在资金使用方式上无选择性，居民多余的资金只有存银行一条选择途径。银行家们当时关心的焦点问题是如何使资金获得最大盈利，至于资金来源则不成问题，因此，资产管理方法便成为当时商业银行界普遍重视的管理方法。其内容是：强调商行在负债处于被动的前提下，商行通过调整其资产结构，即商行资产在现金、贷款、证券投资上如何最佳分配来协调营利性、流动性和安全性之间的关系。资产管理理论依次经历了以下几个发展阶段。

(1) 商业贷款理论

商业贷款理论也称真实票据理论或生产性贷款理论，源于亚当·斯密的《国富论》一书。该理论从当时银行的主要资金来源是活期存款这一客观事实出发，认为银行只应发放短期的、与商品的生产周期相联系的工商企业贷款，以保证资金的流动性。这种贷款以商业行为为基础，以商业票据为凭证，随着商品周转的完结自动偿付，因而不会引起通货膨胀和信用膨胀。该理论的局限性表现在：

①不能满足经济发展对银行长期资金的需求，将银行的资金运用局限在狭窄的范围内，同时也限制了经济的发展；

②忽视了银行存款的相对稳定性，使长期负债没有得到充分利用；

③忽视了在经济衰退期，有真实票据作抵押的贷款也可能出现违约现象，但是该理论所强调的资金流动性管理、根据期限结构配置资源等理念，对商业银行的经营管理具有积极的指导意义。

(2) 资产转移理论

资产转移理论也称资产可转换理论，是第一次世界大战后发展起来的理论，当时金融市场进一步发展和完善，金融资产多样化，流动性增强，银行对流动性有了新的认识，于是资产转移理论应运而生。最早由美国的莫尔顿于 1918 年在《政治经济学》杂志上发表的“商业银行及资本形成”一文中提出。该理论认为流动性要求仍然是商业银行需特别强调的，但只要银行持有的资产在市场上可随时变现，则银行资产就有较大流动性，因而银行在资金运用中可持有具有可转换性的资产。这类资产应具有信誉高、期限短、易于出售的特性。这一理论使得第二次世界大战后一段时期有价证券的持有量超过贷款，同时带动了证券业的发展。不过，该理论也存在缺陷，主要表现在以下两方面：

①证券价格受市场波动的影响很大，影响银行顺利出售证券；

②当出现经济危机时，证券价格下跌，证券供大于求，几乎无人购买证券，与银行投资证券以保持资产流动性的初衷相悖。

(3) 预期收入理论

预期收入理论是第二次世界大战以后发展起来的理论。当时美国正处于战后经济恢复时期，政府推行了鼓励企业扩大设备投资和鼓励出口消费的经济政策，由此引致对贷款的需求猛增，并且资金需求日益多样化，预期收入理论在此背景下应运而生。它最早是由美国的普鲁克诺于 1949 年在《定期放款与银行流动性理论》一书中提出的。该理论认为：一笔高质量的贷款，其还本付息的日期应以借款人的未来收入或现金流量为依据。该理论强调的是借款人是否确有用于还款的预期收入，而不是贷款能否自偿，担保品能否迅速变现。该理论推动了商业银行将业务经营范围向中长期设备贷款、个人消费贷款、房屋抵押贷款、设备租赁贷款等方面扩展，使贷款结构发生了变化，是商业银行业务综合化的理论依据。不过，该理论也有缺陷，表现在以下两点：

①将资产流动性建立在对借款人未来收入的预测上，而预测不可能完全精确；

②贷款期限较长的情况下，不确定因素增加，债务人的经营情况可能发生变化，到时不一定具备清偿能力，从而增加银行风险，损害银行流动性。

(4)超货币供给理论

超货币供给理论随着货币形式的多样化，能够提供货币的非银行金融机构越来越全，银行的信贷市场面临着更大的竞争压力，银行再也不能就事论事地提供货币了。超货币供给理论提出：银行信贷提供货币只是它达到经营目标的手段之一，除此之外，它不仅有多种可供选择的手段，而且有广泛的同时兼顾的目标，为此，银行资产管理应超越货币的狭隘眼界，提供更多的服务。从这一结论出发，银行在发放贷款以提供货币的同时，积极展开咨询、项目评估、市场调查、信息分析、管理顾问、计算机服务、委托代理等多方面配套业务，使银行资产管理达到前所未有的广度和深度。在非金融企业侵入金融竞争领域的时候，超货币供给理论使银行获得了与竞争对手相抗衡的武器，使银行的竞争地位得到了改善。不过，这一理论容易产生两种偏向：一方面会使银行介入过于宽泛的业务范围，导致集中和垄断；另一方面会加大银行的经营风险，可能使银行在自己不熟悉的领域遭受挫折。

2. 负债管理理论

负债管理理论是以负债为经营重点来保证流动性和营利性的经营管理理论。该理论产生于 20 世纪 50 年代末期，盛行于 60 年代。当时各国经济出现了迅速发展的局面，生产流通不断扩大，对银行贷款需求不断增加。在追求利润最大化的目标下，银行希望通过多种渠道吸收资金、扩大规模。与此同时，欧洲货币市场的兴起、通信手段的现代化、存款保险制度的建立，大大方便了资金的融通，刺激了银行负债经营的发展，为银行负债管理理论的产生创造了条件。

这一理论认为，银行的流动性不仅可以通过加强资产管理获得，而且也可以由负债管理，即向外借入款项来提供。因此，银行没有必要在资产方面保持大量高流动性资产，而应将它们投入高盈利的贷款或投资之中，一旦发生流动性需要，随时可通过负债管理来提供。

负债管理的积极意义在于：

①找到了保持银行流动性的新方式，由单纯依靠吸收存款的被动型负债方式，发展成为向外借款的主动型负债方式，在流动性管理上变单一的资产调整为资产和负债两方面结合；

②为扩大银行资产规模、增加贷款投放创造了条件。

负债管理也有缺陷，主要表现在以下几点。

①提高了银行成本。在美国，实施负债管理主要通过发行大额可转让定期存单、向中央银行贴现窗口借款、向联储资金市场借款、根据回购协议借款和向欧洲美元市场借款等方式。通过这些方式筹借的款项，均必须支付高于一般存款的利息，必然导致银行负债成本的提高。

②增加了商业银行的经营风险。如果市场上资金普遍趋紧就会提高流动性风险，使银行陷入困境，甚至带来倒闭风险。同时，负债成本的提高必然促使银行把资产投放在效益更高的放款和投资上，造成信用风险和流动性风险的增大。

③负债管理易使银行不注重补充自有资本，使自有资本占银行资金来源总额的比重日益下降。

3．资产负债理论

20 世纪 70 年代的两次石油危机所引发的经济危机使西方商业银行的负债管理方法遇到了挑战。这时期的银行家们发现，尽管负债在增长，但由于资产与负债在期限上的不匹配以及资产质量的下降，使商业银行在经营上承担着相当大的风险。因此，从商业银行经营管理客观要求来看，银行家们从 20 世纪 70 年代就开始寻找一种新的安全高效的经营管理方法。于是 20 世纪 70 年代中期产生了商业银行的资产负债管理理论。

这种理论认为，单靠资产管理或单靠负债管理都难以形成商业银行安全性、流动性和营利性的均衡，只有根据经济金融情况的变化，通过资产结构和负债结构的共同调整，才能达到利差最大化(从而收益最大)、其波动幅度(风险)最小的银行经营管理目标要求。因此银行管理者采取两种手段：一是根据预测利率的变化积极调整银行的资产负债结构，即运用利率敏感性差额管理法；二是运用金融市场上转移利率风险的工具，如期限管理法、金融期货、期权、利率调换等保值工具，作为差额管理法的补充。

商业银行的资产负债管理是银行经营方式上的一次重大变革，它对商业银行、金融界和经济运行都产生了深远影响。对商业银行本身来讲，其积极意义有以下两点。

①它增加了银行抵御外界经济动荡的能力。资产负债管理运用现代化的管理方法及技术手段，从资产负债的总体上协调资产与负债的矛盾，并围绕解决这一矛盾关键因素——利率，建立了一整套的防御体系，形成了一个“安全网”，使得银行在调整资产负债结构方面具有极大的灵活性和应变力，从而增加了银行对抗风险的能力。

②资产负债管理有助于减轻银行“借短放长”的矛盾。利率自由化引起筹资成本的提高，迫使商业银行减少冒险性、放弃性和进攻性的放款和投资策略，采取更为谨慎的态度对待放款和投资。对国民经济而言，为顾客提供日益多样化的金融工具、服务与融资方式，通过提高放款利率，以保持存贷款合理的利差，这在一定程度上能缓和通货膨胀的压力。

资产负债管理也存在一些缺陷，主要表现在以下几点。

①资产负债管理促使竞争更加剧烈，银行倒闭数量增加。

②不利于货币监督机构对银行的监控。金融放松管制、技术进步促成新金融工具的涌现，使得银行业务日益多样化、复杂化，尤其是表外业务的迅速发展，使得货币监督机构在风险测定方面面临更多的困难。这一切都增大了货币监督机构的管理难度，提高了社会管理成本。

③商业银行存款利率自由化而引起的放款利率提高，使企业的投资成本提高，阻碍经济的发展。

4．资产负债外管理理论

进入 20 世纪 80 年代中期，拉美等一些地区的重债务国家因无力还债或要求延期偿债，在国际金融界引起了一场债务危机，使给这些国家放款的西方商业银行深受其害，不得不进行债务重整，或把这些债务资本化。结果，这些西方债权银行的资金周转遭到严重影响，甚至运转不灵，并且利息收入和信贷资产也不同程度地受到损失。因此，为了防止这些问题的再现，减少放款和投资的损失，西方商业银行就不得不重新考虑其经营管理策略，确定新的经营范围和重点把经营管理的中心集中到一些给银行资产带来很少风险与损失的收费中间业务上。

资产负债外管理理论也叫中间业务管理，该理论认为银行在贷款业务之外，可以开拓金融服务领域，如期货、期权、将贷款转让给第三者等中间业务，开辟新的盈利途径。中间业务管理是银行不运用自己的资财，仅凭自身的经济实力和信用替客户筹措资金、办理支付和其他委托事项而收取手续费的业务活动。收费中间业务的管理也就是为了增加银行的收入，减少银行资产的损失，同时也保证银行运用自己的资金取得合理的收入。中间业务主要有：汇兑业务、信用业务、代收业务、信托业务、代客买卖业务、同业代理业务、租赁业务、担保业务、代客发债业务、信息咨询业务、投资分析管理业务等。

小 结

1. 商业银行是指以经营存款、贷款、转账结算为主要业务，为客户提供多种功能和综合化服务的并以获取利润最大化为目的的金融企业。

2. 商业银行的组织形式也叫商业银行的组织制度，商业银行的组织形式主要有单一银行制、分支行制、集团银行制、连锁银行制和跨国银行制等。

3. 商业银行特殊的企业性质决定了商业银行的基本职能，一般来说，商业银行具有以下四方面的职能，即信用中介、支付中介、信用创造、金融服务。

4. 商业银行负债业务是指形成其资金来源的业务，包括存款业务、借款业务和自有资本。商业银行的资金来源包括自有资本和吸收的外来资金两个部分，其中，存款和借款业务属于吸收的外来资金。

5. 商业银行资产业务是商业银行将其形成的货币资金加以运用的业务，是商业银行取得收益的主要途径，是银行创造利润的渠道。商业银行的资产业务主要有现金资产、贷款业务、票据业务和证券投资业务。

6. 商业银行中间业务也称无风险业务，是指银行接受客户委托，为客户提供各种服务，收取各种费用(包括佣金、手续费、管理费等)的一种业务。其大致可分为结算类中间业务、代理类中间业务、担保类中间业务、承诺类中间业务、交易类中间业务、其他中间业务等。

7. 安全性、流动性和营利性是商业银行在业务经营活动中必须遵循的原则，即“三性原则”。营利性、安全性和流动性三者之间往往存在着矛盾。因此，商业银行必须对三性的协调组合做出最佳选择。

8. 资产管理理论强调商行在负债处于被动的前提下，通过调整其资产结构，即商行资产在现金、贷款、证券投资上如何最佳分配，来协调营利性、流动性和安全性之间的关系。

9. 负债管理理论认为，银行的流动性不仅可以通过加强资产管理获得，而且也可以由负债管理，即向外借入款项来提供。因此，银行没有必要在资产方面保持大量高流动性资产，而应将它们投入高盈利的贷款或投资之中，一旦发生流动性需要，随时可通过负债管理来提供。

10. 资产负债理论认为单靠资产管理或单靠负债管理都难以形成商业银行安全性、流动性和营利性的均衡，只有根据经济金融情况的变化，通过资产结构和负债结构的共同调整，才能达到利差最大化(从而收益最大)、其波动幅度(风险)最小的银行经营管理目标要求。

思考题

1. 怎样理解商业银行是一个特殊的企业？
2. 商业银行经营的三性原则及其相互关系是什么？
3. 商业银行的主要业务活动有哪些？
4. 简述商业银行功能。
5. 简述商业银行信用创造的过程。
6. 简述商业银行资产负债管理背景及其手段。

案例简介

案例[5-1] 商业银行存贷比承压下变相吸收存款

2015 年，经济增速下行、利率市场化持续推进、互联网金融快速发展等因素继续对商业银行构成挑战和压力，从而使得各大商业银行为完成人民银行分配的任务，推出许多优惠存款活动来吸引公众存款，甚至对银行工作人员分配任务和优惠，进而刺激和鼓励银行工作人员努力完成存款任务。据某商业银行透露，尽管目前监管很严，但为了加大竞争力，在省内一些股份制商业银行内部，仍然会在私下给员工承诺“返点”，“行情”一般是一天 3‰～5‰，也就是说，只要员工拉回 1 000 万的存款，在 12 月 31 日存放一天，银行就会给员工返 3～5 万元，而员工为了能吸引客户前来存款，大部分都把这些“返点”给了客户，甚至还会倒贴进不少钱。此外部分银行工作人员还利用贴吧和论坛来扩大客户范围，在一个热门论坛里，发出了“本人是××银行员工，需要 5 亿元直存款，企业、个人都可以，5 000 万元起，贴息 9.5%，阳光操作，个人款可以开通网银，开具一年期存款证明”的帖子；此外某邮储银行打出“一万元起存送礼品”的优惠活动，一般都需要客户的存款额度至少在万元以上，存款期限必须是三个月以上的定期，年底存款必须在账户上；还有一些商业银行为达到存贷比不超过 75%的监管红线，在不愿减少贷款的情况下，通过发行短期理财产品来增加存款；出现了如“35 天”或“40 天”的短期理财产品，其预期收益相当可观，从而吸引较多公众存款，其中 5 万元起的产品预期收益率基本都在 4%～5%之间。

对于年底再度疯狂的理财产品市场，银行业人士提醒投资者，目前，大部分理财产品都无法保本保收益，看起来相当夺眼球的“预期年化收益率”，并不是没有一点风险，一般来说，收益率越高，风险越大，投资者应该权衡利弊，谨慎选择。

(资料来源：根据人民网、中国资金管理网综合整理。)

问题

商业银行采取优惠活动吸引存款的目的是什么？

简要提示

目的是：1. 发放贷款获得银行利润；2. 能为我国经济建设筹集资金；3.实现年底存款目标。

案例[5-2] 商业银行贷款业务对象选择

据南京某商业银行信贷部的张女士透露得知，该行选择贷款的对象必须满足如下条件才能更容易获得银行贷款，首先是通常申请贷款企业的净资产与年末贷款余额的比值必须大于 100%，不过在实际操作过程中，对房地产企业会适度放宽到 80%。一般来说，贷款企业的资产负债率必须要小于 70%，最好低于 55%。“负债太高的企业是无法贷款的，银行会直接拒贷。”但由于近几年房地产业较为疲软，负债率较高的房地产企业已不向其发放贷款；其次是对银行来说，贷款企业的流动比率要在 150%～200%，速动比率在 100%左右较好。这反映了流动资产，尤其是有价证券、应收账款等可迅速变现的资产对短期债务的偿还能力。“另外，企业的现金比例要大于 30%。”例如假如贷款一个亿，企业得留 3 000 万的现金或现金等价物在账上。然后是银行要对企业的经营能力进行多重考核，例如，银行会看企业的主营收入增长率，一般要在 8%以上才算合格。“这说明这个企业的主业正处在成长期，如果比率低于 5%，说明进入生命末期了。”此外张女士透露，在银行内部规定，对一些朝阳产业在信贷上更侧重；一些纯劳动密集型加工企业什么的，现在很难贷到款了。最后是银行对营业利润率越高的企业授信越高，对于大型企业营业利润率要大于 8%才算合格，对于中小企业要大于 5%才算合格。

某记者通过了解总结得出，张女士供职的银行向企业发放贷款需要以下 14 条标准作为贷款依据：①净资产与年末贷款余额比率必须大于 100%(房地产企业可大于 80%)；②资产负债率必须小于 70%，最好低于 55%；③流动比率在 150%～200%较好；④速动比率在 100%左右较好，对中小企业适当放宽，也应大于 80%；⑤担保总额不得超其最近一期审计净资产的 50%；⑥现金占贷款比率大于 30%；⑦企业经营活动产生的净现金流应为正值，其销售收入现金回笼应在 85%～95%以上；⑧企业在经营活动中支付采购商品、劳务的现金支付率应在 85%～95%以上；⑨主营业务收入增长率不小于 8%；⑩应收账款周转速度应大于 6 次；⑪存货周转速度中小企业应大于 5 次；⑫营业利润率应大于 8%；⑬净资产收益率中小企业应大于 5%；⑭利息保障倍数应大于 400%。

(资料来源：根据新浪博客综合整理。)

问题

分析该银行不向高负债率的房地产企业贷款的原因。

简要提示

作为金融机构，发放贷款时更注重企业的经营状况、还款能力、历史信誉等问题，如果出现银行不能收回资金的问题，将会削弱银行的清偿能力甚至导致银行倒闭，当前由于房地产业不景气，导致银行对房地产企业贷款时更加慎重，不仅考虑房地产企业向银行承诺的业务收益，而且更加重视其贷款的安全性。

第6章

中央银行

本章学习要点

通过本章的学习，掌握中央银行的主要业务和职能；理解中央银行的性质和中央银行制度的类型；了解中央银行产生的客观经济条件、中央银行的发展历史。

本章学习重点与难点

重点是中央银行的主要业务；难点是中央银行的负债业务。

本章基本概念

中央银行、单一型中央银行制度、复合型中央银行制度、准中央银行型中央银行制度、跨国型中央银行制度、资产业务、负债业务、再贴现业务、存款准备金

6.1 中央银行的产生与发展

6.1.1 中央银行产生的必要性

中央银行是历史的产物，因而它的产生和发展本身就是一个历史的过程。在这一过程中，社会经济活动中的种种矛盾是中央银行产生和发展的最根本动力。具体来说，它的产生适应了以下几方面的需要。

1．统一银行券发行的需要

随着商品经济发展规模的扩大，贵金属的产量远远不能满足生产和交换的需要。铸币不能满足企业贴现的需要，于是，银行便发行一种以自己为债务人的不定期的票据来给企业办理贴现，这种由银行发行的票据就是银行券。金本位和银本位时期，各商业银行都有权发行自己的银行券，但要以黄金储备作为发行准备，确保银行券可以随时得到兑现。伴随着货币信用业务的迅速扩展，银行不断增多，流入市场的银行券也越来越多，这种分散的银行券发行也越来越暴露出它的缺陷。

①一般商业银行规模较小，资金实力、信用、营业网点都十分有限，因而其发行的银行券只能在银行所在的地域附近流通，给社会化的生产和流通带来了极大的困难。

②银行林立，竞争加剧，难免发生恶意挤兑的情况。

③银行券种类过多，给银行、企业间的交易与支付带来困难，使得债权债务关系复杂化，一旦某种银行券不能兑现，造成的连锁反应危害极大。

④商业银行独自发行的银行券，往往存在发行数量过多、准备金不足的现象；或经营管理不善而发生兑现困难，从而引发信用危机，造成社会秩序混乱。

由此可见，保证银行券币值稳定、流通顺畅的最好办法就是建立一个专门的机构统一监管银行券的发行。这也是中央银行产生的重要原因之一。事实上，由一家大银行来统一银行券的发行，这一活动很早就在自发地进行，某些大银行如英格兰银行为了进一步壮大自己的实力，在银行券的发行方面不断地排挤其他的中小银行，并最终依靠政府的力量，成为独占银行券发行权的中央银行。

2. 统一票据清算的需要

商业银行在其发展初期，由于没有一个统一的清算机构，银行间的票据结算往往是由各家银行单独分散进行的。随着商品经济的发展和银行业务的不断扩大，银行收授票据的数量也急速增长，各银行之间的债权债务关系日趋复杂，票据的结算业务也变得繁重起来。同城结算和当日轧差尚且有困难，异地结算就更是难上加难。这样在当时的一些城市，同业工会和私人银行就自发建立了票据交换所，如世界上最早的票据交换所就是 1770 年由英国的一些私人银行组建的伦敦票据交换所。

票据交换所提高了清算效率，但由于缺乏权威性和统一性，还不能为所有银行都接受和利用，因而无法进行统一的票据交换和清算，一般仅限于同城之间的票据清算。这在客观上要求建立一个全国统一和公正的权威性清算机构，作为金融支付体系的核心，能够快速清算银行间各种票据，从而使资金顺畅，保证商品经济的快速发展。显然这一重任只能由中央银行来担任。因为中央银行的清算体系可以通过各商业银行在中央银行开立的清算账户确保其权威性，客观公正地统一协调处理票据交换和债权债务关系，防止任何形式的清算危机的发生。因此，充当一个全国性的统一的票据清算中心，是中央银行产生的又一重要原因。

3. 稳定信用体系的需要

随着商品生产和流通的不断扩大，对资金的需求不仅金额越来越大，而且使用期限也越来越长。在这种情况下，银行往往采取降低支付准备金、扩大银行券的发行、进行同业拆借等手段来满足资金需求；但由于一些贷款不能按时收回，或者出现突发性大量提现，加上银行券受地区和信用的制约，以及存款过多地用于贷款等原因，一些银行因支付能力不足而破产。为了保护存款人的利益和银行及整个金融业的稳定，客观上需要有一家权威性机构，适当集中各银行的一部分现金准备作为后盾， 在银行出现难以克服的支付困难时，集中给予必要的贷款支持，充当银行的“最后贷款人”。

4. 政府融资的需要

在资本主义制度确立的过程中，政府的职能也越来越重要，政府职能的扩大增加了开支，政府融资成为一个重要问题。在各自独立发展的银行体系中，政府融资要与多家银行建立联系，且这种联系是极其松散的，这为政府融资带来不便，为保证和方便政府融资，发展或建立一个与政府有密切联系、能够直接或变相为政府筹资或融资的银行机构逐步成为政府要解决的重要问题，这也是中央银行产生的基本经济原因之一。

5. 金融监管的需要

随着商品货币经济关系的发展，银行和金融业在整个社会经济关系中的地位和作用日益突出，金融运行的稳定成为经济稳定发展的重要条件。为了保证银行和金融业的公平有序竞争，保证各类金融业务和金融市场的健康发展，减少金融运行的风险，政府对金融业进行监督管理是极其必要的，而政府对金融业进行监督管理，不能不依靠专门的机构来实现。由于金融业监管的技术性很强，这个专门从事金融业监督、管理和协调的职能机构要有一定的技术能力和操作手段，还要在业务上与银行建立密切联系，以便于其制定的各项政策和规定能够通过具体业务活动得到贯彻实施。这也使中央银行的产生成为必然。

6.1.2 中央银行制度的历史演进

1. 中央银行制度的初步形成

中央银行的产生基本上有两条渠道：一是由信誉好、实力强的大银行逐步发展演变而成，政府根据客观需要，不断赋予这家银行某些特权，从而使这家银行逐步具有了中央银行的某些性质并最终发展成为中央银行，如英格兰银行；二是在政府的设计下直接为担负中央银行职能而设立的，如美国的联邦储备系统，以及第二次世界大战后许多发展中国家建立的中央银行。

从世界范围看，中央银行的产生和中央银行制度的形成与发展迄今已经历了 300 多年的历史。总的来看，从 17 世纪中后期中央银行萌芽到 20 世纪第一次世界大战结束后国际社会联合呼吁重建国际货币体系和金融秩序为止的 250 多年间，中央银行和中央银行制度基本上是处于初步形成和发展时期。

(1)瑞典银行和英格兰银行的产生及其初期发展阶段

在谈到最早的中央银行时，一般会提到两家银行，即瑞典银行和英格兰银行。瑞典银行成立于 1656 年，最初是一般的私营银行，但该行在其业务活动上一开始就比当时已经存在的其他银行前进了一大步，它是最早发行银行券和办理证券贷款抵押业务的银行之一。瑞典银行成立 12 年之后的 1668 年，政府出面将其改组为国家银行。在政府将瑞典银行收归国有的同时，瑞典银行也开始具有了中央银行的某些特征。因此，有些学者把 1668 年作为中央银行的正式开端。英格兰银行成立于 1694 年，比瑞典银行的成立晚 38 年，比瑞典银行改组为国家银行晚 26 年；但按照中央银行的基本性质与特征及其在世界中央银行制度形成过程中的历史作用来看，英格兰银行则是最早全面发挥中央银行功能的银行。

(2)1920 年以前其他国家中央银行的产生与发展

英国作为早期的资本主义国家，其经济发展的领先地位和英格兰银行的成功运作成为众多国家学习和效仿的榜样。法兰西银行成立于 1800 年，1848 年政府决定将各省银行并入法兰西银行，法兰西银行统一和垄断了货币发行权，并于 19 世纪 70 年代完成了向中央银行的过渡。德国早期执行中央银行职能的国家银行（Reichs Bank）成立于 1875 年，是由原来的普鲁士银行改组而成。日本银行成立于 1882 年，1889 年统一并独享货币发行权后逐步成为中央银行。美国早期具有中央银行职能的银行是美国第一银行(1791—1811

年)和美国第二银行(1816—1836 年),这两家银行均在成立之初规定的 20 年营业期满后终止。真正全面具有中央银行职能的美国联邦储备体系，于 1913 年建立，也是这一阶段最后形成的中央银行制度，同时也标志着中央银行初建阶段的基本结束。

(3) 初期中央银行制度的特点

最初的中央银行首先是政府的银行和发行的银行，后来才逐渐发展成为银行的银行。也就是说，中央银行的建立首先是基于政府的需要而设立的，如为政府筹措经费，支持政府内战，或代表政府管理金融市场、发行货币等。真正成为银行的银行，则是在中央银行制度发展到一定阶段之后。

最初的中央银行一般都兼营一部分商业银行业务，或本身就是从较大的商业银行发展而来的，如英格兰银行、法兰西银行、美国的国民银行以及其他国家的一些中央银行等。

初期的中央银行一般都是私人股份银行或私人和政府合股的银行，并不是完全由国家出资设立的。

初期的中央银行并不完全具备控制国内金融市场，干预和调节整个国民经济的功能。

2. 中央银行制度的普及与发展

中央银行作为一种金融制度在世界范围内的发展，大致经过了两个阶段：一是 19 世纪初至 20 世纪中叶，即第二次世界大战结束止，为中央银行制度的推广阶段；二是 20 世纪中叶至今，为中央银行制度强化的阶段。

(1) 中央银行制度的推广阶段

中央银行制度在世界范围内的推广，除了适应世界各国金融事业发展的客观要求之外，1920 年在布鲁塞尔召开的国际金融会议起了强有力的推动作用。自 1913 年美国联邦储备制度建立之后，理论界对于中央银行业务与商业银行业务的划分逐渐获得了明确的概念。对中央银行稳定金融市场、稳定经济的特殊功能有了较为明确的认识。1920 年在布鲁塞尔召开了国际金融会议。会议建议，尚未设立中央银行的国家，应该迅速设立中央银行。自布鲁塞尔会议以后的 10 年中，各国新成立的中央银行达 31 家，如中国、南非、智利、墨西哥、澳大利亚等国的中央银行都于此间成立。

(2) 中央银行扩展时期的特点

①适应客观需要而设立。这个时期新设立的中央银行，很多不是由商业银行自然演进为中央银行的，而是出于通货膨胀的压力，在国际联盟的推动下，由人工设计，然后运用政府力量创设的。在这些新的中央银行的创设过程中，老的中央银行发挥了积极作用，新的中央银行模仿老中央银行，少走了很多弯路。

②活动重心在于稳定货币。这个时期中央银行的业务活动，除了在第一阶段已经开始的集中办理票据交换、再贴现等以外，其中心任务在于解决第一次世界大战和战后的通货膨胀问题。因此，中央银行完全独享货币发行，禁止对政府财政借垫，成为这个时期工作的重心。

③集中储备成为稳定金融的重要手段。如果说第一个阶段中央银行已经认识并注意了集中货币发行的重要性的话，这个时期，由于 20 世纪 30 年代经济大危机中金融机构的倒闭、破产对社会经济造成的震荡，使人们认识了稳定金融机构，需要采用集中储备的办法。准备金制度的建立和严格管理，成为中央银行管理金融的重要手段。

(3) 中央银行制度的强化阶段

中央银行制度的发展，如果说第一阶段是自然发展型，第二阶段是人为发展型，那么，第二次世界大战后则是宏观发展型。在这一时期，随着国家对中央银行认识的深化，随之而来的是控制强化。第二次世界大战后，中央银行制度的强化主要表现在以下几个方面：

①中央银行的国有化和一般货币发行向国家垄断发行转化；

②中央银行的货币政策由一般运用向综合配套运用转化；

③专门行使中央银行职能；

④公开市场业务的普遍推行和存款准备金的集中趋势；

⑤各国中央银行金融合作的加强。

6.1.3 中国中央银行的产生与发展

中国的中央银行制度的萌芽可以追溯到 20 世纪初。1905 年 8 月清政府设立的户部银行，除办理一般商业银行业务外，还享有铸造货币、代理国库、发行纸币、经理国债等特权，成为中国最早出现的具有部分中央银行职能的国家银行。

1908 年户部银行更名为大清银行，1912 年改组为中国银行。国民政府成立以后，1928 年在南京成立了中央银行，行使中央银行的职能；但是在 1942 年以前，国民政府控制的四大银行，即中央银行、中国银行、交通银行和中国农民银行均享有发钞权。直到 1942 年以后，才由中央银行统一货币发行、统一代理国库、统一外汇管理。

新中国的中央银行是中国人民银行。中国人民银行于 1948 年 12 月 1 日在原解放区的华北银行、北海银行和西北农民银行的基础上在石家庄正式成立，同时开始发行钞票。1949 年中国人民银行总行迁入首都北京。作为发行的银行和政府的银行，中国人民银行成为新中国的中央银行。中国人民银行在成立的 60 多年中，经历了几个不同的发展阶段。新中国成立后至 1978 年底以前，全国实际上只有中国人民银行一家银行，它既办理全国的工业、农业、商业信贷业务及城乡居民储蓄业务，又执行中央银行的职能，即代理财政金库，独占货币发行权，管理全国的金融业，被称为“大一统” 的银行体制。它与当时高度集中的计划经济体制相适应。1979—1983 年中国人民银行的双重职能开始逐步剥离，中央银行的职能逐步增强。1983 年 9 月，国务院做出决定：中国人民银行不再兼办工商信贷和储蓄业务，而专门行使中央银行的职能，以加强信贷资金的集中管理和综合平衡。1986 年 1 月 7 日国务院发布《中华人民共和国银行管理暂行条例》，首次以法规形式规定了中国人民银行作为中央银行的性质、地位和职能。

1995 年 3 月 18 日第八届全国人民代表大会第三次会议通过了《 中华人民共和国中国人民银行法》，这是新中国第一部金融大法，该法的颁布实施，标志着中国现代中央银行制度正式形成并进入法制化发展的新阶段。

1998 年，中国人民银行及其分支机构在全国范围内进行管理体制改革，撤销省级分行，设立九个跨省区分行。2003 年，中国人民银行对银行、金融资产管理公司、信托投资公司及其他存款类金融机构的监管职能被分离出来，成立了监督管理委员会。同年 12 月 27 日《中华人民共和国中国人民银行法(修正案)》正式通过。至此，经过 50 多年的曲折经历，一个以中央银行为领导，银监会、证监会、保监会协助分业监管，以商业银行为主体，城乡信用社、证券公司、保险公司等多种金融机构并存，适度竞争、分工协作的具有中国特色的金融体系终于形成，这标志着我国金融体制改革完成了历史性转变和质的飞跃。

6.2 中央银行的类型、性质与职能

6.2.1 中央银行的类型

中央银行的类型也就是中央银行的组织形式，这主要取决于一国的社会制度、政治体制、经济发展水平情况，就目前各国的中央银行制度来看，大致可分为四种类型：单一型、复合型、准中央银行型和跨国型。

1. 单一型中央银行制度

单一式中央银行制度，即全国只设一家中央银行，并下设若干分支机构的中央银行制度。它又分为一元中央银行制和二元中央银行制。一元中央银行制是一国只设立独家中央银行和众多的分支机构执行其职能，它是由总分行组成的高度集中的中央银行制。二元中央银行制是在中央和地方设立两级中央银行机构，中央级机构是最高权力或管理机构，地方级机构也有其独立的权力。

世界上绝大多数国家都实行这种类型的中央银行制度，并且通常将总行设在首都，各国中央银行的分支结构一般都按经济或行政区设立。实行单一式中央银行制度比较典型的国家主要是英国、法国、日本等。

2. 复合型中央银行制度

复合式中央银行制度是指一国没有设立专门行使中央银行职能的银行，而由一家大银行集中央银行职能和一般存款货币银行的经营职能于一身的银行制度。此种类型的中央银行又分为两种形式：一体式中央银行制几乎集中了中央银行和商业银行的全部业务和职能；混合式中央银行制既设中央银行，又设专业银行，中央银行兼办一部分专业银行业务，一部分业务由专业银行办理。

一体式中央银行制主要存在于苏联和东欧实行高度计划管理体制的国家。1983 年以前，中国也一直实行这种银行体制，严格地讲，在一体式银行制度下，不会存在真正意义上的中央银行，商业银行也不是真正意义上的银行，它充其量只是国家计划的工具和各级财政部门的会计与出纳。

3. 准中央银行(类似中央银行的机构)制度

准中央银行制度，是指一些国家或地区没有职能完备的中央银行，而是由政府授权的几个执行部分中央银行职能的机构共同组成中央银行的制度。实行准中央银行制度的国家和地区主要有新加坡、中国香港等。

4. 跨国中央银行制度

跨国中央银行制度是指几个国家共同组成一个货币联盟，各成员国不设本国的中央银行，而由货币联盟执行中央银行职能的制度。这种中央银行制度的代表有欧洲中央银行，

西非货币联盟所设的中央银行和中非货币联盟所设的中非国家银行等。尤其是，作为跨国中央银行制度典型代表的欧洲中央银行,在欧洲和世界金融活动中扮演着日益重要的角色。

6.2.2 中央银行的性质

中央银行的性质一般表述为：中央银行是国家赋予其制定和执行货币政策，对国民经济进行宏观调控和管理的特殊的金融机构。具体而言，中央银行从其业务特点看：是为商业银行等普通金融机构和政府提供金融服务的特殊金融机构。从其发挥的作用看：是制定和实施货币政策、监督管理金融业和规范金融秩序、防范金融风险和维护金融稳定、调控金融和经济运行的宏观管理部门；是保障金融稳健运行、调控宏观经济的国家行政机关。我们可从以下角度理解中央银行的性质。

1. 中央银行是特殊的金融机构

中央银行虽然也称为银行，也办理银行固有的“存、贷、汇业务”， 但与普通的商业银行和金融机构相比，在业务经营目标、经营对象和经营内容上都有着本质的区别。

(1)从经营目标来看

商业银行以及其他的金融机构作为经营货币业务的机构，一般以追求利润最大化为其经营目标；而中央银行不以营利为目的，原则上也不从事普通商业银行的业务，而是以金融调控为己任，以稳定货币、促进经济发展为宗旨。虽然中央银行在业务活动中也会取得利润，但营利不是目的。

(2)从服务对象来看

普通商业银行和其他金融机构一般以企业、社会团体和个人为其主要的服务对象；而中央银行在一般情况下不与这些对象发生直接的业务关系。中央银行只与政府和商业银行等金融机构发生资金往来关系，并通过与这些机构的业务往来，贯彻和执行政府的经济政策，并履行其管理金融的职责。

(3)从经营内容来看

中央银行独占货币发行权，通过制定和实施货币政策，控制货币供应量，使社会总供给和总需求趋于平衡，而商业银行和其他金融机构则没有这种特权。中央银行接受银行等金融机构的准备金存款和政府财政性存款，但其吸收存款的目的不同于商业银行等金融机构，即不是为了扩大信贷业务规模，而是为了调节货币供应量。因此，其接受的存款具有保管、调节性质，一般不支付利息。中央银行负有调节信用的职能，其资产具有较大的流动性和可清偿性，一般不含有长期投资的成分，可随时兑付清偿，以保证其调节功能的正常发挥。

2. 中央银行是管理金融事业的国家机关

虽然各国中央银行在制度上存在着差异，但其本质都是一样的，中央银行都是国家机构的一个组成部分。大多数国家的法律明文规定：中央银行对行政、司法、立法部门负责，是国家管理金融的机关。中央银行大多属于国家和政府权力机关。例如，美国联邦储备系统直接对国会负责，是国会的一个部门。我国的中国人民银行直接隶属国务院，是政府的一个部委单位。无论中央银行隶属国家权力机关，还是政府的一个部门，它都是国家在金融领域的代理人。

中央银行作为管理金融事业的国家机关，主要表现在以下几个方面。

①中央银行是全国金融事业的最高管理机构，是代表国家管理金融事业的部门。

②中央银行代表国家制定和执行统一的货币政策，监管全国金融机构的业务活动。

③中央银行的主要任务是代表国家运用货币政策对经济生活进行直接或间接的干预。

④中央银行代表国家参加国际金融组织和国际金融活动。

中央银行具有国家机关的性质,但与一般的行政机关又有很大的不同(主要体现在调控手段上)。

①中央银行履行其职责主要是通过特定金融业务进行的，对金融和经济的管理调控基本上是采用经济手段实现的，如调整利率和准备金率、在公开市场上买卖有价证券等。这些手段的应用更多地具有银行业务操作的特征，这与主要依靠行政手段进行管理的国家机关有明显不同。

②中央银行对宏观经济的调控是分层次实现的，即通过货币政策工具操作调节金融机构的行为和金融市场运作，然后再通过金融机构和金融市场影响到各经济部门，其作用比较平缓，市场的回旋空间较大，这与一般国家机关的行政管理直接作用于各微观主体而又缺乏弹性的方式有较大的不同。

③中央银行在政策制定上有一定的独立性。

6.2.3 中央银行的职能

中央银行的职能是中央银行的性质在其业务活动中的具体体现。传统上把中央银行的职能归纳为“发行的银行、银行的银行、国家的银行”。随着中央银行制度的发展，现代中央银行的职能有了更丰富的内容，对中央银行职能的归纳与表述也就多种多样，如有的归纳为服务职能、调节职能和管理职能三大类， 有的归纳为政策功能、银行功能、监督功能、开发功能和研究功能五大类，等等。由于传统的归纳与表述由来已久，已被大家普遍接受，并且这种概括简明、形象、便于理解和记忆，因此，“发行的银行、银行的银行和国家的银行”仍被看做是中央银行的三大基本职能。下面我们就按传统的归纳方法进行分析。

1. 中央银行是“发行的银行”

所谓“发行的银行”，主要有两方面的含义：一是指国家赋予中央银行集中与垄断货币发行的特权，是国家唯一的货币发行机构(在有些国家，硬辅币的铸造与发行由财政部门负责)，这是其自身成为央行最基本、最重要的标志，也是央行发挥其全部职能的基础；二是指中央银行必须以维护本国货币的正常流通与币值稳定为宗旨，但在金本位制和信用货币制度下控制手段存在较大差异。

中央银行集中与垄断货币发行权是其自身之所以成为中央银行最基本、最重要的标志，也是中央银行发挥其全部职能的基础。中央银行垄断货币发行权是统一货币发行与流通和稳定货币币值的基本保证。货币发行是中央银行的重要资金来源，也为中央银行调节金融活动和全社会货币、信用总量，促进经济增长提供了资金力量。因此，具有“发行的银行”这一基本职能是中央银行实施金融宏观调控的充分与必要条件。中央银行作为一国发行货币和创造信用货币的机构，在发行现钞、供给货币的同时，必须履行保持货币币值稳定的重要职责，将货币量和信贷规模控制在适当的水平，使社会经济能正常运行与发展。例如，人民币现金的发行具体由中国人民银行设置的发行基金保管库执行。发行库在中国人民银行总行设总库，下属分支行设分库和支库，发行库中保管的是已印制好而未进入流通的人民币票券，称为发行基金。商业银行及其基层行设业务库，业务库保存的人民币现金是商业银行日常收付业务的备用金。为了避免业务库现金过多或不足带来的浪费和支付困难，通常由上级行和同级中国人民银行为业务库核定库存限额。当商业银行的现金不足以支付时，可以从本行在中国人民银行存款账户的余额内提取现金，提取的现金由中国人民银行的发行库转移到商业银行的业务库，意味着这部分现金进入流通领域；相反，如商业银行收入的现金超过其业务库库存限额时，则超过部分应自动送交中国人民银行，向发行库回流，意味着这部分现金退出流通领域。

2. 中央银行是“银行的银行”

所谓“银行的银行”，一是指中央银行的业务对象不是一般企业和个人，而是商业银行和其他金融机构及特定的政府部门；二是指中央银行与其业务对象之间的业务往来仍具有“存、贷、汇”业务的特征；三是指中央银行为商业银行和其他金融机构提供支持、服务的同时，对其进行管理，具体表现在以下几个方面。

(1) 集中存款准备金

实行中央银行制度的国家通常以立法的形式，要求商业银行和其他金融机构将其吸收的存款按法定的比率向中央银行缴存存款准备金，存款准备金集中于中央银行的“法定存款准备金”账户，成为中央银行的资金来源，并由中央银行集中统一管理。中央银行集中保管存款准备金的意义有以下两方面：一方面确保存款机构的清偿能力，从而保障存款人的资金安全，以防止商业银行等存款机构因发生挤兑而倒闭；另一方面中央银行通过调整存款准备金的上缴比率，来控制商业银行的货币创造能力和信用规模，以达到控制总体货币供应量的目的。

(2) 充当商业银行等金融机构的“最后贷款人”

当商业银行和其他金融机构发生资金困难而无法从其他银行或金融市场筹措时，可通过再贴现或再贷款的方式向中央银行融通资金，中央银行则成为整个社会信用的“最后贷款人”。中央银行向商业银行发放贷款的资金主要来源于国库存款和商业银行缴存的存款准备金，如果中央银行资金不足，则可以通过增发货币的方式加以解决。中央银行作为最后贷款人向商业银行和其他金融机构提供资金融通，一方面可以增强整个货币供应的弹性，提高商业银行和其他金融机构的资金流动性；另一方面也可以通过调整再贴现率，起到调控货币供应量和信用规模的作用。充当最后贷款人是中央银行极其重要的职能之一，也确立了中央银行在整个金融体系中的核心地位。

(3) 全国资金清算中心

在存款准备金制度建立以后，各商业银行都在中央银行开设了存款准备金账户和超额准备金账户，各银行之间发生的资金往来或应收、应付款项，都要通过中央银行划拨转账，中央银行遂成为全国的清算中心。清算时只要通过各商业银行在中央银行的存款账户进行转账、轧差，直接增减其存款金额便可完成。中央银行办理金融机构之间的清算具有安全、快捷、可靠的特点。中央银行通过组织全国银行系统的清算，一方面为各家银行提供服务，提高了清算效率，加速了资金周转；另一方面也便于中央银行利用清算系统强化对整个金融体系的监管和控制。

3. 中央银行是“国家的银行”

中央银行是国家的银行是指：一方面代表国家制定并执行有关金融法规、代表国家监督管理和干预各项有关经济和金融活动；另一方面还为国家提供多种金融服务。另外，许多国家中央银行的主要负责人是由政府任命；绝大多数国家中央银行的资本金为国家政府所有或由政府控制股份；还有些国家的中央银行直接是政府的组成部门。

中央银行具有国家的银行的职能，主要通过以下几个方面得到具体体现。

(1)代理国库

国家财政收支一般不另设机构，而交由中央银行代理。财政的收入和支出均通过财政部在中央银行内开设的各种账户进行。具体包括按国家预算要求代收国库库款，并根据财政支付命令拨付财政支出，向财政部门反映预算收支执行情况，代理国库办理各种收支和清算业务。因此中央银行又被称为国家的总出纳。

(2)代理政府债券的发行

当今世界各国政府均广泛利用发行国家债券的形式以弥补开支不足。中央银行通常代理国债的发行、推销以及发行后的还本付息等事宜。

(3)为政府融通资金、提供特定的信贷支持

当财政因先支后收而产生暂时性收支不平衡时，中央银行一般会向政府融通资金、提供信贷支持。各国中央银行一般不承担向财政提供长期贷款或透支的责任。因为向政府发放中长期贷款将会陷入弥补财政赤字而发行货币的泥潭，会导致通货膨胀，危及金融体系的稳定。同样中央银行也不宜在一级市场上承购政府债券。中央银行在二级市场上买卖政府债券虽然也是对政府的间接资金融通，但一般不会导致通货膨胀，反而是中央银行控制货币量的有效手段。

(4)保管外汇和黄金储备，进行外汇、黄金的买卖和管理

世界各国的外汇、黄金储备一般都由中央银行集中保管。中央银行可以根据国内国际情况，适时适量购进或抛售某种外汇或黄金，可以起到稳定币值和汇率、调节国际收支、实现国际收支平衡的作用。

(5)代表政府从事国际金融活动，并提供决策咨询

中央银行一般都作为政府的代表，参加国家的对外金融活动，如参加国际金融组织、代表政府签订国际金融协定、参加国际金融事务与活动等。同时，在国际、国内的经济和金融活动中，中央银行还充当政府的顾问，提供经济、金融情报和决策建议。

(6)对金融业实施金融监督管理

中央银行作为国家最高的金融管理当局，行使其管理职能。其主要内容包括：制定并监督执行有关的金融政策、金融法规、基本制度和业务活动准则等；监督管理金融机构的业务活动；管理和规范金融市场。

总之，发行的银行、银行的银行和国家的银行，体现了中央银行的基本职能，世界上绝大多数国家的中央银行一般都具备这三大基本职能。

6.3 中央银行的主要业务

6.3.1 中央银行的资产业务

中央银行的资产业务主要包括贷款业务、再贴现业务、金银外汇储备业务及证券买卖业务。

1. 贷款业务

贷款业务是中央银行的主要资产业务之一，在中央银行的资产负债表中，尤其是在原来实行计划经济的国家里，贷款是一个大项目，它充分体现了中央银行作为“最后贷款人”的职能作用。中央银行的贷款是向社会提供基础货币的重要渠道。

中央银行贷款的对象主要有两种：一是商业银行；二是国家财政。在特殊情况下，中央银行也对一些非银行金融机构发放小额贷款。按贷款对象的不同，中央银行贷款可以分为以下几种类型。

(1) 对商业银行等金融机构的放款

这是中央银行放款中最主要的种类。中央银行通常定期公布贷款利率，商业银行提出借款申请后，中央银行审查批准具体数量、期限和利率，有的还规定用途。一般借款都是短期的，采取的形式多为政府证券或商业票据为担保的抵押放款。

(2) 对非货币金融机构的放款

非货币金融机构是指不吸收一般存款的特定金融机构。在我国国家金融统计中，主要包括国家开发银行和中国进出口银行两家政策性银行、金融信托投资公司和租赁公司。

(3) 对政府的放款(对财政部的放款)

在政府收支出现失衡时，各国中央银行一般都负有提供信贷支持的义务。中央银行对政府的放款一般是短期的，且多是信用放款。对财政部的放款大体上可分为三种形式。一是对财政部的正常放款，其具体操作办法与对商业银行的放款基本一致。二是对财政部的透支。这两种形式都属于信用放款的范畴。三是对财政性国库券和国债的证券投资。中央银行在从事公开市场业务时，购买政府发行的国库券和公债，事实上是间接向财政部发放了贷款。中央银行向政府放款，许多国家规定了一些限制性条件，并规定了年度最高借款额，还有些国家规定，政府出现财政困难时，可由国会每年批准一次向中央银行的借款权。

(4) 其他放款

其他贷款主要有两类。一是对非金融部门的贷款，这类贷款一般都有特定的目的和用途，贷款对象的范围比较窄，各国中央银行都有事先确定的特定对象。中国人民银行为支持老少边穷地区的经济开发所发放的特殊贷款，即属此类。二是中央银行对外国政府和国外金融机构的贷款，这部分贷款数量在统计中，一般放在“国外资产”项下。

2. 再贴现业务

再贴现，也叫“重贴现”，是指商业银行为弥补营运资金的不足，将其由贴现取得的尚未到期的商业票据提交中央银行，请求中央银行以一定的贴现率对商业票据进行二次买进的经济行为。中央银行接受再贴现，就是买进商业银行已经贴现的商业票据。这项业务之所以称为“再贴现”，是为了区别商业银行对工商企业的“贴现”，以及商业银行之间进行的“转贴现”。再贴现业务是国家对宏观经济进行调控的重要手段。中央银行通过调整再贴现率，提高或者降低再贴现额度，从而调节信用规模。因而，再贴现业务对中央银行有效实施宏观金融调控具有突出意义。

虽然再贴现也是中央银行对商业银行和金融机构的一种特殊贷款，但是与再贷款还是有一定的区别。

再贴现是中央银行按商业票据面额的一定比例提供给商业银行货币资金，也就是说，商业银行预先向中央银行支付了利息；而贷款业务只有在贷款资金使用一段时间后或者在归还本金时支付利息。在再贴现业务中，商业银行只能获得部分资金，而在贷款业务中，商业银行可以获得全额资金。

如果说再贴现的本质相当于中央银行向商业银行发放的抵押贷款，那么中央银行贷款的范畴显然要比再贴现宽得多。因为贷款既可以包括抵押贷款，又包含了信用贷款。如果是抵押贷款，它与再贴现的区别就是如上所述的第一点；而如果是信用贷款，它与再贴现相比对中央银行来说其意义大不相同。

3. 金银外汇储备业务

目前世界各国政府都赋予中央银行掌管全国国际储备的职责。所谓国际储备，是指具有国际购买能力的货币，例如：黄金，包括金币和金块；白银，包括银币和银块；外汇，包括外国货币、存放外国的存款余额和以外币计价的票据以及其他流动资产。此外，还有特别提款权和在国际货币基金组织的头寸等。

中央银行行使这一职责的意义有以下几点。

(1)有利于稳定币值

不少国家的中央银行对其货币发行额和存款额，都保持一定比例的国际储备，以保持币值稳定。当国内物资不足，物价波动时，可以使用国际储备进口商品或抛售黄金，回笼货币，平抑物价，维持货币对内价值的稳定。

(2)有利于稳定汇价

在浮动汇率的制度下，各国中央银行在市场汇率波动剧烈时，可运用国际储备进行干预，以维持货币对外价值的稳定。

(3)有利于保证国际收支的平衡

当外汇收支经常发生逆差时，可以使用国际储备抵补进口外汇的不足；当国际储备充足时，中央银行可以减少对外借款，用国际储备清偿债务或扩大资本输出。

4. 证券买卖业务

中央银行在公开市场上买卖有价证券是为了调节和控制货币供应量，影响金融体系的流动性，调控基础货币，从而调节货币供应量，实现体系内流动性总量适度、结构合理、变化平缓和货币市场利率基本稳定的目标。中央银行可通过两种方式进行有价证券的买卖：一是在公开市场上买进证券就是直接投放了基础货币，而卖出证券则是直接回笼了基础货币；二是通过买卖不同期限的有价证券来影响利率的水平及结构，进而影响对不同利率有不同敏感性的贷款与投资，达到调节货币供应量或市场利率的目的。

6.3.2 中央银行的负债业务

中央银行的负债业务主要包括货币发行业务、各项存款业务、其他负债以及资本业务。

1. 货币发行业务

发行货币是中央银行的垄断权，也是中央银行最重要的负债业务。货币发行具有两重含义：一是指货币从中央银行的发行库，通过各家商业银行的业务库流到社会；二是指货币从中央银行流出的数量大于从流通中回笼的数量。实际操作中，货币发行的渠道是：央行通过再贴现、贷款、购买证券、收购金银和外汇等业务活动，将纸币注入流通；并通过同样渠道反向组织货币回笼。每张投入市场的纸币(又称通货)都是中央银行对持有者的负债或称之为持有者对中央银行的负债。

中央银行的货币发行分为货币经济发行与财政发行。货币经济发行指央行根据国民经济发展的客观需要增加货币(传统看法为现金，当前还包括存款货币)流通量；货币财政发行是因弥补国家财政赤字而导致的货币发行。其包括两种情况：政府通过发行纸币直接弥补财政赤字；通过向银行借款或发行公债，迫使银行额外增加纸币发行。集中货币发行是央行制度形成的经济根源之一，当今各国央行均享有垄断货币发行的特权。

中央银行发行货币，必须遵守信用保证原则，必须建立某种准备制度，其含义是央行在货币发行时以某种贵金属或某几类资产作为其发行货币的准备，从而使货币发行量与该种贵金属或这些资产的数量之间建立起联系和制约的关系。金属货币制度下，货币发行规定以金、银等贵金属作为准备。它经历了全额金属准备、部分金属准备和金属货币制度崩溃三个阶段。在金属货币制度崩溃后，信用货币制度时代到来，此时货币发行与贵金属脱钩。多数国家以外汇资产作为准备、有些国家以物资作为准备，还有一些国家的货币发行采取与某国货币直接挂钩的方式，而且各国在准备比例和准备制度上也有差别。

2. 各项存款业务

(1)准备金存款

准备金存款，是中央银行存款业务中最为主要的一项。它是商业银行等存款货币机构向中央银行缴存现金形成的存款，包括存款法定准备金和支付准备金两个部分。这是中央银行最大的存款项目。法定准备金是商业银行按规定的比率，在其吸收的有关存款总额中缴存中央银行的存款；支付准备金也称备付金，是商业银行为保证存款支付和资金清算而存于中央银行的清偿资金。

(2)中央银行的其他存款业务

①政府存款。政府存款的构成各国有些差异。有的国家就是指中央政府的存款；而有的国家则将各级地方政府的存款、政府部门的存款也列入其中，即使如此，政府存款中最主要的仍是中央政府存款。中央政府存款一般包括国库持有的货币、活期存款、定期存款及外币存款等。

②非银行金融机构存款。非银行金融机构在中央银行的存款，有的国家中央银行将其纳入准备金存款业务，按法定要求办理；有的国家中央银行则单独作为一项存款业务，在这种情况下，中央银行的这类存款业务就有较大的被动性，因为非银行金融机构的存款不

具有法律强制性，没有法定的存款缴存比率，通常他们将存款存入中央银行的主要目的是便于清算，存多存少由他们自主决定，但中央银行可以通过存款利率的变动加以调节。

③外国存款。这项存款或是属于外国中央银行或是属于外国政府，它们持有这些债权构成本国的外汇，随时可以用于贸易结算和清算债务，存款数量多少取决于他们的需要，这一点对于本国中央银行来说，有较大的被动性。从另一方面说，虽然外国存款对本国外汇储备和中央银行基础货币的投放有影响，但由于外国存款数量较小，影响力并不大。

④特定机构和私人部门存款。特定机构是指非金融机构，中央银行收存这些机构的存款，或是为了特定的目的，如对这些机构发放特别贷款而形成的存款；或是为了扩大中央银行资金来源。私人部门的存款多数国家法律规定不允许中央银行收存，有些国家虽然法律允许收存，但也只限于特定对象，并且数量很小。

⑤特种存款。特种存款是中央银行直接控制方式之一。它是指中央银行按商业银行和其他金融机构信贷资金的营运情况，根据银根松紧和资金调度的需要，以特定方式向这些金融机构集中一定数量的资金。它是调整信贷资金结构和信贷规模的重要措施。

3. 中央银行的其他负债业务

(1)发行中央银行债券

发行中央银行债券是中央的一项主动负债业务。发行的对象是国内金融机构，通常是在商业银行或其他非银行金融机构的超额储备过多，而中央银行又不便采取其他政策工具进行调节的情况下发行的。发行债券的目的有两个，一是为了减少商业银行的超额储备，以有效地控制货币供应量，二是作为公开市场操作的工具之一。

(2)对外负债

中央银行的对外负债主要包括从国外银行借款、对外国中央银行的负债、国际金融机构的贷款、在国外中央银行发行的债券等。对外负债的主要目的是：平衡国际收支，稳定本国汇率水平，应对货币危机和金融危机。

(3)资本业务

中央银行的资本业务实际上就是筹集、维持和补充自有资本的业务。与其他银行一样，为了保持正常的业务活动必须拥有一定数量的自有资本。自有资本的形成主要有三个途径：政府出资；地方政府或国有机构出资；私人银行或部门出资。

6.3.3 中央银行的中间业务

由于各商业银行都有法定存款准备金存在中央银行，并在中央银行设有活期存款账户，这样就可以通过活期存款账户，在全国范围内划拨清算，了结银行之间的债权债务关系。中央银行的清算业务大体可分为三项：办理票据集中交换，主办票据交换所；办理交换差额的集中清算，通过各行在中央银行开设的账户划拨；办理异地资金转移，提供全国性的资金清算功能。

1. 组织票据交换清算

这项业务是通过票据交换所进行的，票据交换所是同一城市内银行间清算各自应收应付票据款项的场所，一般每天交换票据两次或一次，根据实际需要而定。所有银行间的应收应付款项，都可相互轧抵后首付其差额。各行交换后的应收应付差额，即可通过其在中央银行开设的往来账户进行转账收付，不必收付现金。

2．办理异地资金转移

各城市、各地区间的资金往来，通过银行汇票传递，汇进汇出，最后形成异地间的资金划拨问题。这种异地间的资金划拨，必须通过中央银行统一办理。办理异地资金转移，各国的清算办法有很大不同，一般有两种类型：一是先由各金融机构内部自成联行系统，最后各金融机构的总管理处通过中央银行总行办理转账结算；二是将异地票据统一集中传送到中央银行总行办理轧差转账。

小　结

1. 中央银行的产生有其历史必然性。它的产生是统一银行券发行的需要、统一票据清算的需要、稳定信用体系的需要、政府融资的需要和金融监管的需要。

2. 中央银行制度的历史演进经历了创立、普及与发展、强化三个阶段，每个阶段都有不同的特点。中国的中央银行是中国人民银行，它成立于1948年12月，新中国成立后至1978年是大一统的银行模式。改革开放以来至2003年，我国金融体制改革完成了历史性转变和质的飞跃。

3. 由于各国社会制度、政治体制、经济发展水平不同，因此中央银行在组织形式上具有不同类型，主要有单一型、复合型、跨国型和准中央银行型。

4. 中央银行的性质是管理金融事业的国家机关和特殊的金融机构，它的性质集中表现在它的职能上。中央银行具有发行的银行、银行的银行、国家的银行三大职能。

5. 中央银行职能的实现及作用的发挥，都是通过办理具体业务来实现的。中央银行的主要业务包括资产业务、负债业务和中间业务。其中，资产业务主要包括贷款业务、再贴现业务、金银外汇储备业务及证券买卖业务；负债业务主要包括货币发行业务、各项存款业务、其他负债以及资本业务；中间业务主要是指组织票据交换清算和办理异地资金转移。

思考题

1. 中央银行产生的历史必然性是什么？
2. 简述中央银行发展的三个阶段和其特点。
3. 中央银行的资产负债业务有哪些？
4. 中央银行有何职能？
5. 中央银行的中间业务主要包括哪些内容？

案例简介

案例[6-1]　英格兰银行——从商业银行发展成中央银行

英格兰银行从商业银行到中央银行的过程

1. 英格兰银行的建立

英格兰银行是于1694年7月27日由伦敦城的1 268名商人创立的，当时的目的是为了集资120万英镑按年息8%贷款给英国国王威廉三世，以支持其欧洲大陆的军事行动。当时，正值英法战争时期(1689—1697年)，英国政府庞大的战争开支，使英政府入不敷出，加上英国当时贪污盛行，税收短绌，英国财政陷入困境。为了弥补财政支出，英国皇室特许英格兰人威廉·彼得森(William Paterson)等人的提议，由本来已是政府债权人的金匠们募集120万英镑作为股本，建立银行，对政府放款。这一倡议于1694年7月27日由英国国会制定法案同意实行。

尽管英格兰银行是世界上最古老的中央银行，但是在其成立的时候，并没有充当中央银行的意图。英格兰银行在成立时是一个较大的股份制银行，其实力和声誉高于其他银行，并且同政府有着特殊的关系，但它所经营的仍是一般银行业务，如对一般客户提供贷款、存款以及贴现等。

2. 政府的银行

英格兰银行无论是成立的初衷，还是在以后的业务中，都与政府有着千丝万缕的联系。英格兰银行在1694年创立的时候就一直充当政府的银行.政府虽然在许多银行也保持有规模较小的户头，但是其主要户头是在英格兰银行。这些户头包括中央户头，即财政部户头，还有国民贷款基金户头、国债专员户头和其他附属户头。政府的各项税收和其他收入的财政部户头开设于此，政府的各项支出也来源于此。当政府资金短缺时，英格兰银行保证马上进行资金融通，如直接对政府放款、为政府发行国库券和各种长期债券等。到1746年止，英格兰银行已经借给政府1 168.68万英镑。除此之外，英格兰银行还代理国库和全权管理国家债券。英格兰银行在发行国库券中起着重要的作用，它替政府开价招标、进行配发、发券收款，并到期负责清偿；还通过国库券经纪人，每天进入贴现市场买卖国库券，调节市场，以稳定短期市场利率。

1946年《英格兰银行法》将英格兰银行国有化，使它变成了公营公司，彻底改变了它自1694年以来尽管不断向政府贷款和与政府紧密合作，却一直保留的私营银行的身份。它不再是为本身牟取利润的私营银行，也不再在私人部门业务上与普通银行竞争。该法案还终止了英格兰银行在名义上的独立性，使其成为国家机器的一个组成部分。

3. 发行银行

发行货币是英格兰银行的传统业务，但是其垄断货币发行权却经历了很长的一个发展过程。

英格兰银行在成立之初，英国政府就给予它其他商业银行所没有的一项特权，那就是允许英格兰银行成为第一家无发行保证却能发行银行券的商业银行，但是这种发行特权只限于伦敦及周围65英里的地区。1826年，英国国会通过法案，准许其他股份银行设立，并可以发行钞票，但限制在伦敦65英里以外，以避免与英格兰银行的发行权相冲突。在以后的发展中，英格兰银行不断补充资本，同时降低对政府的放款利率，并以此为条件，促使英国国会通过法案，限制其他银行的发行权，从而加强了英格兰银行货币发行的特权地位。

在银行业发展的早期阶段，每家银行都愿意发行货币。到18世纪，支票开始取代钞票作为支付手段，伦敦的私人银行逐渐停止发行钞票，但北部和中部的新兴银行仍各自发行钞票。由于英格兰银行的钞票有较高的信誉，使得新兴的地方银行乐于用英格兰银行的钞票代替黄金作为准备金。

在1844年英国国会通过银行法案《比尔条例》之前，英国有72家股份银行和207家私人银行有钞票发行权，而该法案的通过，为英格兰银行垄断货币发行权奠定了基础。如该法案规定，凡在 1844 年发行过钞票的银行，其发行额不得超过银行在该法案通过以前 12 周内的钞票平均流通量；凡在 1844 年以前没有发行过钞票的银行不得再发行钞票，新成立的银行一律不得再发行钞票。此法案还规定，凡发行钞票的银行在伦敦开设分行或同其他银行合并的，均丧失货币发行权，将此权利转移给英格兰银行。随着《比尔条例》的逐年实施，多数银行都逐渐丧失了货币发行权，终于在 1921 年，有权发行货币的银行只有英格兰银行一家；但由于英国财政部也发行部分钞票，当时英格兰银行并不是严格意义上垄断发行，直到 1928 年英国通过了《通货与银行钞票法》，英格兰银行才最终成为英国唯一的发行银行。

4. 银行的银行

19 世纪，英国的商业银行发生了多次银行危机，尤其以 1825 年和 1837 年这两次危机最为严重。由于银行过分放款，导致许多银行债权无法按时收回，有些银行因此破产。严重的银行危机，引起了社会的广泛关注。在 1837 年的银行危机中，英格兰银行采取行动帮助有困难的银行，开始充当最终贷款人的角色。

在 19 世纪 30 年代，商业银行在资金短缺时就向贴现行贴现，贴现行在资金短缺时就直接向英格兰银行贷款。英格兰银行表面上是充当贴现行的最终贷款人，实际上是间接地充当整个银行系统的最终贷款人。

（资料来源：曹龙骐．金融学案例与分析．北京：高等教育出版社，2005.）

问题

中央银行的历史演进过程有哪些方面？

简要提示

中央银行的历史演进可概括为以下几方面。

早期的中央银行都是由普通银行自然演进而来的；货币发行逐渐集中，并形成垄断；作为政府干预经济和市场的工具。一些早期的大银行由于与政府的关系特殊，常常作为国库券的管理者，在国库券市场进行国库券的买卖，以保障市场价格的稳定。同时政府也主动通过这些银行控制货币信用等经济活动，以实现政府的各项目标；逐渐演变为其他商业银行的最后贷款人；最后确立为独一无二的中央银行需要法律上的支持。例如英格兰银行，《比尔条例》无论是从组织形式上还是从货币发行权的垄断上，都为英格兰银行最终行使中央银行职能提供了充足的法律保障。

案例[6-2] “三定”方案出台 央行职能扩充

自中国人大于 2008 年 3 月份批准中央政府机构改革方案以来，中国政府一直在重新界定央行等下属机构的职能。2008 年 7 月，国务院办公厅发布《中国人民银行主要职责内设机构和人员编制规定》（简称“三定”方案），与上届政府中央行的 14 项职责相比，这次新方案给央行设定了更多职责，新增 4 项职责分别是关于金融改革与发展、金融控股公司、最后贷款人责任、金融信息化等方面。

在央行“三定”方案中，汇率司作为唯一增加的内设机构引发了众多关注。专家分析，由于中国巨大的外汇储备，因此完全有必要成立这样的专门机构来对汇率进行研究和决策。值得一提的是，新设的汇率司职能包括，“根据人民币国际化进程发展人民币离岸市场；协助有关方面提出资本项目兑换政策建议”，“研究、监测国际资本流动，并提出政策建议”，权力范围相当之广。

此外，除了央行以往货币政策和金融稳定的相关职能外，央行职能中对货币政策的表述也有了变化。原先的职能是“央行将依法制定和执行货币政策”，这次则在上述职能之后，增加“制定和实施宏观信贷指导政策”。

这次新的“三定”方案赋予央行诸多重大金融问题的协调职能，比如，央行参与评估重大金融并购对国家金融安全的影响，并提交政策建议，这意味着中资银行在引进战略投资者等事项要由央行出具金融安全评估报告，国家整体的金融安全由央行负责。完善汇率形成机制和监测跨境资本流动；会同有关部门制定金融控股监管规则；对使用央行再贷款的风险金融机构进行检查监督等。金融信息安全也是央行新增的职责之一。央行负责组织制定金融业信息化发展规划，负责金融标准化的组织管理协调工作，指导金融业信息安全工作。这个职能由央行科技司负责承担。

这次新方案的另一大亮点就是协调机制的确定。以前的央行“三定”方案中，相关部委的协调问题一直没有明确，而在新的“三定”方案中，决策层已明确指示要建立两个层面的协调机制。

第一个层面是国家发改委、财政部、中国人民银行等部门建立健全协调机制，各司其职，互相配合，发挥国家发展规划、计划、产业政策在宏观调控中的导向作用，综合运用财税、货币政策，形成更加完善的宏观调控体系，提高宏观调控水平。

第二个层面是金融相关部委建立的金融监管协调机制，在国务院领导下，央行会同银监会、证监会、保监会建立金融监管协调机制，以部际联席会议制度的形式，加强货币政策与监管政策之间以及监管政策、法规之间的协调，建立金融信息共享制度。防范、化解金融风险，维护国家金融安全，重大问题提交国务院决定。

在此次“三定”方案中，部委的职责边界被明确划分。在金融控股公司的监管中，央行会同金融监管部门制定金融控股公司的监管规则和交叉性金融业务的标准、规范，负责金融控股公司和交叉性金融工具的监测。除此之外，央行还有一定的监管权，即在承担最后贷款人责任时，负责对因化解金融风险而使用中央银行资金机构的行为进行检查监督。

同样，央行与证监会有关职能的交叉之处也在这次“三定”方案中得以明确，央行负责监管银行间同业拆借市场、银行间债券市场、银行间票据市场、银行间外汇市场和黄金市场。

（资料来源：根据中国人民银行网、证券之星网相关内容整理改编。）

问题 1

2008 年央行职能扩充有哪些意义？

简要提示

进一步明确央行的职责，要求央行对国家金融安全负责，意义是非凡的，是有效维护我国金融安全的又一重拳。以前在关系到我国金融安全的汇率、热钱监管、引进战略投资等领域，各部门分工不明确。从央行、银监会、国资委、商务部、财政部、发改委再到国务院，一路下来到底谁该负责都搞不清楚，给我国金融安全带来隐患。例如热钱有多少？以前从央行到银监会都说不清楚，商务部就说过得不到热钱数据。另一个值得注意的就是金融信息安全和信息共享问题，新出台的外汇管理条例也特别强调了这点，有利于决策层掌握更多的情况，切实维护我国金融安全。

问题2

央行职能增加“制定和实施宏观信贷指导政策”，与货币政策比较，信贷政策有哪些特点？

简要提示

货币政策主要是一种总量控制、总量调节，而信贷政策则主要是根据产业政策或市场原则对信贷投向做出规定的一种政策行为，例如，国家对于中小企业和农业的信贷支持，对于某些产业的信贷限制，都是信贷政策的具体表现。很显然，信贷政策不是调节经济总量的工具，而是对经济结构进行调整的工具，这是货币政策和信贷政策最根本的区别。总体来说，货币政策是宏观经济的调控手段，信贷政策是一种微观政策，宏观调控的有效性要依赖货币政策和信贷政策的共同作用。

第7章

金融市场

本章学习要点

通过本章的学习，掌握金融市场的含义、构成要素和分类；理解各种金融市场的功能、货币市场的类型；了解货币市场的特点、资本市场的结构、外汇市场的业务和分类、保险市场的要素和类型。

本章学习重点与难点

重点是金融市场的构成要素和分类；难点是货币市场的类型、外汇市场的业务。

本章基本概念

金融市场、金融工具、货币市场、资本市场、外汇市场、同业拆借、证券回购、贴现、期货市场、期权市场、一级市场、二级市场、有形市场、无形市场

7.1 金融市场

社会主义市场经济不仅要发展消费品市场、生产资料市场、技术劳务市场，而且还要发展金融市场。金融市场是整个市场经济体系中不可缺少的重要组成部分，是市场机制的一种重要形式。开拓与发展金融市场是我国社会主义市场经济发展的客观需要。

7.1.1 金融市场的含义

金融市场(Financial Market)是指资金供应者和资金需求者双方通过信用工具进行交易而融通资金的市场，广而言之，是实现货币借贷和资金融通、办理各种票据和有价证券交易活动的市场。

金融市场是以货币信用关系的充分发展为前提的，在这里实现借贷资金的集中和分配，并由资金供给与资金需求的对比形成该市场的“价格”——利率。随着现代电子技术在金融领域里的广泛运用和大量无形市场的出现，使得许多人倾向于将金融市场理解为金融商品供求关系或交易活动的总和。

7.1.2 金融市场的形成和功能

1. 金融市场的形成

金融市场是商品经济发展的产物。在商品经济条件下，随着商品流通的发展，生产日益扩大和社会化、社会资本的迅速转移、多种融资形式和种类繁多的信用工具的运用和流通，导致金融市场的形成。

在简单的商品流通阶段，货币只发挥其基本职能的作用，支付和储藏手段只是偶然地起作用。在整个前资本主义时期，信用活动比较少，信用关系的主要内容是高利贷和货币经营业。这与现代意义的金融市场是不能相提并论的，只能说是金融市场的萌芽时期。金融市场的真正形成和发展是在资本主义发展起来之后，随着生产力的不断发展，在利润的驱动和竞争的压力下，资本家必须积聚更多的资本，并要求能在各职能部门之间转移，这就促进了信用制度的发展。银行业的产生，作为现代信用的中介，使其他各种信用制度成为一个综合体系，促进近代金融市场产生。19 世纪 30 年代末，英国工业革命完成后，成为世界上最大的商品和资本输出国，英镑随之成为世界性货币，伦敦便成为第二次世界大战前国际上最主要的金融中心。第二次世界大战以后，随着生产国际化，金融市场已越出本国的范围，形成了一天 24 小时交易的国际金融市场。

金融市场的形成要具备以下条件。

(1) 完善的金融制度

没有完善的金融制度，金融业务就无法有效地进行，现代金融制度条件下的中央银行、商业银行、专业银行和其他非银行金融机构都应该有明晰的产权关系，各自努力的目标，各自经营的范围，以适应不同层次、不同地区和不同行业融资的需要。

(2) 健全的经济法规

由于金融市场进行的是信用活动，其资金和债权债务的转移数量之大、影响之深足以对一国经济甚至国际经济产生巨大影响。因此，以健全的法律约束交易双方的行为是十分重要的。

(3) 自由开放的经济体制

这主要包括自由开放的经济政策和宽松的外汇管制，在自由开放的经济环境下，资本可以自由流动，市场主体可以自由竞争，这可以使货币资本得到有效的配置。

(4) 完备的信用制度

完备的信用制度包括三个方面的内容：商业信用、银行信用、国家信用、消费信用并存；有价证券品种多、数量大、买卖活跃；信用工具和信用主体多样化。

(5) 市场利率的形成

金融市场是金融商品交易的场所，这一性质决定金融市场同其他市场一样，受价值规律的支配，金融商品的价格应随利率变动而发生变化。

(6) 训练有素的金融人才

金融市场的有效运行主要是靠金融人才来操作的，训练有素的金融人才是建立金融市场的基础。

(7)通信和交通比较发达

交通便利、通信设施齐备，迅速传递信息，是金融市场形成的必要条件。

2. 金融市场的功能

金融市场体系是现代社会最重要的发明之一。其基本功能就是将稀缺的货币和资本从储蓄者手中转移到借款者手中，以满足借款者对商品和服务的购买、新机器设备购买的资金需要，以此实现全球经济的不断增长和人民生活水平与社会福利的不断提高和改善。通过金融市场体系，股票、债券和其他各种各样的金融工具得到交易，利率得到确定，金融产品和服务在世界范围被提供。如果没有金融市场及其资金的提供，现代社会经济生活的每一部分都不可能像现在这样正常运行。

在市场经济条件下，金融市场是统一的市场体系的一个重要组成部分，它与生产资料市场、消费品市场、劳动力市场、技术市场等各类市场相互联系、相互依存，共同构成统一市场的有机体。在整个市场体系中，金融市场是联系其他市场的纽带，商品经济的持续、稳定、协调发展，离不开完备的金融市场体系。因为无论是生产资料还是消费品的买卖，以及技术和劳动力的流动，都要通过货币的流通和资金的运用来实现，都离不开金融市场的配合。因此，可以认为金融市场是市场经济的中枢和主导，它在市场体系中起着纽带和中介的作用，引导和协调其他各类市场的活动，透视和反映社会经济的状态。

7.1.3 金融市场的构成要素

1. 交易主体

金融市场的主体，即金融市场的交易者。参与金融市场交易的机构或个人，或者是资金的供给者，或者是资金的需求者，或者是以双重身份出现。

如果从性质来看，金融市场的交易主体可分为以下五类。

(1)居民个人与家庭

居民个人与家庭主要是以非组织成员的身份参加金融市场活动的居民个人。个人在金融市场上，主要是资金供应者，其目的多为调整货币收支结构或追求投资收益的最大化。

(2)工商企业

工商企业经常是金融市场上的资金需求者。无论是工业企业还是商业企业，在生产经营活动中，总会因各种原因而产生资金不足的问题，而弥补资金不足除向银行借款外，另一有效办法就是在金融市场上发行有价证券。经常的资金需求并不影响工商企业成为市场上的资金供应者，当企业在经营活动中存在闲置资金时，可通过购买其他赤字单位发行的有价证券进行投资，以实现资产的多样化。

(3)政府机构

政府作为金融市场的交易主体，充当着双重角色。其一是作为资金的需求者和供应者，其二是作为市场活动的调节者。从世界各国来看，政府部门是金融市场上资金的主要需求者，如为了弥补临时性财政收支缺口或是为了筹措某些重点工程建设资金，政府可通过在金融市场上发行政府债券来筹集所需资金。政府部门也会向金融市场提供资金。其途径之一是对原有负债的偿还，偿还债务的资金大部分会被重新投入金融市场。当财政收支出现结余时，政府还可能提前偿还债务。途径之二是通过银行等金融部门将资金投向市场。另外，许多国家政府部门不仅在国内金融市场上是重要的参与者，而且还积极介入国际金融市场的金融活动，它们或者是国际金融市场的资金提供者，或者是国际金融市场的资金需求者。政府可通过中央银行对金融市场进行干预和调节。

(4)金融机构

金融机构其包括存款性金融机构和非存款性金融机构，存款性金融机构是指经营各种存款并提供信用中介服务以获取收益的金融机构。存款性金融机构是金融市场的重要参与者，也是套期保值和套利交易的重要交易主体，主要包括：商业银行、储蓄机构、信用合作社等金融机构。非存款性金融机构在资金来源方面与存款性金融机构的显著不同是，它们不直接吸收公众存款，而是通过发行证券或以契约的形式聚集社会闲散资金。这些机构包括保险公司、退休和养老基金、投资银行、投资基金等金融机构。各类金融机构是金融市场的重要参与者：作为资金供应者它们可以在金融市场上大量购买赤字单位发行的直接证券；作为资金需求者，它们则可以通过向市场发行间接证券来获取资金。

(5)中央银行

作为金融市场的参加者之一，中央银行不同于其他四类交易主体，中央银行在一国金融体系中居于主导地位，是专门从事货币发行，办理对其他银行的业务，负责制定和执行国家的货币信用政策，进行金融管理和监督，控制和调节货币流通与信用活动，对中央政府负责的特殊金融机构。它不是单纯的资金需求者和资金供应者，而是信用调节者。中央银行参与金融市场的活动主要是为了实施货币政策，调节和控制货币供应量以实现稳定货币、稳定经济的目标。

2. 交易对象与交易工具

如前所述，人们在金融市场上交易的对象是单一的，只有货币资金一种。无论是货币市场上的交易活动，还是资本市场上的证券买卖，进行的都是货币资金的交易。作为资金需求者融入的都是货币资金，作为资金供应者融出的也都是货币资金，只不过在融资的期限、数额、价格以及形式上有所不同而已。

由于金融市场上的交易是一种信用交易，资金供应者让渡的只是货币资金的使用权，并没有转移货币资金的所有权，所以在交易活动达成之时，在资金供应者和资金需求者之间也就形成了一种债权债务关系。为了明确这种债权债务关系，就需要一定的凭证来作为依据，这就是金融工具。所谓金融工具，又称信用工具，是指金融市场上制度化、标准化的融资凭证。金融工具出现后，市场上的资金交易便可借助于金融工具来完成，融资凭证也就成了交易的工具。当赤字单位需要补充资金时，便可在金融市场上出售金融工具来融入资金，当盈余单位需要运用资金时，便可在金融市场上购买金融工具来贷出资金。通过这种金融工具的买卖，资金供求双方达到了资金交易的目的，金融工具实际上成为资金的载体，成为金融市场上交易的工具。

3. 交易的组织形式

有了交易主体和交易对象及交易工具就形成了市场交易的可能性，但要达成交易还需要有一定的组织形式，把交易双方和交易对象结合起来，使交易双方相互联系，实现转让交易对象的目的。纵观各国金融市场，所采用的交易组织形式一般有两种。

(1) 交易所形式

证券交易所是证券市场交易的固定场所，是证券交易市场的最早形态。证券交易所只是为交易双方提供一个公开交易的场所，它本身并不参加交易，但能进入证券交易所的只是取得交易所会员资格的经纪人和交易商。会员资格的取得历来均有各种严格限制并需缴纳巨额会费。经纪人和交易商的区别在于：前者只能充当证券买者与卖者的中间人，从事代客买卖业务，收入来自佣金；后者则可以直接进行证券买卖，收入来自买卖差价。

一般客户如果买卖证券，首先要在经纪人处开设账户，取得委托买卖证券的资格。当他认为需要以怎样的价格买卖哪种证券时，需向经纪人发出指令，经纪人则将客户的指令传递给在交易所的场内交易员，交易员则按指令要求进行交易。

交易所内的证券交易是通过竞价成交的。所谓竞价成交，是指在对同一种证券有不止一个买方或卖方时，买方交易员和卖方交易员分别从当时成交价逐步向上或向下报价；当任一买方交易员与任一卖方交易员的报价相等时，则这笔买卖即拍板成交。竞价成交后，还须办理交割和过户的手续。交割是指买方付款取货与卖方交货收款的手续。过户手续仅对股票购买人而言，如为记名股票，买者须到发行股票的公司或其委托部门办理过户手续，方可以成为该公司股东。

这是一种由交易双方集中在交易所内，通过公开竞价的方式来进行资金交易的组织形式。在这种形式下，交易主体平等而公开地通过竞价进行交易活动，最后按照价格优先、时间优先的原则成交。

(2) 场外交易形式

场外交易是指在证券交易所以外进行的证券交易，是一种分散在各个证券商柜台前进行交易的组织形式，所以，也称柜台交易形式或店头交易形式。

场外交易的特点是：无集中交易场所，交易通过通信网络进行；以买卖未在交易所登记上市的证券为主；证券交易可以通过交易商或经纪人，也可以由客户直接进行；证券交易由双方协商议定价格，不同于交易所采取的竞价制度。

场外交易市场由于具有可以不必公开财务状况，可以直接交易，有利于降低交易成本等特点，因此，自创办以来发展较快，尤其是计算机技术应用于证券交易后，更使场外交易市场繁荣。其实这种交易组织形式现在也很少在柜台前直接进行，而多借助于电话、电传等现代通信手段来达成交易。

4. 交易价格

以上所述要素仅构成金融市场的基本框架，金融市场的交易活动如能正常运行还必须有一个健全的价格机制。利息是资金所有者由于借出资金而取得的报酬，利息率是借贷期内所形成的利息额与所贷金额的比率。在金融市场的交易中，由于利率即是资金商品的价格，所以健全的价格机制在这里实际上就是指健全的利率机制，即能够根据市场资金供求状况灵活调节的利率机制。当市场上资金供不应求时，市场利率则会趋于上升；当市场上资金供过于求时，市场利率又能自动下降。

7.1.4 金融市场的分类

在金融市场的形成和发展进程中，金融市场根据资金融通与金融产品交易的需要，其内在结构也在持续地发生着变化。按不同的标准可以将其划分为若干类市场。

1. 货币市场和资本市场

金融市场根据期限可以分为货币市场和资本市场。货币市场又称为短期金融币场，是指短期资金的融通活动及其场所的总和。所谓短期，习惯上是指1年或1年以内。短期资金因偿还期限短、风险小以及流动性强而往往被作为货币的代用品，主要解决市场主体的短期性、临时性资金需求。在经济生活中，政府、企业、家庭和银行等金融机构，都需要短期资金用于周转，因而成为短期金融市场的主体。货币市场使用的金融工具主要是货币头寸、存单、票据和短期债券(国库券)等。所以，货币市场包括同业拆借市场、票据市场、短期债券市场等。

资本市场又称长期金融市场，是指期限在1年以上的中长期资金融通活动及其场所的总和。长期资金大都参加社会再生产过程，在生产过程中发挥着资本的作用，主要是满足政府、企业等部门对长期资本的需求。资本市场的交易工具主要是各种有价证券，如政府公债、企业债券、股票等。这些金融工具偿还期长、流动性较差、风险较大。资本市场包括政府债券市场、公司债券市场、股票市场、银行中长期信贷市场等。

2. 现货市场、期货市场和期权市场

根据金融交易合约性质的不同，金融市场可分为现货市场、期货市场和期权市场。现货市场是指现货交易活动及其场所的总和。一般而言，现货交易是交易协议达成后，立即办理交割的交易。

期货市场是指期货交易及其场所的总和。期货交易一般是指交易协议达成后，在未来某一特定时间才办理交割的交易。在期货市场上，成交和交割是分离的，在期货交易中，由于交割要按成交时的协议价格进行，而证券价格的升或降，就可能使交易者获得利润或蒙受损失。期货市场对于交易的参加者而言，既具有套期保值功能，又具有投机功能。

期权市场是各类期权交易活动及其场所的总和，它是期货交易市场的发展和延伸。期权交易是指买卖双方按成交协议签订合同，允许买方在交付一定的期权费用后取得在特定时间内、按协议价格买进或卖出一定数量的证券的权利。如果直至协议合同到期，购买期权的一方没有行使该权利，则期权合同自动失效。

3. 一级市场和二级市场

一级市场也称初级市场或发行市场，是初次发行的有价证券的交易市场。一级市场是金融市场的基础环节，其主要功能是为办公机械、设备和货物的新投资筹集金融资本。投资者购买一家公司新发行的股票或是为一个企业或家庭提供抵押或信用贷款的活动，均属于一级市场活动。

二级市场是指已经发行证券的交易市场，又称次级市场或流通市场，其主要功能在于为证券投资者提供流动性,也就是给金融产品的投资者提供一个将投资转换为现金的渠道。通常二级市场的交易规模远大于一级市场的交易规模，不过，一级市场和二级市场是互动的，二级市场证券价格的上涨，也会引起一级市场发行证券定价的提高。这是因为不同市场间套利机制的存在，使不同市场间价格与收益的利差趋于缩小并消失。

4. 公开市场与协议市场

金融市场根据金融产品成交与定价方式的不同可以分为公开市场和协议市场。所谓公开市场是指金融资产的交易价格通过众多的买主和卖主公开竞价而形成的市场。金融资产在到期偿付之前可以自由交易，并且只卖给出价最高的买者。公开市场一般是有组织的交易场所，如证券交易所、期货交易所等。

协议市场一般是指金融资产的定价与成交通过私下协商或面对面的讨价还价方式完成的市场。如未上市的有价证券、银行信贷、保险等交易，均通过此种方式进行。传统上，协议市场是交易范围有限、交易效率较低、交易并不十分活跃的市场，但是，随着现代计算机技术的普及和在金融市场的应用，协议市场的交易效率已经大大提高，其市场范围和影响也日益扩大。

5. 有形市场和无形市场

金融市场按有无固定场所划分为有形市场和无形市场。有形市场是指有固定交易场所的市场，如证券交易所等。这种市场通常只限于会员进场进行交易，非会员必须委托会员才能进行交易。

无形市场是指通过现代化的通信工具而形成的一种金融交易网络。它没有固定的集中场所，也没有固定的交易时间，而只是一种大型的网络，所以称之为无形市场。在现实世界中大部分金融资产的交易都是在无形市场上进行的。

6. 国内金融市场与国际金融市场

金融市场按地域划分，还可以分为国内金融市场与国际金融市场。国内金融市场是指融资交易活动的范围仅限于一国国境之内，即只有本国居民参加交易的金融市场。

国际金融市场则是指融资交易活动并不仅限于一国国境之内，即允许非本国居民参加交易的金融市场。

此外，按交易的标的物还可划分为货币市场、资本市场、外汇市场和黄金市场。外汇市场是专门进行外汇交易的市场，即以外汇作为交易的标的物。黄金市场是专门集中进行黄金买卖的市场。由于黄金目前仍然是一种重要的国际储备资产，而且具有较强的保值功能，所以仍将黄金市场视作金融市场的组成部分。

7.2 货币市场

7.2.1 货币市场概述

1. 货币市场的概念与构成

货币市场是指融资期限在1年以内(包括1年)的资金交易市场,又称为短期资金市场。在该市场上流通的金融工具主要是一些短期信用工具，如国库券、商业票据、银行承兑票据、可转让定期存单等。由于交易的期限较短、可变现性强、流动性高，因此，短期金融工具又可称为准货币，所以将该市场称为“货币市场”。

根据货币市场上的融资活动及其流通的金融工具,可将货币市场划分为同业拆借市场、贴现市场、短期证券、回购市场、商业票据市场、大额可转让定期存单市场、短期政府债券市场和货币共同基金市场。

2. 货币市场的特点

相对于资本市场来说，货币市场有以下几个突出特点。

(1)融资期限短、流动性强、风险性小

货币市场是进行短期资金融通的市场，融资期限最短的只有 1 天，最长的也不超过 1 年，较为普遍使用的期限为 3～6 个月，所以该市场的一个显著特点就是融资期限短。由于融资期限较短，所以货币市场上的金融工具变现速度都比较快，从而使该市场具有较强的流动性。正是由于期限短、流动性强，所以货币市场工具的价格波动不会过于剧烈，风险性较小。此外，货币市场工具的发行主体大多为政府、商业银行及资信较高的大公司，所以其信用风险也较小。

(2)批发的市场

由于交易额极大，周转速度快，一般投资者难以涉足，所以货币市场的主要参与者大多数是机构投资者，他们深谙投资技巧，业务精通，因而能在巨额交易和瞬变的行情中获取利润。

(3)创新的市场

由于货币市场上的管制历来比其他市场要松，所以任何一种新的交易方式和方法，只要可行就可能被采用和发展。

3. 货币市场的功能

货币市场产生和发展的初始动力是为了保持资金的流动性，它借助于各种短期资金融通工具将资金需求者和资金供应者联系起来，既满足了资金需求者的短期资金需要，又为资金有余者的暂时闲置资金提供了获取盈利的机会。不过，这只是货币市场的表面功用，将货币市场置于金融市场以至市场经济的大环境中可以发现，货币市场的功能远不止此。货币市场既从微观上为银行、企业提供灵活的管理手段，使他们在对资金的安全性、流动性、营利性相统一的管理上更方便灵活，又为中央银行实施货币政策以调控宏观经济提供手段，为保证金融市场的发展发挥巨大作用。

(1)短期资金融通功能

市场经济条件下的各种经济行为主体客观上有资金盈余方和资金不足方之分，从期限上可分为 1 年期以上的长期性资金余缺和 1 年期以内的短期性资金余缺两大类，相对于资本市场(Capital Market)为中长期资金的供需提供服务，货币市场(Money Market)则为季节性、临时性资金的融通提供了可行之径。相对于长期投资性资金需求来说，短期性、临时性资金需求是微观经济行为主体最基本也是最经常的资金需求，因为短期的临时性、季节性资金不足是由于日常经济行为的频繁性所造成的，是必然的、经常的，这种资金缺口如果不能得到弥补，就连社会的简单再生产也不能维系，或者只能使商品经济处于初级水平，短期资金融通功能是货币市场的一个基本功能。

(2)管理功能

货币市场的管理功能主要是指通过其业务活动的开展，促使微观经济行为主体加强自身管理，提高经营水平和盈利能力。

①同业拆借市场、证券回购市场等有利于商业银行业务经营水平的提高和利润最大化目标的实现。同业拆借和证券回购是商业银行在货币市场上融通短期资金的主渠道。充分

发达的同业拆借市场和证券回购市场可以适时有度地调节商业银行准备金的盈余和亏缺，使商业银行无须为了应付提取或兑现而保有大量的超额准备金，从而将各种可以用于高收益的资产得以充分运用，可谓“一举两得”。为此，商业银行要运用科学的方法进行资金的流动性管理，这使商业银行资产负债管理跃上一个新的台阶。

②票据市场有利于以营利为目的的企业加强经营管理，提高自身信用水平。票据市场从票据行为上可以分为票据发行市场、票据承兑市场、票据贴现市场，从签发主体上可以分为普通企业票据和银行票据。只有信誉优良、经营业绩良好的主体才有资格签发票据并在发行、承兑、贴现各环节得到社会的认可和接受，不同信用等级的主体所签发和承兑的票据在权利义务关系上有明显的区别，如利率的高低、票据流动能力的强弱、抵押或质押的金额的大小，等等。所以，试图从票据市场上获得短期资金来源的企业必须是信誉优良的企业，而只有管理科学、效益优良的企业才符合这样的条件。

(3) 政策传导功能

货币市场具有传导货币政策的功能。众所周知，市场经济国家的中央银行实施货币政策主要是通过再贴现政策、法定存款准备金政策、公开市场业务等的运用来影响市场利率和调节货币供应量以实现宏观经济调控目标的，在这个过程中货币市场发挥了基础性作用。

①同业拆借市场是传导中央银行货币政策的重要渠道。中央银行通过同业拆借市场传导货币政策，借助于对同业拆放利率和商业银行超额准备金的影响。首先，同业拆放利率是市场利率体系中对中央银行的货币政策反应最为敏感和直接的利率之一，成为中央银行货币政策变化的“信号灯”。这是因为，在发达的金融市场上，同业拆借活动涉及范围广、交易量大、交易频繁，同业拆放利率成为确定其他市场利率的基础利率。国际上已形成在同业拆放利率的基础上加减协议幅度来确定利率的方法，尤其是伦敦同业拆借利率更成为国际上通用的基础利率。中央银行通过货币政策工具的操作，首先传导影响同业拆放利率，继而影响整个市场利率体系，从而达到调节货币供应量和调节宏观经济的目的。其次，就超额准备金而言，发达的同业拆借市场会促使商业银行的超额准备金维持在一个稳定的水平，这显然给中央银行控制货币供应量创造了一个良好的条件。

②票据市场为中央银行提供了宏观调控的载体和渠道。传统的观念认为票据市场仅限于清算，甚至短期资金融通功能也经常被忽略。实际上除了上述两个基本功能外，票据市场还为中央银行执行货币政策提供了重要载体。

首先，再贴现政策必须在票据市场实施。一般情况下，中央银行提高再贴现率，会起到收缩票据市场的作用，反之则扩展票据市场。同时，中央银行通过票据市场信息的反馈，适时调整再贴现率，通过货币政策中介目标的变动，达到货币政策最终目标的实现。另外，随着票据市场的不断完善和发展，票据市场的稳定性不断增强，会形成一种处于均衡状态下随市场规律自由变动的、供求双方均能接受的市场价格，反映在资金价格上就是市场利率，它无疑是中央银行利率政策的重要参考。

其次，多种多样的票据是中央银行进行公开市场业务操作的工具之一，中央银行通过买进或卖出票据投放或回笼货币，可以灵活地调节货币供应量，以实现货币政策的最终目标。

③国库券等短期债券是中央银行进行公开市场业务操作的主要工具。公开市场业务与存款准备金政策和再贴现政策相比有明显优势，它使中央银行处于主动地位，其规模根据宏观经济的需要可大可小，交易方法和步骤可以随意安排，不会对货币供给产生很大的冲

击，同时，其操作的隐蔽性不会改变人们的心理预期，因此易于达到理想的效果。不过，开展公开市场业务操作需要中央银行具有相当规模、种类齐全的多种有价证券，其中国债尤其是短期国债是主要品种。因为国债信用优良、流动性强，适应了公开市场业务操作的需要，同时，公开市场业务操作影响的主要是短期内货币供应量的变化，所以对短期债券和票据要求较多。因此，具有普遍接受性的各种期限的国库券成为中央银行进行公开市场业务操作的主要工具。

(4)促进资本市场尤其是证券市场发展的功能

货币市场和资本市场作为金融市场的核心组成部分，前者是后者规范运作和发展的物质基础。首先，发达的货币市场为资本市场提供了稳定充裕的资金来源。从资金供给角度看，资金盈余方提供的资金层次是由短期到长期、由临时性到投资性的，因此货币市场在资金供给者和资本市场之间搭建了一个“资金池”，资本市场的参加者必不可少的短期资金可以从货币市场得到满足，而从资本市场退出的资金也能在货币市场找到出路。因此，货币市场和资本市场就如一对“孪生兄弟”，不可偏废于任何一方。其次，货币市场的良性发展减少了由于资金供求变化对社会造成的冲击。从长期市场退下来的资金有了出路，短期游资对市场的冲击力大减，投机活动达到了最大可能的抑制。因此，只有货币市场发展健全了，金融市场上的资金才能得到合理的配置，从世界上大多数发达国家金融市场的发展历程中可以总结出“先货币市场，后资本市场”是金融市场发展的基本规律。

由以上分析可以看出，货币市场在金融市场和市场经济的良性发展中都发挥着重要的作用，是微观主体和宏观经济正常运行的基础环节。货币市场是金融市场和市场经济良性发展的前提，金融市场和市场经济的完善又为货币市场的正常发展提供了条件，三者是相辅相成的统一体。在这一关系中，货币市场起着基础性作用。全面认识货币市场在整个金融市场以及市场经济中的基础功能与作用，对于社会主义市场经济的完善和金融市场的正常发展具有现实的、长远的深刻意义。

7.2.2 货币市场的类型

1. 同业拆借市场

同业拆借市场是指银行及非银行金融机构之间进行短期性的、临时性的资金调剂所形成的市场。

同业拆借市场最早出现于美国，其形成的根本原因在于法定存款准备金制度的实施。按照美国 1913 年通过的“联邦储备法”的规定，加入联邦储备银行的会员银行，必须按存款数额的一定比率向联邦储备银行缴纳法定存款准备金；而由于清算业务活动和日常收付数额的变化，总会出现有的银行存款准备金多余，有的银行存款准备金不足的情况。存款准备金多余的银行需要把多余部分运用，以获得利息收入，而存款准备金不足的银行又必须设法借入资金以弥补准备金缺口,否则就会因延缴或少缴准备金而受到央行的经济处罚。在这种情况下，存款准备金多余和不足的银行，在客观上需要互相调剂。于是，1921 年在美国纽约形成了以调剂联邦储备银行会员银行的准备金头寸为内容的联邦基金市场。

在经历了 20 世纪 30 年代的资本主义经济危机之后，西方各国普遍强化了中央银行的作用，相继引入法定存款准备金制度作为控制商业银行信用规模的手段，与此相适应，同业拆借市场也得到了较快发展。在经历了长时间的运行与发展过程之后，当今西方国家的同业拆借市场，较之形成之时，无论是在交易内容、开放程度方面，还是在融资规模等方面，都发生了深刻变化。拆借交易不仅仅发生在银行之间，还扩展到银行与其他金融机构之间。从拆借目的看，已不仅仅限于补足存款准备和轧平票据交换头寸，金融机构如在经营过程中出现暂时的、临时性的资金短缺，也可进行拆借。更重要的是同业拆借已成为银行实施资产负债管理的有效工具。由于同业拆借的期限较短，风险较小，许多银行都把短期闲置资金投放于该市场，以利于及时调整资产负债结构，保持资产的流动性。特别是那些市场份额有限，承受经营风险能力脆弱的中小银行，更是把同业拆借市场作为短期资金经常性运用的场所，力图通过这种做法提高资产质量，降低经营风险，增加利息收入。

相对于其他市场而言，同业拆借市场有以下几个主要特征。

(1) 同业拆借主要限于金融机构参加

同业拆借的参加者主要是商业银行。西方国家的许多大商业银行都把拆入资金作为一项经常性的资金来源，或者是通过循环拆借的方式(今日借明日还，明日再借次日再还)，使其贷款能力超过存款规模；或者是减少流动性高的资产(如库存现金、各种短期证券等)，以增加高盈利资产的规模，而在需要额外清偿能力时就进行拆借。与此同时，许多中小商业银行出于谨慎的原因会经常保存超额准备金,为使这部分准备金能带来收益并减少风险，他们往往是通过拆借市场向大银行拆出。于是，同业拆借又成为中小商业银行一项经常性的资金运用。

(2) 拆借期限短

同业拆借的期限一般都控制在 1 年以内。不过，由于拆借目的的不同，同业拆借在期限上存在着较大的差别，最短的只有 1 天(今日拆入，明日归还)，最长的可达 1 年。根据拆借目的的不同，一般将同业拆借市场上的交易分为两种：一是同业头寸拆借，主要是指金融机构为了轧平头寸、补充存款准备金和票据清算资金而在拆借市场上融通短期资金的活动，一般拆借期限为 1 天；二是同业短期拆借(或同业借贷)，主要是指金融机构之间为满足临时性的、季节性的资金需要而进行的短期资金拆借，这一类的拆借期限相对较长。

(3) 拆借利率市场化

同业拆借利率一般由拆借双方协商决定,而拆借双方又都是经营货币资金的金融机构，所以同业拆借利率最能反映市场资金供求状况，并对货币市场上的其他金融工具的利率变动产生导向作用，这就使得同业拆借利率由此成为货币市场上的核心利率。正是基于同业拆借利率在利率体系中的这种重要地位，在现代金融活动中，同业拆借利率已被视为观察市场利率走势的风向标。

拆借市场的存在，不仅为银行之间调剂资金提供了方便，更重要的是，它为社会资金的合理配置提供了有利条件。当外部资金注入银行体系后，通过银行同业拆借市场运行，这些资金能够较均衡地进入经济社会的各个部门和单位。

2. 回购市场

回购市场是指通过回购协议进行短期资金融通的市场。所谓回购协议是指证券持有人在出售证券的同时，与证券购买商约定在一定期限后再按约定价格购回所售证券的协议。例如，某交易商为筹集隔夜资金，将 100 万元的国库券以回购协议卖给甲银行，售出价为

999 800 元，约定第二天再购回，购回价为 100 万元。在这里，交易商与甲银行进行的就是一笔回购交易。注意，在回购交易中先出售证券、后购回证券称为正回购；先购入证券、后出售证券则为逆回购。如该例中交易商所做的即为正回购，而甲银行所做的则为逆回购。回购交易实际上是一种以有价证券(大多为国债)为抵押品的短期融资活动。在回购交易中，证券持有者通过出售证券融入资金，而证券购买者通过买入证券融出资金。

回购市场有以下几个主要特征。

(1)参与者的广泛性

回购市场的参与者比较广泛，包括商业银行、非银行金融机构、中央银行和非金融机构(主要是企业)。一般而言，大银行和证券交易商(特别是政府证券交易商)是回购市场上的主要资金需求者，它们通过出售所持有的证券，可以暂时获得一定的资金来源，以缓解流动性不足的问题。

(2)风险性

尽管在回购交易中使用的是高质量的抵押品，但是仍会存在一定的信用风险。这种信用风险主要来源于当回购到期时，正回购方无力购回证券，那么逆回购方只有保留证券，若遇到抵押证券价格下跌，则逆回购方会遭受一定的损失。

(3)短期性

回购期限一般不超过 1 年，通常为隔夜(即今日卖出证券，明日再买回证券)或 7 天。

(4)利率的市场性

回购利率由交易双方确定，主要受回购证券的质地、回购期限的长短、交割条件、货币市场利率水平等因素的影响。

1988 年，我国开办了国债回购业务。1991 年上半年，全国证券交易自动报价系统(STAQ 系统)制定了证券代保管制度，7 月宣布试行回购业务。9 月 14 日，在 STAQ 和上交所两家系统成员之间完成了第一笔回购交易。随后，武汉、天津证券交易中心也相继开展了国债回购业务。1993 年下半年，上交所开设国债回购品种，回购市场规模也开始急剧膨胀。1994 年，全国国债回购交易量达 3 000 亿元；1995 年，全国场内交易总量估计在 2 000 亿元以上。

我国证券回购的交易主体主要有商业银行、城市信用社以及信托投资公司、证券公司等非银行金融机构，回购交易品种主要是国库券、国家重点建设债券和金融债券，回购期限一般在一年以下。回购交易采用两种交易方式，一种是场内交易，即在证券交易中心和交易所内会员单位之间进行的交易，另一种是场外交易(柜台交易)，即金融机构、非金融机构和个人在有形市场之外进行的交易，业务很不规范，监管难度大。从回购资金的基本流向上看，是从银行系统和证券公司流入非银行金融机构。

3. 票据市场

这里的票据指商业票据。所谓商业票据是指工商企业签发的以取得短期资金融通的信用工具，包括交易性商业票据和融资性商业票据。

交易性商业票据是在商品流通过程中，反映债权债务关系的设立、转移和清偿的一种信用工具，包括商业汇票和商业本票。商业汇票是由出票人签发的、委托付款人在见票时或者在指定日期无条件支付确定的金额给收款人的凭证。商业本票是由出票人签发的、承诺在一定时间内将确定金额支付给收款人的凭证。

融资性商业票据是由信用级别较高的大企业向市场公开发行的无抵押担保的短期融资凭证。由于融资性商业票据仅以发行者的信用做保证，因此不是所有的公司都能够发行商业票据，通常只有那些规模巨大、信誉卓著的大公司才能发行。这种商业票据一般具有面额固定且金额较大(10万美元以上)、期限较短(一般不超过270天)的特点，而且都采用贴现方式发行。

票据市场是以商业票据作为交易对象的市场。有狭义与广义之分，狭义的票据市场仅指交易性商业票据的交易市场，广义的票据市场则包括融资性商业票据和交易性商业票据。在这个市场中，资金融通的特点是：期限短、数额小、交易灵活、参与者众多、风险易于控制，可以说是一个古老的、大众化、基础性的市场。中国的票据市场，明清时代曾有相当的规模。解放初期，在商品交易过程中，仍然广泛使用票据，只是到20世纪50年代初，在全国实行信用集中，取消商业信用，以银行结算划拨取代商业票据。从此，票据融资和票据市场的概念从社会经济生活中消失。1986年，中国人民银行开始从发展市场经济的需要出发，重新推行“三票一卡”，试图把银行结算转移到以商业票据融资为基础的轨道上来，但实施中阻力很大，一度不得不重新恢复“托收承付结算”。1996年，人民银行再度倡导发展票据市场，经过几年的努力，票据融资逐步升温，各商业银行也争相开办票据贴现业务，不少大中型企业从中体验到了票据融资的特点和优点，票据业务受到普遍欢迎，市场交易量有了明显的进展，票据市场初露头角。

以下从广义角度介绍票据市场的构成。

(1) 票据承兑市场

所谓承兑是指商业汇票签发后，经付款人在票面上签字盖章，承诺到期付款的一种票据行为。凡经过承兑的汇票统称为“承兑汇票”。如果是经付款人本人承兑则为“商业承兑汇票”，如果是由银行承兑，则为“银行承兑汇票”。由于银行的信誉要比一般付款人的信誉高，因而银行承兑汇票的安全性及流动性都要好于商业承兑汇票，所以在票据承兑市场上流通的大多为银行承兑汇票。

银行承兑汇票既可在国内贸易中由银行应购货人请求而签发，也可在国际贸易中由出口商出票、经进口商银行承兑而形成。由于汇票经银行承兑后，银行要承担最后付款责任，实际上是银行将其信用出借给了承兑申请人，所以承兑申请人要向银行交纳一定的手续费。可见，银行通过承兑汇票可以增加经营收入。

(2) 票据贴现市场

贴现是指商业票据(大多为承兑汇票)持票人为获取流动性资金，向银行(或其他金融机构)贴付一定利息后，将未到期的票据转让给银行(或其他金融机构)的票据行为。具体而言，即持票人在票据未到期而又急需现款时，以经过背书的未到期票据向银行申请融通资金，银行审查同意后，扣除自贴现日起至票据到期日止的利息，将票面余额支付给贴现申请人。由此可见，通过贴现活动，持票人可将未到期的票据提前变现，从而满足融资的需要。

从表面上看，票据贴现是一种票据转让行为，但实质上它构成了贴现银行的授信行为，实际上是将商业信用转化成了银行信用。银行办理票据贴现后，如果遇到头寸不足，可持已贴现的但尚未到期的票据再向其他银行或中央银行办理贴现。贴现银行持票据向其他银行申请贴现，称为“转贴现”。贴现银行持票据向中央银行申请贴现称为“再贴现”。

(3) 商业票据市场

该市场的参与者主要是工商企业和金融机构。发行者一般为一些规模大、信誉高的金融性公司和非金融公司，发行目的是筹措资金，前者主要是为了扩大消费信用，后者主要是解决短期资金需求及季节性开支，如支付工资、交纳税金等。商业票据的投资者主要是保险公司、投资公司、商业银行、养老基金及地方政府等。尽管该种商业票据没有抵押担保，但是由于发行者的声誉较高，风险还是比较低，所以上述机构比较乐于投资商业票据。商业票据的发行一般采用贴现方式，其发行价格可用公式表示为：

$$发行价格=面额-贴现金额$$

$$贴现金额=面额\times贴现率\times期限/360$$

例：某公司拟发行票面金额为 100 000 美元、年贴现率为 6%、期限为 60 天的商业票据，则该商业票据的发行价格为：

$$发行价格=100\ 000\times(1-6\%\times60/360)=99\ 000(美元)$$

4. 大额可转让定期存单市场

大额可转让定期存单(Negotiable Certificate of Denosit)简称 CD，是一种由商业银行发行的有固定面额、可转让流通的存款凭证。CD 于 1961 年由美国花旗银行首次在世界上推出。最初是美国商业银行为逃避金融管理条例中对存款利率的限制、稳定银行存款来源而进行的一项金融业务创新，后由于 CD 的实用性很强，既有益于银行，又有益于投资者，故很快发展为货币市场上颇受欢迎的金融工具。

从形式上看，银行发行的 CD 也是一种存款凭证，是存款人的债权凭证，与普通定期存款单似乎无异，但实际上 CD 有着不同于普通定期存款单的特点，主要表现在以下方面。

(1) 不记名

普通定期存款单都是记名的，而 CD 不记名。

(2) 可转让

普通定期存款单一般都要求由存款人到期提取存款本息，不能进行转让，而 CD 可以在货币市场上自由转让、流通。

(3) 金额大且固定

普通定期存款单的最低存款数额一般不受限制，并且金额不固定，可大可小，有整有零，而 CD 一般都有较高的金额起点，并且都是固定的整数。

(4) 期限短

普通定期存款单的期限可长可短，由存款人自由选择，而 CD 的期限规定在一年以内，利率较高。CD 的利率由发行银行根据市场利率水平和银行本身的信用确定，一般都高于相同期限的普通定期存款利率，而且资信越低的银行发行的 CD 的利率往往越高。

大额可转让定期存单市场具有以下几个主要特征。

(1) 利率趋于浮动化

20 世纪 60 年代初，CD 主要以固定利率发行，存单上注明特定的利率，并在指定的到期日支付。进入 20 世纪 70 年代后，随着市场利率波动的加剧，发行者开始增加浮动利率 CD 的发行。

(2)收益与风险紧密相连

CD 虽由银行发行，但是也存在一定的信用风险和市场风险。信用风险主要来自 CD 到期时而其发行银行无法偿付本息。市场风险主要是在持有者急需资金时却无法在二级市场上将 CD 立即转让或不能以合理的价格转让。由于 CD 的风险要高于国库券，甚至要高于同期的普通定期存款，所以其利率通常也要高于同期的国库券和普通定期存款。

在金融市场发达的国家，CD 市场已成为货币市场的重要组成部分。对于银行来说，发行 CD 无疑是一种极好的筹资办法，它可以使银行获得稳定的资金来源，同时也为银行提高流动性管理能力提供了一种有效手段，银行可以通过主动发行 CD 来增加负债，以满足扩大资产业务的需要。对于投资者来说，由于 CD 都是由银行发行的，信用较高，且到期前可以转让变现，并有较高的利息收入，故投资于 CD 可使投资者获得一种流动性强、收益性高的金融资产。此外，CD 市场的存在对于中央银行的信用调节也具有积极意义，中央银行可通过调整基准利率以影响市场利率水平，由此影响 CD 的利率，并进而影响 CD 的发行量，从而达到间接调控银行信用创造的目的。

5. 短期政府债券市场

短期政府债券是一国政府部门为满足短期资金需求而发行的一种期限在 1 年以内的债务凭证。

在政府遇有资金困难时，可通过发行政府债券来筹集社会闲散资金，以弥补资金缺口。广义上看，政府债券不仅包括国家财政部门发行的债券，还包括地方政府及政府代理机构发行的债券；但从狭义上说，政府债券仅指国家财政部所发行的债券。在西方国家一般将财政部发行的期限在 1 年以内的短期债券称为国库券。所以狭义地说，短期政府债券市场就是指国库券市场。

短期政府债券市场具有以下几个特征。

(1)贴现发行

国库券的发行一般都采用贴现发行，即以低于国库券面额的价格向社会发行。

(2)违约风险低

国库券是由一国政府发行的债券，它有国家信用做担保，故其信用风险很低，通常被誉为“金边债券”。

(3)流动性强

由于国库券的期限短、风险低，易于变现，故其流动性很强。

(4)面额较小

相对于其他的货币市场工具，国库券的面额比较小。目前美国的国库券面额一般为 10 000 美元，远远低于其他货币市场工具的面额(大多为 10 万美元)。

国库券市场的存在和发展具有积极的经济意义。第一，就政府来说，不需增加税收就可解决预算资金不足的问题，有利于平衡财政收支，促进社会经济的稳定发展；第二，就商业银行来说，国库券以其极高的流动性为商业银行提供了一种非常理想的二级准备金，有利于商业银行实行流动性管理；第三，就个人投资者来说，投资于国库券不仅安全可靠，而且可以获得稳定的收益，且操作简便易行；第四，就中央银行来说，国库券市场的存在为中央银行进行宏观调控提供了重要手段，中央银行通过调节在国库券市场上买卖的数量，不仅可以直接左右市场货币供应量，而且还可以借助于对市场利率水平所产生的影响来达到调节市场货币供应量的目的。

7.3 资本市场

7.3.1 资本市场的概念与特点

资本市场(Capital Market)，是指以期限 1 年以上的金融工具为媒介，进行长期性资金交易活动的市场，又称长期资金市场。其主要参与者有个人、企业、金融机构和政府。近年来，像保险公司、养老基金等金融机构，作为机构投资者也活跃在资本市场上。

资本市场主要有四个特点。

①资本市场所交易的金融工具期限长，至少 1 年以上，最长的可达数十年；股票则没有偿还期限，可以长期交易。

②交易的目的主要是为解决长期投资性资金的供求需要。所筹措的长期资金主要是用于补充固定资本，扩大生产能力，如开办新企业、更新改造或扩充厂房设备、国家长期建设性项目的投资。

③资金借贷量大，以满足长期投资项目的需要。

④作为交易工具的有价证券与短期金融工具相比，收益较高而流动性差，价格变动幅度大，有一定的风险性和投机性。

资本市场对经济最大的贡献就是提供了一条储蓄向投资转化的有效途径。它通过价格机制合理地引导资金和分配资金。因此，资本市场的完善与否影响到一国投资水平、投资结构、资源的合理分配和有效利用，乃至国民经济的协调增长。

7.3.2 资本市场的结构

1．证券市场和中长期借贷市场

根据资本市场资金交易双方所体现的不同关系，一般把资本市场分为证券市场和中长期借贷市场。在证券市场上主要交易股票、中长期债券、投资基金。

(1)银行中长期借贷市场

中长期借贷市场的核心是银行，银行一方面接受信用，通过各种形式向社会广泛地筹集中长期资金，然后再把它贷放给中长期资金需求者。银行中长期信贷主要用于固定资产的更新、扩建或新建，一般都需要以机器设备、土地、建筑物体为担保品，贷款期限一般在 5 年以上。中长期贷款市场之所以是资本市场的一部分，不仅仅是它的期限决定的，更重要的是因为，在这个期限内，企业通过运用资本金和这笔贷款资金所创造的经济效益，在满足按期还本付息要求后，将有一笔新的净资产增加，这些净资产属于企业的资本性资金范畴。

(2)有价证券市场

这是经营股票、公司债券和国家公债等有价证券交易的场所。证券市场通过发行买卖各类债券、股票，组织吸引国内外长期资金，提供政府和工商企业所需要的财政资金和长期建设资金，是长期资本借贷的一种重要方式。

证券市场又可以分为中长期债券市场、股票市场和投资基金市场。

①中长期债券市场。债券市场是发行和交易债券的市场，它是金融市场的一个重要组成部分。按债券期限划分，债券市场可分为短期债券市场和中、长期债券市场。其中，中、长期债券市场是资本市场的一个重要组成部分。

②股票市场。股票市场是影响力最大的金融市场之一。它们向投资者出售公司股票，为公司筹集运营资本，作为回报，投资者获得公司所有权的股份，并分享公司的利润。股票市场存在的目的，是为了把企业集中起来，筹集资金持有人的资金，而这些人也正在寻找相应的投资机会。企业需要资本，也许是为了扩大当前的业务，或者筹建一个全新的企业，同时，投资者也正在寻求更高的投资回报(高于存入银行获取的利息)。

股票市场同任何市场一样，允许买卖双方通过货币进行交易或交换产品(有时称为商品)。股票市场中的商品是个人股份，或者公司的股票。这些股份对投资者具有吸引力，因为它们的价值随着公司的财务状况和发展潜力的波动而变化，如果公司业绩良好，股份的持有人将享有定期获得利润或股息的权利。

股票市场一般分为发行市场(又称一级市场)和流通市场(又称二级市场)。股票发行市场，是指股票发行者将发行的股票出售给投资者、筹集资金的场所。发行市场是流通市场的基础，有了发行市场的股票供应，才会有流通市场的股票流通，发行股票的种类、数量决定着流通市场的种类和规模。股票流通市场又称次级市场或二级市场，是指已经发行的股票按时价进行转让、买卖流通的场所。股票流通市场是发行市场正常发展的必要条件，没有流通市场的转让出售活动，股票就会失去流动性。相对而言，流通市场比发行市场更复杂，其作用和影响也更大。

③投资基金市场。这是利用投资基金为金融工具进行融资的市场。目前，美国的投资基金市场是全球最发达的，也是政府监管最为严格的投资基金市场。

2. 主板市场和创业板市场

(1)含义

根据上市公司的发育状况可以分为主板市场和创业板市场。主板市场是一个传统的资本市场；创业板市场有着不同的含义，又称为另类股票市场、二板市场，是指交易所主板市场以外的另一个资本市场。创业板市场广义上是指与针对大型成熟公司的主板市场相对应，面向中小公司的股票市场，包括科技板、创新板、另类股票市场、新市场、增长性股票市场、店头和备案市场等市场类型；狭义是指协助高成长的新兴公司尤其是高科技公司筹资的市场。

创业板市场最大的特点就是降低了企业上市的门槛，帮助有潜力的中小企业获得融资的机会。从国外的情况看，创业板市场与主板市场的主要区别是：不设立最低赢利的规定，以免高成长的公司因盈利低而不能挂牌；提高对最低公众持股量的要求，以保证公司有充裕的资金周转；设定主要股东的最低持股量及出售股份的限制，如2年内不得出售名下的股份等，以使公司管理层在发展业务方面保持对股东的承诺。此外，创业板使用公告板作为交易途径，不论公司在何地注册成立，只要符合要求即可获准上市。

从创业板市场与主板市场的关系看，全球目前的创业板市场在组织模式上存在三种主要模式，附属模式、相对独立模式和完全独立模式。

(2) 国内外创业板市场发展历程

在常规的股票市场之外设立独立的创业板(高科技板)股票市场，是发达国家发展创业投资体系为中小企业直接融资的通行做法。创业板市场的上市条件较之于主板市场要低，非常有利于中小企业、高新科技企业上市。

自 20 世纪 70 年代初以来，为了扶持中小企业和高新技术企业发展，世界上不少国家和地区纷纷探索设立创业板市场，以建立一种有利于支持高新技术产业化、有利于中小企业融资的金融体系。成立于 1971 年 2 月的美国纳斯达克市场，就是一个支持技术创新的全球创业板市场的典型。美国的 NASDAQ 市场为成熟的风险型高科技企业走向证券市场、使风险资本退出风险企业以实现投资收益和继续滚动投资，具有至关重要的意义，美国最具成长性的公司中有 90%以上在该市场上市。直接融资渠道的开辟与拓展，在一定程度上促进了发达国家中小企业筹资来源的多元化。此后以美国纳斯达克为样板，欧洲、日本、加拿大等相继设立了为中小企业及高科技企业服务的创业板市场，满足以高科技为主导的产业转型需要。

进入 20 世纪 80 年代后，亚洲等新兴市场国家和地区也仿照纳斯达克设立了专门服务于成长性的中小高科技企业的股票市场。如新加坡证券交易所的交易自动报价系统(SESDAQ)于 1987 年 12 月正式启动，它主要为那些尚不能符合主板市场上市要求的公司而设立的。中国台湾的柜台交易所(OTC)亦属创业板市场范畴，1994 年，它进一步放松了对高科技企业的上市标准，市场发展迅速，现已成为世界上较大的场外交易市场之一，为中国台湾的产业结构调整起了积极的作用。1999 年 11 月，中国香港创业板市场(GEM)正式启动，为处于创业阶段的中小高成长性公司尤其是高科技公司服务。

20 世纪 90 年代中期建立的创业板还有伦敦证券交易所(AIM，1995)、法国新市场(LNA，1996)、德国新市场(NM，1996)等。这一阶段的二板市场发育和运作远强于 20 世纪 70 年代开始的第一阶段，大多数发展较顺利，其中美国 NASDAQ 和韩国 KOSDAQ 的交易量甚至一度超过了主板市场。不过，从整体上看，二板的市场份额还是低于主板，也有的二板(如欧洲的 EASDAQ)曾一度陷入经营困境。

我国大陆建立创业板的时间要晚一些。1999 年 8 月，党中央、国务院出台《关于加强技术创新，发展高科技，实现产业化的决定》指出，要培育有利于高新技术产业发展的资本市场，适当时候在现有的上海、深圳证券交易所专门设立高新技术企业块。时隔十年后，2009 年 3 月 31 日，中国证监会正式发布《首次公开发行股票并在创业板上市管理暂行办法》，该办法自 2009 年 5 月 1 日起实施。2009 年 9 月 17 日，中国证监会召开首次创业板发审会，首批 7 家企业上会。这七家公司分别为：北京立思辰科技股份有限公司、北京神州泰岳软件股份有限公司、乐普(北京)医疗器械股份有限公司、青岛特锐德电气股份有限公司、上海佳豪船舶工程设计股份有限公司、南方风机股份有限公司、重庆莱美药业股份有限公司。2009 年 10 月 23 日，中国创业板举行开板启动仪式。数据显示，首批上市的 28 家创业板公司，平均市盈率为 56.7 倍，而市盈率最高的宝德股份达到 81.67 倍，远高于全部 A 股市盈率以及中小板的市盈率。2009 年 10 月 30 日，中国创业板正式上市。

7.4 外汇市场

7.4.1 外汇市场的概念

外汇市场是指在国际间从事外汇买卖，调剂外汇供求的交易场所，是经营外币和以外币计价的票据等有价证券买卖的市场，是金融市场的主要组成部分。

国际上因贸易、投资、旅游等经济往来，总不免产生货币收支关系，但各国货币制度不同，要想在国外支付，必须先以本国货币购买外币；另一方面，从国外收到外币支付凭证也必须兑换成本国货币才能在国内流通。这样就发生了本国货币与外国货币的兑换问题。两国货币的比价称汇价或汇率。西方国家中央银行为执行外汇政策，影响外汇汇率，经常买卖外汇。所有买卖外汇的商业银行、专营外汇业务的银行、外汇经纪人、进出口商以及其他外汇供求者都经营各种现汇交易及期汇交易。这一切外汇业务组成一国的外汇市场。

外汇市场的主要参与者有中央银行(central bank)、外汇银行(specialized foreign exchange bank)、外汇经纪人(broker)、贴现商号(discount company)、外汇交易商(foreign exchange trader)、跨国公司(multinational company)、外汇投机者(speculator on foreign exchange)、进出口商和其他外汇供求者。以上八类外汇市场交易的参与者，归纳起来就是中央银行、外汇银行、外汇经纪人和外汇市场的客户四大部分。

世界上交易量大且有国际影响的外汇市场有伦敦、纽约、巴黎、法兰克福、苏黎世、东京、卢森堡、中国香港、新加坡、巴林、米兰、蒙特利尔和阿姆斯特丹等。在这些市场上买卖的外汇主要有欧元、英镑、美元、瑞郎、加元、日元等货币，其他货币也有买卖，但为数极少。

7.4.2 外汇市场的分类

1. 按外汇市场的外部形态进行分类，外汇市场可以分为无形外汇市场和有形外汇市场

无形外汇市场，也称为抽象的外汇市场，是指没有固定、具体场所的外汇市场。这种市场最初流行于英国和美国，故其组织形式被称为英美方式。现在，这种组织形式不仅扩展到加拿大、东京等其他地区，而且也渗入到欧洲大陆。无形外汇市场的主要特点是：第一，没有确定的开盘与收盘时间；第二，外汇买卖双方无须进行面对面的交易，外汇供给者和需求者凭借电传、电报和电话等通信设备与外汇机构的联系；第三，各主体之间有较好的信任关系，否则，这种交易难以完成。目前，除了个别欧洲大陆国家的一部分银行与顾客之间的外汇交易还在外汇交易所进行外，世界各国的外汇交易均通过现代通信网络进行。无形外汇市场已成为当今外汇市场的主导形式。

有形外汇市场，也称为具体的外汇市场，是指有具体的固定场所的外汇市场。这种市场最初流行于欧洲大陆，故其组织形式被称为大陆方式。有形外汇市场的主要特点是：第一，固定场所一般指外汇交易所，通常位于世界各国金融中心；第二，从事外汇业务经营的双方都在每个交易日的规定时间内进行外汇交易。在自由竞争时期，西方各国的外汇买

卖主要集中在外汇交易所，但进入垄断阶段后，银行垄断了外汇交易，致使外汇交易所日渐衰落。

2．按外汇所受管制程度进行分类，外汇市场可以分为自由外汇市场、外汇黑市和官方市场

自由外汇市场，是指政府、机构和个人可以买卖任何币种、任何数量外汇的市场。自由外汇市场的主要特点是：第一，买卖的外汇不受管制；第二，交易过程公开。例如，美国、英国、法国、瑞士的外汇市场皆属于自由外汇市场。

外汇黑市，是指非法进行外汇买卖的市场。外汇黑市的主要特点是：第一，是在政府限制或法律禁止外汇交易的条件下产生的；第二，交易过程具有非公开性。由于发展中国家大多执行外汇管制政策，不允许自由外汇市场存在，所以这些国家的外汇黑市比较普遍。

官方市场，是指按照政府的外汇管制法令来买卖外汇的市场。这种外汇市场对参与主体、汇价和交易过程都有具体的规定。在发展中国家，官方市场较为普遍。

3．按外汇买卖的范围进行分类，外汇市场可以分为外汇批发市场和外汇零售市场

外汇批发市场，是指银行同业之间的外汇买卖行为及其场所。其主要特点是交易规模大。

外汇零售市场，是指银行与个人及公司客户之间进行的外汇买卖行为及场所。

7.4.3 外汇市场的职能

外汇市场的职能主要表现在三个方面。

1．实现购买力的国际转移

国际贸易和国际资金融通至少涉及两种货币，而不同的货币对不同的国家形成购买力，这就要求将本国货币兑换成外币来清理债权债务关系，使购买行为得以实现。这种兑换就是在外汇市场上进行的。外汇市场所提供的就是这种购买力转移交易得以顺利进行的经济机制，它的存在使各种潜在的外汇售出者和外汇购买者的意愿能联系起来。当外汇市场汇率变动使外汇供应量正好等于外汇需求量时，所有潜在的出售和购买愿望都得到了满足，外汇市场处于平衡状态之中。这样，外汇市场提供了一种购买力国际转移机制。同时，由于发达的通信工具已将外汇市场在世界范围内联成一个整体，使得货币兑换和资金汇付能够在极短时间内完成，购买力的这种转移变得迅速和方便。

2．提供资金融通

外汇市场向国际间的交易者提供了资金融通的便利。外汇的存贷款业务集中了各国的社会闲置资金，从而能够调剂余缺，加快资本周转。外汇市场为国际贸易的顺利进行提供了保证，当进口商没有足够的现款提货时，出口商可以向进口商开出汇票，允许延期付款，同时以贴现票据的方式将汇票出售，拿回货款。外汇市场便利的资金融通功能也促进了国际借贷和国际投资活动的顺利进行。美国发行的国库券和政府债券中很大部分是由外国官方机构和企业购买并持有的，这种证券投资在脱离外汇市场的情况下是不可想象的。

3．提供外汇保值和投机的机制

在以外汇计价成交的国际经济交易中，交易双方都面临着外汇风险。由于市场参与者对外汇风险的判断和偏好的不同，有的参与者宁可花费一定的成本来转移风险，而有的参与者则愿意承担风险以实现预期利润，由此产生了外汇保值和外汇投机两种不同的行为。在金本位和固定汇率制下，外汇汇率基本上是平稳的，因而就不会形成外汇保值和投机的需要及可能；而浮动汇率下，外汇市场的功能得到了进一步的发展，外汇市场的存在既为套期保值者提供了规避外汇风险的场所，又为投机者提供了承担风险、获取利润的机会。

7.4.4 外汇市场的主要业务

1．即期交易

外汇的即期交易也称现汇交易或现汇买卖，是指外汇交易双方以当时外汇市场的价格成交，并在成交后两个营业日内办理有关货币收付交割的外汇交易。外汇即期交易是外汇市场上最常见、最普遍的买卖形式。由于交割时间较短，所受的外汇风险较小。

2．远期交易

远期交易是指在外汇买卖成交时，双方先签订合同，规定交易的币种、数额、汇率以及交割的时间、地点等，并于将来某个约定的时间按照合同规定进行交割的一种外汇方式。远期外汇交易的期限按月计算，一般为1个月到6个月，也可以长达1年，通常为3个月。

3．掉期交易

掉期交易是指同时买进和卖出相同金额的某种外汇，但买和卖的交割期限不同的一种外汇交易方式。进行掉期交易的主要目的也在于避免汇率波动的风险。

4．外汇期货交易

外汇期货交易是指按照合同规定在将来某一指定月份买进和卖出规定金额外币的交易方式。目前，世界主要金融中心都设立了金融期货市场，外汇期货现在已经成为套期保值和投机的重要工具。

5．外汇期权交易

外汇期权是一种以一定的费用(期权费)获得在一定的时刻或时间内拥有买入或卖出某种外汇的权利的合约。期权合同的买方可以在期权到期日之前按合同约定的汇率买进或卖出约定数量的外汇，但也有不履行这一合同的权利。

1994年，我国成功地进行了外汇体制改革，实行银行结售汇制度。同年中国外汇交易中心在上海成立，标志着全国统一的外汇交易网络的形成，并实现了汇率由双轨制向单一汇率制度的并轨和新的结售汇制度及经常项目下有条件的可兑换。

7.5 保险市场

7.5.1 保险市场的概念

保险市场是金融市场的一种形式，是保险商品交换关系的总和或是保险商品供给与需求关系的总和。它既可以指固定的交易场所如保险交易所，也可以是所有实现保险商品让渡的交换关系的总和。在保险市场上，交易的对象是保险人为消费者所面临的风险提供的各种保险保障。

7.5.2 保险市场的要素

1. 保险市场的主体

保险市场的主体是指保险市场交易活动的参与者，包括保险市场的供给方和需求方以及充当供需双方媒介的中介方。保险市场就是由这些参与者缔结的各种交换关系的总和。

(1)保险市场供给方

保险市场的供给方是指在保险市场上，提供各类保险商品，承担、分散和转移他人风险的各类保险人。如国有保险人、私营保险人、合营保险人、合作保险人、个人保险人。通常他们必须是经过国家有关部门审查认可并获准专门经营保险业务的法人组织。

(2)保险市场的需求方

保险市场的需求方是指保险市场上所有现实的和潜在的保险商品的购买者，即各类投保人。根据保险消费者不同的需求特征，可以把保险市场的需求方划分为个人投保人、团体投保人、农村投保人、城市投保人等。根据保险需求的层次还可以把保险市场的需求方划分为当前的投保人与未来的投保人等。

(3)保险市场的中介方

保险市场的中介方既包括活动于保险人与投保人之间，充当保险供需双方的媒介、把保险人和投保人联系起来并建立保险合同关系的人，也包括独立于保险人与投保人之外，以第三者身份处理保险合同当事人委托办理的有关保险业务的公证、鉴定、理算、精算等事项的人，具体有保险代理人(或公司)、保险经纪人(或公司)、保险公估人(行)、保险律师、保险理算师、保险精算师、保险验船师等。

2. 保险市场的客体

保险市场的客体是指保险市场上供求双方具体交易的对象，这个交易对象就是各类保险商品。这是一种特殊形态的商品。保险商品形式是保险合同，保险合同实际是保险商品的载体，其内容是保险事故发生时提供经济保障的承诺。保险费率是保险商品的价格，它是被保险人为取得保险保障而由投保人向保险人支付的价款。

7.5.3 保险市场的类型

1. 按保险业务承保的程序不同，可分为原保险市场和再保险市场

原保险市场，也称直接业务市场，是保险人与投保人之间通过订立保险合同而直接建立保险关系的市场。再保险市场，也称分保市场，是原保险人将已经承保的直接业务通过再保险合同转分给再保险人的方式形成保险关系的市场。

2. 按照保险业务性质不同，可分为人身保险市场和财产保险市场

人身保险市场，是专门为社会公民提供各种人身保险商品的市场。财产保险市场，是从事各种财产保险商品交易的市场。

3. 按保险业务活动的空间不同可分为国内保险市场和国际保险市场

国内保险市场，是专门为本国境内提供各种保险商品的市场，按经营区域范围又可分为全国性保险市场和区域性保险市场。国际保险市场，是国内保险人经营国外保险业务的保险市场。

4. 按保险市场的竞争程度不同，可分为垄断型保险市场、自由竞争型保险市场、垄断竞争型保险市场

自由竞争型保险市场，是保险市场上存在数量众多的保险人、保险商品交易完全自由、价值规律和市场供求规律充分发挥作用的保险市场。垄断型保险市场，是由一家或几家保险人独占市场份额的保险市场，包括完全垄断和寡头垄断型保险市场。垄断竞争型保险市场，是大小保险公司在自由竞争中并存，少数大公司在保险市场中分别具有某种业务的局部垄断地位的保险市场。

7.5.4 保险市场的功能

(1)合理安排风险，维护社会稳定的功能

保险市场通过保险商品交易合理分散风险，提供经济补偿，在维护社会稳定方面发挥着积极的作用。

(2)聚集、调节资金，优化资源配置的功能

保险资金收入和支出之间有一个时间差，保险市场通过保险交易对资金进行再分配，从而充分发挥资金的时间价值，为国民经济的发展提供动力。

(3)实现均衡消费，提高人民生活水平的功能

保险市场为减轻居民消费的后顾之忧提供了便利，使之能够妥善安排生存期间的消费，提升人民生活的整体水平。

(4)促进科技进步，推动社会发展的功能

保险市场运用科学的风险管理技术，为社会的高新技术风险提供保障，由此促进新技术的推广应用，加快科技现代化的发展进程。

7.6 黄金市场

7.6.1 黄金市场的概念及其特点

黄金市场是世界各国进行黄金买卖的交易场所。进行黄金交易的有世界各国的公司企业、银行、私人及各国的官方机构。参与黄金交易的目的主要是工业用金、私人贮藏、官方增加储备、投机商投机牟利，以及握有闲置资金者投资于黄金等。黄金市场具有以下几个特点。

(1)黄金市场是国际金融市场的重要组成部分

黄金以其稀有贵重的自然属性和社会属性成为财富的象征，而且作为国际间的最后支付手段，执行世界货币的职能，因此黄金市场一直是国际金融市场的一个重要组成部分。黄金非货币化后，黄金市场虽然恢复了商品市场的地位，但由于黄金保值作用的存在，黄

金市场无法割断其与其他金融市场的联系，表现为：黄金一直作为世界货币发挥作用；黄金仍然是中央银行干预外汇市场的重要手段和国际储备的重要组成部分。

(2)黄金市场的地位和作用取决于黄金在货币制度中的地位和作用

在典型的金本位体制下，黄金市场在金融领域中起着非常重要的作用，主要表现为通过黄金市场来稳定币值(黄金自由铸造、融化有利于币值稳定)以及通过黄金自由输出入来稳定汇价两个方面。随着金本位制在 20 世纪 30 年代的崩溃，黄金的货币职能大为削弱，黄金市场在金融市场中的地位也逐步下降。第二次世界大战后的布雷顿森林体系中，黄金市场与金融市场的联系靠黄金与美元的固定比价关系来维持。1976 年，牙买加协定切断了黄金与货币的固定联系，黄金逐渐丧失其货币的职能，成为普通的贵重商品，至此黄金市场恢复其商品市场的本来面目。

(3)黄金市场经久不衰

黄金是贵金属，在历史上它曾经一度独占货币商品的地位。随着货币制度的演变，黄金已退出货币商品的历史舞台。但在国际经济往来中，黄金仍然执行着货币的部分职能，是清偿国际债权债务关系的最后手段。同时，黄金仍然是外汇储备的主要形式，黄金价格的波动仍然对国际金融秩序有重要影响，因此，各国政府都十分重视黄金的生产、储备和买卖。

牙买加体系后，各国放松了黄金管制，黄金交易在世界许多地区得到发展。除欧洲之外，在中东、东亚许多国家和地区也成立了地区性甚至世界性的黄金市场，20 世纪 80 年代，黄金市场的全球一体化基本形成。

7.6.2 黄金市场的交易主体

1. 金融机构

参与黄金市场的重要金融机构有两类。一类是中央银行。世界黄金存量的一半掌握在各国中央银行及各种官方机构。其目的是通过持有黄金储备并通过买卖黄金来安排国际储备资产和调节国际收支，持有量一般较为稳定。另一类是商业银行。商业银行虽然不生产和消费黄金，但其市场重要程度甚至超过了黄金生产商和黄金首饰加工商。因为商业银行是一个居市场中枢地位的多重功能的角色。作为服务商，它为黄金买卖者提供黄金交易服务和黄金交易的融资服务；作为风险承担者，商业银行在国际黄金市场中还充当做市商，积极参与交易活动；作为产品的设计者，商业银行从交易市场的需求出发，不断推出新的品种，用于黄金投资和规避价格风险。

2. 金商和经纪人

专门经营黄金买卖的各国金商和经纪人是黄金期货市场上的大主顾。金商的黄金流动成本包括利息、储存与保险费用。如果其固定成本高于其流动成本，则他们就会买进黄金现货，而卖出期货合同。这样，他们既能有效地储备黄金，同时又贷款给市场。反过来，如果其固定成本低于其流动成本，他们就会卖出黄金现货，买进期货，在有效地出让黄金的同时向市场借款。

3. 其他主体

除金融机构、金商和经纪人以外，黄金生产商、黄金首饰加工商、牙科医院、居民等也是黄金市场的重要参与者。

7.6.3 黄金市场的分类

1. 黄金现货市场

黄金现货市场又称实物黄金市场，是指黄金买卖成交后即期交割的市场。所买卖的实物黄金有各种形式，主要是各种成色的金条和金块。

2. 黄金期货市场

黄金期货市场是指成交后在未来规定日期交割的市场。目前在世界主要的黄金期货交易所里，黄金期货交易的单位都是100盎司的精炼黄金，其成色不得低于99.5%。黄金期货合约的月份从1个月到12个月不等。其报价方式一般是以每盎司精炼黄金报多少美元来表示。黄金期货的价格与现货的价格相差不多，差价主要由利率和供求关系所决定。国际黄金市场的交易活动无论是现货交易还是期货交易，一般都通过经纪人成交。

3. 黄金期权市场

黄金期权市场是在20世纪70年代初发展起来的。包括买权和卖权。所谓买权就是买方支付一定的权利金，获得在一定时间内以一定的价格买入某种商品的权利。买方无义务行使这种买权。所谓卖权就是买方支付一定权利金，获得在一定时间内以一定的价格卖出某种商品的权利。同样，买方也无义务行使这种卖权。

小 结

1. 金融市场是指资金供应者和资金需求者双方通过信用工具进行交易而融通资金的市场。在市场经济条件下，金融市场是统一的市场体系的一个重要组成部分，它与生产资料市场、消费品市场、劳动力市场、技术市场等各类市场相互联系、相互依存，共同构成统一市场的有机体。金融市场是市场经济的中枢和主导，它在市场体系中起着纽带和中介的作用，引导和协调其他各类市场的活动。

2. 金融市场的构成要素包括交易主体、交易对象与交易工具、交易的组织形式、交易价格。交易主体，即金融市场的交易者，具体可分为居民个人与家庭、工商企业、政府机构、金融机构、中央银行。交易的对象只有货币资金一种，交易工具即指金融工具，是指金融市场上制度化、标准化的融资凭证。交易的组织形式有交易所交易和场外交易两种形式。交易价格体现为利率。

3. 金融市场根据期限可以分为货币市场和资本市场；根据金融交易合约性质的不同可分为现货市场、期货市场和期权市场；根据发行和流通的先后顺序可以分为一级市场和二级市场；根据金融产品成交与定价方式的不同可以分为公开市场和协议市场；根据有无固定场所可以分为有形市场和无形市场；根据地域不同可以分为国内金融市场与国际金融市场。

4. 货币市场是指融资期限在1年以内(包括1年)的资金交易市场，又称为短期资金市场，具有融资期限短、流动性强、风险性小、批发、创新等特点。货币市场的功能体现为短期资金融通功能、管理功能、政策传导功能、促进资本市场尤其是证券市场发展的功能。

5. 货币市场的具体类型有：同业拆借市场、回购市场、票据市场、大额可转让定期存单市场、短期政府债券市场等。

6. 资本市场，是指以期限 1 年以上的金融工具为媒介，进行长期性资金交易活动的市场，又称长期资金市场，其主要参与者有个人、企业、金融机构和政府，具有期限长、资金借贷量大、收益高、流动性差、风险高等特点。资本市场根据交易双方所体现的不同关系可以分为证券市场和中长期借贷市场，根据上市公司的发育状况可以分为主板市场和创业板市场。

7. 外汇市场是指在国际间从事外汇买卖，调剂外汇供求的交易场所，是经营外币和以外币计价的票据等有价证券买卖的市场，是金融市场的主要组成部分。外汇市场根据外部形态不同可以分为无形外汇市场和有形外汇市场，根据外汇所受管制程度不同分为自由外汇市场、外汇黑市和官方市场，根据外汇买卖的范围不同可以分为外汇批发市场和外汇零售市场。

8. 外汇市场的功能主要表现在三个方面：实现购买力的国际转移，提供资金融通，提供外汇保值和投机的机制。外汇市场的主要业务有即期交易、远期交易、掉期交易、外汇期货交易、外汇期权交易等。

9. 保险市场是金融市场的一种形式，是保险商品交换关系的总和或是保险商品供给与需求关系的总和。保险市场的主体是指保险市场交易活动的参与者，包括保险市场的供给方和需求方以及充当供需双方媒介的中介方。保险市场的客体是指保险市场上供求双方具体交易的对象，即各类保险商品。

10. 保险市场按保险业务承保的程序不同，可分为原保险市场和再保险市场；按照保险业务性质不同，可分为人身保险市场和财产保险市场；按保险业务活动的空间不同可分为国内保险市场和国际保险市场；按保险市场的竞争程度不同，可分为垄断型保险市场、自由竞争型保险市场、垄断竞争型保险市场。

11. 黄金市场是世界各国进行黄金买卖的交易场所。黄金市场的交易主体有金融机构、金商和经纪人以及其他主体。黄金市场包括黄金现货市场、黄金期货市场和黄金期权市场三个类型。

思考题

1. 金融市场的含义与作用是什么？
2. 金融市场的构成要素有哪些？
3. 金融市场是如何分类的？
4. 货币市场的功能及特点各是什么？
5. 资本市场如何分类？其主要参与者有哪些？
6. 外汇市场的主要功能是什么？
7. 保险市场的具体类别有哪些？
8. 黄金市场的交易主体有哪些？

案例简介

案例[7-1] 股票市场的发展简史

世界上最早买卖股票的市场出现在荷兰，时间是 1602 年。因为荷兰海上贸易发达，刺激大量的资本投入，因而产生了股票发行与交易的需求。第一个股份有限公司是荷兰的东印度公司。当时股票交易只能在阿姆斯特丹的综合交易所里与调味品、谷物等商品混合在一起交易。

17 世纪后半叶，经济中心转移到了英国，在荷兰创立的股份公司在伦敦得到了飞跃发展。在伦敦最古老的交易所——皇家交易所之中，与商品交易混在一起进行买卖交易的有俄罗斯公司(1553 年创建)、东印度公司(1600 年创建)等公司的股票。1773 年在伦敦柴思胡同的约那森咖啡馆中，股票经济商正式组织了第一个证券交易所，即当今伦敦交易所的前身，这就是现代证券市场的原型。1802 年伦敦交易所新大厦落成开业，当时在交易所内交易的证券主要是英格兰银行、南海公司和东印度公司的股票。

美国最早的股票市场是 1792 年，24 位经纪商签订“梧桐树协议”形成的，这也是纽约证券交易所的前身。1817 年，这些经纪人通过一项正式章程，并定名为“纽约证券交易会”，至此一个集中的证券交易市场基本形成。1863 年，“纽约证券交易会”易名为“纽约证券交易所”。

中国的股票市场的形成要晚得多。1990 年 11 月，上海证券交易所正式宣告成立。1991 年 4 月，深圳证券交易所得到批准正式成立。沪深交易所成立后，本地发行的股票开始进场交易，这就是所谓的上海“老八股”(即延中实业、真空电子、飞乐音响、爱使电子、申华电工、飞乐股份、豫园商场、凤凰化工)和深圳“老五股”(即发展、万科、金田、安达、原野)。1992 年 5 月上海和深圳相继开放股价，同时在两个交易所进行规范化的场内交易，两地综合指数分别达到 1 429 点和 312 点，到 11 月又分别回落到 386 点和 164 点。1992 年底，在上交所上市的 A 股有 29 只，B 股 9 只，在深交所上市的 A 股有 23 只，B 股 9 只。

如今，经历了 20 年的发展，中国股市的规模已经明显加大。中国证监会主席尚福林 2010 年 12 月 30 日在纪念资本市场建立 20 周年座谈会上表示，中国资本市场建立 20 年来，中国股票总市值已居全球第二，商品期货市场成交量居世界第一位，中国已有 2 062 家上市公司，1.3 亿户投资者。数据显示，2011 年 2 月 28 日至 3 月 4 日一周，A 股新增账户 35.14 万户，参与交易的 A 股账户数为 1 782.41 万户，周末持仓 A 股账户数为 5 634.82 万户，期末有效账户数 13 116.40 万户。

(资料来源：根据新浪网 2010-5-20、2010-12-31，上海证券报 2007-7-9 A4 版相关资料整理。)

问题

从中国股市发展史分析股市在经济中的重要作用及未来发展趋势。

简要提示

中国资本市场建立 20 年来，在拓宽融资渠道、促进资本形成、优化资源配置、分散市场风险方面发挥了不可替代的重要作用，但与成熟市场相比，总体上仍处于探索阶段，走向成熟还需要一个相当长的过程。

今后将进一步加快资本市场重点领域和关键环节的改革创新步伐，推进市场稳定健康发展。大力完善市场体系和结构，增加市场的广度和深度，要进一步完善多层次股票市场体系，逐步形成包括主板、中小企业板、创业板和场外市场在内、结构合理、功能健全、运行高效的市场体系；要加快完善市场融资结构，大力发展公司债券市场，推进债券市场的互联互通，提升债券融资在扩大直接融资中的功能和作用；有效发挥期货市场在价格发现和风险管理方面的功能，促进期货市场与现货市场良性互动；进一步优化资本市场税收环境；不断提高资本市场服务经济社会发展全局的能力；继续加强和改进市场监管，健全资本市场应急机制和应急预案，增强监管能力建设；严厉打击各类违法违规行为，强化对跨境资本流动的监测和监管，维护市场平稳运行。

案例[7-2] 保险市场的发展史

在国外，保险思想和原始的保险雏形在古代已经产生。据史料记载，公元前 2500 年，在西亚两河(底格里斯河和幼发拉底河)流域的古巴比伦王国，国王下令僧侣、法官及村长等对他们所辖境内的居民收取赋金，用以救济遭受火灾及其他天灾的人们。这被公认为是世界上最早的保险。

现代海上保险是由古代巴比伦和腓尼基的船货抵押借款思想逐渐演化而来的。火灾保险起源于 1118 年冰岛设立的 Hrepps 社，该社对火灾及家畜死亡损失承担赔偿责任。

人身保险的起源包含于海上保险的产生和发展过程中。15 世纪后期，欧洲的奴隶贩子把运往美洲的非洲奴隶当做货物进行投保，后来船上的船员也可投保，如遇到意外伤害，由保险人给予经济补偿，这些应该是人身保险的早期形式。

中国现代形式的保险业，是在西方资本主义入侵中国以后出现的。第一家在中国开设的外国保险公司，是在鸦片战争前的 1835 年由英国人在广州设立的裕仁洋面保安行。以后，广州、上海等通商口岸又陆续出现了一批外国保险公司。这些公司主要经营为商品流通服务的海上保险，19 世纪 60 年代以后，又扩大到火险。中日甲午战争后，随着对中国的资本输出，美国、法国、德国、日本等国的保险公司相继来华设立公司或代理机构。至 1936 年，已有 15 个国家的 160 多家保险公司在中国登记营业。

中国自己经营的保险公司，以光绪十一年(1885 年)轮船招商局创办的仁和与济和两家保险公司为最早。1886 年两公司合并为仁济和保险公司，成为中国的第一家华商保险企业。

1949 年中华人民共和国建立后，人民政府对保险业进行整顿和改造：除接管官僚资本的保险公司外，私营保险公司在自愿的基础上加以合并，并于 1949 年 10 月成立中国人民保险公司。1991 年 5 月 13 日，中国太平洋保险公司在上海成立。1992 年 6 月 4 日，经国务院批准，“深圳平安保险公司”更名为“中国平安保险公司”。目前，人保、太保、平保占据了保险市场的大部分份额。

2014 年全年保费数据显示，全国共实现保费收入 20 235 亿元，同比增长 17.5%。据统计，在全国 36 个保费地区中，2014 年保费收入同比增速最快的是海南省，同比增长 34.2%。同比增速最慢的则是山西，同比增长 12.9%。截至 2014 年年末，全年国内保险业原保险赔付支出为 7 216 亿元，保险可运用资金余额达 10.15 万亿元；银行存款余额 25 311 亿元；用于投资的资金为 68 004 亿元。

(资料来源：根据中国 2015 年度统计公报及中证网相关资料整理。)

问题

分析我国保险市场的重要作用及发展趋势。

简要提示

随着中国保险业进入深化改革、全面开放、加快发展的新阶段，保险业服务经济社会的领域越来越广，承担的社会责任越来越重：从四川汶川大地震到百年盛事北京奥运、从交强险制度实施到房地产投资解禁、从应对国际金融危机到参与医疗纠纷调解、从养老社区投资到新农合建设、从农险覆盖面扩大到环境责任保险试点启动……保险业正在努力提高科学发展和服务经济社会全局的能力，在探索中国特色保险业发展道路和保障民生方面取得显著成就。如今，保险业站在新起点，进入了新阶段，我国正在成为新兴的保险大国。

建设中国特色的现代保险业，需要从四个方面继续努力：一是发展具有国际竞争力的现代保险企业，适应金融全球化的要求，加快建设资本充足、内控严密、运营安全、服务优质、效益良好、创新能力和国际竞争力较强的现代保险企业；二是完善科学专业的现代保险监管，健全偿付能力、公司治理和市场行为监管的现代保险监管制度，完善企业内控、政府监管、行业自律、社会监督四位一体的风险管理体系；三是培育功能完善、竞争有序的现代保险市场，形成结构优化、功能互补、统一开放、竞争有序的市场格局，促进原保险市场和再保险市场、保险集团和专业性保险公司、保险公司和保险中介以及不同区域的保险市场共同发展；四是创建诚信、和谐保险文化，发挥我为人人的精神，体现人文关怀和社会责任，弘扬团结、互助、和谐、友爱的保险文化。

第8章

国际金融

本章学习要点

通过本章的学习，掌握国际收支的概念、国际收支失衡的原因及调整措施，外汇的概念、分类及作用，汇率的概念、分类及标价方法；理解国际储备的概念、作用和国际资本流动的含义；了解国际金融市场、国际金融机构的含义和国际货币体系演变过程。

本章学习重点与难点

重点是理解国际收支的概念、国际收支失衡的原因及调整措施、外汇的概念及作用、国际储备的概念及作用、国际资本流动的含义；难点是汇率的标价方法和国际收支平衡表的结构。

本章基本概念

国际收支、国际收支平衡表、外汇、汇率、国际储备、国际货币体系、国际金融机构、国际金融市场、国际资本流动

8.1 国际收支与外汇

8.1.1 国际收支

1. 国际收支的概念

作为开放经济条件下本国与外国经济往来的分析工具，国际收支的概念是由狭义向广义发展的。早在17世纪初，重商主义盛行于整个欧洲，作为增加国民财富有效途径的贸易差额被视为等同于国际收支；金本位制度解体以后，国际收支概念发展为外汇收支；第二次世界大战以来，国际收支突破了狭义概念的局限，广义的国际收支包含了一个国家一定时期的全部涉外经济交易。

一国国际收支(balance of payments)是一定时期内一国居民与其非居民之间的全部经济交易的系统记录。按照国际货币基金组织在《国际收支手册》中的具体表述：“国际收支

是某一时期的统计表，它表明：某一经济体同世界其余国家或地区之间的商品、劳务以及收益方面的交易；该经济体所持有的货币黄金、特别提款权以及对世界其余国家或地区的债权、债务的所有权的变化和其他变化；为平衡不能相互抵消的上述交易和变化的任何账目所需的无偿转让和对应项目。”

对于国际收支这个概念，必须从以下两个方面加以理解。

(1) 国际收支反映的内容是国际间的经济交易，即经济价值从一个经济单位向另一个经济单位的转移

在国际经济交易中，交易包括商品劳务与商品劳务的交易，即物物交换；商品劳务与金融资产的交易，即商品劳务的买卖；金融资产与金融资产的买卖以及无偿的单方面的商品劳务或金融资产的转移。国际收支不只限于外汇收支，而且包括不涉及外汇收支的单方面的无偿援助、补偿贸易等交易。现行的国际收支记录基础已经从支付基础转变为交易基础。

(2) 国际收支记录的经济交易必须是在一国的居民与非居民之间发生的

在国际收支概念中，对居民与非居民的界定所依据的是居民原则而非公民原则。一国居民是指长期在该国从事生产和消费活动的单位(包括个人、企业、非营利团体和政府)。

国际货币基金组织规定：

①就个人居民而言，移民属于其工作所在国家的居民，逗留时间在一年以上的留学生和旅游者也属于其所在国家的居民；但官方外交使节和驻外军事人员则一律属于其所在国家的非居民。

②就非个人居民而言，企业属于其从事经济活动所在国的居民；各级政府和非营利的私人团体属于其所在国的居民；而联合国、世界银行、国际货币基金组织等国际性机构则属于任何国家的非居民。

2. 国际收支与国际信贷的区别和联系

人们常常把国际借贷误认为就是国际收支，实际上它们两者之间既有联系又有区别。国际借贷是指一个国家在一定日期对外债权债务的综合情况，是一个存量概念。国际之间的债权债务在一定时期内必须进行清算和结算，此过程一定涉及国际间的货币收支问题，债权国要在收入货币后了结债权关系，而债务国要用支付货币来清偿债务，这就是国际收支问题，所以国际收支是表示一个国家在一定时期内对外货币收支的综合情况，是一个流量概念。因此，这两个概念是有区别的，但它们之间又是密切相关的，因为有了国际借贷，才会产生国际收支，国际借贷是国际收支的原因，国际收支是国际借贷的结果。

3. 国际收支平衡表

1) 国际收支平衡表的概念

国际收支平衡表是系统记录一国在一定时期内所有国际经济活动收入与支出的统计报表。一国与别国发生的一切经济活动，不论是否涉及外汇收支部分，必须记入该国的国际收支平衡表中。各国编制国际收支平衡表的主要目的是为了有利于全面了解本国的对外经济情况，并以此进行经济分析、制定合理的对外经济政策。

2) 国际收支平衡表的主要内容

国际收支平衡表所包含的内容十分繁杂，各国大都根据各自不同需要和具体情况来编

制，其内容的详简有很大差异，但其主要项目还是一致的，大体上可分为三大类，即经常项目、资本和金融项目以及错误与遗漏。

(1)经常项目

经常项目是本国与外国交往中经常发生的国际收支项目，它反映了一国与他国之间真实资源的转移状况，在整个国际收支中占有主要地位，往往会影响、制约国际收支的其他项目。它包括货物项目、服务项目、收入项目和经常性转移项目四个子项目。

①货物项目。货物包括一般的商品、用于加工的货物、货物修理、各种运输工具在港口购买的货物及非货币黄金。一般商品是指居民向非居民出口或从非居民那里进口的可移动货物；用于加工的货物包括跨越边境运到国外加工的货物的出口以及随之而来的再进口；货物修理包括向非居民提供的或从非居民那里得到的船舶和飞机等上面的修理活动；各种运输工具在港口购买的货物包括非居民在岸上采购的所有货物，如燃料、给养、储备、物资；非货币黄金包括不作为一国货币当局储备资产的所有黄金的进出口。

在国际收支平衡表中货物收支统计数据的来源及商品的价格计算方式在各国不尽相同。按国际货币基金组织规定，货物进出口统计一律以海关统计为准，商品价格一律按离岸价格计算。实际上许多国家对出口商品按离岸价格计算，而对进口商品则按到岸价格计算。这两种不同的价格条件，在计算进出口总值时，会产生一定的差额。例如，进口商品以 CIF 计价，其中运费和保险费属于劳务方面的支出，这样就会产生重复入账的项目，结果影响了国际收支平衡表的精确性。

②服务项目。服务项目是指一个国家对外提供服务或接受服务所发生的收支。由于服务不像货物那样能够看得见、摸得着，所以服务项目又称为无形收支项目，它包括下列具体项目。

运输通信收支。它包括海陆空运商品和旅客运费的收支。有些国家对于运输工具的修缮费、港湾费与码头的使用费、船舶注册费等均纳入运输收支的项目。通信方面，属于国际电报、电话、电传、卫星通信等服务项目引起的外汇收支都记入劳务账户。

保险收支。凡本国人向外国保险公司投保，则成为保险费的支出，如外国人向本国保险公司投保，则成为保险费的收入。

旅游收支。它指本国居民到国外旅游或外国居民到本国旅游而产生的膳费、交通等服务性费用的收支。

其他服务收支。例如，办公费、专利权使用费、广告宣传费、手续费等项目收支。

目前，劳务收支的重要性日趋突出，不少国家的劳务收支在该国的国际收支中占有举足轻重的地位，有的甚至还超出了有形贸易收支。

③收入项目。收入包括居民与非居民之间的两大类交易。一是职工报酬，即支付给居民工人的工资、薪金和其他福利。二是投资收入，包括居民因持有国外金融资产或承担对非居民负债而造成的收入或支出。投资收入包括直接投资收入、证券投资收入和其他形式的投资收入，其中其他形式的投资收入是指其他资本如贷款所产生的利息。应注意的是，资本损益是不作为投资收入记载的，所有由交易引起的现已实现的资本损益都包括在金融账户下面。

④经常项目转移。经常转移属于单方面转移的一类。单方面转移项目是指单方面、无对等的交易，即在国际间移动后并不产生归还或偿还问题的一些项目。贷方记录本国

从外国取得的单方面转移收入，借方记录本国向外国的单方面转移支出。单方面转移包括经常转移和资本转移，其中经常转移放在经常项目里，资本转移放在资本与金融项目的资本项目中。经常转移包括所有非资本转移的转移项目，即包括排除下面三项的所有转移：

一是固定资产所有权的资产转移；

二是同固定资产收买或放弃相联系的或以具为条件的资产转移；

三是债权人不索取回报而取消的债务。

经常转移包括各级政府的转移(如政府间经常性国际合作,对收入和财产支付的经常性税收)和其他转移(如工人汇款)。

(2)资本和金融项目

资本与金融项目是反映一国资产所有权在国际间转移的状况，它包括资本项目和金融项目两大部分。

①资本项目。资本项目包括资本转移和非生产、非金融资产的收买和放弃。资本转移的内容再前面已作介绍。非生产、非金融资产的收买和放弃是指各种无形资产，如专利、版权、商标、经销权等，以及租赁或其他可转让合同的交易。

②金融项目。金融项目包括了一国对外资产和负债所有权变更的所有交易。根据投资类型或功能分类，金融项目分为直接投资、证券投资、其他投资和储备资产四类。与经常项目不同，金融项目并不按借贷方总额来记录，而是按净额来记入相应的借方和贷方。它包括以下方面内容。

直接投资。直接投资的主要特征是投资者对另一经济体的企业拥有永久利益，这意味着直接投资者和企业之间存在着长期的关系，并且投资者对企业经营管理施加着相当大的影响。直接投资在传统上主要采用在国外建立分支企业的形式，目前越来越多的采用购买一定比例的股票的形式来达到。

证券投资。证券投资是指为了取得一笔预期的固定货币收入而进行的投资，它对企业没有发言权。证券投资包括股票、中长期债券、货币市场工具和衍生金融工具。投资的利息收支记录在经常项目中，本金还款记录在金融项目中。

其他投资。这是一个剩余项目，包括所有直接投资、证券投资或储备资产未包括的金融交易，如长短期的贸易信贷、贷款、货币和存款以及应收款项和应付款项等。

储备资产。储备资产是指一个国家的金融当局(如中央银行或其他官方机构)持有的储备资产以及对外债权，它包括用做货币的黄金、外汇、分配的特别提款权和在国际货币基金组织的储备头寸四个子项目。储备资产项目是一个记录储备变化，而不是流量状况的项目。每年年底，把一个国家金融当局所持有的储备资产与去年年底相比，而后把净差额记入储备资产项目之中。另外，在处理这个项目的符号时，我们会遇到最大的概念上的困难，因为出于平衡整个账户的需要，人为地把储备资产的增加用负号来表示，把储备资产的减少用正号来表示，这恰恰与一般意义上正负号的含义相反。

(3)错误与遗漏

错误与遗漏是一个人为的设立的平衡项目，经常项目和资本与金融项目之和，如果两者没有错误与遗漏，借贷双方应该相等，但这种情形是不太可能的。因为，每个国家的国际收支平衡表的统计数据总会出现一些遗漏，原因有以下几点。

①资料来源不一。一国在编制国际收支平衡表时所汇集和应用的原始资料来自许多渠道，如海关统计、银行报告、企业报表等。

②资料不全。某些数字如商品走私、资金外逃、私自携带现钞出入境等。

③资料本身有错漏。如当事人为了逃税或保密，故意伪造、错报等。

为使国际收支平衡表的借贷方总额相等，就用这个人为设立的“错误与遗漏”项目来抵销净的借方余额或净的贷方余额：如果经常账户、资本金融账户的贷方出现余额，就在净差错与遗漏项下的借方列出与余额相等的数字；如果这两个账户的借方出现余额，则在净差错与遗漏项下的贷方列出与余额相等的数字。

4. 国际收支的调节

1)国际收支不平衡的原因

国际收支不平衡的现象是经常的、绝对的，而平衡却是偶然的、相对的，因此，国际收支的调节无时不在进行。为了顺利而有效地调节国际收支，首先必须研究国际收支不平衡的原因，然后才能采取与之相适应的措施来进行调节。由于各国的经济状况不同，发生国际收支不平衡的原因繁多而复杂，西方经济学家按发生国际收支不平衡原因的不同将国际收支不平衡分为五种类型。

(1)周期性不平衡

周期性不平衡是一国经济周期波动引起该国国民收入、价格水平、生产和就业发生变化而导致的国际收支不平衡。周期性不平衡是世界各国国际收支不平衡常见的原因。因为，在经济发展过程中，各国经济不同程度地处于周期波动之中，周而复始地出现繁荣、衰退、萧条、复苏，而经济同期的不同阶段对国际收支会产生不同的影响。在经济衰退阶段，国民收入减少，总需求下降，物价下跌，会促使出口增长，进口减少，从而出现顺差；而在经济繁荣阶段，国民收入增加，总需求上升，物价上涨，则使进口增加，出口减少，从而出现逆差。

(2)货币性不平衡

货币性不平衡是指一国货币供给、商品成本和物价水平发生较大变化而引起的国际收支不平衡。这种不平衡主要是由于国内通货膨胀或通货紧缩引起的，一般直观地表现为价格水平的不一致，故又称价格性不平衡。例如，一国发生通货膨胀，其出口商品成本必然上升，使用外国货币计价的本国出口商品的价格就会上涨，就会削弱本国商品在国际市场上的竞争能力，客观上起着抑制出口的作用。相反，由于国内商品物价普遍上升，相比较而言，进口商品就显得便宜，鼓励了外国商品的进口，从而出现贸易收支的逆差。不过在这里还得注意的是，通货膨胀还会引起该国货币汇率一定程度的贬值，但一般来说，此时汇率贬值的幅度要比物价上涨的幅度小得多，因而其影响也小得多。它只能缓和但不会改变通货膨胀对国际收支的影响。货币性不平衡可以是短期的，也可以是中期的或长期的。

(3)结构性不平衡

结构性不平衡是指当国际分工的结构(或世界市场)发生变化时，一国经济结构的变动不能适应这种变化而产生的国际收支不平衡。世界各国由于地理环境、资源分布、技术水平、劳动生产率差异等经济条件和历史条件不同，形成了各自的经济布局和产业结构，从而形成了各自的进出口商品和地区结构，各国的产业、外贸结构综合成国际分工结构。若在原有的国际分工结构下，一国的进出口尚能平衡，但在某一时期，若世界市场对该国的出口需求或对该国进口的供给发生变化，则该国势必要改变其经济结构以适应这种国际变化，即原有的相对平衡和经济秩序受到了冲击。若该国经济结构不能灵活调整以适应国际分工结构的变化，则会产生国际收支的结构性不平衡。

改变结构性不平衡需要重新组织生产，并对生产要素的使用进行重新组合，以适应需求和供给的新结构，否则这种不平衡现象难以克服，而生产的重新组合阻力较大，进展缓慢，因此结构性不平衡具有长期性，扭转起来相当困难。结构性不平衡在发展中国家尤其普遍，因为发展中国家进出口商品具有以下两个特点：其一，产品出口需求的收入弹性低，而产品进口需求的收入弹性高，所以出口难以大幅度增加，而进口则能大幅度增加；其二，产品出口需求的价格弹性大，而产品进口需求的价格弹性小，于是进口价格上涨快于出口价格上涨，贸易条件恶化。

(4) 收入性不平衡

收入性不平衡是指由于各种经济条件的恶化引起国民收入的较大变动而引起的国际收支不平衡。国民收入变动的原因很多，一种是经济周期波动所致，这属于周期性不平衡，另外一种是经济增长率的变化而产生的不平衡，它具有长期性。一般来说，国民收入的大幅度增加，全社会消费水平就会提高，社会总需求也会扩大，在开放型经济下，社会总需求的扩大，通常不一定会表现为价格上涨，而表现为增加进口，减少出口，从而导致国际收支出现逆差；反之，当经济增长率较低，国民收入减少时，国际收支则出现顺差。

(5) 临时性不平衡

临时性不平衡是指短期的由非确定或偶然因素引起的国际收支不平衡。例如，1990年伊拉克入侵科威特，国际社会对伊拉克实行全面经济制裁，世界各国一度曾中止与伊拉克的一切经往来，伊拉克的石油不能输出，引起出口收入剧减，贸易收入恶化；相反，由于国际市场石油短缺，石油输出国扩大了石油输出，这些国家的国际收支从而得到了改善。这种性质的国际不平衡，程度一般较轻，持续时间也不长，带有可逆性，因此可以认为是一种正常现象。

2) 调节国际收支的政策措施

(1) 外汇缓冲政策

外汇缓冲政策是指一国政府为对付国际收支不平衡，把其黄金外汇储备作为缓冲体，通过中央银行在外汇市场上买卖外汇，来消除国际收支不平衡所形成的外汇供求缺口，从而使收支不平衡所产生的影响仅限于外汇储备的增减，而不至于导致汇率的急剧变动和进一步影响本国的经济。外汇缓冲政策的优点是简便易行，但它也有局限性，即它不适于对付长期、巨额的国际收支赤字，因为一国的外汇储备的数量总是有限的。这时，如完全依靠外汇缓冲政策，必将使该国招致外汇储备的枯竭；如该国为填补外汇储备的不足，而向国外借款，又会大量增加外债。

(2) 财政货币政策

①财政政策。在国际收支出现赤字的情况下，一国政府宜实行紧缩性财政政策，抑制公共支出和私人支出，从而抑制总需求和物价上涨。总需求和物价上涨受到抑制，有利于改善贸易收支和国际收支。反之，在国际收支出现盈余的情况下，政府则宜实行扩张性财政政策，以扩大总需求，从而有利于消除贸易收支和国际收支的盈余。需要指出，一国实行什么样的财政政策，一般主要取决于国内经济的需要。

②货币政策。货币政策，世称金融政策，它是西方国家普遍、频繁采用的间接调节国际收支的政策措施。调节国际收支的货币政策，主要有贴现政策和改变存款准备金比率的政策。

(3)汇率政策

汇率政策是指一国通过汇率的调整来实现国际收支平衡的政策措施。在固定汇率制度下，当国际收支出现严重逆差时，实行货币法定贬值，以改善国际收支；当国际收支出现巨额顺差时，则在他国压力下实行货币法定升值，以减少和消除国际收支顺差。

(4)直接管制

直接管制是指政府通过发布行政命令，对国际经济交易进行行政干预，以求国际收支平衡。直接管制包括：外汇管制和贸易管制。直接管制通常能起到迅速改善国际收支的效果，能按照本国的不同需要，对进出口贸易和资本流动区别对待。不过它并不能真正解决国际收支平衡问题，只是将显性国际收支赤字变为隐性国际收支赤字；一旦取消管制，国际收支赤字仍会重新出现。此外，实施管制政策既为国际经济组织所反对，又会引起他国的反抗和报复。

当一国国际收支不平衡时，须针对形成的原因采取相应的政策措施。比如，如果国际收支不平衡是由季节性变化等暂时性原因形成的，可运用外汇缓冲政策；如果国际收支不平衡是由国内通货膨胀加重而形成的货币性不平衡，可运用货币贬值的汇率政策；如果国际收支不平衡是由国内总需求大于总供给而形成的收入性不平衡，可运用财政货币政策，实施紧缩性财政措施；如果国际收支不平衡由经济结构性原因引起，可进行经济结构调整并采取直接管制措施。

8.1.2 外汇与汇率

1. 外汇的概念

在国际金融领域，外汇是一个最基本的概念，因为它已成为各国从事国际经济活动及其他相关事务不可缺少的媒介和工具。要准确地把握外汇的内涵，应从两方面来理解，即动态外汇和静态外汇。

(1)动态外汇的定义

从历史上来看，外汇最早是指国际汇兑，即通过银行等金融机构把一国货币换成另一国货币，实现资金转移或债权债务清算的一种专门性经营活动或行为。“汇”和“兑”就是把一国的货币兑换成另一国货币，然后以一定的方式(如汇款或托收等)对国家间债权债务关系进行非现金结算的专门性经营活动。汇兑的主要方式有电汇、信汇和票汇等，人们通过汇兑活动，实现资金的国际转移。

这种以国际汇兑作为考察对象的外汇的含义是外汇概念的渊源。随着世界经济的发展、国际经济活动的日益活跃，国际汇兑也逐渐由一个动态概念演变为静态概念，成为一种国际性的支付手段或资产。

(2)静态外汇的定义

静态外汇是指外币或以外币表示的可用于国际结算的交付手段或资产。它强调的是国际汇兑过程中所使用的支付手段。

例如，我国某纺织品进出口公司向英国出口商买进一批机器，双方约定用英镑支付。我国进出口公司没有英镑，就要用与英镑等值的人民币，按人民币同英镑的兑换比例，向中国银行购买英镑。中国银行可能开出要国外的银行担当付款行的汇票，然后，由进口商汇往英国交英国出口商。这样，因买卖机器而形成的债权债务关系就解除了。这种通过货币兑换和汇款来清偿国际债权债务的业务活动，就称为国际汇兑，而在国际汇兑活动中使用的信用工具或支付手段，如英镑汇票和中国银行在国外银行开立的英镑存款账户，就称为外汇。

静态的外汇有广义与狭义之分。我国外汇管理法令所称的外汇就是广义的外汇。它泛指一切对外金融资产。我国现行的《中华人民共和国外汇管理条例》第三条规定，外汇是指以外汇表示的可以用做国际清偿的支付手段和资产，它们是：

①外国货币，包括纸币、铸币；

②外币支付凭证，包括票据、银行存款凭证、邮政储蓄凭证等；

③外币有价证券，包括政府债券、公司债券、股票等；

④特别提款权、欧洲货币单位；

⑤其他外汇资产。

狭义的外汇，是指以外币表示的用于国际结算的支付手段。只有为各国所普遍接受的以某种货币表示的支付手段，才能用于国际结算。为此，狭义外汇必须具备三个特征。

①必须具有国际性，即必须以外币表示的金融资产，而不能是以本币表示的金融资产。

②必须具有可兑换性,即持有者可自由地将其兑换成其他货币或以其表示的支付手段。

③必须具有可偿付性，即在国外能得到普遍认可，承认其代表一定的价值量，能作为支付手段偿付对外债务。

按照上述三个特征，我们可以做以下理解：第一，不能把狭义外汇与外币等同；第二，广义外汇中的一些金融资产是不能视为狭义外汇的。

①以外币表示的有价证券和黄金不能视为狭义外汇，因为它们不能用于国际结算，而只能把它们变为在国外的银行存款才能用于国际结算。

②外币现钞也不能算做狭义外汇。外币在其发行国是法定货币，可它们一旦流入他国，便立即失去法定货币的身份和作用，外币持有者必须将这些外币在本国银行兑换成本币才能使用。即使是银行，也必须将这些外币运回其发行国或境外的外币市场（如中国香港）出售，变为在国外的银行存款，才能用于国际结算。

③只有在国外的、以可兑换货币表示的银行存款，以及能索取这些存款的外币票据与外币凭证，如汇票、支票、本票和电子凭证等，才是狭义外汇。需要指出的是，国外银行存款才是狭义外汇的主体。

(3) 国际货币基金组织的定义

国际货币基金组织对外汇的解释是：外汇是货币行政当局以银行存款、财政部国库券、长短期政府债券等形式所保有的、在国际收支逆差时可以使用的债权，其中包括由中央银行间及政府间协议而发生的在市场上不流通的债权，而不论它是以债务国的货币还是以债权国的货币来表示。这一定义是从静态的角度来理解的。

(4) 我国关于外汇的定义

我国 1996 年 1 月 29 日颁布，并于同年 4 月 1 日始实施的《中华人民共和国外汇管理条例》第三条规定，外汇是指以外币表示的可以用做国际清偿的支付手段和资产，它们是：

①外国货币，包括纸币、铸币；

②外汇支付凭证，包括票据、银行存款凭证、邮政储蓄凭证等；

③外币有价证券，包括政府债券、公司债券、股票等；

④特别提款权、欧洲货币单位资产；

⑤其他外汇资产。

由此可见，我国外汇的定义也是从静态广义的外汇概念进行解释的。

2. 外汇的特征

(1)外币性

外币性即外汇必须是以外国货币来表示，这是外汇的基本特点，本币及以本币表示的资产不能视为外汇。例如，美国的进口商用美元购买日本的商品，用的是以本币表示的支付手段。这种支付手段，对美国境内的美国人来说不是外汇，对于日本出口商来说则是外汇。

(2)自由兑换性

自由兑换性指一种外币要成为外汇必须能自由兑换成其他形式的资产或支付手段。这是外汇的又一种基本特征。如果一种货币不能自由兑换，就不可能将一国的购买力转换为另一国的购买力，也就无法偿付对外债务，不具备作为国际支付手段的条件，因而该种货币及以其表示的其他资产不能算做外汇。

如我国的人民币对于其他国家来说是外币，但由于人民币现在还不能自由兑换成其他国家货币，所以人民币不是外汇。对于我国大陆来说，港元和澳门元应视同外汇。

另外，对于欧元区国家来说，欧元是本币，对于欧元区以外的国家是外汇。

(3)普遍接受性

普遍接受性是指这种外币在国际经济往来中被各国普遍接受和使用。一种货币以及以这种货币表示的各种票据与有价证券，能否成为国际支付手段，并不取决于该货币价值的大小，而是以其国际承认并被普遍接受为前提。如果一种货币以及以这种货币表示的各种票据与有价证券，不能被普遍接受，那么它就无法实现国际支付的职能，也就不能成为外汇。

(4)可偿付性

可偿付性指这种外币资产是可以保证得到偿付的。空头支票、拒付的汇票等均不能视为外汇。另外，各国对外汇的范围有着不同的理解，并且这一概念本身也在不断发展中。

3. 外汇的分类

(1)按照货币兑换的限制程度分类，有自由外汇和记账外汇

自由外汇是指不经货币当局批准就可以在外汇市场上兑换成他国货币，或可以向第三者办理支付的外国货币支付凭证和有价证券。如 USD、GBP、JPY、CHF、EUR、CAD、AUD、SGD、NZD 等，这些货币发行国基本上都取消了外汇管制，货币可以自由兑换或向第三者办理支付。支付凭证和有价证券之所以作为自由外汇，是因为它在国际外汇市场上同样具有价值，能够自由转让与兑换。

记账外汇，也称协定外汇或双边外汇，是指记载在双方指定银行账户中的外汇，未经货币发行国批准不能自由兑换成其他货币，也不能自由对第三国进行支付，只能根据协定，在签订协定的两国之间相互使用。它是双边支付协定的产物。为了节省自由外汇、两国政府签订支付协定，互在对方国家开设清算账户，以互相抵消债权债务的办法进行国际结算。它有以下三个特点。

①由双方协定，决定这种外汇的汇率、记账方法与运用范围，协定项下的收支差额的处理，或转下一年度使用，或用自由外汇来清偿。

②以本币、外币或第三国货币来表示。

③不宜转给第三国使用，也不能兑换成自由外汇；但无论如何，在性质上它们仍然属于外汇，只不过是在双方银行账户上记载的外汇而已。

(2)按照外汇来源和用途分类，有贸易外汇和非贸易外汇

贸易外汇是指由商品的输出、输入引起收付的外汇。一个国家的商品输出，可以赚取外汇，商品输入则支付外汇。这种由商品输出、输入而引起的外汇收支，就是贸易外汇收支。贸易外汇收入是一个国家最主要的外汇来源，贸易外汇支出则是外汇的主要用途。

非贸易外汇是指由贸易往来而引起收付的外汇，即经常项目中除进出口贸易以外的，如劳务外汇、旅游外汇、投资收益和侨汇等。这种外汇，随着国际经济贸易和其他事务往来的发展，对某些国家已日显重要。

(3)按照外汇买卖交割期限分类，有即期外汇和远期外汇

即期外汇，又称现汇，是指外汇买卖成交后即日收付或在两个营业日内办理交割的外汇。

远期外汇，又称期汇，是指买卖双方先按商定的汇价签订合同，并预约在未来某一天办理实际交割的外汇。

(4)根据币值和汇率走势不同，可分为硬货币和软货币

硬货币是指在国际金融市场上汇价坚挺并能自由兑换、币值稳定、可以作为国际支付手段或流通手段的货币。主要有：美元、英镑、日元、欧元等。

软货币是指在国际金融市场上汇价疲软，不能自由兑换他国货币，信用程度低的国家货币，如越南盾、泰铢等。

硬货币和软货币是相对而言的，它会随着一国经济状况和金融状况的变化而变化。例如，美元在20世纪50年代是硬货币，在60年代后期至70年代是软货币。80年代以来，美国实行高利率政策和紧缩银根政策，美元又成为硬货币。2005年以后，美国经济受“双赤字”的影响，美元持续贬值又成为软货币。

在出口业务中，一般尽可能争取多使用从成交至收汇这段时期内汇价比较稳定且趋势上浮的货币，即所谓的“硬币”或“强币”。相反地，在进口业务中，则应争取多使用从成交至付汇这段时期内汇价比较疲软且趋势下降的货币，即所谓的“软币”或“弱币”。

4. 外汇的作用

(1)促进国际经济、贸易的发展

用外汇清偿国际间的债权债务，不仅能节省运送现金的费用，降低风险，缩短支付时间，加速资金周转，更重要的是运用这种信用工具，可以扩大国际间的信用交往，拓宽融资渠道，促进国际经贸的发展。

(2) 调剂国际间资金余缺

世界经济发展不平衡导致了资金配置不平衡。有的国家资金相对过剩，有的国家资金严重短缺，客观上存在着调剂资金余缺的必要。而外汇充当国际间的支付手段，通过国际信贷和投资途径，可以调剂资金余缺促进各国经济的均衡发展。

(3) 外汇是一个国家国际储备的重要组成部分，也是清偿国际债务的主要支付手段

它跟国家黄金储备一样，作为国家储备资产，一旦国际收支发生逆差时可以用来清偿债务，此时有利于调节国际收支，维持汇率的稳定。

5．汇率的概念

外汇汇率，也称汇价或外汇行市，是指两种不同货币相互兑换的比率或指两个不同货币之间的比价。它是一种价格，即一种货币用另一种货币表示的价格。由于世界各国货币的名称不同，币值不同，所以一国货币对其他国家的货币要规定一个兑换率，这就产生了汇率问题。有了货币的兑换率，一种货币才能顺利地兑换成另一种货币，从而实现国际间的货币收支及债权债务的清偿。货币兑换如同商品买卖，只是这里把外汇作为一种特殊的商品来买进或卖出。这种买卖外汇的价格即汇率或汇价或外汇行市。

确定两种不同货币之间的比价，先要确定用哪个国家的货币作为标准，是以外国货币表示本国货币的价格，还是以本国货币表示外国货币的价格，这就涉及汇率的标价方法问题。

6．汇率的标价方法

在计算和使用汇率时，首先应确定以何种货币为标准。由于标准不同，存在着外汇汇率的两种标价方法：直接标价法和间接标价法。此外，根据外汇市场惯例，还有一种美元标价法和非美元标价法。现分别介绍如下。

(1) 直接标价法

用 1 个单位或 100 个单位的外国货币作为基准，折算为一定数额的本国货币，称为直接标价法(Direct Quotation)，又称价格标价法(Price Quotation)或应付标价法(Giving Quotation)。在直接标价法下，外国货币为基准货币，本国货币为标价货币；标价货币(本国货币)数额随着外国货币或本国货币币值的变化而改变。如果汇率升高，意味着需要比原来更多的本币才能兑换到 1 个单位的外币，说明外币升值或外汇汇率上涨；反之，如果汇率下跌，意味着仅需要比原来更少的本币就能兑换到 1 个单位的外币，说明外币贬值或外汇汇率下跌。绝大多数国家都采用直接标价法。以中国香港市场为例，2011 年 2 月 24 日美元对港元的汇率是 1 美元=7.701 2～7.883 3 港元；1 欧元对港元的汇率是 1 欧元=10.404 9～10.975 8 港元；1 英镑对港元的汇率是 1 英镑=12.318 4～12.953 9 港元；100 日元对港币的汇率是 100 日元=9.087 7～9.785 2 港元。有些国家国标单位价值量较低，如日本日元，便以 100 或 1 000 作为折算单位。在上述港元与各种外币的比价中，美元、英镑、欧元均为基准货币，港元为标价货币。

(2) 间接标价法

用 1 个单位或 100 个单位的本国货币作为基准，折算为一定数额的外国货币叫间接标价法(Indirect Quotation)，又称数量标价法(Quantity Quotation)或应收标价法(Receiving Quotation)。在间接标价法下，本国货币为基准货币，其数额不变，而标价货币(外国货币)的数额则随本国货币或外国货币币值的变化而改变。如果汇率升高，意味着一个单位的本

国货币可以兑换到比原来更多数额的外币，说明外币贬值或外汇汇率下跌；反之，如果汇率下跌，意味着一个单位的本国货币只能兑换到比原来更少数额的外币，说明外币升值或外汇汇率上涨。英国和美国都是采用间接标价法的国家。例如，2011年2月22日伦敦市场英镑对美元的汇率是1英镑=1.615 5美元。在伦敦市场英镑是基准货币，美元是标价货币。

(3)美元标价法与非美元标价法

美元标价法与非美元标价法是国际外汇市场买卖外汇报价的习惯做法，在国际间已约定俗成，形成惯例。

随着外汇市场的迅速发展和外汇交易的全球化，对于外汇交易的双方来说，一笔交易所涉及的两种货币可能没有一种属于本币，如英国某银行与德国某银行进行一笔外汇交易，而买卖的货币分别是美元和日元，这时就很难确切地用直接标价法或间接标价法的概念对报价进行规范。如果沿用各国国内使用的汇率标价方式，就会由于交易各方标价方法的不同而出现报价混乱的情况。传统的、用于各国的直接标价法和间接标价法已经很难适应国际外汇市场的发展，全球化的外汇交易需要一种统一的汇率表示方式。于是国家外汇市场上逐步形成了除英镑、澳大利亚元、新西兰元、欧元、南非兰特等几种货币外，其他货币都以美元作为基准货币进行标价的惯例，而英镑、澳大利亚元、新西兰元、欧元、南非兰特等几种货币仍沿袭习惯的标价方法，即以本身作为基准货币，以美元作为标价货币。

在美元标价法下，美元作为基准货币，其他货币是标价货币；在非美元标价法下，非美元货币作为基准货币，美元是标价货币。在外汇市场上，除英镑、澳大利亚元、新西兰元、欧元、南非兰特等几种货币采用非美元标价法以外，其余大多数货币均采用美元标价法。这一惯例已被全世界的市场参与者所接受。

当外汇市场报道美元兑英镑汇率水平是1.615 5时，即表明1英镑=1.615 5美元。如果港元兑美元的汇率水平是7.882 2时，即表明1美元=7.882 2港元。

在统一外汇市场惯例标价法下，市场参与者不必区分直接标价法还是间接标价法，都按市场惯例进行报价和交易。货币升值或贬值可以通过汇率数额的变化直接反映出来。

7．汇率的分类

汇率的种类有很多，从不同的角度一般可将汇率进行如下分类。

(1)按银行买卖外汇的价格不同，分为买入汇率、卖出汇率、中间汇率和现钞价

尽管汇率的报价方式有直接报价法和间接报价法两种形式，但两种货币之间的兑换实际上可以将之视为一种特殊的商品交易。这时的货币既是一般等价物，又是一种商品；只是其中之一是一般等价物，而另一是商品。或者说，是将其中一种货币视为“商品”，将其数量固定下来作为比较的基础，同时将另一种货币视为“一般等价物”，通过其数量的变化来说明前者价格的高低。这样就产生了被报价货币的概念。所谓被报价货币，也称基础货币或基准货币、参考货币、单位货币，指的是数量固定不变，作为比较基础的货币，也就是被用来表示其他货币价格的货币。而与之相对应，数量不断变化，用以说明基准货币价格高低的货币则被称为报价货币或计价货币、汇率货币。

外汇买卖一般均集中在商业银行等金融机构，它们买卖外汇的目的是为了追求利润，方法就是贱买贵卖，赚取买卖差价。商业银行等机构买进外汇时所依据的汇率叫“买入汇率”，也称“买价”；卖出外汇时所依据的汇率叫“卖出汇率”，也称“卖价”。买入汇率与

卖出汇率相差的幅度一般在 1%～5%，各国不尽相同，储备货币与非储备货币相差幅度也不相同。买入汇率与卖出汇率的差额即商业银行买卖外汇的利润。

在外汇市场上挂牌的外汇价一般均列有买入汇率与卖出汇率。在直接标价法下，一定基准货币(外币)后的前一个标价货币(本币)数字表示“买价”，即银行买进外币时付给客户的本币数；后一个标价货币(本币)数字表示“卖价”，即银行卖出外汇时向客户收取的本币数。在间接标价法下，情况正好相反，在基准货币(本币)后的前一个标价货币(外币)数字为“卖价”，即银行收进一定量的(1 或 100 个)本币而卖出外汇时，它所付给客户的外汇数；后一标价货币(外币)数字是“买价”，即银行付出一定量的(1 或 100 个)本币而买进外汇时，它向客户收取的外汇数。

经济报刊上所说的外汇汇率上涨，在直接标价法下，说明外币贵了，因而兑换本币比以前多了，本币兑换外币的数量比以前少了。外币汇率下跌，情况则相反。

在外汇市场形成习惯的美元标价法与非美元标价法下，常以斜线将买入汇率与卖出汇率隔开，斜线左方为买入汇率，斜线右方为卖出汇率。如美元标价法下，某银行报出美元兑港元为 7.701 2/7.883 3，即银行从交易对手买入 1 美元付给对方 7.701 2 港元；银行向交易对手卖出 1 美元则收到 7.888 33 港元。非美元标价法也是如此，如银行报价 1 英镑兑美元为 1.685 0/1.686 0，即银行买入交易对手 1 英镑向其支付 1.685 0 美元；银行卖给交易对手 1 英镑，则要收进 1.686 0 美元。

中间汇率是买入汇率与卖出汇率相加除以 2。中间汇率不含银行买卖外汇的利润，常用来衡量预测某种货币汇率变动的趋势和幅度，一般商业银行或企业进行内部核算时也用中间汇率。

现钞价即银行购买外币钞票的价格。前述的买入汇率、卖出汇率是指银行购买或出卖外币支付凭证的价格。银行在购入外币支付凭证后，通过航邮划账，可很快地存入国外银行，开始生息，调拨动用；而银行买进外国的钞票，要经过一定的时间，积累到一定数额以后才能将其运送并存入外国银行调拨使用。在此以前买进钞票的银行要承受一定的利息损失，将现钞运送并存入外国银行的过程中还有运费、保险费等支出，银行要将这些损失和费用开支转嫁给出卖钞票的客户，所以银行买入外国钞票的价格低于买入各种形式的支付凭证价格。而银行卖出外国现钞时，则根据一般的(即一般的支付凭证)卖出汇率，不再单列。

(2) 按外汇管制的松紧程度划分，分为官定汇率和市场汇率

官定汇率又称法定汇率，主要是指官方(如财政部、中央银行或经指定的外汇专业银行)所规定的汇率。在外汇管制比较严格的国家禁止自由市场的存在，官定汇率就是实际汇率，而无市场汇率。

市场汇率是指在自由外汇市场上买卖外汇的实际汇率。外汇管制较松的国家，官定汇率往往只是形式，有行无市，实际外汇交易均按市场汇率进行。

(3) 按外汇资金新增和用途划分，可分为贸易汇率和金融汇率

贸易汇率主要是指用于进出口贸易及其从属费用方面的汇率。

金融汇率主要是指资金转移和旅游等方面的汇率。

(4) 按汇率是否适用于不同的来源与用途划分，可分为单一汇率和多种汇率

凡是一国对外仅有一个汇率，各种不同来源与用途的收付均按此计算，或本币对各种外币的即期外汇交易的买卖价不超过 2%者，即为单一汇率。

一国货币对某一外国货币的汇价因用途及交易种类的不同而规定有两种或两种以上的汇率，或本币与各种外币的即期外汇交易的买卖价超过 2%者，即为多种汇率，也称为复汇率。

(5) 按汇兑方式的不同，分为电汇汇率、信汇汇率和票汇汇率

电汇汇率是指以电报、电传等解付方式买卖外汇时所使用的汇率，即银行卖出外汇后，立即用电报、电传等方式通知国外分支行或代理行付款给收款人，此种情况下所使用的汇率即为电汇汇率。一般来说，电汇汇率较其他汇率高，这主要是因为银行卖出外汇后用电汇方式付款，使实际付款时间缩短，银行不能利用汇款资金，加之国际电报、电传收费较高。为了避免汇率波动所带来的风险，现在进出口商一般在贸易合同中均规定交付货款时采用电汇方式，银行同业间的外汇或资金划拨，更是使用电汇方式。外汇市场所公布的汇率也多为电汇汇率。

信汇汇率是指以信函解付方式买卖外汇时所使用的汇率。在信汇方式下，汇出的外汇必须在外汇凭证邮寄到国外后，对方银行才能在委托付款行的存款账户内支用，所以委托汇出行可以在这段时间内利用客户的外汇资金。因此，信汇汇率一般低于电汇汇率。信汇方式通常在香港和东南亚地区用于邻近国家或地区之间的交易。

票汇汇率是指银行买卖外汇票据时所使用的汇率。由于票据从售出到付款也有一段时间间隔，票汇汇率自然也就比电汇汇率低。票汇汇率又可分即期票汇汇率和远期票汇汇率。即期票汇汇率差不多与信汇汇率持平；远期票汇汇率是以即期票汇汇率为基础，扣除票据远期付款的贴现利息后所得出的汇率，且远期票据的付款期限越长，汇率越低。

(6) 按外汇买卖的对象不同，分为同业汇率和商人汇率

同业汇率是银行同业之间进行外汇交易时所使用的汇率。由于银行同业间的外汇交易一般有最低交易金额的限制，故同业汇率又称外汇的批发价。同业汇率的买卖差价一般较小。

商人汇率是银行与顾客之间进行外汇交易时所使用的汇率，又称外汇的零售价。商人汇率是根据同业汇率适当增(卖出价)、减(买入价)而形成，故其买卖差价一般较大。

(7) 按外汇市场开市和收市的不同，分为开盘汇率和收盘汇率

开盘汇率也称开盘价，是指外汇市场在每个营业日刚开始时，进行首批外汇买卖的汇率。

收盘汇率也称收盘价，是指外汇市场在每个营业日即将结束时，最后一批外汇买卖的汇率。

开盘汇率和收盘汇率大致反映着本营业日内外汇市场汇率变化的趋势。在通信设备传递信息日益发达的今天，世界各外汇市场的联系日益密切，各大外汇市场的汇率呈现相互影响的态势。

(8) 按衡量货币价值的角度不同，分为名义汇率和实际汇率

名义汇率又称现实汇率，是指在外汇市场上由外汇的供求关系所决定的两种货币之间的汇率。名义汇率并不能够完全反映两种货币实际所代表的价值量的比值，它只是外汇银行进行外汇买卖时所使用的汇率。

实际汇率又称真实汇率，是指将名义汇率按两国同一时期的物价变动情况进行调整后所得到的汇率。计算实际汇率主要是为了分析汇率的变动与两国通货膨胀率的偏离程度，并可进一步说明有关国家产品的国际竞争能力。

8.2 国际储备

8.2.1 国际储备的概念

国际储备(International Reserve)是指各国中央政府为了弥补国际收支逆差和保持汇率稳定而持有的国际间可以接受的一切资产。从这个概念可知，作为国际储备的资产必须具备四个特征。

(1) 官方持有性

作为国际储备资产，必须是掌握在该国货币当局手中的资产，非官方金融机构、企业和私人持有的黄金和外汇尽管也是流动资产，但不能算是国际储备资产。

(2) 自由兑换性

作为国际储备的资产，必须能同其他货币相兑换，并是国际间能普遍被接受的资产。

(3) 流动性

作为国际储备的资产必须是随时可以动用的资产，这样这种资产才能随时用来弥补国际收支逆差，或干预外汇市场。

(4) 无条件获得性

作为国际储备的资产必须由一国货币行政当局能够无条件地获得，为此该国政府对该类资产不仅要拥有使用权，而且要拥有所有权。

目前国际货币基金组织会员国的国际储备，一般可分为四种类型：货币性黄金、外汇储备、在 IMF 的储备头寸和特别提款权。

与国际储备相关的一个概念是国际清偿能力，它是指一国政府平衡国际收支逆差、稳定汇率而又无须采用调节措施的能力。参照国际货币基金组织关于国际储备的划分标准，国际清偿能力除了包括国际储备的内容之外，还包括一国政府向外借款的能力，即向外国政府或中央银行、国际金融机构和商业银行借款的能力，因此，国际储备仅是一国具有的现实的对外清偿能力，其数量多少反映了一国在涉外货币金融领域中的地位；而国际清偿能力则是该国具有的现实的对外清偿能力与可能具有的对外清偿能力的总和，它反映了一国货币当局干预外汇市场的总体能力。

8.2.2 国际储备的作用

国际储备的持有是以牺牲储备资产的生产性运用为代价的。然而，一国持有适度国际储备并非是一种非理性的行为，因为持有国际储备会给该国带来一定的收益，其收益主要是通过国际储备的作用体现出来的。

(1) 弥补国际收支差额，维持对外支付能力

一国在对外经济交往中不可避免地会发生国际收支不平衡，如果这种不平衡得不到及时弥补，将不利于本国国内经济和对外经济关系的发展，为此政府必须采取措施予以纠正。如果国际收支不平衡是暂时性的，则可通过使用国际储备予以解决，而不必采取影响整个宏观经济的财政货币政策来调节；如果国际收支不平衡是长期的、巨额的或根本的，则国

际储备可以起到一种缓冲作用，它使政府有时间渐进地推进财政货币政策，避免因猛烈的调节措施可能带来的冲击。

(2) 干预外汇市场、稳定本国货币汇率

当本国货币汇率在外汇市场上发生剧烈动荡时，该国政府就可动用国际储备来缓和汇率的波动，甚至改变其变动的方向。各国用来干预外汇市场的储备基金称为外汇平准基金，它由黄金、外汇和本国货币构成。当外汇汇率上升，超出政府限额的目标区间时，就可通过在市场上抛出储备购入本币缓和外币升值；反之，当本市升值过快时，就可通过在市场上购入储备放出本币方式增加本币供给，抑制本币升值。不过，国际储备作为干预资产的职能，要以充分发达的外汇市场和本国货币的完全自由兑换为其前提条件。外汇干预只能对汇率产生短期影响，无法根本改变决定汇率的基本因素。

(3) 信用保证

国际储备的信用保证包括两层含义。其一，它是债务国债务到期还本付息的基础和保证，它是一国政府在国际上资信高低的标志。如果一国国际储备雄厚，则该国的国际信誉就高，在国际上借债就比较容易，成本也较低；反之，一国国际储备枯竭，则其国际信誉较低，难以在国际上筹集资金，即使能筹到资金，条件也较恶劣。其二，它可以用来支持对本国货币价值稳定性的信心，持有足量的国际储备无论从客观上还是心理上都能提高本国货币在国际上的信誉。因此，比较充足的国际储备有助于提高一国的资信和货币稳定性的信心。

8.2.3 全球国际储备呈现新特点

近年来虽然美元仍保持着在国际储备货币中的主导地位，但从 IMF 日前公布的 58 个工业国、发展中国家及欧洲央行的统计数据中可以发现，全球国际储备呈现出下述一些新的变化。这其中主要有国际储备的流动比率上升、发展中国家持有欧元的份额增加、证券资产受到青睐、储备资产进一步多样化、储备管理的复杂性加大五大特点。此外，2015 年 12 月 1 日人民币国际化进程迎来重要里程碑——人民币正式被纳入国际货币基金组织（IMF）特别提款权（SDR），成为与美元、英镑、欧元、日元并驾齐驱的世界五大支付货币之一。这是 SDR 迎来的第一个来自发展中国家的货币。它意味着今后国际支付中使用人民币结算有望成为新常态。

(1) 国际储备的流动比率上升

流动比率定义为国际储备和其他官方流动的外币资产与官方短期外币负债的比。对于欧元区外的工业国家，适度增加储备资产，略微降低对外短期外币负债，提高了他们的同期总体流动性比率。欧元区流动性头寸也适度增加。发展中国家宣布流动性上升的最多。特别是亚洲出口导向的国家的流动性增加，这些国家积累了大量的外汇储备，同时减少了短期官方外币负债。储备资产价值的上升，大部分是由经济体国际储备中证券市场价值的增加带来的。

(2) 发展中国家欧元储备增加

相形之下，工业国持有欧元的份额增长不大。工业国持有的美元储备份额变化也不大。发展中国家持有的美元储备份额有下降趋势。2009 年 12 月，欧元占全球外汇储备比率平均为 27.4%，较 2002 年欧元正式取代成员国本身货币时的 23.8%有大幅上升，但美元仍在国际储备货币中处于主导地位。

(3) 证券资产受到青睐

增加的流动性使欧元区外的工业国的储备管理者在证券上投资更多，目的是实现更高的回报。这些工业国把大部分的储备资产投资在证券上，如美国国库券使得储备资产中证券的份额上升。这些国家的银行存款和黄金的份额略微下降。它显示出，当追求高回报时，这些国家储备管理者一直关注储备资产的流动性。

(4) 储备资产进一步多样化

发展中国家储备资产构成的转移证实其他储备资产份额在上升。其他储备资产中不包括证券、银行存款和黄金。这种转移的一个主要原因是亚洲债券基金（ABFS）的发展，许多亚洲发展中国家对发展区域债券市场做出了贡献。在报告给 IMF 的数据中，亚洲债券基金已经记录为其他储备资产。

(5) 储备管理的复杂性加大

经济体报告的数据显示，在管理其外汇储备时，中央银行增加使用金融衍生产品、回购协议和资金池安排。按照报告给 IMF 的流动性数据披露，中央银行使用金融衍生工具、回购协议、黄金互换、证券借出、无本金交割远期和其他金融工具，进一步揭示了储备管理的复杂性增加，以及国际储备与债务管理之间存在的联系。增加使用复杂的金融工具，也提高了对高风险资产的投资，要付出更大的努力管理风险，并实行更积极的储备管理。

(6) 人民币成为储备货币

人民币跻身世界五大支付货币，并确定人民币在新的 SDR 篮子中所占权重为 10.92%，美元、欧元、日元和英镑的权重分别为 41.73%、30.93%、8.33%和 8.09%。新的 SDR 篮子将于 2016 年 10 月 1 日生效。

这些新特点对于我国的外汇投资公司在储备货币的选择、储备资产的配置、复杂金融工具的运用、投资风险与回报之间的权衡等方面都有一定的借鉴意义。

8.2.4 我国国际储备体系发展的特点

国际储备体系，是指在一种国际货币制度下国际储备货币或国际储备资产的构成与集合的法律制度安排。这种安排的根本问题是中心储备货币或资产的确定及其与其他货币或资产的相互关系。改革开放前，我国实行计划经济体制，没有建立与国际经济接轨的国际储备制度。1980 年我国正式恢复了在 IMF 和世界银行的合法席位，次年正式对外公布了国家黄金外汇储备，并逐步形成了我国的国际储备体系。我国国际储备的构成与其他国家一样，由黄金、外汇、储备头寸和特别提款权构成，受多种硬货币支配，多种硬货币互补互衡，共同充当国际间的流通手段、支付手段和储备手段。我国国际储备体系的发展具有以下几个明显的特点。

(1) 国际储备多元化，美元储备比例偏大

从 1973 年开始，浮动汇率制成了国际汇率制度的主体，随之而来的是汇率剧烈波动，且波幅很大。为了防止外汇风险，保持储备货币的价值，我国就有意识地把储备货币分散化，以此分散风险，减少损失。目前，美元在世界储备货币中的比重逾 6 成。可见，美元迄今为止仍是世界最主要的储备资产，美元在我国国际储备体系中仍处于重要地位。持有过多的美元储备，存在着极大的隐患。

(2)外汇储备总量庞大

循序渐进地减持外汇储备，增持黄金储备。在经济稳定运行期，作为生息资产，外汇储备短期收益更高。在经济下行时期，黄金保值优势明显。

(3)国际储备中黄金仍占相当比重，但非黄金储备显著增长

黄金储备所占比例大大低于外汇储备。从黄金方面来看，作为重要的战略资源，其增长量受限于自然资源的限制以及生产效率低等因素。从外汇储备方面来看，这是与我国外向型经济格局以及结售汇制度密不可分的。

(4)国际储备来源多元化

其中，外汇储备主要来自经常项目顺差。

(5)人民币成为中心储备货币

2015年12月1日人民币成为世界五大支付货币之一。它虽然可带来一定的好处，但由于必须对外完全开放国内金融市场，对资本输出入也不加任何限制，这样就会影响国内的货币政策乃至经济发展。同时任何一国货币作为储备货币都会遇到“特里芬难题”，即随着储备货币发行量的增长，其信用保证必然下降，进而影响货币汇率。

8.3 国际货币体系

8.3.1 国际货币体系的概念与作用

1. 国际货币体系的概念

为适应国际贸易与国际支付的需要，各国政府对货币在国际范围内发挥世界货币职能所确定的原则、采取的措施和建立的组织形式就是国际货币体系。它一般包括以下几方面内容。

(1)各国货币比价的确定

根据国际交往与国际支付的需要，以及使货币在国际范围发挥世界货币职能，各国政府要规定：本国货币与外国货币之间的比价，货币比价确定的依据，货币比价波动的界限，货币比价的调整，维持货币比价采取的措施，以及是否实行多元化比价等。

(2)各国货币的兑换性与国际结算的原则

一国货币能否自由兑换，在结算国家之间的债权债务时采取什么样的结算方式，对支付是否加以限制等。

(3)国际储备资产的确定

为平衡国际收支的需要，一国需要有一定数量的国际储备。保存一定数量的、为世界各国所普遍接受的国际储备资产，以及它们的构成，是国际货币体系的一项重要内容。

(4)黄金、外汇的流动与转移是否自由

各国在不同时期，有不同的规定和限制措施。

2. 国际货币体系的作用

(1)理想的国际货币体系能促进国际贸易和国际资本流动的发展

这主要体现在：能够提供足够的国际清偿能力并保持国际储备资产的信心，以及保证

国际收支的失衡能够得到有效而稳定的调节。国际清偿能力应保持与世界经济和贸易发展相当的增长速度，过快的增长会加剧世界性的通货膨胀，而过慢的增长会导致世界经济和贸易的萎缩。保持清偿能力的适量增长也是维持储备货币信心的关键。所谓信心是指各国政府和私人都愿意继续持有国际储备资产，而不发生大规模的抛售国际储备货币的危机。

(2) 理想的国际货币体系还需要有良好的国际收支调节机制

它使各国公平合理地承担国际收支失衡调节的责任，并使调节付出的代价最少。

8.3.2 布雷顿森林货币体系

1. 布雷顿森林货币体系的建立

第二次世界大战前和战争期间，由于国际货币制度的不统一，各国国际收支危机严重，外汇管制普遍加强，各国货币汇率极不稳定，各货币集团之间的矛盾与斗争也非常尖锐，加上接连不断的货币战，使国际货币关系处于严重的混乱状况。为了克服混乱的国际货币关系同国际贸易发展之间的矛盾，在第二次世界大战末期，美、英等国经济学者与专家着手拟订建立战后国际货币制度的方案。1943 年 4 月 7 日，英、美两国政府分别在伦敦和华盛顿同时公布了英国财政部顾问凯恩斯拟订的“国际清算同盟计划”（通称凯恩斯计划）和美国财政部长助理怀特拟订的“联合国平准基金计划”（通称怀特计划）。

2. 布雷顿森林货币体系的主要内容

布雷顿森林体系的主要内容是以作为国际协议的《国际货币基金协定》（以下简称协定）的法律形式固定下来的，包括以下四个方面。

(1) 国际金融机构

布雷顿森林体系建立了一个永久性的国际金融机构，即国际货币基金组织，对货币事项进行国际磋商。在 1936 年实行“三国货币协定”以前，由于缺乏协商的机构或程序，国际货币关系受到极大的破坏。在战后年代，根据《布雷顿森林协定》所建立的国际货币基金组织为国际协商与合作提供了适当的场所。虽然以美国为首的主要工业发达国家在很大程度上操纵和控制着基金组织，广大的发展中国家远远没有获得应有的权力和地位，但在国际货币关系中也确实出现了国际协商与合作的一面。基金组织是战后国际货币制度的中心，具有一定的任务和权力，它对会员国融通资金，以稳定外汇市场，扩大国际贸易。基金组织的各项规定，构成了国际金融领域的纪律，在一定程度上维护着国际金融与外汇交易的秩序。

(2) 以美元为中心的固定汇率制

《协定》确认了美国政府在第二次世界大战前规定的美元对黄金的官价，即 1 盎司黄金=35 美元，英国政府承担其他国家政府或中央银行用美元外汇随时向美国按官价兑换黄金的义务。这样的规定等于规定了美元直接同黄金挂钩，美元是最主要的国际储备货币。另外，《协定》还规定：各国货币规定金平价，并以此确定对美元的比价，从而确定了其他货币通过美元与黄金间接挂钩的关系；各国货币均与美元保持固定比价关系，汇率波动范围不得超出货币平价的 1%，各国政府有义务通过干预外汇市场来实现汇率的稳定；会员国只有在国际收支出现“基本失衡”时，经基金组织批准才可以进行汇率的调整。这些规定说明布雷顿森林货币制度下的汇率制度是可调整的固定汇率制。

(3)调节国际收支

弥补国际收支逆差，为会员国融通弥补逆差所需的资金是国际货币制度顺利运转的必要条件。为此，《协定》规定：设立普通贷款账户，向会员国提供贷款，用于会员国弥补经常项目收支暂时存在的赤字。此外，《协定》还规定了顺差国也有调节国际收支的责任，这主要体现在《协定》的“稀缺货币”条款上；当一国的国际收支持续出现大量顺差时，逆差国对顺差国货币的需求将明显、持续增长，并向基金组织借取该种货币。这就会使这种货币在基金组织的库存急剧下降。当库存下降到该会员国份额的75%以下时，基金组织可将该会员国货币宣布为“稀缺货币”，并按逆差国的需要进行限额分配，逆差国也有权对“稀缺货币”采取临时的兑换限制措施。这样，“稀缺货币”发行国的出口贸易就可能受到影响，从而迫使其采取调节国际收支的措施。不过，应该指出，“稀缺货币”条款不可能真正实施，因为条款中还同时规定，基金组织在解决“稀缺货币”而确定应采取的办法时，要有“稀缺货币”国家的代表参加。美国在第二次世界大战时和战后初期一直积有巨额国际收支顺差，而大多数国家都存在着严重的美元不足。在这种情况下，本应实施“稀缺货币”条款，但由于必须有美国代表参与提出解决的办法，美国可以限制货币兑换同基金的消除外汇管制的宗旨不符为理由而加以否决。不仅如此，美国还可以利用此条款来扩大资本输出和掠夺黄金，因为该项条款同时还规定，基金组织可采取以下两种措施解决“稀缺货币”问题：

①经“稀缺货币”发行国许可，IMF用发行债券办法，在该国金融市场筹措资金；

②商请“稀缺货币”发行国把该国货币售予基金组织，以换取IMF的黄金。

(4)取消外汇管制

《协定》第八条规定会员国不得限制经常项目的支付，不得采取歧视性的货币措施，要在兑换性的基础上实行多边支付。不过，有三种特殊情况除外：

①货币兑换性只适用于国际贸易中的经常项目，对经常项目的交易，不允许各国政府限制外汇的买卖，但允许对资本项目的交易采取管制措施；

②会员国在处于战后过渡时期的情形下，由于条件不具备，也可延迟履行货币兑换性的义务，这类国家被称为“第14条款国家”，履行兑换性义务的，则被称为“第8条款国家”；

③会员国有权对“稀缺货币”采取临时性的兑换限制。

3. 布雷顿森林货币体系的作用

布雷顿森林货币制度的运转对战后国际贸易和世界经济的发展起着一定作用。

①国际储备能随着国际贸易的增长而不断增加，这个货币制度基本上是以黄金为基础，黄金仍发挥着世界货币的作用。美元处于“关键货币”的地位，是最主要的一种国际储备货币，它等同于黄金，可作为黄金的补充。在战后黄金产量增长停滞的情形下，美元的供应可以弥补国际清偿能力的不足，这在一定程度上解决了国际储备的短缺问题。

②《布雷顿森林协定》实行可调整的盯住汇率制度，汇率的波动受到严格约束，所以汇率可以相对稳定，有利于国际贸易的发展和国际资本的流通。

③基金组织在促进国际货币合作和建立多边支付体系方面也起了一定作用，特别是对会员国提供各种类型的短期和中期贷款，可暂时缓和会员国国际收支逆差所造成的问题，有助于世界经济的稳定和增长。

总之，布雷顿森林货币体系是战后国际货币合作中一个比较成功的事例，它为稳定国际金融和扩大国际贸易提供了有利条件。

4．布雷顿森林货币体系的瓦解

(1) 布雷顿森林货币体系的缺陷

虽然布雷顿森林货币体系对战后世界的发展产生了重要的影响，但事实上，该货币体系也存在着一些严重的缺陷。

①美元享有特殊地位，导致美国货币政策对各国经济产生重要影响。由于美元是主要的储备资产，享有“纸黄金”之称，美国就可以利用美元直接对外投资，购买外国企业，或利用美元弥补国际收支赤字；而各国货币又都是盯住美元，对美元存在着一种依附关系，美国货币金融当局的一举一动都将波及整个世界金融领域，从而导致世界金融体系的不稳定。

②以一国货币作为主要的储备资产，必然给国际储备带来难以克服的矛盾。战后，由于黄金生产的停滞，美元在国际储备总额中的比重显著增加，而国际贸易和国际金融的发展要求国际储备相应扩大，在这种情况下，世界各国储备的增长需要依靠美国国际收支持续出现逆差，但这必然影响美元信用，引起美元危机。如果美国保持国际收支平衡，稳定美元，则又会断绝国际储备的来源，导致国际清偿能力的不足，这是一个不可克服的矛盾，即国际经济学界所称的“特里芬难题”。

③汇率机制缺乏弹性，导致国际收支调节机制失灵。布雷顿森林货币制度过分强调汇率的稳定，各国不能利用汇率的变动来达到调节国际收支平衡的目的，而只能消极地实行外汇管制，或放弃稳定国内经济的政策目标。前者必然阻碍贸易的发展，而后者则违反了稳定和发展本国经济的原则，这两者都是不可取的，可见，缺乏弹性的汇率机制不利于各国经济的稳定发展。美元与黄金挂钩，各国货币与美元挂钩是布雷顿森林货币体系赖以存在的两大支柱。自 20 世纪 50 年代以来，上述种种缺陷不断地动摇了布雷顿森林货币体系的基础，从而终于在 20 世纪 70 年代初陷入崩溃的境地。

(2) 布雷顿森林货币体系瓦解概况

20 世纪 40 年代末，美国的经济实力空前增强，1949 年美国拥有当时资本主义世界黄金储备总量的 71.2%，达 245.6 亿美元。同时，饱受战争创伤的西欧、日本为发展经济需要大量美元，但又无法通过商品和劳务输出来满足，从而形成了普遍的美元不足。20 世纪 50 年代初，美国发动侵朝战争，国际收支由顺差转为逆差，黄金储备开始流失，1960 年美国的黄金储备下降到 178 亿美元。与此同时，西欧和日本的经济开始恢复，进入迅速发展时期，出口大幅度增长，国际收支由逆差转为顺差，从而爆发了第一次美元危机。1960 年 10 月，国际金融市场上掀起了抛售美元抢购黄金的巨大风潮，伦敦金融市场的金价暴涨到 41.5 美元一盎司，高出黄金官价的 18.5%。

美元危机的爆发严重动摇了美元的国际信誉，为了挽救美元的颓势，美国与有关国家采取了一系列维持黄金官价和美元汇率的措施，包括《君子协定》《巴塞尔协定》《黄金总库》以及组成“十国集团”，签订《借款总安排》等，目的是在汇率波动时，运用各国力量共同干预外汇市场，尽管如此，也未能阻止美元危机的再度发生。

20 世纪 60 年代中期以后，美国扩大了侵略战争，国际收支更加恶化，黄金储备不断减少。对外债务急剧增加。1968 年 3 月第二次美元危机爆发，巴黎市场的金价一度涨到 44

美元一盎司。3 月 14 日，伦敦黄金市场上的成交量达 350～400 吨，美国的黄金储备半月之内即流失了 14 亿美元。危机导致一些金融市场纷纷停止或关闭，“黄金总库”被迫解散。美国与有关国家达成了《黄金双价制》的决议，即黄金市场的余价由供求关系自行决定，35 美元一盎司的黄金官价仅限于各国政府或中央银行向美国兑换。

20 世纪 70 年代以后，美国经济状况继续恶化，1971 年 5 月爆发了新的美元危机，美国的黄金储备降至 102 亿美元，不及其短期债务的五分之一。美国政府遂于 1971 年 8 月 15 日宣布实行“新经济政策”，其中一条是对外停止履行美元兑换黄金的义务，切断了美元与黄金的直接联系，从根本上动摇了布雷顿森林货币体系。

美元停止兑换黄金以后，引起了国际金融市场的极度混乱，西方各国对美国的做法表示强烈不满，经过长期的磋商，“十国集团”于 1971 年 12 月通过了《史密森协议》，其主要内容是：美元贬值 7.89%，黄金官价升至每盎司 38 美元，西方主要通货的汇率也作了相应的调整，并规定汇率的波动幅度由货币平价的上下 1%扩大为不超过平价上下的 2.25%。此后，美国的国际收支状况并未好转，1973 年 1 月下旬，国际金融市场上又爆发了新的美元危机。美元被迫再次贬值，跌幅为 10%，黄金官价升至每盎司 42.22 美元。

第二次美元贬值之后，外汇市场重新开放。然而抛售美元的风潮再度发生。为了维持本国的经济利益，西方国家纷纷放弃固定汇率，实行浮动汇率。西欧经济共同体做出决定，不再与美元保持固定比价，实行联合浮动。各国货币的全面浮动，使美元完全丧失了中心货币地位的作用，这标志着以美元为中心的国际货币制度的彻底瓦解。

8.3.3 牙买加货币体系

布雷顿森林货币制度崩溃后，国际货币金融领域动荡混乱。美元的国际地位不断下降，国际储备呈现多元化，许多国家实行浮动汇率，全球性国际收支失衡现象日益严重，西方发达国家之间以及发达国家与发展中国家之间的矛盾空前激化。

1976 年 1 月 8 日，国际货币基金组织的临时委员会在牙买加首都金斯敦举行会议，就许多有关国际货币制度的问题达成协议，并建议修改国际货币基金协定的条款，汇率制度和黄金问题是会议讨论的重点。1976 年 4 月，国际货币基金理事会通过了国际货币基金协会修改草案，并送交各成员国完成立法批准手续。1978 年 4 月 1 日，修改后的国际货币基金协定正式生效。由于这个协定是在牙买加会议上通过的，所以称为《牙买加协定》，国际上一般把《牙买加协定》后的国际货币制度称为“牙买加货币制度”。《牙买加协定》的主要内容包括以下几个方面。

(1) 取消平价和中心汇率，允许会员国自由选择汇率制度

国际货币基金组织同意固定汇率制与浮动汇率制暂时并存，但在汇率政策方面要接受国际货币基金组织的指导和监督，以防止各国采取损人利己的货币贬值政策。在世界经济恢复稳定后，国际货币基金组织经过 85%总投票权同意，可恢复“稳定的但可调整的平价制度”。国际储备资产应以特别提款权为主，逐步降低储备货币和黄金的作用，通过国际合作对付扰乱性的国际短期流动资金等。

(2) 废除黄金官价

会员国中央银行可按市价自由进行黄金交易；减少黄金的货币作用，黄金不再作为各国货币定值的标准；取消国际货币基金组织会员国必须用黄金缴付其份额 25%的义务和以

黄金清偿债务的规定；国际货币基金组织持有的黄金，其中 1/6(约 2 500 万盎司)按市价出售，超过官价的部分用以援助发展中国家，另外 1/6 则按官价归还给各会员国，剩余部分(约 1 亿盎司)根据总投票的 85%的多数做出具体处理决定。

(3)使特别提款权成为主要的国际储备资产

新协定规定：特别提款权可以作为各国货币定值的标准；特别提款权可以供参加这种账户的国家用来清偿对国际货币基金组织的债务；参加国也可以用特别提款权进行借贷。

(4)加强国际货币基金组织对国际清偿能力的监督

增加国际货币基金组织成员国缴纳的基金份额，由原来的 295 亿特别提款权增加到 390 亿特别提款权，增加了 33.6%。具体到各成员国所承担的基金份额，则有升有降。石油输出国所承担的份额由 5%提高到 10%，联邦德国和日本也略有增加，其他西方工业国家都有所下降。

(5)扩大对发展中国家的资金融通

用出售黄金所得收益建立信托基金，以优惠条件向最穷困的发展中国家提供贷款，以解决其国际收支问题；扩大基金信用贷款的额度，由占成员国份额的 100%增加到 145%；提高国际货币基金组织“出口波动补偿贷款”在份额中的比重，由占份额的 50%提高到占份额的 75%。

牙买加货币体系建立以来，对维持国际经济正常运转，推动世界经济继续发展，发挥了积极作用。第一，它基本摆脱了布雷顿森林货币制度时期各国货币与美元挂钩所产生的弊端，这对于世界经济的发展是比较有利的。第二，在一定程度上解决了“特里芬难题”。牙买加货币体系形成以后，实现了国际储备多元化，美元已经不是唯一的国际储备货币和国际清算及支付手段，即使美国国际收支不断出现顺差，即使美国不向外投放美元，仍会有其他国际储备货币和国际清算及支付手段缓解国际清偿力的不足。由于美元已与黄金脱钩，即使美国的国际收支不断发生逆差，即使各国的美元储备超过美国的黄金储备，各国也不可能用美元向美国挤兑黄金，从而加重美国的经济困难。第三，牙买加货币制度比较灵活的复合汇率体制使各个主要国家货币的汇率能够根据市场供求状况自发调整，灵活地反映不断变化的客观经济状况。第四，牙买加货币制度采取多种调节机制相互补充的办法来调节国际收支，因而在一定程度上缓和了布雷顿森林货币制度调节机制失灵的困难。

然而，随着国际经济关系的发展变化，这一国际货币制度的弊端也日益明显。在西方七国首脑会议上或在国际货币基金组织的年会及其他会议上，都曾讨论过国际货币制度改革问题。由此可见，进一步改革国际货币制度，建立合理而稳定的国际货币新秩序仍势在必行。

8.4 国际资本流动

8.4.1 国际资本流动的概念及基本形式

1. 国际资本流动的概念

国际资本流动是指一个国家(或地区)的政府、企业或个人与另外一个国家(或地区)的政府、企业或个人之间，以及国际金融机构之间资本的流入和流出。它是国际间经济交易的基本内容之一。

国际资本流动是资本跨越民族、国家的界限而在国际范围内运动的过程，是资本要素在不同主权国家和法律体系管辖范围之间的输出与输入。资本的本质决定了资本跨国流动的本质，是居民的一部分储蓄或社会剩余劳动积累在不同社会再生产体系、不同社会经济分配体系、不同政府宏观决策体系之间的运动。

2．国际资本流动的基本形式

国际资本流动按具体表现形式可以分为：直接投资、证券投资和其他投资。

(1) 直接投资

直接投资是指一国企业或个人对另一国企业等机构进行的投资，直接投资可以取得对方或东道国厂矿、企业的全部或部分管理或控制权。直接投资主要有以下三种类型。

①创办新企业，如在国外设立子公司、附属机构，或与东道国设立合资企业。

②收购国外企业的股权达到一定比例以上。有的国家规定，拥有外国企业股权达到 10% 以上就属于直接投资。

③利润再投资。投资者在国外企业投资所获利润并不汇回国内，而是用作对该企业进行再投资。这种投资并不引起一国资本的实际流入和流出。

(2) 证券投资

证券投资也称间接投资，是指在国际债券市场购买中长期债券或在股票市场购买外国企业股票的投资。

证券投资与直接投资的区别在于证券投资者对于投资对象企业并无实际控制和管理权，只能收取债权的利息和股票的红利；而直接投资则由足够的股权来管理经营投资对象企业，并承担企业的经营风险和享受企业的经营利润。此外，有些证券投资者购买证券的目的并不在于收取利息和红利，而是企图从有价证券的买卖差价中获得利润。

(3) 其他投资

其他投资主要是指国际贷款。它通常表现为政府贷款、国际金融机构贷款、国际银行贷款和出口信贷等。

政府贷款是政府间的贷款，有援助性质。一般是发达国家向发展中国家贷款，而且大多数是双边贷款，也有的是政府机构与民间机构共同提供的混合贷款。

国际金融机构的贷款，一般利率优惠，期限也相对较长，但有一定的条件。国际银行贷款不限定用途，而且贷款资金的数额也不受限制。但国际银行贷款的成本较高，因为国际银行贷款除了按国际金融市场利率向借款人收取利息外，还要求借款人承担有关的杂项费用。

出口信贷是与国际贸易直接相关的中长期信贷，它是商业银行对本国出口商或外国进口商及进口商银行提供的贷款，其目的是为了扩大出口。

8.4.2 国际资本流动的历史发展及特征

1．国际资本流动的历史发展

国际资本流动是商品经济发展到一定阶段、生产的社会分工国际化的产物，并随着生产力的提高及国际政治、经济格局的演变呈现出特定的发展过程。从其规模及方式的发展角度分析，通常把这个发展过程分为五个阶段。

(1) 初始形成阶段(1914 年以前)

这一阶段从 18 世纪末 19 世纪初开始到第一次世界大战前夕。当时，第二次工业革命推动生产力迅猛发展，国际分工体系和发达资本主义国家资本相对过剩格局初步形成，使国际投资具备了物质方面的基础。在这一个多世纪里，国际投资增长了 2 倍多，达到 410 亿美元。

从投资方式来看，这一阶段是国际间接投资占主要方式。以当时世界主要国际投资输出国英国和法国为例，1913 年英国(占全球投资总额的 1/2)有 70.5%的对外投资为证券投资；法国也是以债券资本输出为主，故而有“高利贷帝国主义”之称。直到 1914 年国际投资的 90%都是证券投资。

(2) 低迷徘徊阶段(1914—1945 年)

这一阶段为两次世界大战的时期。由于战争，这一期间的国际投资受到了较为严重的影响，发展历程曲折迟缓。除在战争之间的少数几年有暂时的恢复和发展外，国际投资不甚活跃。到 1945 年战争结束时，主要国家的对外投资总额下降到 380 亿美元。本阶段的国际投资方式依然以间接投资为主。

(3) 恢复增长阶段(1945—1979 年)

这一阶段是从第二次世界大战后到 20 世纪 70 年代末的期间。在这段时期中，世界政治局势相对平稳，又兴起了第三次工业革命，因而促使国际投资迅速恢复并增长。发达资本主义国家的对外投资总额由 1945 年的 510 亿美元增长到 1978 年的 6 000 亿美元。

本阶段投资方式方面的显著特征是对外直接投资主导地位的形成。国际直接投资从 1945 年的 200 亿美元增至 1978 年的 3 693 亿美元，占国际投资总额的比重由 39.2%上升到 61.6%；主要发达国家的私人海外直接投资存量总额从 1960 年的 537 亿美元上升到 1979 年的 4 472 亿美元，增加了 7 倍多，年均递增 11%。

(4) 迅猛发展阶段(1980—1999 年)

在科技进步、金融创新、自由化、跨国公司全球化经营等多因素的共同作用下，20 世纪 80 年代以来国际投资蓬勃发展，成为世界经济舞台上最为活跃的角色，而且出现了直接投资与间接投资齐头并进的发展局面。据世界银行统计，1989—1999 年 10 年间，全球总国际投资流量占 GDP 比重由 8.5%提高到 18.3%，其中国际直接投资由 2.0%提高到 4.6%，国际间接投资由 6.5%提高到 13.7%。

(5) 创新发展阶段(21 世纪以来)

世界经济多元化格局日趋明显，全球对外投资也随着世界经济发展状况呈现出景气变化。目前，在对外投资的绝对规模上，欧美仍然继续大幅领先，但在增长速度上，发展中国家普遍高于发达国家，更多的发展中国家和地区成为投资新热点。

2. 国际资本流动的特征

国际资本流动不同于以所有权的转移为特征的商品交易，它是以使用权的转让为特征的，但一般仍以营利为目的。一国(或地区)的国际收支平衡表中的资本与金融账户，集中反映了该国(或地区)在一定时期内与他国(或地区)的资本流动的综合情况。其特征如下。

(1) 国际资金流量增长迅速，不依赖于实物经济而独立增长

自 20 世纪 90 年代以来，世界经济发展迅速，国际资本流动的增长速度远远快于世界

贸易的增长。而且，国际资本流量的增长是持续性的，不受世界经济周期波动的影响。另外，一大批在国际资本流动中居于突出地位的离岸金融中心都出现在经济和贸易不太发达的国家和地区，诸如巴哈马、巴林、开曼群岛、新加坡、阿联酋等。

(2)发达国家在国际资本中仍占主导地位，发展中国家比重逐步增加

第二次世界大战后发达国家不仅保持着资本输出主体国家的地位，而且成为最大的受资国，国际直接投资主要发生在发达国家之间。OECD国家近年来对外直接投资占国际直接投资的80%左右，其成员国对外直接投资的70%左右也被其他OECD成员国所吸收。在国际资本市场上，发达国家扮演着双重角色，既是最大资本输出国，又是最大资本输入国，对外大量投资与大规模吸收外资往往结合于一身。而发达国家在国际直接投资中的支配地位，决定了其在国际直接投资法律规则的制定方面有着极大的影响力。

但又有迹象表明，发展中国家通过国际资本流动参与世界经济的程度普遍加大。流向发展中国家的资本主要集中在发展水平较高，能带来较高收益且法律制度比较健全的国家，如巴西、新加坡、墨西哥、韩国、泰国和中国等十多个国家。在资本流向上，体现了各个国家传统的关系和利益所在。美国的资本主要流向了拉丁美洲国家，日本流向了亚洲，西欧各国的资本主要流向了欧洲，独联体国家吸引外资较少。

(3)跨国公司在国际直接投资中作用举足轻重，跨国公司并购日趋活跃

在当今新贸易保护主义有所抬头的情况下，跨国公司为获得国外新市场和进入生产要素市场而对外大量投资，并将对外直接投资视为增强竞争力的重要手段。同时各国政府也认识到吸引跨国公司投资对经济发展的促进效应，因此各国尤其是发达国家推行自由化的对外直接投资政策，并为外国直接投资提供更多便利。这一有利的宏观投资环境，使得跨国公司对外投资大大增加。

(4)国际资本流动的产业结构中第三产业比重增加较快

20世纪90年代以来，国际资本流动在投向的产业结构方面发生了较大的变化。以国际直接投资为例，从第二次世界大战结束到80年代中期大约40年中，第二产业一直是国际直接投资的重点。但从80年代中期开始，随着服务业的迅速发展，第三产业在国际直接投资中的比重逐年增加。国际资本流动投向的最重要的部分是高科技产业和服务业。在英国，国际资本投入的新项目中，软件、电子、汽车部件、化学和IT网络服务等高科技行业占了30%；在美国，持续近9年最大的发展动力就是高科技行业的飞速发展。在全球金融动荡期间，高科技股带动着美国股市节节攀高，吸引了国际避险资金涌入美国，并进一步推动了美国经济的发展。

(5)国际资本证券化，资本流动高速化

国际资本证券化是当前国际资本流动的一个重要趋势，它是指银行贷款迅速被各种债券(固定利率的普通债券、浮动利率债券、以债权形式出现并可以在市场上随时转让的存款单等)所取代。国际资本市场的证券化是20世纪80年代以来国际资本市场上融通机制变化的一个新趋势。它主要表现为：国际债券的实际规模和活动水平出现长期扩张的趋势；国际债券取代国际银行贷款，成为国际资本市场占统治地位的融资方式；国际债券具有同化国际贷款的客观趋势。

伴随着国际资本证券化的是国际资本流动速度的明显加快。由于金融技术的飞快发展，大量使用金融创新产品和各种金融衍生工具的开发和普及，在国际金融市场上，巨额的资金可以迅速积累，也可以迅速地散去和转移。大规模的资金可以通过一个电话、一封电邮，便能在各个金融市场上不断地迅速流动。

(6) 国际资本流动中官方融资比重显著下降，外国私人资本重要性日趋增加

按世界银行的划分标准，国际资本流动分为官方发展融资和外国私人资本两种形式，后者又可细分为外国直接投资、国际股权证券投资、外国商业银行贷款和发行国际债券等。第二次世界大战后到 20 世纪 70 年代中期，官方发展融资的地位和作用大大加强。这一时期，官方提供的优惠和非优惠外国资本，是发展中国家输入资本的主要渠道。从 20 世纪 70 年代中期起，官方发展融资总量尽管还在增加，但其地位和作用大为削弱。

官方发展融资是20世纪90年代以来国际资本流动构成中绝对额唯一持续下降的项目，而其主要原因，是由于大多数工业国家财政预算的削减，从而使资金供给来源受到限制；冷战结束后，发展中国家的战略地位和军事重要性也趋于下降，一些发达国家不像冷战时期那样热衷于发展援助。此外，美元相对于其他发达国家货币的升值，使这些国家提供的发展援助资金折算成美元金额也减少。

而与官方发展融资相反，由外国商业银行借款与发行国际债券、外国直接投资和国际股权证券投资构成的流入发展中国家的国际私人资本流动则取得长足发展。

(7) 国际资本流动中金融衍生工具取得巨大发展

资金在外汇市场、信贷市场、证券市场以及衍生工具市场之间的流动增长速度极为迅速，并且在国别和地区上存在差别，具有极大的可逆性。衍生工具产生的国际资本流动数量已经处于绝对优势地位，而且衍生交易的增长速度非常迅速。从衍生工具交易的内部组成看，场外交易市场衍生工具交易的增长更为迅速，基本上在国际衍生工具交易中处于主导地位。场外衍生工具交易的飞速发展与场外交易形式的简便灵活以及这一交易方式中金融创新活动的活跃有密切关系。

8.4.3 国际资本流动的影响

1. 对世界经济的一般影响

(1) 形成全球利润最大化

长期资本流动可以增加世界经济的总产值与总利润，并趋于最大化。因为，资本在国际间进行转移的一个原因，就是资本输出的盈利大于资本留守在国内投资的盈利，这意味着输出国因资本输出在资本输入国创造的产值，会大于资本输出国因资本流出而减少的总产值。这样，资本流动必然增加了世界的总产值和总利润，而且资本流动一般是遵循哪里利润率高往哪里流动的原则，最终会促使全球利润最大化。

(2) 加速世界经济的国际化

生产国际化、市场国际化和资本国际化，是世界经济国际化的主要标志。这三个国际化之间互相依存、互相促进，推动了整体经济的发展。

第二次世界大战后，资本流动国际化已经形成一个趋势，80 年代以来更有增无减。尤其资本流动国际化的外部环境与内部条件不断充实，如全球金融市场的建立与完善、高科技的发明与运用、新金融主体的诞生与金融业务的创新，以及知识的累积、思维的变化等，这些都使资本流动规模大增、流速加快、影响更广，而其所创造的雄厚的物质基础，又反过来推动生产国际化与市场国际化，使世界经济在更广的空间、更高的水平上获得发展。

(3)加深了货币信用国际化

首先，加深了金融业的国际化。资本在国际间的转移，促使金融业尤其银行业在世界范围内广泛建立，银行网络遍布全球，同时也促使了跨国银行的发展与国际金融中心的建立。这些都为国际金融市场增添了丰富的内容。目前，不少国家的金融业已成为离岸金融业或境外金融业而完全国际化。其次，促使以货币形式出现的资本遍布全球，如国际资本流动使以借贷形式和证券形式体现的国际资本大为发展,渗入到世界经济发展的各个角落。最后，国际资本流动主体的多元化，使多种货币共同构成国际支付手段。目前，几个长期资本比较充裕的国家，其货币都比较坚挺，持有这些货币，意味着更广泛地在世界范围内实现购买力在国际间的转移或更有选择余地地拥有清偿国际间的债权债务的手段。可见，这些都在不同程度上加深了货币信用的国际化。

2. 对资本输出国的影响

在一般情形下，长期资本流动对资本输出国的影响有积极与消极两个方面。

(1)积极影响

①可以提高资本的边际效益。长期资本输出国一般是资本较充裕或某些生产技术具有优势的国家。这些国家由于总投资额或在某项生产技术领域的投资额增多，其资本的边际效益就会递减，由此使新增加的投资的预期利润率降低。如果将这些预期利润率较低的投资额，转投到资本较少或某项技术较落后的国家，便可提高资本使用的边际效益，增加投资的总收益，进而为资本输出国带来更可观的利润。

②可以带动商品出口。长期资本输出会对输出国的商品出口起推动作用，从而增加出口贸易的利润收入，刺激国内的经济增长。如某些国家采用出口信贷方式，使对外贷款(即资本输出)与购买本国的成套设备或某些产品相联系，从而达到带动出口的目的。

③可以迅速地进入或扩大海外商品销售市场。

④可以为剩余资本寻求出路，生息获利。

⑤有利于提高国际地位。资本输出，一般来说意味着该国的物质基础较为雄厚，意味着该国更有能力加强同其他国家的政治与经济联系，从而有利于提高自己的国际声誉或地位。

(2)消极影响

①必须承担资本输出的经济和政治风险。当今世界经济和世界市场错综复杂，资本输出稍有偏差就会产生经济业务的风险。此外，还得承担投资的政治性风险。这体现在资本输入国发生政治变革，就可能会实施不利于外国资本输出的法令，如没收投资资本，甚至拒绝偿还外债等。在国际债务历史上，曾经发生过有的国家因陷入债务危机而停止还债的现象，便是一个明证。

②会对输出国经济发展造成压力。在货币资本总额一定的条件下，资本输出会使本国的投资下降，从而减少国内的就业机会、降低国内的财政收入、加剧国内市场竞争，进而影响国内的政治稳定与经济发展。

3. 对资本输入国的影响

(1)积极影响

①可以弥补输入国资本不足。一个国家获得间接投资，通过市场机制或其他手段会流

向资金缺乏的部门和地区；一个国家获得直接投资，则在一定程度上会弥补国内某些产业的空心化现象。其结果，既解决了资金不足问题，也促进了经济的发展。

②可以引进先进技术与设备，获得先进的管理经验。长期资本流动的很大一部分是直接投资。该投资的特点是能给输入国直接带来技术、设备，甚至是销售市场。因此，只要输入得当、政策科学，资本输入无疑会提高本国的劳动生产率，增加经济效益，加速经济发展进程。

③可以增加就业机会，增加国家财政收入。资本输入的目的在很大程度上是用来创建新企业或改造老企业的，这对发达国家或发展中国家都是如此。这样，就有利于增加就业机会，有利于增加国民生产总值，进而有利于增加国家财政收入、提高国民的生活水平。

④可以改善国际收支。一方面，输入资本，建立外向型企业，实现进口替代与出口导向，有利于扩大出口，增加外汇收入，进而起到改善国际收支的作用；另一方面，资本以存款形式进入，也可能形成一国国际收支的来源。

(2) 消极影响

①可能会引发债务危机。输入国若输入资本过多，超过本国承受能力，则可能会出现无法偿还债务的情况，导致债务危机的爆发。

②可能使本国经济陷入被动境地。输入资本过多又管理不善并使本国经济不能获得长劲发展的话，输入国就会对外产生很强的依赖性。这样，一旦外国资本停止输出或抽走资本时，本国经济发展就会陷入被动的境地，甚至使本国的政治主权受到侵犯。

③加剧国内市场竞争。大量外国企业如果把产品就地销售，必然会使国内市场竞争加剧，从而使国内企业的发展受到影响。

8.4.4 我国对国际资本流动的政策选择

面对纷繁复杂的国际形势带来的挑战，中国应该提高资本项目管制的方式和效率，应该鼓励和尝试以市场为基础的间接管制手段。以市场为基础的间接管制与直接管制相比危害较小。间接管制手段的运用将有助于获得必要的管理经验，使我国能够应对未来在国际资本流动管理方面所遇到的各种挑战。具体政策选择涉及以下内容。

(1) 根据管理目标确定鼓励与限制类别

将国际资本划分为外商直接投资、证券投资、外债三大类，鼓励外商直接投资等中长期资本流动，限制证券投资和短期外债等短期资本流动。

(2) 对短期外国资本流动征收登记费

征收登记费的基本目标是鼓励用较长期限的外国资本流入来取代短期外国资本流入。鉴于中国目前的短期资本流入主要是外债，可以考虑暂时只对短期外债(包括外资企业与外资银行的外债)和居民的离岸借款征收短期外国资本流入登记费。

(3) 加强外债管理

第一，修改《外债统计监测暂行规定》，进一步明确只有登记的外债才有权购汇和汇出，没有登记的外债不许购汇和擅自汇出，明确量化和提高未登记外债的处罚标准；第二，对各种可能的隐性外债进行研究和监测，一经发现要严肃处罚；第三，禁止外债合同中含有加速还款条款，至少不应把它们视为长期外债；第四，严格监测短期外债的用途，短期外债不应被用于收益为本币的长期投资；第五，对外商投资企业的外债管理应实行国民待遇。

(4)加强对银行系统的审慎性监管

第一，通过制定法规，明确要求在华外资银行实行分业经营，对在华外资银行和其总行之间的资金往来原则上应视同外债管理，适用短期资本流入登记费；第二，为了严格控制整个银行系统的外汇风险，应该对商业银行的外汇敞口头寸进行严格限制；第三，为了控制币种不匹配带来的风险，监管机构应该要求银行将外汇仅贷给有外汇收入的企业；第四，提高中资商业银行和外资商业银行执行外汇管理法规的力度；第五，针对国内银行和外资银行提供衍生产品服务的增加，中国监管机构需要加强对衍生产品的监管。

(5)必须建立一套实时的外汇管理电子系统

信息和通信技术的进步大幅度减少了通信、交易和数据处理的成本，成为全球跨国资本流动飞速增长的主要原因之一。实时的外汇管理电子系统应当被视为监测跨境资本流动的基础设施，可以在跨境交易发生后即时记录和追踪每笔交易，管理部门应该可以随时登录每个外汇账户。

(6)建立国际收支监测预警体系

一些经济指标已被证明能够非常有效地监测和预警货币或金融危机。这套系统应该包括对金融危机的精确定义和金融危机的预测方法，包括预测金融危机的一整套指标。

小　结

1. 国际借贷是指一个国家在一定日期对外债权债务的综合情况，是一个存量概念；国际收支是表示一个国家在一定时期内对外货币收支的综合情况，是一个流量概念。

2. 西方经济学家按发生国际收支不平衡原因的不同将国际收支不平衡分为五种类型，即周期性不平衡、货币性不平衡、结构性不平衡、收入性不平衡、临时性不平衡。

3. 调节国际收支的政策措施有外汇缓冲政策、财政货币政策、汇率政策、直接管制。

4. 动态外汇是通过银行等金融机构把一国货币换成另一国货币，实现资金转移或债权债务清算的一种专门性经营活动或行为；静态外汇是指外币或以外币表示的可用于国际结算的交付手段或资产。

5. 外汇汇率，也称汇价或外汇行市，是指两种不同货币相互兑换的比率或指两个不同货币之间的比价。它是一种价格，即一种货币用另一种货币表示的价格。

6. 在计算和使用汇率时，首先应确定以何种货币为标准。由于标准不同，存在着外汇汇率的两种标价方法：直接标价法和间接标价法。此外，根据外汇市场惯例，还有一种美元标价法和非美元标价法。

7. 为适应国际贸易与国际支付的需要，各国政府对货币在国际范围内发挥世界货币职能所确定的原则、采取的措施和建立的组织形式就是国际货币体系。

8. 理想的国际货币体系能促进国际贸易和国际资本流动的发展；理想的国际货币体系还需要有良好的国际收支调节机制。

9. 国际资本流动是指一个国家(或地区)的政府、企业或个人与另外一个国家(或地区)的政府、企业或个人之间，以及国际金融机构之间资本的流入和流出。它不同于以所有权的转移为特征的商品交易，它是以使用权的转让为特征的，但一般仍以营利为目的。

思考题

1. 何谓国际收支？国际收支与国际信贷的区别和联系有哪些？
2. 国际收支平衡表的概念和主要内容是什么？
3. 国际收支不平衡的原因有哪些？
4. 调节国际收支的政策措施有哪些？
5. 外汇的特征有哪些？
6. 外汇的作用有哪些？
7. 汇率的概念、汇率的标价方法是什么？
8. 国际储备的概念、储备资产的特点及国际储备构成的四个类型是什么？
9. 国际储备的作用有哪些？
10. 我国国际储备体系发展的特点有哪些？
11. 国际货币体系的作用有哪些？
12. 国际资本流动的基本形式有哪些？

案例简介

案例[8-1] 人民币升值利弊简析

2011 年 3 月 22 日人民币对美元汇率连续第四个交易日升值，并一举升破 6.56 关口，报 6.559 2，再创汇改以来新高。从 2010 年 6 月 19 日央行宣布重启汇改后，人民币对美元汇率已经累计升值 4.1%。若以 2005 年的汇改为基数，人民币对美元汇率升值幅度已经超过 26%。日本发生地震后，美元指数表现依然疲弱。本周美联储表示维持宽松货币政策，使得美元在短期内来自美国自身经济的上涨动力微乎其微，主要受制于其他主要非美元货币。国际市场美元再度下行，并刷新 15 个月新低，从而带动汇价走高。从理论上看，在中国央行近期推出一系列上调存款准备金率以及加息等紧缩措施之后，央行进行类似政策调整的空间逐步收窄，加快人民币升值步伐来抑制通货膨胀是种选择。

此外，值得注意的是，2011 年 2 月我国进出口出现了约 70 亿美元的贸易逆差，市场对人民币升值预期出现分歧。有专家认为，贸易收支只是影响汇率的一个方面，目前无论是缓解输入型通胀压力还是促进贸易结构升级，加快升值都非常必要。

（资料来源：根据中国新闻网相关资料整理。）

问题

试分析人民币升值的利与弊。

简要提示

1. 人民币升值的利有以下几个方面。

(1)增强我国的购买力。

(2)同样道理，我国对外国进行投资或购买外国资产都会比以前便宜、便利。

(3)外资对人民币升值的预期导致大量的资金进入中国，这足以抵消因投资成本加大而减少的投资额，而且还会大大地超出。

(4)由于劳动力成本低的优势被人民币升值所抵消，人民币升值还可以促使中国的产业结构从劳动密集型向高附加值为主的方向转化。

(5)人民币的升值可以为人民币走向世界打下基础。

(6)社会福利直接提高，人民币购买力提高，各方面的物价会相应地降低。

2. 人民币升值的弊有以下几个方面。

(1)国家的外汇储备随着升值幅度多少，相应损失。

(2)国家的出口产品会因为人民币升值受到一定的影响。

(3)较大程度地影响我国的劳务输出，较小程度地影响外国投资。

(4)因人民币升值，增强了人民币的购买力，会导致进口增加，缩小我国的贸易顺差额。

(5)银行坏账上升，带来失业问题，外国直接投资下降，农村地区发生通货紧缩，人民币的对外作用削弱。

(6)长期来看，人民币升值会抑制我国出口。

案例[8-2] 游资在中国的影响

国际游资大规模地频繁流动是在经济金融全球化背景下产生和发展的，其存在具有客观必然性。国际游资极大地增加了国际金融市场的流动性，促进了市场运作效率的提高，由于国际游资在国际金融市场上对高额利润的追逐，使一国经济金融与国际经济金融的相关性增强，推动了经济金融全球化的进程。

然而，国际游资的大进大出对一国宏观经济的危害是巨大的。由于国际游资往往会突然性地造成货币形式的不利变化，从而常常成为国内经济不稳定的一个来源。出于对一国货币升值的预期而引发的国际游资大规模流入，会扩张该国的货币供给，进而导致加剧通货膨胀；而国际游资大规模流出，则使该国陷入遭受紧缩的困扰。无论是墨西哥金融危机，还是东南亚金融危机，以及2008年的越南金融动荡，都表明国际游资是造成全球金融市场动荡乃至金融危机的重要根源，国际游资对危机的爆发起到了推波助澜的作用。

近年来，国际游资不断流入中国。在一定的经济学模型假设下，流入中国的热钱规模已达惊人的1.75万亿美元。这一数字大约相当于截至2008年3月底的中国外汇储备存量的104%。究其原因就在于中国对热钱具有两大吸引力，即降低风险和高回报，突出表现为中国经济增长的长期性，利率水平高于美国、人民币升值的预期。资金会流向更安全的地方，而现在美国经济和金融存在比较高的风险。投资者持有美元资产，即使可以获得一定的回报，但由于美元贬值，这种回报也会被汇率贬值所侵蚀。这时候投资者开始寻找一些回报更高的资产，而正在升值的人民币无疑就是一种选择，所以出现大量资金的涌入。

(资料来源：根据中国新闻网相关资料整理。)

问题

试简要分析为何我国要审慎防范游资大量涌入。

简要提示

国际游资大量进入，对中国宏观经济、货币体系、金融市场产生了巨大冲击，加剧了中国资产价格的波动、推高通货膨胀、扰乱正常经济秩序，这已成为不争的事实。如果一旦美元由弱转强、人民币升值预期到顶，将可能引发国际资本流动格局逆转，国际游资迅速套现而大规模流出，这将对中国经济带来巨大的风险。

案例[8-3] 纽约金融市场

纽约是世界最重要的国际金融中心之一。第二次世界大战以后，纽约金融市场在国际金融领域中的地位进一步加强。美国凭借其在战争时期膨胀起来的强大经济和金融实力，建立了以美元为中心的资本主义货币体系，使美元成为世界最主要的储备货币和国际清算货币。西方资本主义国家和发展中国家的外汇储备中大部分是美元资产，存放在美国，由纽约联邦储备银行代为保管。一些外国官方机构持有的部分黄金也存放在纽约联邦储备银行。纽约联邦储备银行作为贯彻执行美国货币政策及外汇政策的主要机构，在金融市场的活动直接影响到市场利率和汇率的变化，对国际市场利率和汇率的变化有着重要影响。世界各地的美元买卖，包括欧洲美元、亚洲美元市场的交易，都必须在美国，特别是在纽约的商业银行账户上办理收付、清算和划拨，因此纽约成为世界美元交易的清算中心。此外，美国外汇管制较松，资金调动比较自由。在纽约，不仅有许多大银行，而且商业银行、储蓄银行、投资银行、证券交易所及保险公司等金融机构云集，许多外国银行也在纽约设有分支机构，1983 年世界最大的 100 家银行在纽约设有分支机构的就有 95 家。这些都为纽约金融市场的进一步发展创造了条件，加强了它在国际金融领域中的地位。

纽约金融市场按交易对象划分，主要包括外汇市场、货币市场和资本市场。

纽约外汇市场是美国，也是世界上最主要的外汇市场之一。纽约外汇市场并无固定的交易场所，所有的外汇交易都是通过电话、电报和电传等通信设备，在纽约的商业银行与外汇市场经纪人之间进行。这种联络就组成了纽约银行间的外汇市场。此外，各大商业银行都有自己的通信系统，与该行在世界各地的分行外汇部门保持联系，又构成了世界性的外汇市场。由于世界各地时差关系，各外汇市场开市时间不同，纽约大银行与世界各地外汇市场可以昼夜 24 小时保持联系。因此它在国际间的套汇活动几乎可以立即完成。

纽约货币市场即纽约短期资金的借贷市场，是资本主义世界主要货币市场中交易量最大的一个。除纽约市金融机构、工商业和私人在这里进行交易外，每天还有大量短期资金从美国和世界各地涌入流出。和外汇市场一样，纽约货币市场也没有一个固定的场所，交易都是供求双方直接或通过经纪人进行的。在纽约货币市场的交易，按交易对象可分为：联邦基金市场、政府库券市场、银行可转让定期存单市场、银行承兑汇票市场和商业票据市场等。

纽约资本市场是世界最大的经营中、长期借贷资金的资本市场，可分为债券市场和股票市场。纽约债券市场交易的主要对象是：政府债券、公司债券、外国债券。纽约股票市场是纽约资本市场的一个组成部分。在美国，有 10 多家证券交易所按证券交易法注册，被列为全国性的交易所。其中纽约证券交易所、NASDAQ 和美国证券交易所最大，它们都设在纽约。

（资料来源：根据南方报业网相关资料整理。）

问题

结合纽约金融市场情况，简要分析国际金融市场发展趋势。

简要提示

1. 金融机构设置的全球化、金融业务活动的全球比、资本流动的全球化和金融市场的全球化。

2. 西方国家普遍放松金融管制后出现的金融体系和金融市场充分经营、公平竞争的趋势。

3. 国际融资趋向证券化，债务和股票作用明显增强。

第9章

货币需求

本章学习要点

通过本章的学习，掌握货币需求的决定因素对其作用的基本原理、马克思和西方学者对货币需求数量决定的基本原理；理解货币需求的经济含义；了解货币需求的基本分类、货币需求函数的概念和包含的基本要素。

本章学习重点与难点

重点是对货币需求概念的理解、西方学者货币数量学说研究及对比分析；难点是凯恩斯的货币需求结构理论、流动性陷阱的基本理论和弗里德曼的货币理论。

本章基本概念

货币需求、名义货币需求、实际货币需求、宏观货币需求、微观货币需求、货币需求函数、剑桥方程式、费雪方程式、投机性货币需求、交易性需求、预防性需求、流动性陷阱

9.1 货币需求的概念和决定因素

9.1.1 货币需求的概念

1. 定义

货币需求也被称为流动偏好，是指在既定的收入或财富范围内，不同利率水平下社会各阶层(个人、企业单位、政府)愿以货币形式持有的财产的数量。从货币职能角度来讲，它也是社会各阶层对执行流通手段、支付手段和价值储藏手段的需求。通常表现为一国在既定时间内社会各部门所持有的货币量。

货币是提高经济运行效率的必然产物。社会各部门需要持有一定的货币进行商品交换、支付服务费用、偿还债务、从事投资或保存价值，因此便产生了对货币的需求。该需求派生于商品交易，是一个商业经济的范畴，随商品经济及信用化的发展而发展。在产品经济以及半货币化经济条件下，货币需求强度(货币发挥自身职能作用的程度，货币与经济的联系即在

经济社会中的作用程度，以及社会公众对持有货币的要求程度）较低；在发达的商品经济条件下，货币需求强度较高。

另外，对于货币需求含义的理解，还需要把握以下几点。

(1) 货币需求是一个存量概念

它考察某个时点社会各阶层在其拥有的全部资产中愿意以货币形式持有的数量，而不是在某一时间段各部门所持有的货币数额的变化量，不同时间的货币需求量也不能相加总。因此，货币需求是个存量概念，而非流量概念。

(2) 经济学意义上的需求指的是有效需求

不单纯是一种心理上的欲望，而是一种能力和愿望的统一体。货币需求作为一种经济需求，理当是由货币需求能力和货币需求愿望共同决定的有效需求，这是一种客观需求。它以收入或财富的存在为前提，是在具备获得或持有货币的能力范围之内愿意持有的货币量。因此只有同时满足两个基本条件才能形成货币需求：一是有能力获得或持有货币；二是必须愿意以货币形式保有其资产。

(3) 货币需求中的“货币”是广义货币

广义货币通常所说的 M_2，是潜在购买力和现实购买力的总和，它不仅包括现金，也包括由银行系统创造的存款货币。

(4) 货币需求是一种派生需求

一部分货币需求来自于商品交易对交易媒介、支付手段和流通手段产生的需求，需求量在很大程度上受商品交易量的影响；一部分货币需求来自于因组织生产或投机对资本品的需求，需求量主要受利润率和利率的影响。

2. 货币需求的分类

(1) 宏观货币需求和微观货币需求

①宏观货币需求是指一个国家在一定时期内的经济发展与商品流通所必需的货币量，这种货币量既能满足社会各方面的需要，又不至于引发通货膨胀。

②微观货币需求是指从企业、个人或家庭等微观主体的持币动机、持币行为的角度进行考察，分析微观主体在既定的收入水平、利率水平和其他经济条件下，保持多少货币，才能使机会成本最小、所得收益最大。

(2) 主观货币需求和客观货币需求

①主观货币需求指经济主体在主观上或动机上希望拥有的货币量，是一种持币愿望，具有无限性。

②客观货币需求指在现有社会经济、技术条件下，经济主体为获得最大的经济利益希望并已经形成的货币需求量，是各经济主体在一定的约束条件下应该占有和可以占有的货币量。

(3) 名义货币需求和实际货币需求

在现代经济运行中，价格波动是经常性的，所以区分名义货币需求与实际货币需求有利于正确理解货币需求理论。

①名义货币需求是指个人或家庭、企业等经济单位或整个国家在不考虑价格变动时的货币持有量，是用货币单位表示的货币量。它是按现行价格计算的，与物价水平成正比，即物价水平上涨之后，对名义货币的需求也会随之增加。

②实际货币需求是指各经济单位或整个国家所持有的货币量在扣除物价变动因素之后的

余额。如果名义货币量为 M_d，那么用某一具有代表性的物价指数 P 进行平减后，就可以得到实际货币需求量 M_d/P。

3. 货币需求与货币需求量

所谓货币需求量，是指在特定的时间和空间范围内(如某年、某国)，某特定利率水平下社会各个部门(政府、企业、事业单位和个人)对货币需要持有量的总和。它反映特定利率与特定需求数量间的对应关系。

货币需求量通常都是由存量角度计量的。然而，货币存量的多少与流量的大小和速度密切相关，因此，在货币需求量的研究中，需要把存量与流量结合起来考察，作静态与动态的全面分析。

相比较而言，货币需求更强调利率变动对需求量变动的影响，反映二者一一对应的函数关系，说明在影响货币需求量的诸多因素中，利率水平是重要的关系变量。

9.1.2 货币需求的决定因素

1. 利率

在正常情况下，货币需求与市场利率呈负相关关系。市场利率上升，货币需求减少；反之则反。当市场利率提高时，一方面会增加人们持有货币的成本，另一方面又会使有价证券价格下降，吸引投资者购买有价证券，以便在未来有价证券价格回升时，获取资本利得，所以人们将减少货币需求量；而当市场利率下降时，一方面会减少人们持有货币的机会成本，另一方面会使有价证券的价格上升，人们为避免将来证券价格下降而遭受资本损失，就会抛售有价证券，转而持有货币，从而使货币需求量增大。

2. 收入

该因素又可分解为收入水平、收入时间间隔和收入分配结构三个方面。

(1) 收入水平

一般情况下，货币需求与收入水平成正比，这是因为人们以货币形式持有的财富是其总财富的一部分，而收入的数量往往决定着总财富的规模及其增长速度。同时，收入的数量对支出数量也有决定性影响，收入多则支出多，而支出多则需要持有的货币量也多。

(2) 收入时间间隔

如果人们取得收入时间间隔越长，则人们的货币需求量就会增大；反之则反。因为在一般情况下，收入通常是定期地取得，而支出则是经常陆续地进行，在两次收入的间隔中，人们要持有随时用于支出的货币。两次收入的间隔越长，人们需要持有的货币越多。

(3) 收入分配结构

在现实经济生活中，货币需求实际上是各部门因对其所分配到的社会产品或收入进行支配的需要而发生的。因而收入在各部门分配的结构，必然决定货币总需求中各部分需求的比重或结构。

3. 货币流通速度

该因素对货币需求的影响可用以下表达式说明：

$$M=\frac{PQ}{V}$$

式中：M 代表货币需求量；P 代表物价水平；Q 代表社会商品数量；V 代表货币流通速度。从公式中可以看到：货币流通速度与货币总需求是反向变动的关系，货币流通速度越快，单位货币所实现或完成的交易量就越多，完成一定的交易量所需要的货币就越少；反之，货币流通速度越慢，需要的货币量就越多；并且在不考虑其他因素的条件下，二者之间的变化存在相对固定的比例关系。

4. 价格

从本质上看，价格是特定市场环境下单位商品的货币价值。价格调整体现为交易单位商品所需货币数量的变动，当商品供给总量不变的条件下，较高价格将产生更多的货币需求。因而价格和货币需求之间是同方向变动关系。

5. 全社会商品和劳务的总量及供求结构变化

商品和劳务的供给量越大，对货币的需要量就越多；反之，则越少。货币需求也会随商品供求结构的变化发生变化。商品供给一方面决定于产出的效率和水平，另一方面又受制于人们对它的需求，只有真正满足人们需要的商品供给，才会产生真实的货币需求。

6. 金融资产收益率

债券利率、股票收益率等金融资产收益率的存在，使持有货币产生了机会成本，利率和各种资产的收益率越高，持有货币就越不划算，因而会减少货币需求；反之，货币需求会增加。

7. 其他因素

如人口数量、人口密集程度、产业结构、城乡关系及经济结构、社会分工、交通运输状况等客观因素。人口密集地区，货币需求量就大，人口的就业水平提高，货币需求就会增加；生产周期长的部门占整个产业部门的比重大，资金周转慢，对货币的需求量就大；社会分工越细，进入市场的中间产品越多，经营单位也越多，货币需求就越大；交通、通信等技术条件越好、货币支付所需的时间越短，货币周转速度越快，对货币的需要量就越少；等等。

9.1.3 货币需求函数

1. 货币需求函数的含义

货币需求函数，指表达货币需求量与决定货币需求的各种因素之间关系的函数，通常将决定和影响货币需求的各种因素作为自变量，而将货币需求本身作为因变量。通过选择影响货币需求的主要变量，并对变量及函数作出假设，可以反映货币需求决定机制中的主要经济关系。

2. 货币需求函数的作用

建立货币需求函数主要有以下三个作用：一是可用于分析各种因素对货币需求的不同影响，包括影响的方向和影响的程度；二是可用于验证货币需求理论分析的结果；三是可用于预测一定时期内全社会货币需求量及其变化的方向，作为制定货币政策、调节货币供给的依据。

3．货币需求函数中的变量

影响和决定货币需求的变量有多种，大致可分为三类：规模变量、机会成本变量和其他变量。其中规模变量是指决定货币需求规模的变量，这类变量主要有财富和收入两种。机会成本变量即指债券的预期收益率、股票的预期收益率和实物资产的预期收益率，实物资产的收益率可用通货膨胀率来反映。除上述各种变量外，影响货币需求的还有一些其他因素，这些因素包括可测量和不可测量的两种因素。可测量的因素有货币自身收益率，不可测量的因素有制度因素、宏观经济政策等。

比较典型的货币需求函数有：传统货币数量论的交易方程式、剑桥方程式、凯恩斯的货币需求函数以及弗里德曼的货币需求函数，我们将在下一节进行详细的介绍。

9.2 马克思货币需求理论与古典货币数量理论

9.2.1 马克思的货币需求理论

在 1867 年出版的《资本论》第一卷中，马克思提出了金属货币制度基础上的货币需要量或必要量的基本公式：

$$M_{\mathrm{d}} = PT/V$$

式中：M_{d} 表示货币需求量；P 表示商品价格；T 表示商品交易量；V 表示货币流通的平均速度。公式表明：货币量取决于价格的水平、进入流通的商品数量和货币流通速度三因素。

货币需要量或必要量的基本公式从根本上揭示了商品经济中决定货币流通量的本质因素，即商品流通决定了货币流通，商品流通的规模决定了货币流通的需要量或必要量，货币只起交换媒介作用。在这种因果本质联系基础上建立了货币需要量或必要量的基本公式。

马克思揭示的纸币流通规律是：

①在金币流通条件下，流通中货币需要量是由待销售的商品价格总额决定的；

②在纸币流通条件下，纸币发行总量受到制约，因为单位纸币代表的价值量由金属货币需要量所限制。

马克思揭示了货币发行与货币流通量必须与社会经济发展的需要相适应的基本规律，对现代市场经济运行具有指导意义。

该需求理论也具有一定的局限性，表现在以下几个方面。

①存款也是货币，而且是现代市场经济运行中的主要货币形态。

②与货币流通相对应的不仅是 PT，即反映商品流通规模的商品价格总额，还有各种劳务服务，随着第三产业的发展和现代服务业的扩张，其规模也越来越大。除此之外，还有金融交易额、对外贸易额、跨国投资形成的商品流通与劳务等。

③对纸币流通中货币需要量的分析不足。这些理论局限源于马克思生活的时代实践的限制。

9.2.2 古典货币数量论

19 世纪末 20 世纪初，由古典经济学家发展和完善的货币数量论是一种探讨货币需求与名义国民收入之间关系的理论。代表理论为美国经济学家费雪提出的现金交易说和马歇尔、庇古等提出的现金余额说。

1. 现金交易说

1911 年，费雪在出版的《货币购买力》中对货币数量论作了最清晰的阐述。其理论内容主要反映在费雪交易方程式中：

$$MV = PT$$

该方程式表示货币数量乘以货币使用次数必定等于名义收入。费雪认为：M 是一个由模型之外的因素决定的外生变量；V 由于由社会制度和习惯等因素决定，所以长期内比较稳定，视为常数；在充分就业条件下，社会商品和劳务总交易量，即 Y 也是一个相当稳定的因素。这样，交易方程式就转化为货币数量论。而且，货币数量论提供了价格水平变动的一种解释：价格水平变动仅源于货币数量的变动，当 M 变动时，P 作同比例的变动。如果用货币需求量 M_d 表示，可以写成：

$$M_d = PT/V$$

费雪由该式得出结论，在货币流通速度与商品交易量不变的条件下，物价水平随流通货币数量的变动而成正比例地变动。同时，名义收入决定了其所引致的货币需求量 M_d，因此，货币需求仅为收入的函数，利率对货币需求没有影响。

费雪认为人们持有货币的目的在于交易，这样，货币数量论揭示了对于既定的名义总收入下人们所持的货币数量，它反映的是货币需求数量论，又称现金交易数量论。费雪的交易方程式在西方货币金融理论研究的历史上占有非常重要的地位，它既是前人货币数量说的总结，也是现代货币银行学的基础。其能够成立的基础是 V 和 Y 不受 M 变动的影响，而这一前提是货币中性论。费雪方程式在一定程度上反映了对货币经济和实物经济的简单“二分法”的传统思想。

费雪方程式有两个重大缺陷：

①它将商品和货币在经济运行中的关系描述为简单直接的一一对应关系，在微观层次中对货币职能的考察不够全面；

②它认为货币的流通速度 V 是一个常数，基本上是不变动的，这样货币量的增加和物价的上升是成正比例的，产生这一结论的原因，在于当时缺乏经济统计分析和翔实的经济资料的收集。

2. 现金余额说

以马歇尔、庇古为代表的经济学家对货币数量论进行了新的描述。他们的货币理论被称为剑桥方程，也称现金余额方程，其内容和分析方法主要反映在“剑桥方程式”中，该方程式是：

$$M = KPY$$

式中：M 表示人们手中持有的货币数量，即现金余额；Y 代表总产量；P 表示一般价格水平；K 表示以货币形式保持的财富在全部财富中所占的比例；K 是常量。

现金余额数量论从货币需求量和货币持有量的角度来进行分析，认为货币除具有交易媒介的职能外，还具有资产的性质，也是一种营利的工具。并且货币流通速度 V 与人们手中持有的货币量密切相关。人们手中持有的货币量越多，对减慢流通速度 V 的影响越大。反之，人们手中持有的货币量越少，对加快货币流通速度的影响越大。而 K 是稳定的，可假定为常数。若货币供给量增加，持有的货币会多于其愿意持有的货币，结果是人们将花掉自己手中多余的货币，导致整体物价水平上升，货币的实际购买力下降。这一过程会一直继续下去，直至增加后的货币量与增加前的货币量买到相同的实际商品为止。

在剑桥方程式中，货币需求与名义收入成比例，如果以 K 表示费雪方程式中的 $1/V$，那么

$$M=\frac{1}{V}\cdot PY$$

3．剑桥方程式与费雪方程式的异同

从以上内容可看出，剑桥方程式和费雪方程式在形式上基本相同，但二者在研究方法上、内容上仍有本质的区别。

①对货币需求分析的侧重点不同。费雪方程式强调货币的交易手段职能，侧重于商品交易量对货币的需求；剑桥方程式强调货币作为一种资产的职能，侧重于收入 Y 的需求。

②费雪方程式侧重于货币流量分析，剑桥方程式侧重于货币存量分析。

③两个方程式对货币需求的分析角度和所强调的决定货币需求的因素有所不同。费雪方程式是对货币需求的宏观分析，剑桥方程式是从微观角度对货币需求进行分析。马歇尔和庇古不仅将交易水平和影响人们交易方式的制度作为研究人们持有货币的关键要素，还探讨了货币作为财富的一种被人们选择所持有的原因和对货币需求量的影响。既然货币被人们选择所持有，就不能排除利率的影响。

总体来说，剑桥方程式和费雪方程式差异很小，体现了货币中性论，即经济中的实物经济和货币经济的“二分法”思想。

9.3 凯恩斯的货币需求理论及发展

9.3.1 凯恩斯的货币需求理论

在货币需求的分析上，凯恩斯放弃了古典学派将货币流通速度视为常量的观点，强调利率的重要性，反对将实物经济和货币经济分开的“二分法”，提出了流动性偏好的货币需求理论。流动性偏好理论的特点是以人们愿意持有货币的动机作为划分货币需求的依据，对流动性陷阱进行了描述。这一理论在西方货币需求理论中占有重要地位，既发展了古典货币需求理论，又开创了新的研究方法。

1．货币持有动机

凯恩斯主义的货币需求理论，首先从对货币的动机开始分析。按照《就业信息和货币通论》的论述，人们持有货币的动机包括：交易动机、预防动机和投机动机。

(1) 交易动机

交易动机（Transaction Motives），即人们需要货币是为了进行交易或者说支付。就个人或家庭而言，一般是定期取得收入，经常需要支出，为购买日常需要的生活资料，他们经常要

在手边保持一定数量的货币。就厂商而言，他们在取得货款以后，为应付日常成本开支，如购买原材料或发放工资奖金等，也需要持有一定量货币。

交易动机又分为所得动机和业务动机两种。所得动机主要是对个人而言，业务动机主要是对企业而言。

(2) 预防动机

预防动机(Precautionary Motives)，即人们需要货币是为了应付不测之需，如为了支付医疗费用、应付失业和各种意外事件等。由于生活中经常会出现一些未曾预料的、不确定的支出、购物机会，为此人们也需要持有一定量的货币在手中。这种持有货币的动机称为预防动机。

(3) 投机动机

投机动机(Speculative Motives)，指由于未来利率的不确定，人们为避免资产损失或增加资本收益，需及时调整资产结构，因而形成的对货币的需求。人们暂时不用的财富，可用货币形式保存，也可买进债券以取得利息，债券价格和利率相联系。

持有现金的主要动机是交易动机，预防动机对现金持有量的影响比较小。交易动机对货币流动性的要求比预防动机对货币流动性的要求要更高。

一般而言，交易动机和预防动机主要影响狭义货币，狭义货币包括现金和活期存款，其中现金比活期存款具有更强的流动性。如果货币的持有是为了商品的交易动机，或者是为了预防不确定的商品交易，那么此时的货币一般充当交换媒介和支付手段的功能。然而完成支付手段这一职能必定要求这种货币具有极强的流动性，狭义货币正好具备这一特点。交易动机更多地影响现金需求。另外，预防动机对现金的需求大部分可以通过活期存款替代。活期存款转化为现金比较便利而且成本也低，很多情况下活期存款也可以直接取代现金进行交易，特别是现阶段金融机构不断扩展、银行卡逐渐普及的情况下，这种替代效应更加明显。

投机动机影响广义货币。如果为了投机动机而持有货币，那么此时货币一般充当价值储藏的功能。这对流动性的要求不是很高，但有收益要求，广义货币正好具备这一特点。

2. 货币需求函数

凯恩斯的货币需求函数存在以下几个假设：资本市场或金融市场极为发达和完善，收益率可用统一的市场利率表达；无论在时段上还是时点上，货币与实物资产都是替代品；生产要素具有可分割性，各生产单位面临同一技术水平；货币定义在 M_1 层次上——货币无收益，仍较注重货币的交易手段功能。

在此基础上，凯恩斯提出与货币持有动机相对应的货币需求学说，认为货币需求主要包括：交易需求、预防需求和投机需求。

(1) 交易需求

交易需求量取决于人们的收入水平。在个人偏好、社会局势等不变的前提下，用于交易媒介的货币需求量与收入水平存在稳定的正相关关系。收入越多，货币需求越大；收入越少，货币需求也就越小。即：

$$M_{\mathrm{d}} = f(Y)$$

式中：M_{d} 表示货币的交易需求；Y 表示收入；f 为一阶导数大于 0 的函数形式，即表示货币的交易需求与收入正相关。

(2) 预防需求

依赖于收入水平的货币需求还可能出于"预防动机",即为了应付可能遇到的意外支出等而持有货币的动机。

交易动机和预防动机所决定的货币需求对利率的变化都很不敏感。

(3) 投机需求

投机动机产生的货币需求取决于利率水平。投机动机的货币需求是指人们为了在未来某一适当时间进行投机活动而保持的一定数量的货币,这里的投机活动最典型的就是买卖债券。

投机动机的货币需求的大小取决于三个因素:当前利率水平、投机者心目中的正常利率水平及投机者对未来利率变化趋势的预期,如果整个经济中有许多投机者,而且每个投机者所拥有的财富对于所有投机者的财富总额是微不足道的,那么,投机动机的货币需求就成了当前利率水平的减函数。可见,投机性货币需求同利率之间存在着负相关的关系。

因此,凯恩斯的货币需求就由下列两个部分组成:

$$M = M_1 + M_2 = L_1(Y) + L_2(r)$$

式中:$L_1(Y)$代表与收入 Y 相关的交易需求和预防需求;$L_2(r)$代表与利率 r 相关的投机性货币需求。

式中的 L_1 和 L_2 是作为"流动性偏好"函数的代号。凯恩斯的"流动性偏好"概念是指人们的货币需求行为。理由是,货币最具有流动性,有货币在手,则机动灵活;放弃货币也就是放弃机动灵活。由这个判断出发,他还提出了著名的"流动性陷阱"假说:当一定时期的利率水平降低到不能再低时,人们就会产生利率上升从而债券价格下跌的预期,货币需求弹性就会变得无限大,即无论增加多少货币,都会被人们储存起来。

凯恩斯的货币需求理论被称为西方经济理论的革命,其突出贡献是:

①深入探讨了货币需求动机,提出了以投机需求为中心的流动偏性好理论,从而把利率变量引入货币需求函数之中,这一"革命"为中央银行运用利率杠杆调节货币供应量提供了理论依据;

②凯恩斯把货币需求量与名义国民收入和市场利率联系在一起,这就否定了传统数量论者关于货币数量直接决定商品价格的说法,使货币成为促进宏观经济发展的重要因素,从而对通过收入政策和利率政策调控货币供应量,促进经济增长有重要借鉴意义。

9.3.2 凯恩斯的货币需求理论的发展

1. 鲍莫尔的货币需求理论

鲍莫尔提出交易性货币需求也受利率的影响。他指出企业或个人的经济行为都是以利益最大化为目标,因此没必要让所有用于交易的货币都以现金的形式存在,可以将暂时不用的现金转化为生息资产,只要利率足够高,使得利息收入超过变现的手续费就行,因此货币的交易需求与利率不但有关,而且关系极大,还跟托宾得出"平方根定律",即鲍莫尔-托宾模型。

2. 托宾的资产组合理论

托宾指出了凯恩斯货币投机需求理论的漏洞。凯恩斯在货币投机需求理论中认为,人们对未来利率变化的预计是自信的,并在自信的基础上决定自己持有货币还是债券。由于各人预计不同，因此总是有一部分人持有货币，另一部分人保持债券，二择其一而不两者兼有。然而现实情况却与凯恩斯的理论不相吻合，投资者对自己的预计往往是犹豫不定的。一般人都是既持有货币，同时又持有债券。

3. 新剑桥学派的需求动机理论

新剑桥学派提出了包括产出流量动机等货币需求七动机理论，并将七种动机归纳为三类：第一类商业性动机，包括产出流量动机、货币—工资动机和金融流量动机，这些主要取决于人们收入中的支出部分；第二类投机性动机，包括预防和投机动机、还款和资本化融资动机以及弥补通货膨胀损失动机，主要取决于人们对未来的预期；第三类公共权力动机，这取决于政府如何分配额外的货币，如果将额外的流通货币投向商业性流通，那么受到冲击的将会是商品市场的价格，如果投向金融性流通，金融市场也将受到冲击。

9.4 弗里德曼的货币需求理论及贡献

9.4.1 弗里德曼的货币需求理论

1956 年，弗里德曼发表《货币数量论——一种重新的表述》，标志现代货币数量论的诞生。弗里德曼将货币视为资产的一种形式，用消费者的需求和选择理论来分析人们对货币的需求。影响人们货币需求的因素有以下三类。

①第一类因素是预算约束，也就是说，个人所能够持有的货币以其总财富量为限，并以恒久收入作为总财富的代表。恒久收入是指过去、现在和将来的收入的平均数，即长期收入的平均数。弗里德曼注意到在总财富中有人力财富和非人力财富。人力财富是指个人获得收入的能力，非人力财富即物质财富。弗里德曼将非人力财富占总财富的比率作为影响人们货币需求的一个重要变量。

②第二类因素是货币及其他资产的预期收益率，包括货币的预期收益率、债券的预期收益率、股票的预期收益率、预期物价变动率。

③第三类因素是财富持有者的偏好。

弗里德曼将货币视同各种资产中的一种，通过对影响货币需求因素的分析，强调货币需求与恒久收入和各种非货币性资产的预期回报率等因素之间存在着函数关系，并认为由此形成的货币需求函数具有稳定性的特点。

$$\frac{M_{\mathrm{d}}}{P}=f\left(Y,W;r_{\mathrm{b}},r_{\mathrm{e}},r_{\mathrm{m}},\frac{1}{p}\cdot\frac{\mathrm{d}p}{\mathrm{d}t};U\right)$$

式中：M_{d}为名义货币需求量；P为一般物价水平；$\frac{M_{\mathrm{d}}}{P}$为实际货币需求量。

Y是实际恒久性收入。恒久收入不同于人们经常使用的“统计收入”概念，它是“统计收入”与“临时收入”的代数和，换言之，恒久收入的统计量是统计收入的几何加权平均值。恒久收入与M_{d}的相关关系如同凯恩斯的收入与M_{d}，是正相关的。

W为非人力财富占个人财富的比率，它与货币需求负相关，这是货币主义列出的独特变量，但并未得到进一步论证。

r_m 为预期货币名义收益率；r_b 为固定收益的证券收益率；r_e 为非固定收益的证券收益率。

$\frac{1}{p}\cdot\frac{dp}{dt}$ 为预期的物价变动率，它属于机会成本变量，与货币需求负相关。将它明确列入函数式，与强调通货膨胀的发生有关。

U 为影响持有货币效用的其他随机因素，如偏好、与货币有关的制度变化等。显然，由于 U 的随机性，它与 M_d 的关系不定。

弗里德曼认为，货币需求函数具有稳定性，理由是：影响货币供给和货币需求的因素相互独立；在函数式的变量中，有些自身就具有相对的稳定性；货币流通速度是一个稳定的函数。因此，货币对于总体经济的影响主要来自于货币的供应方面。

费里德曼一方面基本承袭了传统货币数量论的长期结论，即非常看重货币数量与物价水平之间的因果关系；另一方面也接受了剑桥学派和凯恩斯以微观经济主体行为作为分析起点，同时将货币量视为受利率影响的一种资产的观点。

9.4.2 弗里德曼对货币需求理论的贡献

①将货币视为一种资产，从而将货币理论纳入了资产组合选择理论的框架，摒弃了古典学派视货币为纯交易工具的狭隘理念。

②在一般均衡的资产组合理论中，特别强调货币量在经济中的枢纽作用，纠正了凯恩斯学派忽视货币量的偏颇。

③在货币需求函数中，首先设置了预期物价变动率这一独立变量，确定了预期因素在货币理论中的地位。

④严格地将名义量和实际量加以区分。

⑤特别强调实证研究的重要性，改正了以往学者们在经济理论，尤其是在货币理论中只顾抽象演绎的缺陷，使货币理论更向可操作的货币政策靠拢了。

9.4.3 弗里德曼的货币需求理论与凯恩斯的货币需求理论的区别和联系

1. 不同点

(1) 背景不同

凯恩斯所处的时代是 20 世纪 30 年代经济危机的大萧条时期。当时的经济背景是有效需求不足，经济发展缺乏动力，而且需求的上升不会导致价格的上升。弗氏的背景是 20 世纪 70 年代的经济“滞胀”时期。当时的情况是生产停滞，经济没有增长，但价格却在不断上涨。两者背景完全相反。

(2) 假设不同

经济学理论中，假设是很重要的一部分，无论什么经济学派所作的经济理论分析，都离不开一定的假设。不同的假设基础上得出的结论可能会截然相反。凯氏学派与弗氏学派的分析前提假设就有一定的差别。首先，凯恩斯假定他所做的是短期分析，这就意味着价格不变。短期内只要有效需求上升，经济就能上升；而弗氏的分析基于长期分析，人们的价格预期对经济的发展有重大影响。其次，凯氏理论对货币的定义是在 M_1 层次上无收益的货币，注重的是货币的交易手段媒介功能和储藏手段功能；相比之下，弗里德曼以严格的计量经济学方法，测定出货币的定义应该是在 M_2 层次上的，这样货币的定义更加广泛。

(3)结论与运用不同

经济学的理论分析必然具有一定的政策目的或主张。凯恩斯的货币需求理论的结论可简单概括为，在“流动性陷阱”中，即需求不足、生产相对过剩的情况下，政府运用财政政策对经济的恢复有很好的效果，而货币政策则基本无用。弗里德曼的主张是，在经济高涨时期，运用货币政策，对经济的控制更加有效。可见，前者强调使用财政政策，后者主张运用货币政策。当然，前者针对的是萧条问题，而后者要解决的是滞胀问题。

(4)分析方法与思路不同

凯恩斯理论最大的特点就是大胆的假设。凯恩斯的“流动性陷阱”假说虽然在现实中还没有实际发生过，但是他的这一大胆假设对经济学的分析却有着很重要的意义。弗里德曼则注重实证分析，强调以实证方法作分析，得出实际的结论。这是两人在研究过程中的一大差异。

2. 相同点

由于弗氏理论是建立在前人分析的基础之上的，所以有很多与之前凯恩斯的分析相同或相似的地方，大概有以下几点。

①弗里德曼采纳了凯恩斯视货币为一种资产的思想，两者都肯定，持有货币的成本是一种间接成本，是一种机会成本；但是由于人们对货币的不同功能的需要，所以持有一定货币是必然的。

②弗里德曼认为持有货币是有收益的，但是包括两方面，一是直接收益，一是间接收益，其中的间接收益是指持有货币带来的交易便利和享受的优惠。这与凯恩斯的“货币的交易需求”或流动性偏好有一定的相似之处。

③弗里德曼的货币需求理论函数在形式上反映了凯恩斯的一定影响。通过凯恩斯的货币需求理论函数算出来的货币需求量，依然是收入的一个部分，即 $M_d=kY$，k 是一个变量。弗里德曼的货币需求函数中，可将括号内的决定因素用 K 表示，简写为 $M_d/P=KY$，可见，弗里德曼的 K 也不是一个常数，而是一个复杂的函数。

小 结

1. 货币需求的实质是市场需求，是市场体系的重要构成要素。它受市场规律制约，对市场经济发展具有重要影响。这种需求派生于商品交易，考察某个时点社会各阶层在其拥有的全部资产中愿意以货币形式持有的数量，是金融学中的重要经济变量。

2. 根据分析角度不同，货币需求可以分为宏观需求、微观需求，主观需求、客观需求等类型。这种概念上的区分可以根据不同的研究需要进行应用。货币需求量也是货币需求概念范畴下的一个重要概念，二者之间的关系近似于需求与需求量之间的关系。前者反映货币市场活动中人们持有货币愿望与利率间的函数关系，而货币需求量则是货币需求在特定条件下的数量反映。

3. 货币需求作为经济系统中的重要变量，其变化受到多方因素的影响。利率、收入、货币流通速度等变量与货币需求之间形成互动关系，共同组成了庞大复杂的经济网，决定着资源配置的效率和经济运行的趋势。

4. 货币需求的决定是货币理论当中的重要组成部分，也是理论界争论的主题之一。古典和新古典学派的学者认为，决定货币需求的主要是名义收入，利率对其并无影响；而马克思则认为价格的水平、进入流通的商品数量和货币流通速度三因素共同决定货币需求。

5. 凯恩斯的货币需求理论占有很重要的地位，对宏观经济理论产生的影响也不容忽视。

他从货币需求结构的角度出发，对货币需求进行了分解，认为其中的预防需求、交易需求是收入的函数，而投机需求是利率的函数。

6. 凯恩斯货币需求理论中也存在一定的缺陷，其追随者对这一理论进行了补充和修正。这些后续理论或者对凯恩斯给出的结论进行了补充，或者扩大了其所研究的货币需求动机的范围，也有学者对其分析方法与思路进行了调整，这些都是对其理论的有益补充。

7. 弗里德曼站在货币主义者的立场，对货币需求进行了重新阐释。他建立了更为复杂的货币需求函数，其自变量中除包括传统的收入等因素外，还将资产收益率纳入其中，重视货币作为资产的属性。弗里德曼通过分析给出了和凯恩斯截然相反的结论，否认财政政策的有效性，宣扬自由主义的政策主张。

8. 弗里德曼之所以给出与凯恩斯不同的分析结论，一部分原因来自于两人所处经济时代的不同。经济环境的变迁产生了更为复杂的经济现象，这时，理论的假设和分析角度等都会相应变化。虽然结论不同，但两人的理论都有一定的适应性，可以根据不同的市场环境作出不同的理论选择。

思考题

1. 什么是货币需求及货币需求量？两者有何区别和联系？
2. 试分析经济主体对货币需求量大小的决定因素。
3. 什么是货币需求函数？其中包括哪些自变量？
4. 试比较马克思的货币需求理论与古典货币需求理论。
5. 运用古典货币需求理论说明货币需求数量是如何决定的？
6. 凯恩斯的货币需求理论的内容是什么？
7. 弗里德曼的货币需求理论中的需求函数是如何决定的？试分析主要变量对货币需求的影响。
8. 弗里德曼对货币需求理论的贡献有哪些？
9. 弗里德曼的理论与凯恩斯理论的差异表现在哪些方面？

案例简介

案例[9-1]　现金流通量对经济的影响

1994 年，美国以 12 314 亿美元的货币量(其中通货量 3 635 亿美元)，实现了 67 269 亿美元的国民生产总值，国民生产总值是货币量的 5.64 倍，是通货量的 18.5 倍。同期，我国实现国民生产总值 43 750 亿元人民币，却需要货币量 20 556 亿元人民币(其中通货量为 7 289 亿元人民币)，国民生产总值是货币量的 2.13 倍，是通货量的 6 倍。美国的通货量推动美国国民生产总值的效果比我国高 1.56 倍和 2.08 倍。

(资料来源：东北财经大学网络课堂。)

问题

根据货币需求相关理论分析中国为什么会出现这种情况？

简要提示

(1)传统与习惯：历史、文化等因素使得人们有强烈的现金偏好；信用制度不发达；人口因素。

(2)地域因素：地域广阔使得流通速度减慢。

(3)金融体系不发达：支票、银行卡等现金替代交易方式不发达。

案例[9-2] 主要经济体货币政策

美联储在 2015 年 3 月、4 月、6 月三次公开市场委员会(FOMC)会议均维持联邦基金利率在 0～0.25%水平不变，并重申只有在就业市场进一步改善并对通胀向 2%的目标回升有“合理信心”时才会选择升息。但美联储主席耶伦 7 月在国会听证会上也表示，只要宏观经济增长符合预期，在年内某时点加息的可能性很高。英格兰银行继续维持 0.5%的基准利率和 3 750 亿英镑的资产购买规模不变。日本央行认为货币宽松正在发挥预期效果，承诺继续以每年 80 万亿日元的速度扩大基础货币，并将继续执行量化和质化宽松货币政策直至实现 2%的价格稳定目标。欧央行继续将主要再融资操作利率、边际贷款便利利率和存款便利利率分别维持在 0.05%、0.30%和–0.20%的水平不变。欧央行于 1 月份宣布进一步扩大资产购买计划规模至每月 600 亿欧元，同时将购买范围扩展至欧元区政府、机构和欧洲企业发行的债券。与此同时，瑞典、挪威、冰岛、新西兰等部分小型发达经济体继续放松货币政策，下调基准利率。为提振经济增长，更多新兴市场经济体放松货币政策。上半年，印度储备银行三次下调回购利率共 75 个基点至 7.25%。俄罗斯央行五次下调政策利率共 550 个基点至 11.5%。韩国央行两次下调政策利率 50 个基点至 1.5%。泰国央行于 4 月 29 日下调政策利率 25 个基点至 1.5%。尽管也面临增长放缓压力，但一些经济体迫于通胀和货币贬值压力而加息。上半年，巴西央行四次加息共 200 个基点至 13.75%，7 月 29 日再次加息 50 个基点至 14.25%。

(资料来源：2015 中国货币政策执行报告。)

问题

各国为何都纷纷采取宽松货币政策？

简要提示

所谓量化宽松货币政策是中央银行在经济或金融危机期间，向经济社会注入大量定额货币的非均衡货币政策。量化宽松政策的货币原理是增加商业银行的存款准备金，使其创造货币，扩大信贷。当美联储委托证券经纪公司在公开市场上收购商业银行持有的长期国债券时，后者所得款额就直接成为美联储账户上的超额存款准备金。如果向其他公众和公司购回长期国债时，他们所得款额就会存入商业银行，经过结算，这笔款额也成为商业银行的超额存款准备金。结果整个商业银行系统就可以创造出数倍于全部超额存款准备金的活期存款。

第10章

货币供给

本章学习要点

通过本章的学习，掌握货币供给的经济含义、不同国家货币供给层次的划分；理解货币供给形成机制、基础货币和货币乘数对货币供给数量的重要影响；了解西方货币供给理论和模型、货币供给内生性质和外生性质的争论。

本章学习重点与难点

重点是对货币供给两个主要影响因素的分析、货币供给形成机制的分析；难点是对西方学者建立的货币供给模型的理解、货币供给机制的形成、货币乘数的决定。

本章基本概念

货币供给、货币供给层次、广义货币、原始存款、派生存款、再贴现、基础货币、货币乘数、法定准备金率、现金漏损率、超额准备金率

货币供给是与货币需求相互影响、相互联系的另一宏观货币变量。货币供给的变化通常会引起货币需求以及其他宏观经济变量发生相应变化，并进一步影响宏观经济的整体趋势。20世纪60年代之前，经济学家普遍将货币供给看成是外生变量，认为货币供给是决定于货币当局或中央银行的意志，是一个货币当局或中央银行能够绝对控制的变量，因而相对于货币需求而言，对其研究较少；但是随着货币主义的兴起，货币政策开始得到足够的关注。货币供给变量的内生性质被人们所认识，由此开始了货币供给理论的研究。实践证明，了解货币供给过程，弄清货币供给的变化机制，明晰货币供给量的决定因素，具有重要的意义。

10.1 货币供给概述

10.1.1 货币供给与货币供给量

1. 货币供给与货币供给量的含义

货币供给是指中央银行和商业银行等货币供给主体向流通领域投入（或回笼）、扩张（或

收缩)一定货币量的行为与过程。货币供给量是一定时点上一国经济中的货币存量的总额，包括中央银行在内的金融机构供应的存款货币和现金货币两部分。

在理解货币供给概念过程中，要注意以下几点问题。

(1)货币供给首先是一个外生变量

中央银行能够按照自身的意图运用货币政策工具对社会的货币量进行扩张和收缩；但货币供给也具有一定的内生性质，其数量的变化也受制于客观经济过程，决定于经济社会中其他经济主体的货币收付行为，中央银行对其调控具有一定的困难，因而属于不完全政策变量。

(2)货币供给可以从动态和静态两方面来理解

静态的货币供给即为货币供应量，它是指一个国家在某一时点上非银行社会公众所持有的货币量，是一个存量概念。动态的货币供给则是指货币供给整个过程，它是货币供给量的原因。

(3)货币供给是事后变量

反映某时点银行资产负债表上显示的银行负债总额以及人们持有的现金总额，是实际发生的量，与之相比，货币需求则带有一定的预测性质。

(4)货币供给是银行系统的债务

货币供给与银行的资产负债活动密切相关，本质上是银行系统的货币债务。其中基础货币是指处于流通领域由社会公众所持有的通货及银行体系准备金的总和，反映为中央银行及国家中央财政部门对社会公众(包括对个人与企业以及商业银行)的负债，存款货币则是商业银行的负债。

(5)合理的货币供给比实际的货币供给量更为重要

因而货币供给理论的一个重要研究目的是寻找与社会正常需求量相一致的货币实际投放量。

2. 货币供给的主体

现代信用货币制度下，货币供给过程一般涉及中央银行、商业银行、存款人和借款人四个行为主体。其中在货币供给过程中起决定作用的是银行体系。流通中的货币都是通过银行供给的，货币供给与中央银行和商业银行的资产负债活动密切相关。

实行中央银行制度的金融体制下，货币供应量是通过中央银行创造基础货币和商业银行创造存款货币而注入流通的。这一供应过程具有三个特点：

①货币供给形成的主体是中央银行和商业银行；

②两个主体各自创造相应的货币，即中央银行创造现金通货，商业银行创造存款货币；

③非银行金融机构对货币供给有重要影响。

3. 货币供给的客体

(1)现金

从形式上看“现金”是纸质货币，实质上它是银行的一种负债，债权人是现金持有者(单位和个人)。

(2)各种存款

不管其流动程度和使用方向如何，都是银行对存款者的负债。其中，绝大部分活期存款是信用货币的初始形态，因而它是货币供给量调控的主要对象。除活期存款外，还包括定期存款。

(3)银行自有资金

从其包括内容看，是指国家财政历年拨给的信贷基金和银行历年留用的利润积累两大部分。它的动用权表面看起来在银行，实际上在国家。这是银行对国家的负债。

(4)银行结算中的资金

它是银行对收付双方在清算时因时间差所造成的货币资金的短暂的利用，也是一种负债关系。在现实经济生活中，人们通过在银行账面上债权债务的转移实现价值的转移、积累或储存。除了作为债权债务凭证外，这些资金又表现为价值符号，同时又是一种支付手段和交易媒介，执行货币的基本职能，因而是在银行系统内派生出来的新的"货币"。它是一种债务货币，表现为银行债务的转移，其供给量是随着银行资产业务的规模变化而变化的。

10.1.2 货币供给层次的划分

所谓货币层次划分，是指对流通中各种货币形式按不同的统计口径进行划分。这是由于现实生活中存在着形形色色的信用货币，但是不同形式的货币其"货币性"是有差别的，为了有效地管理和控制货币供给和货币供给量，需要对流通中的各种货币进行分类，划分不同的层次，使货币供给计量有科学的口径。从西方发达国家的实践来看，货币范围有扩大的趋势，虽然国际货币基金组织将其划分为三个层次，但各国中央银行都根据本国的实际情况对各种形式的货币进行了各具特色的层次划分，所以各国的货币层次内涵是有差别的。

1. 货币层次划分的必要性

虽然现金货币、存款货币和各种有价证券均属于货币范畴，但是它们的流动性，即转化为现实购买力的能力是不相同的，从而对商品流通和经济活动的影响有别，因此有必要将这些货币形式进行科学的分类，以便区别对待，提高宏观调控的有效性。同时随着金融创新的风起云涌，新的金融工具不断出现，并在一定程度上具有了"货币性"，有的可以直接发挥货币的作用，有的稍加转化就能发挥流通手段或支付手段职能。货币形式的多样性给货币的计量带来了问题，也给中央银行的货币政策操作带来了困难。

在这种情况下，出现了对货币层次的划分，货币层次就是不同意义上的货币所包括的货币形式。对货币划分层次首先出现在20世纪60年代的美国，联邦储备体系为了更好地实施货币政策，对货币供应进行了层次的划分。此后世界上其他国家的中央银行也纷纷效仿。虽然各国不同层次货币包含的内容不尽相同，但划分货币层次的原则是一致的，即按照不同形式货币的流动性，或者说不同金融工具发挥货币职能的效率高低确定货币层次。

2. 不同货币层次的划分

在此我们只介绍国际货币基金组织，美国、日本和我国的货币层次划分的内容。

(1)国际货币基金组织的货币供给口径

按照流动性的强弱，国际货币基金组织把货币划分为三个层次。

①M_0(现钞)。不包括商业银行的库存现金，而是指流通于银行体系之外的现钞，即居民和企业手中持有的现金。因为这部分货币可以随时作为流通手段和支付手段，所以流动性最强，为第一层次。

②M_1(狭义货币)。包括 M_0 和银行活期存款，因为银行活期存款可以签发支票进行转账结算而直接成为支付手段，所以也具备极强的流动性。人们平时在各种统计资料上见到的“货币”，指的就是 M_1。M_1 作为现实的货币购买力对社会经济生活有广泛而直接的影响，所以各国都把控制货币供给量的主要措施放在这一层面上，使之成为货币政策调控的主要对象。

③M_2(广义货币)。广义货币包括 M_1 和准货币。准货币一般指银行的定期存款、储蓄存款、外币存款，以及各种短期信用工具，如银行承兑汇票、国库券等。准货币本身虽然不像货币，但由于在经过一定手续后能比较容易地转化为现实购买力，加大流通中的货币量，所以也称为近似货币。广义货币层次的确立，对研究货币流通总体状况有重要意义，特别是对金融制度发达国家的货币计量及对未来货币流通走势的预测都有重要作用。

(2) 美国的货币层次划分

美国联邦储备系统的货币供应层次有四个。

①M_1=流通中的现金+旅行支票+活期存款+其他支票存款。

具体来说包括：处于国库、联邦储备系统和存款机构之外的通货；非银行发行的旅行支票；商业银行的活期存款，不包括存款机构、美国政府、外国银行和官方机构在商业银行的存款；其他各种与商业银行活期存款性质相似的存款(如 NOW 账户、ATS 账户等)。

②M_2=M_1+储蓄存款+小额定期存款+零售货币市场共同基金余额+调整项(为避免重复计算)。

M_1 以外的部分主要包括：存款机构发行的隔夜回购协议和美国银行在世界上的分支机构向美国居民发行的隔夜欧洲美元；货币市场存款账户；储蓄和小额定期存款(10 万美元以下，含零售回购协议)；货币市场互助基金金额(最低初始投资 5 万美元以下)等。

③M_3=M_2+大额定期存款+所有存款机构发行的回购负债+调整项。

M_2 以外的部分主要包括：大额定期存单(10 万美元以上)；隔夜和定期的限期回购协议和欧洲美元；机构持有的货币市场共同基金余额(最低初始投资 5 万美元以上)等。

④L=M_3+其他短期流动资产。

L 是大于货币的一种口径，它等于 M_3 加非银行公众持有的储蓄债券、商业票据、银行承兑汇票、短期政府债券等。它意味着货币供给口径之上的直接延伸。

另外还有一个层次的货币概念 Debt，它是一个比 L 更大的口径，但并不与货币供给的统计直接联系，它是指国内非金融部门在信用市场上未清偿的债务问题，包括各级政府的债务和私人非金融部门的债务(如公司债券、抵押契约、消费信用、商业票据、银行承兑汇票等债务工具)。

(3) 日本的货币层次划分

①M_1=现金+活期存款。现金是指银行券发行额和辅币之和减去金融机构库存现金后的余额；活期存款包括企业活期存款、活期储蓄存款、通知存款、特别存款和通知纳税存款。

②M_2+CD=M_1+准货币+可转让存单。其中准货币指活期存款以外的一切公私存款。

③M_3+CD=M_2+CD+邮政、农协、渔协、信用组合和劳动金库存款+货币信托和贷放信托存款。

④L(广义流动性)=M_3+CD+回购协议债券、金融债券、国家债券、投资信托和外国债券。

(4)我国的货币层次划分

现阶段我国的货币层次有以下几个。

①M_0=流通中的现金。

②M_1=M_0+企业活期存款+机关团体部队存款+农村存款+个人持有的信用卡存款。

③M_2=M_1+城乡居民储蓄存款+企业存款中具有定期性质的存款+信托类存款+其他存款。

④M_3=M_2+金融债券+商业票据+大额可转让定期存单等。

式中：M_1是狭义货币供应量；M_2是广义货币供应量；M_2减M_1是准货币；M_3是根据金融工具的不断创新而设置的。

3. 中央银行的控制重点

因为不同层次的货币反映了各层次货币流动性的不同，所以中央银行在实施货币政策、控制货币供应量时，会把侧重点放在流动性强的货币层次上，也就是上面所讲到的M_0或M_1，而对M_2的关注程度则低得多。

中央银行实施货币政策，是为了通过货币市场的变化影响产品市场的变化，以实现最终目标，货币市场和产品市场的结合点就在于货币和商品的交换，而金融工具的流动性就体现了金融工具和商品交换的便利程度，流动性越强的金融工具和商品交换的可能性越大。例如，现金和活期存款随时都可以用来买东西，定期存款则要提现或转为活期存款后才能用于购买，而像债券、大额可转让定期存单这些更低层次的货币要出售后才能形成现实的购买力，这一时间更长。

正是因为这样，按流动性强弱划分货币层次，对科学地分析货币流通状况，制定正确的货币政策，及时有效地对宏观经济进行调控有十分重要的意义。

10.2 货币供给模型与理论

货币供给理论是研究货币供给量由哪些因素所决定以及如何决定的理论。在过去较长的时期内，货币供给量这一重要的经济变量和政策指标被视为可由金融当局绝对加以控制的外生变量。20世纪60年代以后，随着货币主义的兴起和货币政策日益被人们所重视，经济学家和金融学家普遍重视货币供给理论的研究，使之迅速发展。

西方货币供给理论主要经历了凯恩斯及凯恩斯学派的货币供给分析、新古典综合派对货币供给理论的分析以及货币学派的货币供给理论分析和新经济自由主义学派的货币供给理论分析的沿革。我们重点介绍货币学派及其之后新形成的理论。

10.2.1 货币供给模型

1. 货币学派的弗里德曼-施瓦茨货币供给模型

弗里德曼和施瓦茨在1963年出版的《1867—1960年的美国货币史》中提出了货币供给决定模型。这一模型考察的货币为广义货币，包括社会公众持有的通货和银行存款负债两部分。若假设M为货币存量，C为通货，D为商业银行存款，则有

$$M = C + D \tag{10.1}$$

货币存量中能为中央银行直接控制的部分为“高能货币”。它由两部分组成，一部分为社会公众持有的通货，另一部分为商业银行的准备金，也即基础货币。若假设 H 为高能货币，R 为商业银行存款准备金，则有

$$H = C + R \tag{10.2}$$

由式(10.1)和式(10.2)整理可得

$$\frac{M}{H} = \frac{C+D}{C+R} = \frac{(D/R)(1+D/C)}{D/R+D/C}$$

或

$$M = H \cdot \frac{(D/R)(1+D/C)}{D/R+D/C}$$

若记 $\frac{(D/R)(1+D/C)}{D/R+D/C}$ 为 m，则有 $M=Hm$，其中 m 为货币乘数。

这表明，影响货币乘数的变量为两个：商业银行的存款与其准备金比率 D/R，商业银行的存款与非银行公众所持有通货的比率 D/C，这两个变量和高能货币 H 为货币存量的大致决定因素。

由于高能货币的供给由货币当局的行为决定，存款与准备金的比率取决于商业银行的意愿，存款与通货持有量之间的比率，主要取决于公众的行为。因此，决定货币供给的主体有三个：货币当局、商业银行和社会公众。

通过对这一模型的分析，弗里德曼认为，货币需求是相对稳定的，要保证货币需求与供给的平衡就必须保证货币供给的稳定性。因此，他反对凯恩斯提出的需求管理，认为应当把重点放在货币供给上。货币政策应该是一切经济政策中唯一重要的工具，其他经济政策如果不通过货币政策或没有货币政策的配合，不可能取得预期的效果。

弗里德曼认为货币供应量最终是一个外生变量。货币当局控制货币供应量的最佳选择是实行“单一规则”，即公开宣布并长期采用一个固定不变的货币供应增长率。实行“单一规则”需要解决三个问题：第一，如何界定货币数量的范围；第二，如何确定货币数量的增长率；第三，货币数量增长率在年内或季节内是否允许有所波动。关于货币数量的范围，应确定为流通中的通货加上所有商业银行的存款，即 M_2；货币增长率应与经济增长率大体相适应，一经确定不能任意变动，若遇特殊情况必须更改时，应该事先宣布并尽量缩小变动的范围。

2．卡甘的货币供给模型

美国经济学家菲利浦·卡甘于 1965 年出版了《1875—1960 年美国货币存量变化的决定及其影响》一书。书中提出的货币供给模型与弗里德曼的模型略有不同：

$$M = \frac{H}{H/M} = \frac{H}{\frac{H \cdot D}{M \cdot D}} = \frac{H}{\frac{(C+R)\cdot D}{M \cdot D}} = \frac{H}{\frac{CD+RD}{MD}} = \frac{H}{\frac{CD+R(M-C)}{MD}}$$

$$= \frac{H}{\frac{CD+MR-RC}{MD}} = \frac{H}{\frac{C}{M}+\frac{R}{D}-\frac{C}{M}\cdot\frac{R}{D}}$$

式中：设 $m=\dfrac{1}{\dfrac{C}{M}+\dfrac{R}{D}-\dfrac{C}{M}\cdot\dfrac{R}{D}}$

这一模型与弗里德曼-施瓦茨的货币供给模型相似，但有两个特点：一是卡甘将通货比率定义为 C/M，即通货与货币存量的比率，并以此取代存款与通货比率 D/C；二是将准备金比率定义为 R/D，即准备金与存款的比率，并以此取代存款与准备金比率 D/R。由于 C/M、R/D 都小于 1，因而二者的乘积必然总小于其中任何一项。若假定这两项不发生改变，则高能货币 E 的增减变化会直接影响货币供应量的增减变化；反之，若高能货币不变，则 C/M 和 R/D 的变化必然造成货币紧缩或扩张。

3. 乔顿的货币供给模型

20 世纪 60 年代末，美国经济学家推导出了更为复杂的货币乘数模型。乔顿模型中的货币只包括公众手持通货和私人活期存款，即狭义的货币 M_1。其模型推导过程如下：

$$
\begin{aligned}
M_1 &= C+D=\frac{C+D}{H}\cdot H=\frac{C+D}{C+R}\cdot H\\
&=\frac{kD+D}{kD+r(D+T+G)}\cdot H=\frac{kD+D}{kD+r(D+tD+gD)}\cdot H\\
&=\frac{1+k}{k+r(1+t+g)}\cdot H
\end{aligned}
$$

$$
m=\frac{1+k}{k+r(1+t+g)}
$$

式中：r 代表各种存款的加权平均准备率；存款包括商业银行活期存款(D)；私人定期存款(T)和政府存款(G)；设社会公众持有的通货(C)、定期存款(T)、政府存款(G)与活期存款的比率分别为 k、t、g。

模型中，决定货币乘数的变量有 k、t、g、r。货币乘数是 t、g、r 的递减函数，商业银行的各种存款的平均准备金率、定期存款比率和政府存款比率的变化将对货币乘数产生负向的影响。

通过以上货币供给模型的推导与分析过程，可以给出货币供给决定的一般公式：

货币供给量 = 基础货币 × 货币乘数

在货币供给过程中，社会货币最终形成量由中央银行的初始货币提供量(基础货币)与货币乘数共同决定。货币乘数主要受通货、商业银行存款、存款准备金影响。由这三个变量派生形成的通货—存款比率、商业银行的存款与社会公众所持有通货的比率、通货与货币存量比率、政府存款比率等变量最终决定货币乘数的大小和变动方向。

10.2.2 基础货币与货币供给量

上面分析的结论告诉我们，基础货币是货币供给的重要组成部分，对货币供给规模具有直接的影响。基础货币的增加将导致货币供应成倍地增加。中央银行可以通过公开市场业务或再贴现手段控制基础货币的变化，从而影响货币供给量。

1．基础货币

(1)基础货币

基础货币又称强力货币或高能货币，是指处于流通界为社会公众所持有的现金及银行体系准备金(包括法定存款准备金和超额准备金)的总和。基础货币作为整个银行体系内存款扩张、货币创造的基础，其数额大小对货币供应总量具有决定性的影响。

(2)基础货币的特征

基础货币是整个商业银行体系借以创造存款货币的基础，是整个商业银行体系的存款得以倍数扩张的源泉。从本质上来看，基础货币具有几个最基本的特征。

①它是中央银行的货币性负债，而不是中央银行资产或非货币性负债，是中央银行通过自身的资产业务供给出来的。

②它流通性很强，即持有者能够自主运用，是所有货币中最活跃的部分。

③它是由中央银行直接控制和调节的变量，通过对它的影响，达到调节和控制供给量的目的。

④它是支撑商业银行负债的基础，商业银行不持有基础货币，就不能创造信用。

⑤在实行准备金制度下，基础货币通过整个银行体系的运用，能产生数倍于它自身的量。

(3)基础货币的公式

从用途上来看，基础货币表现为流通中的现金和商业银行的准备金。从数量上来看，基础货币由银行体系的法定准备金、超额准备金、库存现金以及银行体系之外的社会公众的手持现金四部分构成。其公式为：

基础货币=法定准备金+超额准备金+银行系统的库存现金+社会公众手持现金

我国于 1994 年开始进行基础货币统计，当时对基础货币的定义为：

基础货币=金融机构库存现金+流通中现金+金融机构准备金存款+金融机构特种存款+邮政储蓄转存款+机关团体在人民银行的存款

2002 年 1 月起，中国人民银行对“货币当局资产负债表”的内容进行了调整，同时采用了“储备货币”口径，并对外公布。这里的“储备货币”主要包括：中国人民银行所发行的货币、各金融机构在人民银行的准备金存款、邮政储蓄存款和机关团体存款。经过数次调整，2004 年 1 月以后，基础货币统计数字与《中国人民银行统计季报》公布的储备货币统计数字一致。

2．基础货币的分类

从基础货币来源角度对其进行分类，可分为非借入性基础货币和借入性基础货币。

①非借入性基础货币，指中央银行通过出售证券注入流通领域的通货及增加的银行准备金。

②借入性基础货币，指由中央银行的贴现窗口而增加的银行准备金。

公开市场上证券的买卖权掌握在中央银行手中，可是贴现贷款的发放数量虽然与中央银行制定的贴现率有关，但不完全取决于中央银行，而与商业银行的决策有密切的关系。因而，中央银行能够完全控制非借入性基础货币，而借入性基础货币不由中央银行完全控制。

3. 基础货币与货币供给量在数量上的关系

货币供给量(最大理论值)是基础货币量与货币乘数之积。现金量是基础货币和货币供给量的共同部分；它们的不同部分是公众在存款金融机构的存款属货币供给量，金融机构在中央银行的存款属基础货币。基础货币与货币供给量之间还存在着一个倍数扩张关系，即货币乘数。

10.2.3 货币乘数与货币供给量

货币乘数是研究货币供应量问题的基础。我们可以通过分析货币供应变动与基础货币变动之间的关系推导货币乘数，考察影响货币乘数的因素。

1. 货币乘数

货币乘数是货币供应数量与基础货币量之比。一般用 m 表示，其定义公式为：

$$m = \text{货币乘数} = \frac{\text{货币供应量}}{\text{基础货币}} = \frac{M}{B}$$

该式反映，货币供应数倍于基础货币，这个倍数就是货币乘数。

2. 货币乘数的推导

假定：

①流通中现金(C)和支票存款(D)的比率为漏现比率 c，$c=\frac{C}{D}$；

②非交易存款(T)和支票存款的比率 t，$t=\frac{T}{D}$；

③银行持有的总准备金为 R；其中，超额准备金占支票存款的比率为 e；

④支票存款的法定准备金率为 r_d，定期存款的法定准备金率为 r_t。

根据以上假设，可得到货币供应和基础货币的表达式：

$$B = C + R$$

$$M = C + D$$

显然，总准备金 R 等于支票存款的法定准备金 $r_d \cdot D$ 和非交易存款的法定准备金 $T \cdot r_t$ 以及超额准备金 $e \cdot D$ 之和，即

$$R = r_d \cdot D + T \cdot r_t + e \cdot D$$

因为 $T = t \cdot D$，所以有

$$R = (r_d + t \cdot r_t + e)D$$

又因为 $C = c \cdot D$，所以有

$$m = \frac{M}{B} = \frac{C+D}{C+R} = \frac{(1+c)D}{(r_d + r_t \cdot t + e + c)D} = \frac{1+c}{r_d + r_t \cdot t + e + c}$$

这样，就推导出了货币供给 M_1 的乘数 m，类似地还可以得到 M_2 的乘数。

由上式可以看到，只有在 $(r_d+t \cdot r_t+e)<1$ 时，货币乘数 $m > 1$，而这一条件一般是会满足的，因此，基础货币的增减将导致数倍的货币供给增减，如图 10-1 所示。

该图也能够反映出货币供给和基础货币之间的乘数关系主要来自于银行准备金 R 的多倍存款创造作用。需要注意的一点是，此处的货币乘数要小于存款货币乘数。基础货币由通货和准备金存款构成，虽然存在着存款的多倍扩张，但通货不存在类似的扩张。这样，如果基础货币增量中的一部分为通货，则这一部分就不会产生多倍扩张效应。

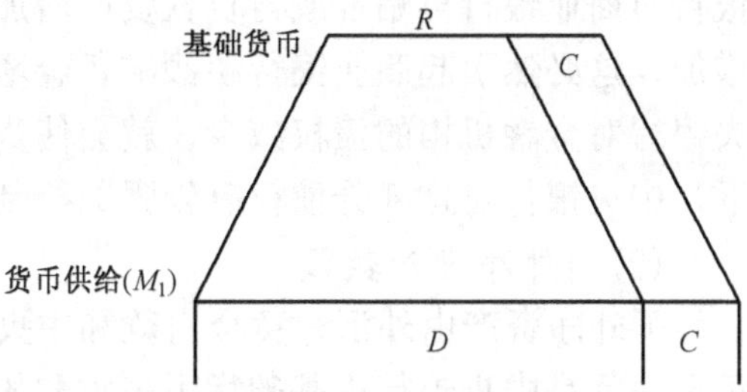

图 10-1 基础货币与货币供给

10.3 货币供给的形成机制

在现代经济中，现实生活中的货币都出自银行，财政、企业单位、机关团体以及个人等只是货币的运用者，不得发行货币，货币只能由银行发行又不断回归银行，所以，银行是整个货币流通的中心环节。货币供给量的来源如图 10-2 所示。

其中，中央银行对基础货币和存款货币中的原始存款均有影响，而商业银行主要影响派生存款。

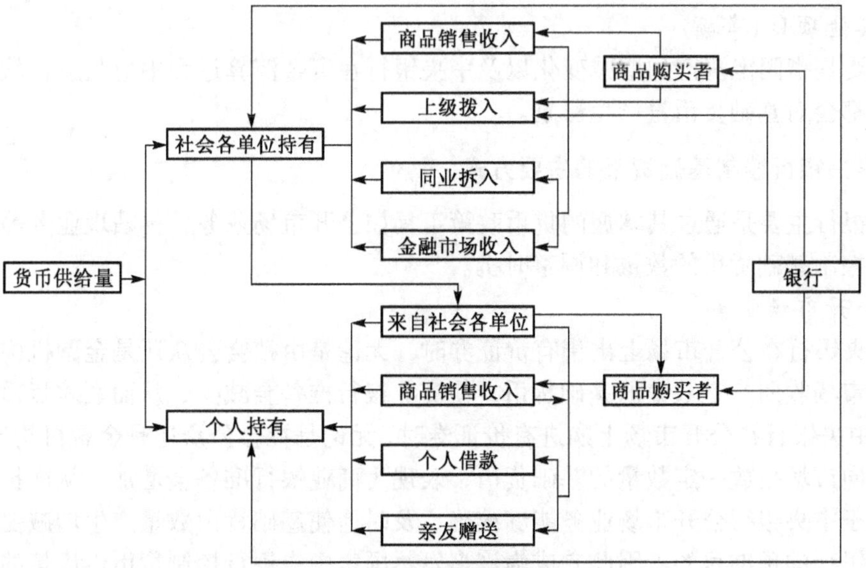

图 10-2 货币供给量的来源

10.3.1 中央银行与货币供给

1. 中央银行主要通过创造基础货币的方式影响货币供给数量

中央银行可以通过对以下几个因素的调整实现基础货币供给的扩张。

(1) 商业银行等金融机构的债权

这是影响基础货币的最主要因素。一般来说，中央银行的这一债权增加，意味着中央银行对商业银行再贴现或再贷款资产增加，同时也说明通过商业银行注入流通的基础货币增加，这必然引起商业银行超额准备金增加，使货币供给量得以多倍扩张。相反，如果中央银行对金融机构的债权减少，就会使货币供应量大幅收缩。通常认为，在市场经济条件下，中央银行对这部分债权有较强的控制力。

(2)国外净资产数额

国外净资产由外汇、黄金占款和中央银行在国际金融机构的净资产构成。其中外汇、黄金占款是中央银行用基础货币来收购的。一般情况下，若中央银行不把稳定汇率作为政策目标的话，则对通过该项资产业务投放的基础货币有较大的主动权；否则，中央银行就会因为要维持汇率的稳定而被动进入外汇市场进行干预，以平抑汇率，这样外汇市场的供求状况对中央银行的外汇占款有很大影响，造成通过该渠道投放的基础货币具有相当的被动性。

(3)对政府债权净额

中央银行对政府债权净额增加通常由两条渠道形成：一是直接认购政府债券；二是贷款给财政以弥补财政赤字。无论哪条渠道都意味着中央银行通过财政部门把基础货币注入了流通领域。例如，我国1995年的财政借款存量为1 800多亿元，且这笔负债一直持续到 2003 年才开始寻求适宜的解决方法，对期间我国基础货币量产生了一定影响。

(4)其他项目(净额)

这主要是指固定资产的增减变化以及中央银行在资金清算过程中应收应付款的增减变化。它们都会对基础货币量产生影响。

2. 中央银行控制基础货币的主要方式

中央银行主要是通过其掌握的货币政策工具如公开市场业务、再贴现业务等，吞吐基础货币，控制基础货币的数量和调整时机。

(1)公开市场业务

当中央银行在公开市场上出售有价证券时，无论是由社会公众还是金融机构购买，都无异于向市场收回一定数量的基础货币，使商业银行准备金减少，从而紧缩货币供应量；反之，当中央银行在公开市场上购进有价证券时，无论是社会公众还是金融机构出售证券，都意味着向市场投放一定数量的基础货币，表现为商业银行准备金增加，从而扩张货币供应量。由于中央银行公开市场业务能够准确、及时地使基础货币数量产生增减变化，从而达到中央银行的预期目的，因此它成为许多发达国家中央银行控制货币供应量的最重要的手段。

(2)再贴现业务

中央银行主要是通过调整再贴现率，影响商业银行或其他金融机构向中央银行贷款的成本，进而影响商业银行的准备金数量，达到调节基础货币数量的目的。相比来看，中央银行通过再贴现不如公开市场业务那样准确和及时。

(3)黄金、外汇储备的调节

中央银行通过黄金、外汇市场的买卖，吞吐基础货币，其影响和作用基本与公开市场业务相同，买进或卖出黄金、外汇相应地会增加或减少基础货币的数量。

10.3.2 商业银行与货币供给

1. 原始存款与派生存款

(1)原始存款

原始存款(Primary Deposit)是指商业银行接受的现金存款或中央银行对商业银行贷款所形成的存款，包括商业银行吸收到的增加其准备金的存款。这部分存款不会引起货币供给总量的变化，仅仅是流通中的现金变成了银行的活期存款，存款的增加正好抵消了流通中现金的减少。

商业银行的准备金以两种形式存在：一是商业银行持有的应付日常业务需要的库存现金；二是商业银行在中央银行的存款。这两者都是商业银行持有的中央银行的负债，也是中央银行对社会公众总负债中的一部分。商业银行的准备金对商业银行来说是其所拥有的一笔资产，按照法律性质分为法定准备金和超额准备金。

(2)派生存款

派生存款是与原始存款相对应的概念。派生存款是指由商业银行以原始存款为基础运用转账方式发放贷款或进行其他资产业务而引申出来的超过最初部分存款的存款，是商业银行存款的重要组成部分。

对派生存款可以从以下三个方面进行理解。

①派生存款必须以一定量的原始存款为基础。在一定时期内，如果存款派生系数相对稳定，银行可作为派生基础的原始存款数量越大，创造派生存款的能力亦越大；反之，可作为派生基础的原始存款数量越小，创造派生存款的能力也就越小。

②派生存款是在商业银行内直接形成的。在现实的银行信用活动中，在实行转账结算的条件下，凡是在银行具有创造信用流通工具能力的货币，都具有创造派生存款的能力。商业银行获得原始存款后，除按法定存款准备金比率保留一部分作为法定准备金以外，其余部分可用于放款或购买证券。通过对原始存款的吸收和放贷，商业银行系统又可创造出数倍于原始存款的派生存款。原始存款是商业银行扩张信用的基础。中央银行通过规定法定存款准备金比率来控制这部分存款，以达到调节信贷规模和控制货币供应量的目的。

③原始存款与派生存款间存在相互转化的关系。原始存款转化为派生存款的过程是：当中央银行用再贷款形式向商业银行发放贷款时，贷款转入贷款人存款账户，成为可供贷款者使用的存款；但由于存款的所有权属于银行，所以表现在银行账面上，又可引申出一笔存款来。以此类推，这些引申出来的存款就是派生存款。

2. 原始存款的形成机制

(1)原始存款来源于中央银行投放的基础货币

中央银行通过收购证券、外汇和黄金以及发放贴现贷款等渠道投放的基础货币，最终表现为银行准备和流通中现金两种形式。如果中央银行投放的基础货币为银行准备，商业银行将其贷放给工商企业，工商企业用这笔贷款向其他工商企业购买商品和劳务，其他工商企业将出售商品和劳务所得存入其他商业银行，商业银行因此而获得原始存款；如果中央银行投放的基础货币为流通中现金，其持有者将现金存入商业银行，商业银行同样也获得原始存款。

(2)原始存款形成的案例分析

假设中央银行向工商银行购买100万元证券。工商银行出售证券后，所持证券减少100万元，准备金则增加了100万元，见表10-1。

由于工商银行活期存款没有增加，法定准备不变，这笔增加的100万元准备是超额准备。假定工商银行将这笔超额准备贷出，转入借款人在工商银行开立的活期存款账户。这样操作的结果，使工商银行资产负债表作以下调整，见表10-2。

表10-1　工商银行资产负债表

单位：万元

资　产		负　债
证券	−100	
准备金	+100	

表10-2　工商银行资产负债表

单位：万元

资　产		负　债	
证券	−100		
准备金	+100	活期存款	+100
准备金	+100		

借款人不会让这笔存款闲置，而是用于购买其他工商企业的商品和劳务。当借款人使用这笔资金支付购买款项后，工商银行账户上借款人的活期存款将不复存在，因出售证券取得的超额准备也随之消失。假定商品和劳务出售者开户行为建设银行，则两个银行资产负债表将做如下调整，见表10-3、表10-4。

表10-3　工商银行资产负债表

单位：万元

资　产		负　债
证券	−100	
贷款	+100	

表10-4　建设银行资产负债表

单位：万元

资　产		负　债	
准备金	+100	活期存款	+100

上述操作的结果是，中央银行投放了100万元的基础货币，商业银行体系内增加了100万元的原始存款。

3．派生存款的形成机制

(1)商业银行存款货币的创造须具备两个基本条件

①部分准备制，即指银行对于所吸收的存款，不保留百分之百的现金准备，而只保留其中一定百分比以应付客户提现，其余部分则通过贷款等资产业务运用出去的准备制度。在部分准备制下，商业银行具有了创造存款货币的能力。

在存款准备制度下，商业银行在吸收存款后，要按照法律的规定提取一定比例的准备金缴存于中央银行，这部分准备金为法定准备金，超出的部分移交为超额准备金。

②部分非现金结算制，即转账结算制度，是指货币结算的双方，通过银行把款项从付款人账户划转到收款人账户而完成的货币收付行为。这一制度导致了如下特点的经济行为。

第一，客户把现金存入银行后，并不一定再把现金全数提出，而是要求把供给的款项记入自己的存款账户。

第二，取得支票者，可能用于提取现金，也可委托自己开有存款账户的往来银行代收，收到的款项记入存款账户。

第三，各个银行由于自己的客户开出支票，因而应该付出款项；同时由于自己客户交来支票委托收款，因而又应该收入款项。应收款、应付款的金额很大，但两者之间的差额通常较小。经济相互联系越紧密，相互的支付义务就越多，应收、应付之间的差额就越小，这个差额才需要以现金结清。

第四，各个银行对现金的需要归结为两类：一类是客户从存款中提取现金用于发放工资、小额零星支付等必须使用现金的用途；另一类是结清支票结算中差额。在长期的经营活动中，银行认识到现金的需要与存款之间有一定的比例关系，即只要按存款的一定百分比保持现金库存即可应付上述的现金需要，于是这个百分比就成为银行用以调控自己业务规模的依据。

(2)派生存款的形成机制

商业银行吸收客户的原始存款后，除按法定要求保留部分法定准备金外，其余部分可以用于发放贷款或购买证券，从而获取投资利润。在支票流通情况下，现金结算比重很小，客户取得贷款或证券价款后，不用或很少提取现金，而是将大部分贷款或价款存入自己的存款账户，以便开支票对货物的卖方或债权人支付。这时就整个银行系统而言，在原有的原始存款之外，又出现了一笔新存款。接受这笔新存款的商业银行，除保留部分法定准备金外，剩余部分又可以用来发放贷款或购买证券，取得贷款和证券价款的客户将这部分收入再存入银行，又形成新的存款……这一过程依次持续下去，众多的商业银行通过自己的资产业务，对原始存款连续地运用，从而创造出数倍于原始存款的派生存款。因此，派生存款是由原始存款经过不同的商业银行的资产运用而创造出来的，它是原始存款的派生和扩大。

从理论上来讲，派生存款的创造不会无限持续下去，当准备金的累积额等于原始存款时，商业银行就不能再从这笔原始存款上创造新的存款。

(3)派生存款创造的限制因素

影响派生存款扩大倍数的因素主要包括法定存款准备金率、超额准备金率、现金漏损率等。

①法定存款准备金率(r)。派生存款扩大倍数与法定存款准备金率成反比，法定准备金率越高，商业银行创造存款的倍数越小；法定准备金率越低商业银行创造存款的倍数越大。在实行法定准备金制度的国家，都要求各商业银行按一定比率将存款的一部分转存于中央银行，目的之一就在于限制商业银行创造存款的能力。不考虑其他因素变动情况下，设 K 为银行体系创造派生存款的扩张系数，两因素间的关系可用公式表示：

$$K=\frac{1}{r}$$

②现金漏损率(c)。前文中的论述隐含一个假定，即公众将所有货币收入都存入银行而不在手中持有现金，这是不现实的。现金漏损指银行在扩张信用及创造派生存款的过程中，部分现金流出银行系统，保留在人们手中而不再流回。现金的外流使得银行可用于放款部分的资金减少，因而削弱了银行体系创造存款货币的能力。由此可得到扩展的存款创造的扩张乘数公式：

$$K=\frac{1}{r+c}$$

③超额准备金率(e)。在实际经营中为了保持流动性，银行实际具有的准备金总是大于

法定准备金，这种差额称为超额准备金，但为了利润最大化，超额准备金所占比例通常很小。考虑超额准备后的存款创造的扩张乘数公式可调整为：

$$K=\frac{1}{r+c+e}$$

④定期存款准备金。当企业的活期存款被转入定期存款(D_t)时，尽管不致使原持有的准备金额有所下降，但这种变动会对活期存款乘数 K 产生影响。因为法律规定，银行对定期存款也要按一定的法定准备金率(r_t)提留准备金。同时，定期存款同活期存款总额(D_d)会保持一定的比例关系。当令 $t=D_t/D_d$ 时，则 $(r_t\cdot D_t)/D_d=r_t\cdot t$。也就是说，每一个货币单位的活期存款中就会有 $r_t\cdot t$ 作为法定准备漏出，从而使乘数公式可进一步扩展为：

$$K=\frac{1}{r+c+e+r_t\cdot t}$$

(4)存款货币创造的案例分析

假设，甲银行接受客户 A 存入的 200 万元活期存款。法定准备率为 20%，该银行需要提取 40 万元的准备金，并将剩余的 160 万元用于发放贷款。这样，甲银行的资产负债表见表 10-5。

甲银行将 160 万元贷出后，客户用于购买或者其他支付。假设客户手中不持有现金，故收款人 B 又将这笔存款存入乙银行。乙银行得到活期存款并不保留超额准备的情况下，将提取 32 万的法定准备金，然后将其余款项贷放出去。乙银行的资产负债表见表 10-6。

表 10-5　甲银行的资产负债表

资　产		负　债	
准备金	40	存款	200
贷款	160		
总计	200	合计	200

表 10-6　乙银行的资产负债表

资　产		负　债	
准备金	32	活期存款	+100
贷款	128		
总计	160	合计	160

这一过程如果持续下去，由最初客户存入甲银行的 200 万元原始存款经过银行系统的反复使用，存款货币成倍增长。从理论上来讲，这种扩张会一直持续到全部原始存款都已成为银行体系的存款准备金,从而任何一家银行都已没有任何剩余准备金可用于贷款为止。这一扩张过程见表 10-7。

表 10-7　银行系统创造存款货币的过程

银　行　数	存　　款	法定准备金	贷　　款
1	200	40	160
2	160	32	128
3	128	25.6	102.4
4	102.4	20.48	81.92
左	左	左	左
总计	1 000	200	800

表 10-7 表明，在部分准备金制度下，一笔原始存款由整个银行体系运用扩张信用的结果，可产生大于原始存款若干倍的存款货币。扩张的数额主要决定于两大因素：一是原始存款的大小；二是法定准备金率的高低。原始存款量越多，创造的存款货币量越多；反之，则越少。法定准备金率越高，扩张的数额越少；反之，则越大。

需要注意的是，银行系统派生存款倍数创造原理在相反方向上也适用，即派生存款的紧缩也呈倍数紧缩过程。所不同之处仅在于：在扩张过程中，存款的变动为正数；在紧缩的过程中，存款的变动为负数。

小 结

1. 货币供给是指一个国家在某一时点上，除财政部门、中央银行和商业银行以外的非银行社会公众所持有的货币量，这一变量是一个存量概念，具有较强的外生性质，是政府可控的重要变量之一。

2. 为了有效地管理和控制货币供给和货币供给量，需要对流通中的各种货币进行分类，划分不同的层次，使货币供给计量有科学的口径。各国中央银行都根据本国的实际情况对各种形式的货币进行了各具特色的层次划分。中央银行在实施货币政策、控制货币供应量时，会把侧重点放在流动性强的货币层次上。

3. 西方的货币供给理论侧重于运用数学方法对货币供给的决定进行分析。目前比较有影响的是货币学派的货币供给理论分析和货币学派的货币供给理论分析，两个学派都认为高能货币具有外生性质，是政府调控经济的重要变量，而对于货币乘数的决定则有一定的分歧。

4. 一般地，货币供给可以表达为基础货币与货币乘数的乘积，因此货币供给的变动可以用基础货币和货币乘数的变动反映。基础货币是外生变量，其规模受中央银行控制；货币乘数则受到法定准备金率、现金漏损率、超额准备率等变量的影响，其中一些变量也可由中央银行进行直接或间接控制，因而货币供给可以作为一个重要的经济调控变量。

5. 货币供给可分为发行基础货币和创造存款货币两个部分。这两部分分别由中央银行和商业银行控制。在货币供给的第一阶段由中央银行发行基础货币；第二阶段由商业银行系统派生货币，创造存款货币，从而形成多倍于基础货币的货币数量。

思考题

1. 我国的货币供给层次是如何划分的？
2. 简述商业银行存款货币的创造过程及影响派生规模的因素。
3. 什么是基础货币？它对货币供给量有什么重要作用？
4. 什么是货币乘数？简要分析货币乘数的决定因素。
5. 简要分析货币乘数对货币供给的影响。
6. 什么是原始存款？原始存款的规模是怎样决定的？
7. 试比较弗里德曼-施瓦茨货币供给模型和卡甘的货币供给模型。

案例简介

案例[10-1] 快速增长的货币总量

2015 年 9 月末，广义货币余额为 136.0 万亿元，同比增长 13.1%，分别比 6 月末和上年末高 1.3 个和 0.9 个百分点。狭义货币供应量余额为 36.4 万亿元，同比增长 11.4%，连续 3 个月显著回升，比 6 月末高 7.1 个百分点。流通中货币余额为 6.1 万亿元，同比增长 3.7%，比 6 月末高 0.8 个百分点。前三季度现金净投放 763 亿元，同比多投放 489 亿元。2015 年以来增速总体有所回升，前三季度新增 13.1 万亿元，同比多增 3.6 万亿元。商业银行通过购买地方政府债券等证券投资供给了大量货币。9 月末，基础货币余额为 28.0 万亿元，比年初减少 1.4 万亿元，主要是因为 2015 年以来通过下调法定准备金率提供了大量流动性，而下调准备金率并不会增加基础货币，这也是基础货币余额下降同时货币乘数提高的重要原因。9 月末货币乘数为 4.86，比 6 月末和上年末分别高 0.24 和 0.69。金融机构超额准备金率为 1.9%，其中农村信用社为 6.7%。

（资料来源：2015 年中国货币政策执行报告。）

问题

上述资料 M_0、M_1 及 M_2 的变化反映了什么？

简要提示

M_0 的变化主要反映并影响我国消费市场的供求和价格，与居民生活密切相关；M_1 反映的是居民和企业资金松紧变化，是经济周期波动的先行指标；M_2 反映的是社会总需求变化和未来通货膨胀的压力状况。

案例[10-2]　央行逆回购再次释放 1 000 亿流动性

中国央行公开市场于 2016 年 2 月 2 日进行 500 亿元 14 天期逆回购操作和 500 亿元 28 天期逆回购操作，中标利率分别为 2.4%和 2.6%，累计规模达 1 000 亿元。虽然净投放量较此前已经明显下降，不过公开市场操作仍未“断档”。2 月 1 日，央行就临时开展了逆回购 100 亿元，期限 28 天，中标利率 2.6%。此前，央行发布《关于春节前后临时增加公开市场操作场次等事宜的通知》称，增加春节前后公开市场操作场次。从 1 月 29 日起至 2 月 19 日，除了周二、周四常规操作外，其他工作日均正常开展公开市场操作，操作流程保持不变。

央行称，对于中期流动性需求，人民银行将通过分别开展中期借贷便利（MLF）、常备借贷便利（SLF）、抵押补充贷款（PSL）等操作安排 6 000 亿元以上资金予以支持。“目前之所以倾向于采用上述短中期流动性管理工具，是因为春节之后不少资金就会回笼，如果过度采用降准的措施，可能对短期利率造成过大的下行压力，不利于稳定资本流动和汇率。”中国人民银行研究局首席经济学家马骏在接受媒体采访时明确表示。

由中国社会科学院金融所发布的《金融蓝皮书：中国金融发展报告（2016）》称，2015 年前三季度累计降准 3 次，共释放约 2.54 万亿元流动性（不包括定向降准）。从绝对值看，2015 年的存款准备金调整似有大举扩张之嫌，但结合中国近年来的经济金融背景及相关改革来看并非如此。

（资料来源：根据中新网等相关资料整理。）

问题

此次公开市场大规模回购说明了什么？

简要提示

自 2003 年以来，中国外汇占款快速上升，中国人民银行通过发行央行票据和不断提高金融机构存款准备金率的方式来冻结流动性，冲销外汇占款对货币供给的影响。但在本轮危机以后，上述因素逐步弱化，外汇占款的增速开始下降，并且波动加大。为此，中国人民银行在 2015 年多次大幅下调存款准备金率，并配合其他货币政策工具补充因外汇占款下降而减少的流动性。其次，大量的法定存款准备金冻结了流动性，极大地弱化了金融市场配置资源的能力，构成了我国利率市场化的障碍。

第 11 章

货币均衡与货币失衡

本章学习要点

通过本章的学习，掌握货币均衡的含义和衡量达到均衡的标志、封闭条件和开放条件下调整政策促进经济内外平衡的基本手段；理解货币均衡与社会总量平衡之间的关系、*IS–LM*模型对货币均衡原理的分析；了解货币失衡的概念、形成原因及调整方式。

本章学习重点与难点

重点是货币均衡与社会经济总量均衡的关系、货币失衡向货币均衡的调整手段；难点是货币均衡和货币失衡的经济含义、利用经济学理论推导货币供求与社会经济总量间的关系、封闭与开放经济条件下货币调整的经济学方法。

本章基本概念

货币均衡、货币失衡、社会总供求平衡、社会总需求、社会总供给、IS 曲线、LM 曲线、供给型调节、需求型调节、混合型调节、逆向调节

整个社会再生产过程，就其表象而言，是由各种性质不同的货币收支运动构成的，它反映了整个商品世界的运动。因此货币供求的均衡，也可以说是由这些货币收支运动与它们所反映的国民收入及社会产品运动之间相互协调一致。

11.1 货币市场孤立均衡

11.1.1 货币孤立均衡的含义

货币市场的孤立均衡是指社会的货币供应量与客观经济对货币的需求量的基本相适应，货币均衡式可表示为：

$$M_{\mathrm{d}} = M_{\mathrm{s}}$$

这一均衡不仅是总量均衡，也是货币供求结构的均衡。

货币市场孤立状态下形成的均衡有如下特征。

（1）货币均衡是一种状态

它是货币供给与货币需求的基本适应，而不是指货币供给与货币需求的数量上的绝对相等。

（2）货币均衡是一个动态过程

它承认短期内货币供求不一致状态，不要求在某一个时点上货币的供给与货币的需求完全相适应，但长期内货币供求之间应大体上是相互适应的，表现为货币市场由短期均衡到失衡，再由失衡恢复到均衡的不断运动的动态调整过程。

（3）货币均衡在一定程度上反映了国民经济的平衡状况

在现代商品经济条件下，货币不仅是商品交换的媒介，而且是国民经济发展的内在要素。货币收入的运动制约或反映着社会生产的全过程，货币收支把整个经济过程有机地联系在一起，一定时期内的国民经济状况必然要通过货币的均衡状况反映出来。

（4）货币均衡具有相对性

它实际上是一种经常发生的货币失衡中暂时达到的均衡状态。

货币市场的孤立均衡状态可由图 11-1 揭示。

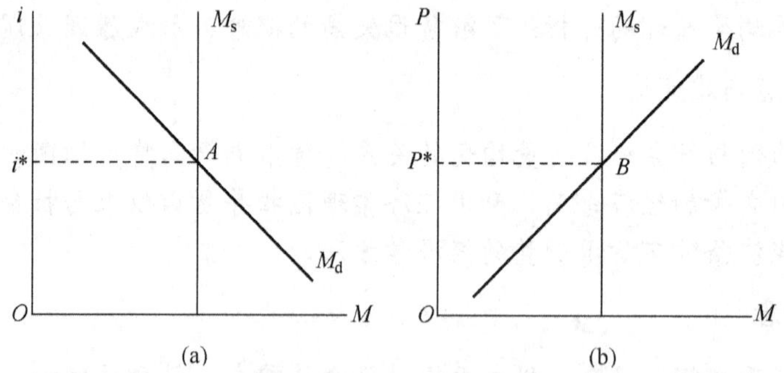

图 11-1　货币市场均衡

图（a）描述货币市场均衡与均衡利率水平间的关系，此时，M_d 曲线的斜率为负，反映货币需求数量与利率水平成反比变化的关系；图（b）描述货币市场均衡与均衡价格水平之间的关系，此时 M_d 曲线的斜率为正，反映货币需求数量与物价水平之间成正比变化的关系。M_s 曲线为货币供给曲线，可以视为外生变量，垂直于横轴。由 M_d 和 M_s 曲线所决定的交点的位置即为货币市场的均衡点，相应的利率为均衡利率，相应的价格为均衡价格。

11.1.2　货币市场均衡的标志

对货币均衡标志的分析主要来自于威克塞尔，随后林达尔和缪尔达尔又对他的观点进行了补充和修正，形成了较为系统的思想。

货币均衡具有量变的性质，货币均衡形态并不是一种趋势，相反，均衡趋势是体系的一种状态，假如要使这种状态不致发生波动，就必须不断地抵消各种主要有关变动的影响，以支持这种状态。为此，威克塞尔提出了实现货币均衡的三个标志。

（1）正常的贷款利率等于自然利率

自然利率是指假设所有价格具有充分弹性，令总需求与总供给永远相等时的利率水平，也可以说是为实现理想的资源分配所要求的实质利率。自然利率长期内趋于与资本边际生产率相等。在资本市场供求一致、自然利率等于资本边际生产率或预期收益率的情况下，企业家无扩大或缩小生产的愿望，整个经济处于均衡状态。

(2) 资本的需求等于资本的供给，即投资等于储蓄

投资与储蓄这两个概念是不能等同的，但二者能够进行比较。在既定的情况下，二者可以相等，也可以不相等，但是，只有当它们相等时，价格体系才处于货币均衡状态，否则，价格体系就必然会发生上升或下降的运动。

(3) 商品价格水平稳定不变

在纸币流通条件下，如果流通中货币供应量超过货币需要量，必然引起单位纸币所代表的价值减少，表现出物价水平上涨。因此，通常以物价水平变动作为间接衡量货币供求均衡与否的标志之一。由于一般物价水平取决于社会总供给与社会总需求的对比关系，而货币均衡又是社会总供求是否均衡的重要前提条件，所以，可以利用一般物价水平的变动判断货币是否均衡。

货币均衡的三个标志是密切相关的，只有当它们同时得到满足时，市场才达到均衡。也就是说，只要其中一个条件未得到满足，经济就失去均衡。如果货币利率偏离了自然利率，投资就不等于储蓄，从而价格水平就要发生变动。之所以存在这种关系，是因为企业家以追求最大利润为目的。只要货币利率低于自然利率，超额利润就会产生，这时企业家就会增加对资本的需求。这样，投资大于储蓄。这种趋势又导致对生产要素和商品需求的增加，在供给不变条件下，价格水平就必然呈上涨的趋势。反之，当货币利率高于自然利率时，亏损就发生了。这时，资本需求减少，投资小于储蓄。这种情况必然使生产要素和商品需求趋于下降，从而增加了价格水平下降的压力。因此，第一个均衡条件即货币利率与自然利率的关系具有决定性意义。

11.2 货币市场与产品市场的一般均衡

货币市场与产品市场的一般均衡指在社会总供求平衡，即社会总需求与社会总供给相等状态下形成的货币供求均衡。从形式上来看，货币均衡不过是货币供求相互平衡的一种货币流通状态，但从实质上来说，则是社会总供求平衡的一种反映。

经济体系需要多少货币，取决于有多少社会总供给需要货币流通去实现，这是货币需求由社会总供给决定的理论出发点。货币同时又是社会总需求实现的手段和载体，因而货币供给是形成社会总需求的根源，从这个意义上来说，货币均衡与社会总供求平衡是一个问题的两个方面。

在学习货币市场均衡概念时，应该从经济系统角度形成更深入的理解，也就是说，我们的研究主要站在一般均衡角度，探讨货币市场与其他市场的联动关系，因而需要注意以下几个方面的问题。

(1) 货币均衡一般是指总供求均衡条件下的均衡

我们所要研究的货币均衡一般是指总供求均衡条件下的货币均衡，而不是货币供给与需求自身相适应的浅层次的均衡。研究的重点在于名义货币供应量与实际货币需求量相适应条件下，产品市场与货币市场均衡的共同实现及相互作用的关系。

(2)货币均衡不是绝对量上的相等

货币供给等于货币需求并不是一个数学意义上的等式，绝对保持货币供应量和货币需求量上的一致几乎是不可能的。由于货币的特殊性，它既是一种交易媒介又是一种金融资产，自身具有一定的容纳弹性。货币供应量和货币需求量在一定程度内偏离，金融资产和实物资产间替代效应和货币的流通速度使货币数量本身具有自我调节的功能，因而能够使货币供应与货币需求在动态中保持基本平衡，这才是我们研究的主要内容，而货币供给和需求在名义数量上绝对相等并不具有太大的经济意义。

(3)利率是货币市场均衡和产品市场均衡的纽带和桥梁

货币的均衡会受到社会总供求平衡的影响，其中的关键就在于利率的形成和作用。当货币供给大于货币需求时，利率会下降，货币需求大于货币供给时，利率会上升。而产品市场上的变动也会影响利率水平的波动，因而只有在两个市场共同作用下形成的均衡利率才是真正意义上的均衡利率，在此均衡利率下的货币均衡也才是真正意义上的货币均衡。

11.2.1 社会总供求平衡

一国经济在运行过程中总产品的需求量等于供应量，此时的产出水平就是均衡产出水平，对应的价格水平就是均衡价格水平，这一状态即为社会总供求平衡。

1. 社会总供给

社会总供给是指一个国家或地区在一定时期内(通常为1年)，由社会生产活动实际可以提供给市场的可供最终使用的产品和劳务总量。它包括两个部分：一是由国内生产活动提供的产品和劳务，包括农林牧渔业、工业、建筑业等行业提供的产品，也包括由交通运输、邮电通信、银行保险、商业服务业等行业提供的服务，即国内生产总值；二是由国外提供的产品和劳务，即商品和劳务输入。

对于社会总供给函数，不同学派的学者有着不同的观点。

古典学派在充分就业条件下认为名义工资 W 具有完全弹性，货币条件发生改变时，价格水平发生变化。这时，名义工资会迅速调整，以保证实际工资不发生变化。在劳动力市场上，实际工资决定着劳动供给和劳动需求的均衡。因为实际工资没有发生变化，所以劳动力市场的均衡在价格水平发生变化时并没有被打破。这一关系可以反映到图 11-2 当中。

如图，社会总供给 Q_s 是资本和劳动的函数。在 $Q_s(L, K)$ 中假定 K 保持不变，则 Q_s 不会随价格水平发生变化，在图像中表现为一条垂直于横轴的直线。按照古典学派的这种分析，货币失衡引起的价格水平变化不会影响社会总供给量。

对此，凯恩斯学派提出了不同的看法。他们认为，就业是非充分的，并且短期内名义工资 W 具有黏性。当价格水平变动时，实际工资水平也将发生变化，如图 11-3 所示。

假设价格水平由 P_0 下降到 P_1，则实际工资水平就由 w/P_0 上升到 w/P_1，此时厂商对劳动的需求将减少，出现非自愿失业，社会总供给将由最初的 Q_0 减少到 Q_1，对应的均衡价格水平也将由最初的 P_0 下降到 P_1。因而得到的社会总供给曲线是一条向右上方倾斜的直线，这意味着，货币因素的变化，将对实体经济产生影响，货币均衡和产品市场均衡都不可能孤立地实现。

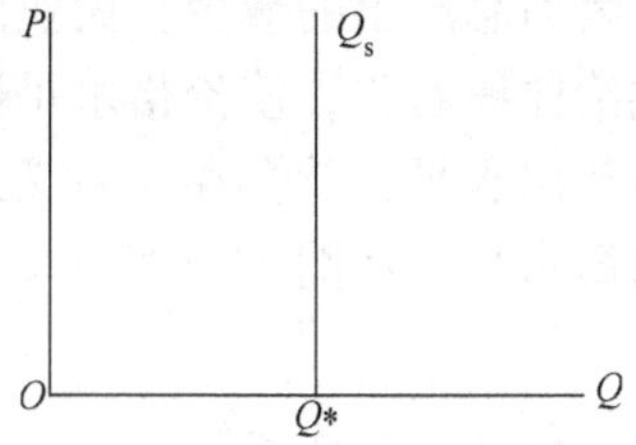

图 11-2 古典学派的总供给曲线

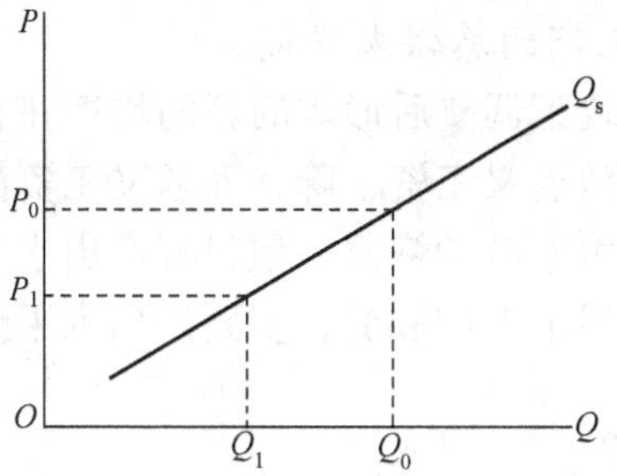

图 11-3 凯恩斯学派对总供给的认识

2. 社会总需求

社会总需求是指一个国家或地区在一定时期内(通常 1 年)，由社会可用于投资和消费的支出所实际形成的对产品和劳务的购买力总量。它包括两个部分：一是国内需求，包括投资需求和消费需求，投资需求由固定资产投资需求和流动资产投资需求组成，消费需求由居民个人消费需求和社会集团消费需求组成；二是国外需求，即产品和劳务的输出。

总需求曲线是一条向右下方倾斜的线，用以反映价格水平与社会总需求间反向变动的关系。对于影响总需求的因素，不同学派也形成了不同的观点。

货币学派分析总需求曲线移动是从交易方程式 $MV=PY$ 入手的。他们将商品和劳务的名义总量 $P\cdot Y$ 联系起来。弗里德曼假设在一段时间内货币的流动速度保持不变，如果货币供应量 M 增加一倍，那么总支出 $P\cdot Y$ 也将增加一倍，即总支出的变动主要取决于货币供应量的变动，财政手段是无法达到刺激经济的目的的，因为采取积极的财政政策增加政府支出会产生挤出效应，导致私人支出减少从而抵消政府支出增加带来的效果。

凯恩斯学派从总需求结构角度进行了分析，认为在一个封闭经济环境中，社会总需求由私人消费、投资及政府支出构成。价格水平的变动会通过投资 I 影响总需求规模，因而总需求曲线是向下倾斜的。另外，政府增加政府支出或是减免税收等手段也可以通过间接影响居民消费和企业投资来达到刺激消费的目的。政府支出的挤出效应虽然存在，但并不是完全的，财政手段最终仍能引起总需求的增加，达到促进经济增长的目的。

3. 社会总供求平衡

在时间上可将社会总供求平衡区分为短期的社会总供求平衡和长期的社会总供求平衡。

(1)短期总供求平衡

由于信息不对称的存在，短期内，货币量的改变带来的影响首先会被信息占优的一方察觉，信息处于劣势的一方不会马上改变自身行动。假设一国政府通过公开市场业务，减少货币供应量，则名义工资水平会上升，由于名义工资具有黏性，往往以合同等形式提前确定下来，所以企业的劳动需求量将下降，社会总需求下降，社会出现大量非自愿失业，社会总产出和价格水平都将下降，形成新均衡点，确定新的均衡价格与均衡产出水平，如图 11-4 所示。

图中，社会总需求曲线 Q_{d0} 与社会总供给曲线确定了初始的社会总供求平衡点 A，相应的均衡价格为 P_0，均衡产出为 Y_0。货币供应量减少后，将导致社会总需求曲线向左下方移动，至 Q_{d1}，均衡点由 A 点变动到 B 点，并形成较低的总产出 Y_1 和较低的物价水平 P_1。

(2)长期的总供求平衡

货币政策调整后形成的新的均衡在长期将被打破。因为总产出的减少，失业的大量存在，将导致名义工资下降，而名义工资的下降会使总供给曲线右移，使价格水平进一步下降，产出水平开始恢复，但只要产出水平低于初始均衡产出水平，就会存在名义工资下降和产出水平上升的趋势，直到产出水平恢复到原来的均衡水平，如图 11-5 所示。

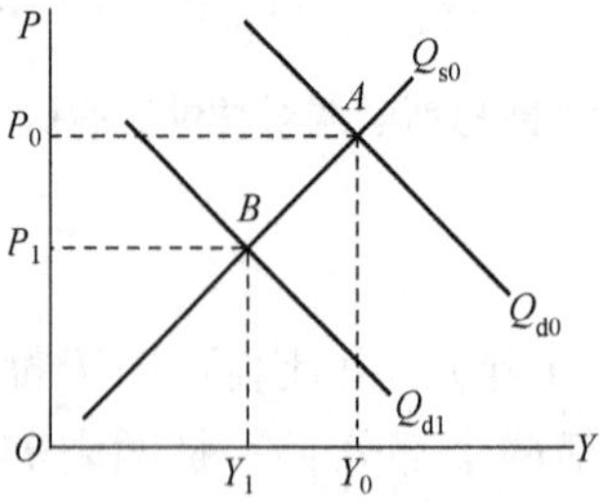

图 11-4 短期总供求平衡

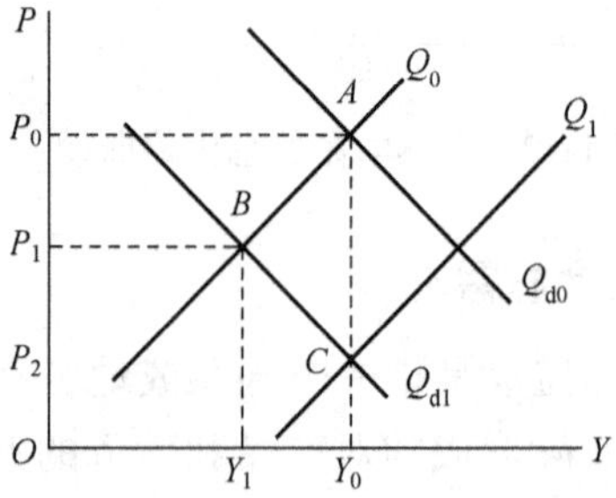

图 11-5 长期总供求平衡

图 11-5 中，均衡点由 A 到 B 变动的过程中，价格水平缓慢下跌，产出水平急剧下降。均衡点 B 到 C 的变动过程中，价格水平迅速下降而产出水平开始恢复，直到均衡打破前的均衡水平。最终的结果是货币量的改变会影响价格水平，但产出水平仍然保持在最初充分就业的水平上，因而货币政策调整在长期当中将是无效的。

11.2.2 货币均衡与社会总供求平衡的关系

1. 货币需求与社会总供给

在商品货币经济条件下，社会总供给表现为商品生产和流通的统一过程，并且处于不断的循环之中。在商品的生产过程中，货币作为交易的媒介，必然形成对货币的需求，社会商品的供给规模是制约货币需要量的重要因素。因而货币需求量与生产规模成正比例关系。

另外，商品生产周期不同，直接影响到货币的流通速度 V。生产周期包括生产时间和流通时间。如果生产周期延长，货币循环往返时间就会延长，为保证生产过程不中断，就需另外追加货币量，用以购买原材料、设备和支付工资。因此在生产规模保持不变的情况下，货币需求量与生产周期成正比变化。

最后，在社会总需求价值实现的阶段，如果物价水平上涨或下跌，即使上述两个因素保持不变，也会扩大或减少对货币的需求。

2. 货币供给与社会总需求

社会总需求实际上表现为一种有货币支付能力的购买需求，也就是说，货币供给形成社会总需求。任何需求都是有货币支付能力的需求，只有通过货币的支付，需求才能得以实现。因此，在货币流通速度不变的情况下，一定的货币供给水平实际上就决定了当期的货币需求水平，二者呈同向变动。

货币供给对社会总需求的影响，一种是直接影响，即银行通过发放贷款，通过购买生产资料等直接形成投资需求；另一种是间接影响，即由贷款进入流通的货币供应量，经过复杂的收入分配与再分配过程后，形成企业、政府机构和个人的收入，再由其使用构成社会消费需求和投资需求。由于同一货币可以多次周转使用，因此，形成的社会总需求通常是货币供应量的倍数。

3．货币均衡与社会总供求均衡

由于社会总供给、总需求与货币供给和需求之间存在内存联系，因而货币供求状况与社会总供求状况间也存在一定的联系。

货币均衡体现为 $M_s=M_d$，根据 $M_d=PT/V$，则

$$M_sV = PT$$

等式左边为社会总需求，右边为社会总供给。由此可见，如果货币供求处于平衡状态，社会总供求也可以达到平衡状态，表现为经济的长期稳定增长及物价的相对稳定。

如果 $M_s > M_d$，根据 $M_d = PT/V$，则

$$M_sV > PT$$

也就是说，当货币供应量大于现实的货币需求时，则会发生社会总需求大于社会总供给的情况，表现为物价上涨、市场失衡及经济波动。如果条件相反，则会发生社会总需求小于社会总供给，表现为商品滞销、市场低迷、经济增长停滞等状态。可见，货币均衡是实现社会总供求平衡的前提条件，社会总供求平衡则是货币均衡的表现。

11.3　*IS–LM* 模型中的货币均衡

IS–LM 模型是新古典综合派经济学家希克斯和汉森提出的一般均衡分析的重要模型。在封闭条件下，总供求均衡条件下的货币均衡，实质反映的是产品市场与货币市场达到的一般均衡状态。

11.3.1　货币市场均衡与 *LM* 曲线

根据凯恩斯理论，市场上的货币需求可分为交易性货币需求、预防性货币需求和投机性货币需求。其中，交易性需求和预防性需求是收入的正函数。投机性需求是利率的反函数，而货币供给是由货币当局决定的外生变量。利用上述关系，考察当货币市场达到均衡时利率与国民收入间的关系，发现货币市场均衡的条件是货币供给与货币需求相等，即 $L=M$。L 由受收入影响的货币需求 L_1 和受利率影响的投机需求 L_2 组成。由于 M 为外生变量，在中央银行货币政策不发生变化的条件下，只能通过调整货币需求达到市场均衡的目的。在初始均衡状态下，若国民收入水平上升时，则货币需求 L_1 随之增加，为保持货币需求数量不变，必须减少对货币的投机需求，因而利率水平必须上升，均衡利率与均衡产出间呈正比变化。将这种变化在图像中反映出来，就可以得到向右上方倾斜的直线，如图 11-6 所示。

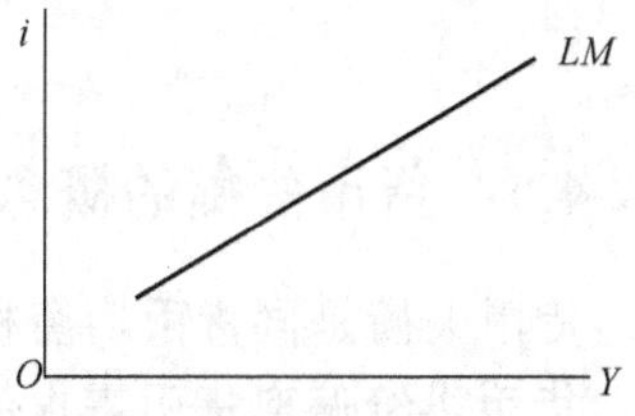

图 11-6　*LM* 曲线

11.3.2 产品市场均衡与 *IS* 曲线

在产品市场上，储蓄 S 是收入 Y 的函数，二者成正比变化，储蓄额的多少取决于收入水平的高低和居民的边际储蓄倾向。投资 I 是利率 i 的函数，利率可视为投资的成本，因而二者呈负相关。产品市场达到均衡的条件是投资等于储蓄，即 $S=I$。在初始均衡条件下，若国民收入增加，储蓄水平将相应增加。为继续保持产品市场的均衡，投资水平也应增加。由于投资与利率成反比变化，此时利率水平将下降，因而产品市场的均衡要求均衡利率与均衡产出间呈反比变化，由此形成产品市场均衡条件下国民收入 Y 与利率水平 i 间成反比变化的关系，这一关系反映到图像上即为 *IS* 曲线，如图 11-7 所示。

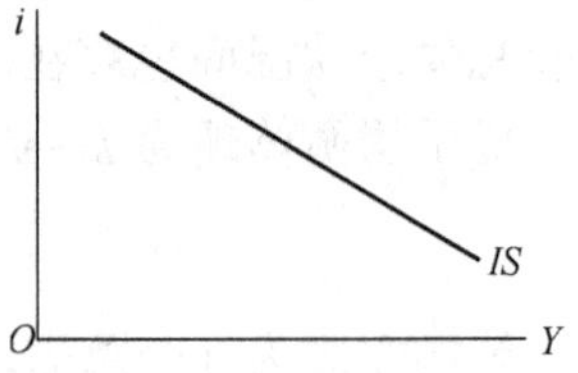

图 11-7　*IS* 曲线

11.3.3 *IS–LM* 模型

IS–LM 模型考察货币市场与产品市场同时达到均衡状态时利率水平 i 与国民收入水平 Y 间的关系。*LM* 曲线代表货币市场均衡，*IS* 曲线代表产品市场均衡，将两条直线放在同一坐标平面内，可以找到二者的交点位置，这一交点代表的就是两个市场均达到均衡时的状态，如图 11-8 所示。

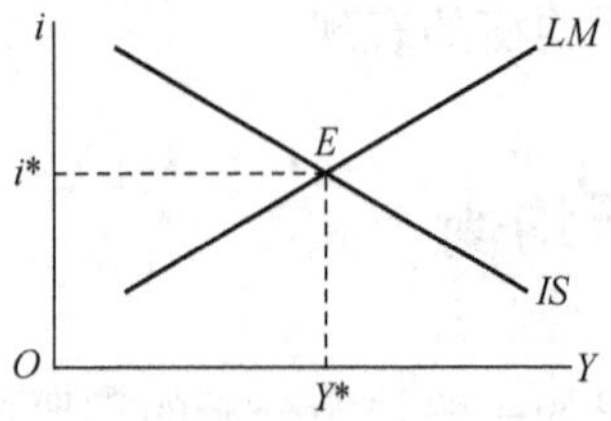

图 11-8　产品市场与货币市场的一般均衡

如图所示，在 *IS* 曲线上除 E 以外的其他各点，虽然 $I=S$，产品市场达到了均衡，但是货币市场处于非均衡状态。在 *IM* 曲线上除 E 以外的其他各点，又无法使产品市场达到均衡。只有在交点位置 E，两个市场才能同时达到均衡，此交点决定的利率 i^* 是同时满足两个市场均衡条件的均衡利率；决定的国民收入 Y^* 是同时考虑两个市场均衡条件下的均衡国民收入。

IS–LM 模型不仅阐述了均衡利率与社会总供求平衡和货币供求平衡的关系，也表明在完全市场经济条件下，货币均衡的实现是通过利率机制完成的，从而使我们更深入全面地领会货币均衡的内涵。

11.4 货 币 失 衡

11.4.1 货币失衡的概念

货币失衡是同货币均衡相对应的概念，又称货币供求的非均衡，是指在货币流通过程中，货币供给偏离货币需求使二者之间不相适应的货币流通状态，也称为货币供求的非均衡。这里的偏离不是指货币供给与货币需求之间的一般的不适应性，而是指这种偏离已经达到了影响国民经济正常运行的情况。

11.4.2 货币失衡的可能性与现实性

各国货币当局都不遗余力地控制货币供给量，以保持与货币需求的平衡，但实际上，货币需求失衡的现象总是难以避免的。相对于货币均衡，货币供求失衡是一种更常见的状态。

1. 货币失衡的可能性

货币失衡的可能性是由货币本身的特点所决定的，这些特点包括以下几方面。

(1) 货币供给与货币需求在形成机制上的差异性

货币均衡要求货币供给与货币需求在数量上统一。然而，货币供给与货币需求有着各自独特的决定因素、形成主体和形成过程，这就决定了二者在形成上的不统一，并最终导致二者数量上的不一致，引起货币失衡。

(2) 货币需求量在计算上的不准确性

要实现货币均衡，首先必须能够准确计量社会对货币的实际需求数量，并据此制定货币政策，调节货币供给量适应货币需求。然而，实际的货币需求量是很难准确计量的。货币需求量由货币的交易需求量、预防需求量和投机需求量组成，这三个因素分别由国民收入、利率水平、物价水平、有价证券收益率、货币资产收益率、实物资产收益率等因素所决定。由于各因素复杂多变，加之人们预期的有限理性，使得实际计算货币需求量时容易产生较大的误差，进而影响货币政策的制定、实施和货币均衡的形成。

(3) 货币供给量形成的复杂性

首先，货币供给量的决定因素极为复杂。货币供给主要取决于基础货币和货币乘数，而基础货币和货币乘数又受到中央银行的贴现及放款变动、存款准备金率变动、黄金及外汇储备变动、各种证券资产变动等因素的影响。其次，货币供给量的形成过程复杂。货币供给由中央银行、商业银行及各经济主体的行为共同决定，涉及货币供给机制及财政收支活动等多方面的经济活动。最后，随着金融市场的发展，金融交易工具和金融交易方式不断创新，使得金融市场活动日趋复杂，导致货币形态、货币流通速度等基本属性和相关变量都出现了不同的变化。这些因素及变化决定了货币供给量形成的复杂性，进而使得最终的货币供给量与人们意愿的货币供给量不一致，造成货币供给与货币需求的不相适应，即货币失衡。

(4) 货币需求与货币供给的相对滞后性

货币需求的变动在现实中往往不会马上表现出来，也就是说，人们发觉这个变动往往会滞后于实际变动，这样就形成了一个时间间隔；同时，中央银行调整货币政策后，新的货币供给的形成也有这样一个时间间隔。这种滞后性加大了对货币需求与供给规模判断的难度，容易造成实际货币供给与实际货币需求之间的失衡。

(5) 货币的易变性

货币的变动不仅受其自身因素的影响，还受国民经济运行的影响。由于技术因素、制度因素、经济结构等因素在不断发生变化，这些变化都会反映到金融市场当中，对货币供给需求产生重要的影响，因而导致货币供求间的协调变得更为复杂和困难，这也容易造成货币的失衡。

另外，货币以外的其他因素，如预期的有限理性等也制约着人们对货币需求、货币供给的准确认识，货币政策的调整相对缺乏可靠的理论依据，这些也使货币失衡成为可能。

2．货币失衡在我国的实际表现

现实中的货币失衡往往表现为通货膨胀或通货紧缩。虽然从整体来说，中国经济在改革开放后连续保持较高的增长速度，社会财富迅速聚集，经济总量不断攀升，经济结构也在不断地优化，但是在这样的经济发展中，货币失衡一直伴随着我国经济。从改革开放以来，我国共出现了五次典型的通货膨胀和一次通货紧缩，这几次大的货币失衡形成的原因各异，也各具特点，验证了货币失衡现象存在的极大可能性。

(1) 1980 年的通货膨胀

我国开始实行改革开放政策，政府工作重心刚转移到社会主义现代化建设上这段时期，宏观上经济增长速度迅猛、投资规模猛增、财政支出加大导致出现较严重财政赤字、盲目扩大进口导致外贸赤字，外汇储备迅速接近于零。1979 年、1980 年物价出现了明显上涨，其中 1980 年通货膨胀率达到 6%。后来我国经过压缩基本建设投资、收缩银根、控制物价等一系列措施，通货膨胀得到抑制。

(2) 1984—1985 年的通货膨胀

此时的通货膨胀体现为固定资产投资规模过大引起社会总需求过旺，工资性收入增长超过劳动生产率提高，从而引起成本上升导致成本推动，伴随着基建规模、社会消费需求、货币信贷投放急剧扩张，经济出现过热现象，通货膨胀加剧。为了抑制高通胀，当时采取了控制固定资产投资规模，加强物价管理和监督检查，全面进行信贷检查等一系列措施，表现为从 1984 年 11 月到 1985 年 10 月国务院发布的一系列宏观调控措施。

(3) 1987—1989 年的通货膨胀

由于 1984—1985 年中央采取的紧缩政策在尚未完全见到成效的情况下，1986 年又开始全面松动，导致需求量的严重膨胀。1988 年和 1989 年两年通货膨胀率高达 18%，创造了新中国成立 40 年以来上涨的最高纪录。物价的上涨和抢购风潮引发了一系列的社会问题。在突如其来的冲击面前，政府召开会议整顿经济秩序。于是，1989 年 11 月党的十三届五中全会通过《中共中央关于进一步治理整顿和深化改革的决定》，提出用 3 年或更长时间基本完成治理整顿任务，使用大力度的调整措施。

(4) 1993—1995 年的通货膨胀

邓小平南行讲话后，中国经济进入高速增长的快车道，起因主要是固定资产投资规模扩张过猛与金融持续的混乱。有人形象地总结为“四热”（房地产热、开发区热、集资热、股票热）、“四高”（高投资膨胀、高工业增长、高货币发行和信贷投放、高物价上涨）、“四紧”（交通运输紧张、能源紧张、重要原材料紧张、资金紧张）和“一乱”（经济秩序特别是金融秩序混乱）。经过 3 年的治理，到 1996 年我国实现经济的“软着陆”。

(5) 1997—2002 年的通货紧缩

经济软着陆后，我国国内从 1996 年上半年起，要求宏观经济紧缩政策有所松动的压力进一步增大。当宏观经济政策需要做出适当调整时，政府出于对中国经济一放就乱和担心物价反弹的考虑，未能及时做出适当调整，再加上 1997 年东南亚金融危机的影响，致使 1997—2003 年的几年中，经济总体呈现下滑趋势，并出现了有效需求不足的总量失衡现象，第一次告别“短缺”而进入了“过剩经济”时代。期间，我国物价持续低走，自 1997 年 8 月生产资料价格指数首次进入负增长时期之后，社会商品的零售价格指数和居民消费价格指数也相继于 1997 年 10 月和 1998 年 3 月出现负增长走势，货币供应量增幅持续下降，货币失衡，通货膨胀逐渐转变为货币紧缩。

(6)2003—2008 年的通货膨胀

随着我国进入新一轮经济增长周期，CPI、PPI、IMP 等物价指数全面上扬并不断攀升，2007 年下半年至 2008 年进入集中爆发期，物价水平持续保持高位运行，2008 年通货膨胀率已达到 5.9%的水平。到 2008 年年底，前一阶段紧缩性宏观调控显效，加上经济周期性回调和国际金融危机冲击的双重作用，通货膨胀压力减弱，物价水平大幅回落，本轮通货膨胀告终。

从我国改革开放后货币市场的运行情况来看，货币的非均衡状态是经济中的常态，虽然理论学家追求货币市场的均衡，但是作为动态经济系统中复杂的一个元素，无论依靠其自身调节还是依靠政府政策调节，都无法形成绝对意义上的市场均衡状态，但是将货币失衡的损害降到最低、促进货币失衡向货币均衡收敛仍是政策上可行的，这需要我们更深入地探讨导致货币失衡的原因。

11.4.3 货币失衡的类型及形成原因

货币失衡反映的是货币供求间不相匹配的一种状态，根据货币需求与供给间的相对数量关系，可将其分为两种类型，而形成两种类型失衡的原因也会有所差异。

1. 货币供给量小于货币需求量

货币供给量小于货币需求量形成的原因有以下几个方面。

(1)商品生产和交换的规模扩大

经济发展的情况下，商品生产和交换的规模扩大了，但货币供给量并没有及时增加，从而导致经济运行中货币紧缺。在金属货币流通条件下这种情况经济出现，而纸币流通条件下较少出现。因为金属货币流通条件下，货币供给量的增加，在一定程度上受制于作为货币流通的金属币材的规模与开采技术；而在纸币流通条件下，作为货币当局的中央银行增加纸币供给极为容易。

(2)紧缩性的货币政策

在经济运行中的货币供给量与货币需求量大体一致的情况下，中央银行实施紧缩性的货币政策操作，减少货币供给量，从而导致流通中的货币紧缺，国民经济的正常运行受到抑制，使本来供求均衡的货币运行向供给小于需求的货币失衡状态转变。

(3)信用关系变化

在经济危机阶段，由于信用链条的断裂，正常的信用关系遭到破坏，社会经济主体对货币的需求急剧增加，中央银行的货币供给却相对滞后于货币需求的增加，从而导致货币供求的失衡。

2. 货币供给量大于货币需求量

在纸币流通条件下，经济运行中的货币供给量大于相应的货币需求量是一种经常出现的失衡现象，其形成原因主要有以下几个方面。

(1)政府为弥补财政赤字向中央银行透支

政府财政收支不平衡时会发生赤字，在中央银行没有事先准备的条件下，政府财政的透支会迫使中央银行增发货币，从而导致货币供给量增加过度，造成货币供求失衡。

(2)经济增长政策的需要

在经济发展中，政府实行的调整经济增长政策迫切地需要货币资金支持，在中央银行无足够的货币资本实力情形下，银行信贷规模的不适当扩张，造成信贷收支逆差和货币资金扩张，导致货币供大于求的货币失衡现象发生。

(3)货币供给量增速超过经济发展速度

从时期分析来看，若前期货币供给量相对不足，产品积压和再生产过程受阻，为促使经济正常运行，中央银行实施扩张性的货币政策。若此时扩张政策的力度把握不适当，导致银根过松，货币供给量的增加速度不恰当地超过了经济发展的客观需要，从而形成过多货币供给，其结果就会导致货币失衡，造成通货膨胀。

(4)汇率高估和本国货币贬值

从开放经济来看，在经济落后、结构刚性的发展中国家，货币条件的相对恶化和国际收支失衡使得国民经济运行仅靠进出口机制无法弥补由此带来的损失，而汇率高估和本国货币贬值造成货币供给量的急剧增长，使货币供求失衡。

(5)结构性的货币失衡

在发展中国家，除了会出现货币供求总量上的失衡外，还可能形成结构性的货币失衡。这是指在货币供给与需求问题大体一致的总量均衡条件下，货币的供给结构及与此相对应的货币需求结构不相适应，结果导致货币短缺和货币滞存现象同时存在。造成这种结构性失衡的主要原因在于社会经济结构的不合理和在此基础上的结构刚性。

11.4.4 货币失衡到货币均衡的调整

无论是货币供给大于货币需求造成的通货膨胀，还是货币需求大于货币供给造成的通货紧缩，对一国的经济都会产生消极的破坏作用。因此，任何国家都会把货币均衡作为社会总供求均衡的一个方面，致力于对货币市场的政策调整，将货币市场均衡作为经济调整的重要目标。

1. 孤立失衡条件下的调整

若不考察产品市场与货币市场间的相互作用，仅考虑货币供求不平衡问题，则可通过中央银行的政策调整实现货币失衡向货币均衡的转化，具体手段包括以下几个方面。

(1)供给型调节

中央银行根据客观的货币需求状况，在货币供应量偏离货币需求量时，从货币供给角度进行调节的方法。中央银行可以选择改变基础货币供应量，调整影响货币乘数大小的法定准备金率、利率或者出台鼓励储蓄行为、改变储蓄结构的政策等方式达到调节货币供给，形成货币均衡的目的。

(2)需求型调节

中央银行在既定的货币供应量下，用利率信贷等措施，调节社会的货币需求问题和构成，使之与既定的货币供应量相适应，以保持货币供求的均衡。

(3)混合型调节

中央银行不是单纯地调节货币的供应量，或单纯地调节货币需求量，而是双管齐下，同时调节货币供应量与需求量，实现货币均衡的方法。

(4)逆向型调节

中央银行面对货币供给大于货币需求的失衡状况，不是采取收缩货币供应量的政策，而是适当增加货币供应量，调整货币供给结构，以增加货币需求，在短期内促进生产发展，通过商品供应量的增加吸收多余货币，实现货币市场均衡的调节手段。

2．封闭经济中产品市场和货币市场联合失衡下的调整

在封闭经济条件下，一国只存在国内货币市场和国内商品市场的失衡与均衡问题。在 *IS–LM* 曲线中，货币均衡就是指 *IS* 曲线与 *IM* 曲线的交点 *E* 点的均衡，*E* 点之外的任何一点都是非均衡状态，要使其从货币失衡状态恢复到 *E* 点的状态，可通过财政政策和货币政策的搭配组合来进行调整。

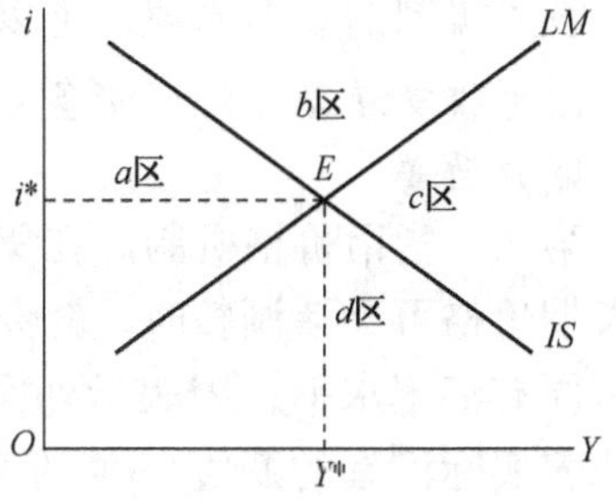

图 11-9　封闭条件下货币失衡的状态

如图 11-9 所示。图像的 *a* 区内存在着通货膨胀和供给过剩，此时可运用紧缩性货币政策和扩张性财政政策搭配使用来抑制通货膨胀，调节社会总供求。在 *b* 区内存在着通货膨胀和需求过剩，应该同时运用紧缩性的货币政策和紧缩性的财政政策来抑制通货膨胀，控制过剩的社会产品需求。在 *c* 区由于存在通货紧缩和供给不足，应该采用扩张性货币政策和紧缩性财政政策搭配使用的方法来对付通货紧缩，恢复总供求均衡。在 *d* 区由于存在通货紧缩和需求不足，应该同时采用扩张性的货币政策和财政政策来增加货币供给和社会总需求，以恢复全社会的货币均衡和总供求均衡。

3．开放经济中货币失衡到货币均衡的调整

(1)开放经济条件下货币失衡的相互传播

在开放经济条件下，一国既要维持国内产品市场与货币市场均衡，又要维持对外均衡。内部平衡要求一国资源的充分利用和国内价格水平的稳定。外部平衡则要求一国既没有陷入赤字危机而使得将来无法清偿外债，又没有由于过度的盈余而使他国陷入这种境地。由于世界各国的货币市场和商品市场都处于相互联系和相互影响之中。因此，开放经济条件下还需要考虑到国际金融市场对各国经济均衡的影响。

由于世界货币体系的不对称性以及国际货币的间接替代效应，使各类外源性干扰因素对货币均衡的影响程度不断增加，其中资本的注入和流出成为打破货币均衡并最终又维持货币均衡的重要因素。一国国内的货币失衡造成商品市场的过度繁荣（萧条）和国内货币市场上的通货膨胀（紧缩），并通过国际贸易和国际资本流动向国际商品市场和国际货币市场传导，影响交易成本，并波及参与者的国内市场，打破其国内市场原有的均衡。尤其是在高度开放的经济状态下，经济大国的货币在国际贸易和国际结算中起主导作用，因此，其国内货币失衡会迅速地涉及其他国家和地区，使许多国家和地区乃至全世界出现货币失衡。

(2)开放经济的自动平衡机制

在开放经济运行中，当出现失衡情况时，经济本身会有一种自发力量促使均衡再次出现。

①固定汇率制度下的自动平衡机制。在固定汇率制度下，开放经济的自动平衡机制主要通过两种途径发挥作用。

第一，收入机制。在经常账户出现逆差时，这一逆差通过外汇储备途径使名义货币减少。在短期内，价格水平不发生变动，因此实际货币供给减少。实际货币减少带来*LM*曲线的左移，这会造成利率的上升和国民收入的下降，由此又减少进口支出，从而改善经常账户收支。如果其他条件不变，这一过程将一直持续到*IM*曲线左移至*IS*曲线与*CA*曲线相交的*A*点为止，如图11-10所示。

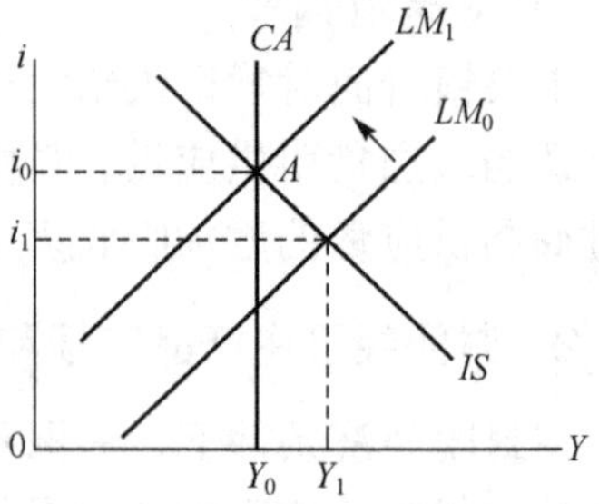

图 11-10　固定汇率制下经济自动调整的收入机制

收入机制的基本原理还可以描述如下：

国际收支逆差→外汇储备减少→名义货币供给下降→国民收入下降→进口支出下降→经常账户改善

第二，货币价格机制。在货币供给降低过程中，经济中的货币存量越来越少，这样在中长期价格可灵活调整时，就会导致物价水平*P*的下降。由于实际汇率$q=eP^*/P$，式中：*e*表示原有汇率水平；P^*表示外国物价水平；*P*表示本国物价水平，本国物价水平的下降就意味着实际汇率的贬值（*q*值的变大）。实际汇率的贬值会带来出口的上升和进口的下降，这一经常账户的改善会造成*CA*曲线与*IS*曲线的右移。如果其他条件不变，这一过程将持续到*IS*、*CA*曲线右移至曲线交于一点*B*为止，如图11-11所示。

货币价格机制的调节过程可以描述如下：

国际收支逆差→外汇储备减少→名义货币供给下降→物价水平下降→进口支出下降→经常账户改善

在开放经济的运行中，收入机制与货币机制都会发生作用，因此开放经济自动平衡的实现是这两种机制效果的综合。

②浮动汇率制度下的自动平衡机制。同样分析经常账户逆差的情况。在浮动汇率制度下，这一自动平衡机制主要体现在另一种形式的货币价格机制上。经常账户在外汇市场上表现为外汇的需求大于供给，导致本国货币名义汇率的贬值。在价格水平不发生变动时，同样带来实际汇率的贬值。实际汇率贬值又会带来贸易余额的改善，使*CA*曲线与*IS*曲线右移最终达到平衡。过程如图11-12所示。

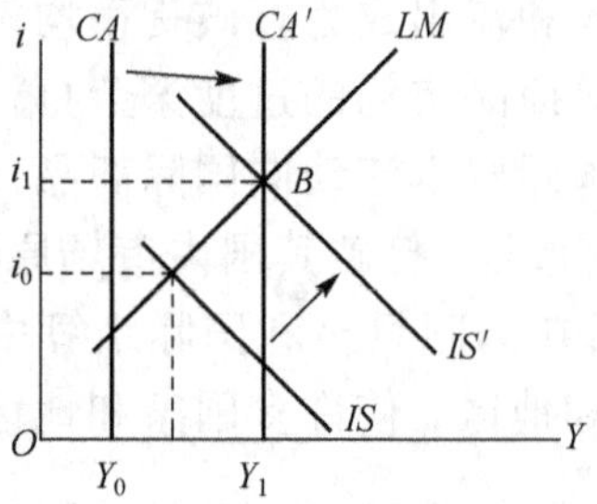

图 11-11　固定汇率制度下经济调整的货币-价格机制

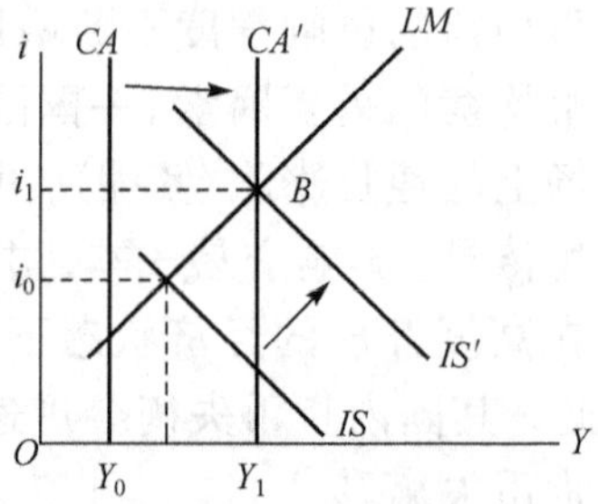

图 11-12　浮动汇率制度下经济调整的货币-价格机制

浮动汇率制下的货币价格机制的调整过程还可以描述如下：

国际收支逆差→外汇储备减少→名义货币供给下降→本币名义汇率贬值→实际汇率贬值→经常账户改善

(3) 开放经济条件下政策搭配的使用

在开放经济条件下，一国政府要实现其完全意义上的货币均衡，就必须在国内货币市场消除通货膨胀或通货紧缩，恢复和维持货币均衡的同时，还必须保持其国际收支的平衡稳定，但是政府要同时实现货币的内部均衡和外部均衡目标是极为困难的。一个有效的方法是将财政与货币政策搭配使用。这一原则下美国经济学家蒙代尔提出的搭配方案最有影响。

蒙代尔以预算作为财政政策的代表(用横轴表示)，以货币供给作为货币政策的代表(用纵轴表示)，如图 11-13 所示。

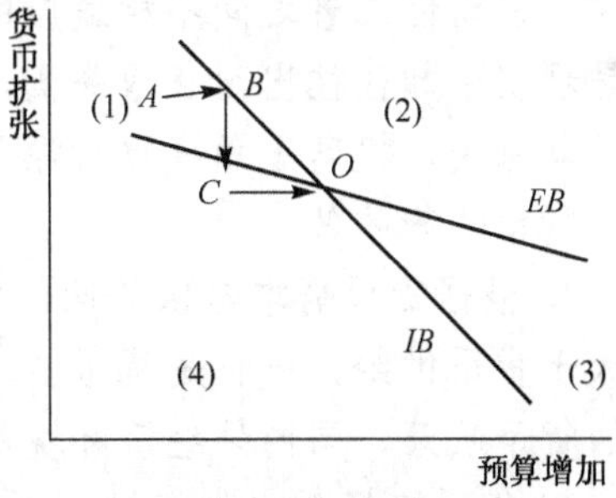

图 11-13　财政政策与货币政策的搭配

在图 11-13 中，*IB* 表示内部均衡，在这条线上，国内经济达到均衡。在这条线的左边，国内经济处于衰退和非充分就业状态；在这条线的右边，国内经济处于通货膨胀状态。*EB* 曲线表示外部均衡，在这条线上，国际收支达到均衡；在这条线的上边，表示国际收支逆差；沿横轴向右移动，表示财政政策的扩张和预算增加；向左移动，表示财政政策的紧缩和预算削减。沿着纵轴货币供给线向上移动，表示货币政策的扩张和银根放松；沿着这条线向下移动，表示货币政策紧缩和银根收紧。*IB* 曲线比 *EB* 曲线陡峭，是因为蒙代尔假设，预算对国民收入、就业等国内经济变量影响较大，而利率对国际收支影响较大。

在上述假定条件下，当宏观经济与国际收支都处于失衡状态时，比如在区间(1)的点 *A* 时，应采用财政政策来解决经济衰退问题，扩大预算使 *A* 点向 *B* 点移动。同时，应采用紧缩性货币政策来解决国际收支问题，使 *B* 点向 *C* 点移动。扩张性财政政策与紧缩性货币政策的如此反复使用，最终会使点 *A* 接近点 *O*。在 *O* 点上，表示开放经济达到内外均衡。

财政政策和货币政策的搭配仅仅是政策搭配的一个范例。实际上，经济生活远远比理论上的论述要复杂得多，在决定政策取向时，不仅要考虑本国经济的需要，还要顾及外国可能做出的反应。因此，实现内外经济均衡的经济目标具有很强的复杂性和困难性。

小　结

1. 货币市场的孤立均衡是指社会的货币供应量与客观经济对货币的需求量的基本相适应，它是一种相对的动态均衡，与产品市场均衡存在密切的关系，并通过储蓄等于投资、资本利率等于自然利率和物价稳定表现出来。

2. 我们所探讨的货币均衡指更为一般意义上的货币均衡，它是与产品市场共同达到的均衡，两个市场的均衡由利率这一桥梁联系在一起，通过利率机制相互影响、相互作用。最终所形成的是一种长期的、相对更为稳定的均衡状态。

3. 社会总供求平衡是从产品市场角度分析的一国经济的总量平衡，是传统的宏观经济分析领域。众多学者都对其进行过分析并得到不同的结论，这些讨论集中在总供给曲线的形状和总供求平衡形成的机制上，并最终落脚在对财政政策、货币政策有效性的论题上。

4. 货币需求、货币供给与社会产品总需求及总供给之间分别存在相互作用的关系，这种关系使得两个市场的均衡也不可避免地联系在一起。可以认为，货币均衡是实现社会总供求平衡的前提条件，社会总供求平衡则是货币均衡的表现。

5. *IS–LM* 模型是分析产品市场与货币市场同时达到均衡的状态的重要工具。这一模型考察在两个市场同时达到均衡时利率与国民收入间的关系，由这一模型，最终可确定一般均衡条件下的重要经济变量的均衡值。

6. 货币失衡是同货币均衡相对应的概念，是指在货币流通过程中，货币供给偏离货币需求，从而使二者之间不相适应的货币流通状态。虽然人们希望经济能够处于均衡状态，但是现实中却往往出现货币失衡，这似乎是货币市场更平常的状态。对于货币失衡需要我们从其原因、机理等角度进行深入的分析，才能将货币失衡的损害降到最低、促进货币失衡向货币均衡收敛。

7. 根据货币需求与供给间的相对数量关系可将货币失衡分为两种状态，一种是货币需求大于货币供给，一种是货币需求小于货币供给，两种状态形成的一般原因可以从中央银行的货币政策、国内外经济环境等角度进行分析。

8. 货币市场孤立失衡情况下，可以分别从货币需求、货币供给两个角度考虑对其进行调整，特殊情况下，也可以采取逆经济风向行事的策略，实现短期内货币市场的非均衡到长期内均衡发展的演变。

9. 在封闭经济条件下，一国只存在国内货币市场和国内商品市场的失衡与均衡问题。此时，可根据 *IS–LM* 模型的基本原理调整货币政策和财政政策，或将两种政策进行融合，实现对国内失衡的调整。

10.开放经济条件下，一国政府要实现其完全意义上的货币均衡，就必须在国内货币市场消除通货膨胀或通货紧缩，同时保持其国际收支的平衡稳定。对政府而言，这很困难，但是由于经济内在的自动机制的作用，往往非均衡的经济状态会自动地趋向均衡，而在不同的货币制度下，这种自动机制也会显示不同的作用机理。

11.根据经济学家蒙代尔的分析，除依赖经济的自我调节外，政府也可以通过财政政策和货币政策的配合实施实现对失衡经济的调整。

思考题

1. 什么是货币的孤立均衡？理解货币均衡概念时需要注意哪些问题？
2. 货币孤立均衡的标志有哪些？它们之间有何联系？
3. 简述货币均衡与社会经济总量平衡之间的关系。
4. 试用 *IS–LM* 模型分析货币市场与产品市场的一般均衡。
5. 什么是货币失衡？货币失衡为什么以常态出现？
6. 货币失衡的原因是什么？
7. 封闭经济条件下如何对货币失衡进行调整？
8. 开放经济条件下如何对货币失衡进行调整？
9. 如何将货币、财政政策进行搭配以促进货币均衡的实现？

案例简介

案例[11-1]　汇率制度调整后的中国货币市场失衡

自 2005 年 7 月 21 日起，我国开始实行以市场供求为基础、参考一篮子货币进行调节、有管理的浮动汇率制度。这一制度实施后，人民币不断小幅升值，到 2008 年 12 月，已累计升值约 20%，中国的超额外汇储备和国际市场对人民币升值的预期以及其他种种因素，使得人民币升值的压力一直存在。货币当局(央行)为了维持人民币汇率的稳定，避免对中国经济的冲击，在外汇市场上进行了干预，同时为了避免对国内货币市场的过大冲击又进行了冲销，结果外汇占款占基础货币的比例由 2003 年的 49%增长到 2008 年年底的 130%，被迫投放的外汇占款所占比重越来越高。这样导致了 2009 年、2010 年中国的一个两难困境，一是人民币对内贬值(流动性过剩是其中一个重要原因)，通胀压力较大；二是人民币对外升值，人民币对主要货币的汇率不断上升。

(资料来源：根据中国国家统计局网站资料整理。)

问题

外汇市场波动如何影响国内货币市场均衡？

简要提示

我国进行汇率制度改革后，人民币汇率始终面临升值压力，国际收支双顺差放大，导致外汇储备激增，货币当局通过外汇占款形式发放的基础货币增加。尽管央行可以通过发行央票、提高法定存款准备金率等方式来冲销基础货币的增加，但冲销或者会加大央行的成本，使货币政策失去独立性，或者会推高市场利率，从而吸引更多资金流入套利，因此冲销是难以持续的。如果冲销不可持续或者不完全，那么外汇储备激增必然会加剧国内流动性过剩。过剩的流动性或者流入资产市场，推高资产价格；或者流入商品市场，加剧通胀压力。简言之，一旦人民币单边升值预期形成并得到强化，中国可能重新面临流动性过剩、资产价格上升、通胀压力抬头的不利局面。

案例[11-2]　美国的两轮货币宽松政策

2009 年金融危机期间，美国第一季度经济面临负增长 0.6%，利率降到历史最低水平 0～0.25%，创 25 年新高的 9.6%的失业率和仅 0.4%的通胀率，美联储第一次启动了“量化宽松”的货币政策。据统计，2010 年，美国财政部发行了 2.307 万亿美元的票据、债券和通货膨胀保值债券，创下有史以来的最高纪录，国债填补逾 1 万亿美元的预算赤字。美国财政部的数据显示，2010 财政年度美国政府净债务规模达到 13.5 万亿美元，高于 2009 财年的 11.5 万亿美元和 2008 财年的 10.2 万亿美元；但是第一轮货币宽松政策实施后，美国经济复苏不容乐观，GDP、利率、通胀和失业率几乎又达到临界点。2010 年第二季度 GDP 增长仅 1.6%，利率依旧保持在 1%～1.25%，失业率高达 9.6%，通胀率 1.1%。为促进经济更强劲复苏和避免通缩的出现，美联储于 2010 年 11 月 3 日宣布了新一轮的量化宽松货币政策，表示将在 2011 年年中前购买总额为 6 000 亿美元的长期国债以提振经济，并对资产负债表中的债券资产到期回笼资金进行再投资。

美国这一政策引发了世界各国的不满，纷纷批评美国的这种做法是只管自己，不管别人。德国财长朔伊布勒说，美元一边抱怨他国操作汇率促进出口、一边大肆印钞压低美元，这一“虚伪行径”不仅不会解决美国经济面临的困难，还会使得美国的经济增长模式陷入到“深深的危机”当中。欧元集团主席卢森堡的首相容克说，美国现在是在借新债还旧债，这并非一个明智的决定。俄罗斯总统的首席经济顾问德沃科维奇说，俄罗斯将在 G20 会议上坚决要求，美联储在采取重大政策决策前应该征求其他国家的意见。还有巴西的财政部长吉多·曼特加说，美联储此举难以增加就业，还会加剧全球的失衡。

同时，过于宽松的货币政策也引起人们对美国国家信用的质疑。穆迪(Moody's)等机构警告如果美国继续发债，将在未来 12 ~ 18 个月内下调美国“AAA”主权信用评级。

(资料来源：根据豆丁网、中国证券报 2011-1-12 资料整理。)

问题

美国超宽松货币政策的本质是什么？

简要提示

所谓量化宽松货币政策是中央银行在经济或金融危机期间，向经济社会注入大量定额货币的非均衡货币政策。量化宽松政策的货币原理是增加商业银行的存款准备金，使其创造货币，扩大信贷。当美联储委托证券经纪公司在公开市场上收购商业银行持有的长期国债券时，后者所得款额就直接成为美联储账户上的超额存款准备金。如果向其他公众和公司购回长期国债时，他们所得款额就会存入商业银行，经过结算，这笔款额也成为商业银行的超额存款准备金。结果整个商业银行系统就可以创造出数倍于全部超额存款准备金的活期存款来。由于美国增发货币所松动出来的巨额流动性并不是美国国内所需要的，只能流向国际，因而是向全球滥发货币。

第12章

通货膨胀与通货紧缩

本章学习要点

通过本章的学习，掌握通货膨胀定义、成因及治理对策；理解通货膨胀的衡量指标、特征；了解通货膨胀的分类方法。

本章学习重点与难点

重点是学习通货膨胀的成因及治理对策；难点是掌握通货膨胀的效应。

本章基本概念

通货膨胀、消费者物价指数、批发物价指数、公开型通货膨胀、爬行式通货膨胀、恶性通货膨胀、需求拉上型通货膨胀、成本推进型通货膨胀、供求混合型通货膨胀、结构性通货膨胀、产出效应、强制储蓄效应、通货紧缩

12.1 通货膨胀概述

12.1.1 通货膨胀的界定

有关通货膨胀(Inflation)的定义，目前理论界争议比较大。以前的教科书都沿用苏联的定义。这些定义的特点是：①以金属货币流通下的货币必要量衡量纸币量多少；②将通货膨胀单纯与财政赤字挂钩；③认为通货膨胀是极其剥削的手段。后来有了改进，将通货膨胀与货币引起物价上涨联系起来，把通货膨胀与物价上涨等同。

应该说，在当前信用货币的条件下，使用金属货币流通下的货币必要量来衡量纸币发行的多寡是不科学的；同时，造成通货膨胀的原因很多，除了财政赤字外还有诸如需求拉动、成本推动等方式也可能造成通货膨胀；而且通货膨胀不能与物价上涨等同，一般情况下，通货膨胀表现为物价上涨，但是物价上涨并不一定就是通货膨胀。

西方经济学家将通货膨胀定义为一般物价水平(商品和服务货币价格总水平)在某一时期内，连续性地以相当的幅度上涨。

大体上，经济学家是以对整体经济活动的影响程度来界定是不是出现了通货膨胀的现

象。界定通货膨胀，应注意理解以下几点。

(1)单一商品的涨价不是通货膨胀

如果只是某一种或某一类商品价格上涨，而其他商品的价格没有发生变化，这并不是通货膨胀，因为它只对某一些人有影响，对整体经济影响不大。

(2)商品的价格上涨不是持续的也不是通货膨胀

如果很多商品的价格都上涨了，但却是在一次调升后就停下来，这也不算是通货膨胀。因为经济学家认为这种“涨一次即停”的现象，对经济活动的冲击不大。

(3)如果涨幅不大也不能称为通货膨胀

在现代经济社会，物价水准常有上扬的特性，在多数情况下，物价只升不降，这是“物价的刚性”。因此，如果幅度不大，也不能叫做通货膨胀。但是，如果许多商品的价格在某一段时间内，以一相当的幅度，一波波、持续性地上涨，则会对整个经济社会造成困扰，这就是所谓的通货膨胀了。

(4)在通货膨胀引起的价格总水平持续上升期间，个别物价有可能是下降的

(5)判断是否出现了通货膨胀，在一定程度上取决于人们对通货膨胀水平的承受能力

西方国家一般在 3%~5%就难以承受，而发展中国家则能承受更高的通货膨胀水平。

12.1.2 通货膨胀的度量

通货膨胀既然表现为物价总水平的持续、明显上涨，那么，用物价上涨的幅度来衡量通货膨胀的程度也就顺理成章了。通货膨胀的一般公式为：

$$\text{当期通货膨胀率}=\frac{\text{当期价格水平}-\text{上一期价格水平}}{\text{上一期价格水平}}\times 100\%$$

目前，世界大多数国家主要采用以下几种物价指数来衡量通货膨胀。

1. 消费者物价指数(Consumer Price Index，CPI)

消费者物价指数也称生活费用指数，它反映一国消费品和劳务价格上涨和下降的幅度。该指数一般由各国政府或私人机构根据本国若干主要食品、衣着和其他消费品的零售价格，以及水、电、住房、交通、医疗、文娱等费用编制而成，用于测量一定时期商品和劳务价格变动对消费者(居民)生活费用的影响程度，并成为劳资协议调整工资的尺度。

消费者物价指数的优点是资料容易收集，公布次数较频繁，能够迅速和直接地反映公众生活费用的变化。由于它与社会公众的生活密切相关，因此备受关注。它的缺点是包括的范围较窄，不能反映各种资本品以及进口商品和劳务的价格变动趋势。

2. 批发物价指数(Wholesale Price Index，WPI)

批发物价指数又称生产者价格指数，它是根据企业所购买商品的价格变化状况编制的，反映了包括原材料、中间产品及最终产品在内的各种商品的批发价格的变动指数。

以批发价格指数度量通货膨胀，其优点在于能较灵敏地反映企业生产成本的变化，并能在一定程度上预示着消费者物价指数的变动，但缺点是没有将各种劳动价格包括在内。

3．国民生产总值物价平减指数(GNP Deflator)

国民生产总值物价平减指数是按当年价格计算的国民生产总值与按固定价格计算的国民生产总值的比率。其公式为：

$$\text{国民生产总值物价平减指数}=\frac{\text{按当年价格计算的国民生产总值}}{\text{按固定价格计算的国民生产总值}}\times 100$$

例如，某国 2002 年按当年价格计算的 GNP 为 9 600 亿元，而按 1990 年固定价格计算的 GNP 为 6 000 亿元，则 2002 年的平减指数为 $9\,600/6\,000\times 100=160$；设 1990 年的指数为 100，与 1990 年相比，物价上涨了 60% $\left(\frac{160}{100}-1=60\%\right)$。

国民生产总值物价平减指数的统计范围很广，既包括商品也包括劳务，既包括生产资料也包括消费资料。因此，该指数能全面地反映一般物价水平的趋势，被认为最合适于测定通货膨胀的指标。只是该指数所需资料的收集有一定难度，在一些国民所得统计制度不发达的国家，无法编制这一指数，只能编制国内生产总值物价平减指数(GDP Deflator)。正因为如此，大多数国家一般一年只能公布一次，即使在像美国这样国民所得统计制度完善的国家，目前也只能做到每季度一次，因而不能及时反映物价的变动趋势。

除以上三种主要的通货膨胀衡量指标外，还可以通过货币购买力指数(消费物价指数的倒数)、实际工资指数(货币工资指数/消费物价指数)等指标测量通货膨胀率。由于各种衡量指标所涉及的商品和劳务不同，统计口径不同，因此，即使在同一国家的同一时间，各种指数所反映的通货膨胀程度也会有所不同。在对通货膨胀进行测定和分析时，一般以消费者物价指数为主，综合参考其他物价指数。

12.1.3　通货膨胀的特征

1．物价上涨与货币发行的相关性

通货膨胀初期，物价上涨速度慢于货币发行速度。在通货膨胀初期，物价刚开始上涨，人们往往会认为这是物价的暂时波动，一般会等待价格回落后再购买商品，而暂时将货币储存。其结果必然造成市场上货币流通速度减慢，导致对流通中必要的货币需求量增多，从而增加货币发行。

通货膨胀中期，物价上涨速度与货币发行速度互相接近。随着通货膨胀的发展，物价上涨速度逐步加快。人们在实践中已认识到了通货膨胀和物价上涨的存在和趋势，为了避免遭受货币贬值的损失，纷纷尽快抛出手中的货币，购买商品以保值。其结果造成市场货币流通速度加快，导致流通中货币必要量减少，从而货币相对过多。此时，由于物价上涨速度加快，使其与货币发行速度接近。

通货膨胀后期，物价上涨速度快于货币发行速度。在货币流通速度加快之前，原有的市场上的货币量与商品流通基本上是适应的；货币流通速度加快之后，流通中所必要的货币量减少，货币流通与商品流通不适应，出现了过多的货币量，这时，又增加了货币发行，更使物价急剧上涨。而且，很多企业为了防止遭受物价上涨的损失，将未来的涨价因素也计算在价格内，采取提前涨价的办法，加快了物价的上涨速度。物价上涨与货币发行速度螺旋式上升。

研究表明，在通货膨胀、物价上涨的三个阶段中，通货膨胀预期发挥了重要作用。通货膨胀预期是指人们根据经济生活中的实际感受，预测通货膨胀即将发生或将继续发展，这种预测决定人们的经济行为。通货膨胀预期心理往往加剧了通货膨胀的速度与幅度。通货膨胀预期的出现与存在，导致投资者不愿持有货币，使货币流通速度加快；导致企业囤积商品，减少对商品的供应，扩大供求矛盾；导致企业提前涨价，推动物价迅速上涨。因此，通货膨胀会导致通货膨胀的预期，通货膨胀预期又加速通货膨胀的发展。

2. 商品价格的非均衡性上涨

在物价总水平的上涨过程中，不同的商品价格上涨的时间、速度和幅度不尽相同，表现出非均衡性，其特点有以下几个方面。

①紧俏商品价格上涨快于一般商品。

②生活必需品的价格上涨快于非生活必需品。

③垄断组织的产品价格上涨快于非垄断组织的产品。这是因为垄断组织可以利用其独特的地位操纵产品价格，甚至可以提前抬高价格，实现其预期；而非垄断组织，其产品价格的增长要经过一个货币量过多与商品流通不相适应的作用过程，经过一个价格上涨由慢转快的过程，往往不能一步到位。

④工业品的价格上涨快于农产品。这主要是因为，工农业产品的价格上涨与其生产成本的提高有直接联系。工业品生产周期短，而成本的提高对农产品销售价格的影响要比工业品推迟一段时间，相对滞后。

⑤国内商品的价格上涨快于出口商品。当一个国家或地区发生通货膨胀后，贸易往来国不会同时出现此现象。为了加强出口商品在国际上的竞争能力，通货膨胀国家往往控制出口商品的价格上涨。

⑥货币集中投放地区的商品价格上涨快于其他地区。货币投放集中的地区往往是大城市或经济中心，商业集中，交通便利，信息灵通，当通货膨胀出现后，社会各界反应灵敏，通货膨胀预期强烈，因此商品价格上涨快。

12.1.4 通货膨胀的分类

从不同的角度，可以对通货膨胀进行不同的分类。

(1)按市场机制的作用来划分

按市场机制的作用来划分，通货膨胀可以分为公开型通货膨胀和隐蔽型通货膨胀。公开型通货膨胀又称开放型通货膨胀，是指在市场机制充分发挥作用和政府对物价不加控制的情况下所表现出来的通货膨胀。隐蔽型通货膨胀，是指政府对社会的价格水平施以控制，但因由于价格水平低，经济中存在过度的总需求，市场上出现严重的商品短缺现象。这种通货膨胀没有以物价上升的形式表现出来，因此又称为潜在型通货膨胀。

(2)按发生通货膨胀的程度或物价上涨速度与幅度的不同来划分

按发生通货膨胀的程度或物价上涨速度与幅度的不同，可划分为爬行式、步行式、快步式和恶性通货膨胀。爬行式通货膨胀，又称温和的通货膨胀，其特点是：物价水平每年按一定比率缓慢而持续的上升，物价上涨年率不超过3%，人们存在货币幻觉，在一定程度上能促进经济的增长。

步行式通货膨胀，其特点是：物价水平明显而持续地上升，物价上涨年率在 4%～9%，不会引起经济活动的严重失序，不会发生大规模的抢购和挤兑行为，经济还能正常运行。

快步式通货膨胀，又称小跑式通货膨胀，其特点是：物价水平急速上涨，物价上涨年率在 10%～100%，会使人们对货币失去信心，经济陷入混乱，如巴西、阿根廷等许多拉美国家就曾经历过 50%～70%的高速通货膨胀。

恶性通货膨胀，又称极度通货膨胀，其特点是：物价水平失去控制，物价上涨年率在 100%～1 000%。在这种情况下，货币将形同废纸，经济将完全瘫痪；国家拼命地开动印钞机印刷货币，公众觉得货币就像烫手的山芋一样，拼命地要把手中的货币花出去，因为它每一分钟都在贬值。第一次世界大战后的德国、第二次世界大战后的中国，以及 20 世纪 80 年代的巴西都曾经历过这种物价上涨。

(3) 按通货膨胀预期来划分

按通货膨胀预期来划分，通货膨胀可分为预期通货膨胀和非预期通货膨胀。

预期通货膨胀指政府当局有意识地实行通货膨胀政策，使人们能据此预期未来的通货膨胀；非预期通货膨胀是指政府当局采取很隐蔽的方式增加货币供应量，由此造成的通货膨胀人们并不知道，也难以预期今后的通货膨胀趋势。

(4) 按通货膨胀产生的原因来划分

按通货膨胀产生的原因来划分，通货膨胀可以分为需求拉上型通货膨胀、成本推进型通货膨胀、供求混合型通货膨胀和结构型通货膨胀等。这是最常见的对通货膨胀的划分，由此也产生了相关类型的通货膨胀理论，即需求拉上说、成本推进说、结构说等。

以上划分标准及特点在不同的经济条件和历史时期会有所不同，而且，随着经济形势的不断变化，不同的经济学家也会有不同的看法。

12.2 通货膨胀的成因

12.2.1 需求拉上型通货膨胀

需求拉上说对应的通货膨胀称为需求拉上型通货膨胀。它是指社会消费支出和投资支出激增的情况下，由于各种原因，如生产资源和要素已接近充分就业或达到充分就业，商品供给和劳务供给增加受到了限制，或没有能随有效需求的增加而相应地增加所引起的一般物价水平上涨的现象，即由于总需求的增长速度超过了按现行价格供给的增长速度，使太多的货币去追求太少的商品和劳务而引起的一般物价水平持续上涨的现象。

12.2.2 成本推进型通货膨胀

成本推动说主要是从总供给或成本方面分析通货膨胀的生成机理。该理论认为，通货膨胀产生的原因，并非总需求的过度增加，而是生产成本的上升。该理论是在 20 世纪 50 年代以后，特别是在 70 年代以后出现的。那时，一些西方发达国家在失业率居高不下、存在大量闲置资源的情况下，却出现了很高的通货膨胀率，即呈现出滞胀的局面，对此，需求拉动说显然无法解释。因此，许多经济学家转而从供给方面寻找原因，提出了成本推动的通货膨胀理论。

成本推动型通货膨胀可分为工资推动型通货膨胀、利润推动型通货膨胀和进口成本推动型通货膨胀。

1. 工资推动型通货膨胀

这种理论是以存在强大的工会组织，从而存在不完全竞争的劳动市场为假定前提的。在一些国家，由于工会组织足够强大，工会的参与大大提高了工人的谈判力量，工人的工资明显高于完全竞争条件时的工资，这种过高的工资，即工资增长率超过劳动生产率的增加，引起生产成本的增加，公司为维持既定利润，必须提高价格，从而使物价水平上升，而物价上涨又会引起工资提高，形成工资—物价的螺旋式上升，从而导致工资推动型的通货膨胀。该理论特别指出两点：①货币工资增长率的上涨一定要超过劳动生产率的增长，否则就不是工资推动型通货膨胀；②工会的力量。该理论认为，即使存在货币工资增长率的上涨超过了劳动生产率增长的情况，也不能完全肯定发生了工资推动型通货膨胀，原因是有可能这种工资上涨并不是由于工会的力量，而是由于劳动力市场出现严重的供不应求而产生的。

2. 利润推动型通货膨胀

这种理论的前提条件是存在着商品和服务销售的不完全竞争市场；在完全竞争市场上，商品价格由市场供求双方共同认定，没有哪一方能任意操纵价格；但在垄断存在的条件下，卖主就有可能操纵价格，使价格上涨速度超过成本支出的增加速度，以赚取垄断利润。如果这种行为的作用达到一定程度，就会形成利润推动型通货膨胀。

3. 进口成本推动型通货膨胀

这是指在开放经济中，由于进口的原材料价格上升而引起的通货膨胀。在这种情况下，一国的通货膨胀通过国际贸易渠道而影响到其他国家。发生这种通货膨胀时，物价的上升会导致生产减少，从而引起萧条。与这种通货膨胀相对应的是出口型通货膨胀，即由于出口迅速增加，以致出口生产部门成本增加，国内产品供给不足，引起通货膨胀。

需求拉上和供给推动型通货膨胀都是在供需的交替作用下产生的，而且都与较高的货币增长率相联系。把总需求与总供给结合起来分析通货膨胀的原因，经济学家认为，通货膨胀的根源不是单一的总需求或总供给，而是这两者共同作用的结果。

如果通货膨胀是由需求拉上开始的，即过度需求的存在引起物价上涨。如果通货膨胀是由成本推动开始的，即成本增加引起物价上升，这时如果没有总需求的相应增加，工资上升最终会减少生产，增加失业，从而使成本推动引起的通货膨胀停止。只有在成本推动的同时，又有总需求的增加，这种通货膨胀才会持续。

12.2.3 供求混合型通货膨胀

这是指总需求和总供给均发生变化的情况下所引发的通货膨胀，即认为一般价格水平持续显著上涨的原因，既在于货币的超量发行，也在于供给的成本增加。该理论的主张者反对将通货膨胀的原因简单地区分为“需求拉上”或“成本推进”，而认为实际通货膨胀率取决于货币需求和生产成本在制度结构方面的相互影响，即包含了需求拉上和成本推进这两方面因素的作用，而不仅仅限于其中的一个方面。

现实经济中，这样的论点也得到了佐证。当经济处于非充分就业均衡时，政府不会袖手旁观，为了避免失业和萧条恶化，必然会采取扩张性的货币政策和财政政策，以扩大总需求。逐渐地，失业率和产出可以恢复到充分就业水平，但物价则进一步上升。这说明成本推进与需求拉上并存的供求混合型通货膨胀在经济生活中的确是存在的。

12.2.4 结构型通货膨胀

一些经济学家从经济部门的结构方面来分析通货膨胀的成因，发现即使整个经济中总供给和总需求处于均衡状态，由于经济部门结构方面的变动因素，也会发生一般物价水平的上涨，即所谓的结构型通货膨胀。结构说的基本观点是，由于不同国家的经济部门结构的某些特点，当一些产业和部门在需求方面或成本方面发生变动时，往往会通过部门之间相互看齐的过程而影响到其他部门，从而导致一般物价水平的上升。这种结构型的通货膨胀又分为三种情况。

1. 需求转移型

由于经济各部门之间发展的不平衡，在总需求不变的情况下，一部分需求会转向其他部门，但劳动力和生产要素却不能及时转移，因此需求增加的部门因供给不能满足需求而使工资和产品的价格上涨，如果需求减少的部门的产品价格和劳动力成本具有刚性特点未能相应下跌的话，则物价总水平就会上升。

2. 外部输入型

一国经济部门可分为开放性部门(与世界市场联系密切的部门)和非开放性部门(与世界市场没有直接联系的部门)。对于小国经济(其经济对世界市场没有重要影响作用)而言，外部通货膨胀会通过进出口商品价格和汇率等一系列机制传递到其开放性部门，使其通货膨胀率向世界通货膨胀率看齐；而小国开放性部门的价格和工资上涨后，又会使其非开放性部门的价格和工资向开放性部门的价格和工资看齐，从而导致全国性通货膨胀。

3. 部门差异型

一国不同的经济部门，如产业部门与服务部门、工业部门与农业部门之间的劳动生产率的提高总是有差异的，而各部门之间货币工资的增长却存在互相看齐的倾向。当发展较快的经济部门因劳动生产率提高而增加货币工资时，其他部门由于向其看齐也会提高货币工资，从而引起工资成本推进的通货膨胀。尤其在一些发展中国家，传统农业部门和现代工业部门并存，在农村落后条件的制约下，政府为促进经济发展，往往不得不通过增加农业开支或提高农产品价格来促进农业的发展，从而引起价格总水平的上涨。

12.3 通货膨胀效应分析

12.3.1 产出效应

通货膨胀的产出效应实际就是通货膨胀对经济增长的影响。关于通货膨胀对经济的影响问题，经济学界存在着激烈的争论，主要观点大致可分为以下三种：通货膨胀可以促进经济发展的促进论；通货膨胀会损害经济发展的促退论；通货膨胀不影响经济发展的中性论。

1. 促进论

促进论者认为通货膨胀具有促进产出增加、实现经济增长的作用。其理由主要有以下几点。

(1) 在通货膨胀中政府作为最大的债务人可以减轻一定的债务负担

此外，通过大量发行货币，政府也可以获得追加的财政收入。如果政府将通过通货膨胀获得收入全部用于实际投资，并采取相应措施保证民间投资不因政府投资的增加而减少，那么这种通货膨胀性的政策就会因增加了投资而增加产出，促进经济增长。

(2) 通货膨胀时产品价格的上涨速度一般总是快于名义工资的提高速度

因此，企业的利润就会增加，而这又会刺激企业扩大投资，从而促进经济增长。

(3) 通货膨胀通常是一种有利于富裕阶层的收入再分配

富裕阶层的边际储蓄倾向比较高，因此，通货膨胀会通过提高储蓄而促进经济增长。

(4) 通货膨胀有利于产业结构的调整

通货膨胀引起的价格上涨在各地区、各部门、各行业和各企业之间是不平衡的。长线产品的价格和短线产品的价格都上升，但短线产品价格上升的幅度更大，因此，两类部门的投资都可能增加，但短线产业的投资规模增加比长线产业大，从而全社会的产业结构可以得到局部调整。

2. 促退论

促退论与促进论恰恰观点相反。促退论者认为通货膨胀会导致低效率并进而损害增长。其理由有以下几点。

(1) 在通货膨胀条件下，持有货币会遭受购买力下降的损失

为此，企业和居民都会尽力把现金转化为实物资产或增加目前的消费，致使社会储蓄率下降，从而使投资率下降和经济增长率下降。

(2) 在持续性通货膨胀过程中，市场价格机制将遭受严重破坏

企业和居民面对不断变化的价格将感到无所适从，甚至做出错误的决策，出现资源错误配置现象，从而影响经济增长。

(3) 企业和个人税负增加

许多国家实行累进税，在发生通货膨胀时，企业和个人将因为名义收入的提高而承担较高的税负，这会影响生产的积极性，从而不利于经济增长。

(4)恶性通货膨胀

如果通货膨胀超过一定时间，企业和居民便会产生预期，造成物价与生产成本的螺旋式上升，形成恶性通货膨胀，并有可能导致经济的崩溃。

3. 中性论

中性论者认为，由于公众预期，在一段时间内他们会对物价上涨做出合理的行为调整，从而使通货膨胀各种效益的作用相互抵消，因此通货膨胀对产出、对经济增长既不会促进，也不会损害。

美国温贝尔特大学的伍·江(W.Jong)和马歇尔(J.Marshall)于 1986 年用因果分析法研究了 19 个工业化国家(地区)，37 个发展中国家在 1950—1980 年之间的资料。结果表明：38 例支持促退论，2 例支持促进论；其中 19 个工业化国家(地区)没有一例支持促进论，9 个工业化国家支持促退论。

我国大部分经济学家认为，通货膨胀对经济的促进作用只存在于开始阶段的极短时间内，而且需具备一定的条件。就长期来看，通货膨胀对经济只有危害，而没有促进作用。

12.3.2 强制储蓄效应

所谓强制储蓄是指政府财政出现赤字时向中央银行借债透支，直接或间接增大货币发行，从而引起通货膨胀。这种做法实际上是强制性地增加全社会的储蓄总量以满足政府的支出，因此又被称为通货膨胀税。

有害论者认为，虽然通过通货膨胀强制储蓄可以扩大政府投资，但由于物价水平的上涨和实际利率的下降，其结果会使按原来模式和数量进行的民间消费和储蓄的实际额减少，导致民间资本积累速度下降，并使企业历年所累积的折旧不能满足设备更新需要，从而减少民间资本存量。民间资本和投资的减少部分大体相当于政府运用通货膨胀强制储蓄的部分。因此，强制储蓄的结果不会带来社会总投资的扩大，只会压缩和削弱民间投资。

有益论者则认为，虽然一般货币持有者因通货膨胀而失去的货币价值等于政府所获得的通货膨胀税，但如果政府的储蓄倾向高于货币持有者的一般储蓄倾向，整个国家的平均储蓄水平就会提高，从而增加社会投资总额。尤其是在经济尚未达到充分就业水平、存在大量闲置生产要素的情况下，政府运用扩张性财政政策或货币政策强制储蓄来增加有效需求，并不会引发持续的物价上涨。

尽管对于大多数发展中国家来说，政府投资在社会总投资中所占的比重比较大，通货膨胀政策的强制储蓄效应通常也比较大，但是对于中国来说，利用通货膨胀的强制储蓄效应却未必能促进经济发展。因为中国是一个资源供给相对短缺和总需求经常过大的国家，如果强制储蓄政策运用得不适当，将会导致需求膨胀、物价迅速上涨和其他各种消极经济效应。

12.3.3 收入分配效应

在通货膨胀期间，人们的名义货币收入与实际收入会存在差异。只有剔除物价因素，才能得知人们实际收入的变化。由于社会各阶层的收入来源极不相同，因此，在物价总水平上涨时，有些人的收入水平会下降，有些人的收入水平反而会提高。这种由物价上涨造成的收入再分配，就是通货膨胀的收入分配效应。具体来说，有以下几个方面。

(1)对浮动收入者有利，对固定收入者不利

对浮动收入者来说，其收入上涨如果在企业价格水平和生活费用上涨之前，则可从通货膨胀中获得好处，例如，产品价格上涨比工资和原材料价格上涨快，固定收入者随着货币购买力下降，实际收入减少，生活水平必然降低。最为明显的是那些领取救济金、退休金的人，靠福利和其他转移支付维持生活的人等。

(2)对实际财富持有者有利，对货币持有者不利

实际财富包括不动产、贵金属、珠宝、古董、艺术品，在通货膨胀时期价格上涨；而货币财富包括现金、银行存款、债券，其实际价值因物价上升而下降。因此，通货膨胀使储蓄倾向降低。

(3)对债务人有利，对债权人不利

债务人获得货币进行即时使用，提高购买力；待其偿还时，同量货币的实际购买力已经下降。通货膨胀靠牺牲债权人的利益而使债务人获利。

(4)对政府有利，对公众不利

通货膨胀的直接表现是货币供应过多，而货币供应是由政府通过中央银行来控制的，过多的货币供应引起货币贬值、物价上涨，这实质上是政府对所有货币持有人的一种隐性征税，即通货膨胀税。同时，政府通过发行公债和采取累进税制，来降低实际债务、增加收入。

12.3.4 财富再分配效应

收入和社会财富的再分配效应是指通货膨胀发生时人们的实际收入和实际占有财富的价值会发生不同变化，有些人的收入与财富会提高和增加，有些人则会下降和减少。在充分预期的情况下，通货膨胀对收入和社会财富的再分配效应并不明显，因为各种生产要素的收益率都有可能与通货膨胀作同比例的调整,但实际上人们通常不能正确预期通货膨胀,因此就产生了通货膨胀的再分配效应。

在出现通货膨胀的情况下，工薪阶层和依赖退休金生活的退休人员等有固定收入者的收入调整滞后于通货膨胀，因而会使其实际收入减少；而一些负债经营的企业和非固定收入者能够及时调整其收入，因而可从通货膨胀中获利。不过，随着通货膨胀的持续发展，员工工薪和原材料价格相应上调，企业利润的相对收益会逐渐消失。因此，通货膨胀的最大受惠者实际上是政府，因为在累进所得税制度下，名义收入的增长会使纳税人所适用的边际税率提高，应纳税额的增长高于名义收入增长，纳税人实际收入将减少。当然，政府支出所购买的商品和劳务的价格也会同时上涨，所以政府是否真正从通货膨胀中受益还要看政府的名义收入增长是否快于物价上涨。

通货膨胀时期，面值固定的金融资产(如债券和票据等)，其价值随着物价的上涨而下跌，而各种变动收益的证券和实物资产(如股票和房地产等)，其价值则随着物价的上涨而增大。因此，通货膨胀会使持有不同形式资产的人实际占有社会财富的价值发生不同的变化。一般来讲，债权人是通货膨胀的受害者，债务人是通货膨胀的受益者。土地所有者和房地产商常常将土地和房产抵押给银行以取得贷款，通货膨胀也会减轻他们的债务负担；而一般人们持有的各种金融资产则分别是社会其他部门的负债，通货膨胀会使其房地产升值并减轻他们的债务负担。职能资本家往往利用大量贷款从事经营活动，通货膨胀也会减

轻他们的债务负担；而一般人们持有的各种金融资产则分别是社会其他部门的负债，如现钞和国库券是中央银行和政府的负债，各种存款是金融机构的负债，商业票据和公司债券是企业的负债等，因此，通货膨胀在减少这些金融资产实际价值的同时也减轻了政府、金融机构和公司企业这些的债务负担。最易受通货膨胀打击的往往是小额存款人和债券持有人。因为大的债权人不仅可以采取更多的措施避免通货膨胀的不利影响，而且他们通常同时也是更大的债务人，可通过在债务上得到的好处抵消在债权上的损失。

通货膨胀过程中不同阶层消费支出的不同变化对社会财富的再分配也会产生重要影响。假定国民收入主要由工资和利润两部门组成，按照西方经济学理论，工薪收入者的边际支出倾向相对大于利润收入者的边际支出倾向，通货膨胀时期，由于物价上涨和人们名义收入的提高,会使工薪收入阶层消费支出的增加相对大于利润收入阶层消费支出的增加，而工薪收入阶层实际收入的增加相对小于利润收入阶层实际收入的增加，因此社会财富的积累和再分配会向利润收入阶层一方倾斜。从另一方面来讲，员工工资是企业的成本，只要工资相对于物价的调整滞后，企业的利润就会增加，利润收入阶层就能获得好处。

12.3.5 资产结构调整效应

货币收入的结余可分为两部分：实物资产储蓄和金融资产储蓄。通货膨胀会通过资产价格的变化影响资产结构的调整。在通货膨胀时期，实物资产的货币价值一般是随着通货膨胀率的变动而相应升降，有的货币价值增长的幅度大于通货膨胀率，有的货币价值增长幅度小于通货膨胀率；同一实物资产在不同条件下，其货币价值的升降，较之通货膨胀率也有时高时低的情况。金融资产的情况比较复杂，面值和收益稳定的各种金融资产，其价值随着物价上涨而下跌，因此，持有这类资产的人会遭受损失；而对于收益、价值不定的金融资产，在通货膨胀时期价格会呈上升趋势，但其收益增长与通货膨胀率并非一致，持有此类资产的人是否获益取决于二者的相对变化。正是由于各种资产在通货膨胀发生时的资产价值和收益会发生变动，资产持有者会根据市场情况对资产构成进行调整直到达到新的均衡。如果某人原来持有的资产及其收益处于均衡状态，由于通货膨胀导致他持有的某一项资产的收益率上升，这时，其他资产收益就相对下降，由此会促发一系列的资产调整过程，使其资产结构在新的比例安排下重新达到均衡。

12.3.6 社会就业效应

社会的就业水平在某种程度上代表着社会资源的利用程度，失业和就业是相对的一对概念，通货膨胀与失业都是市场经济下经常存在的经济现象，对它们之间关系的研究是西方通货膨胀理论的重要内容。

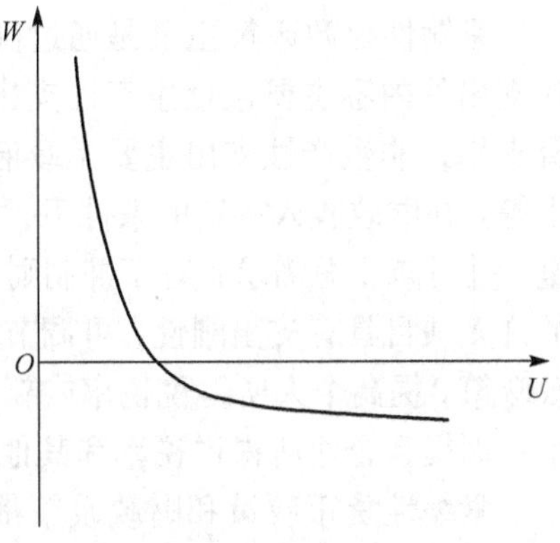

图 12-1 菲利普斯曲线

最早研究这一问题的人，是英国经济学家菲利普斯(A.W.Phillips)教授，他于 1958 年发表了《1861—1958 年英国的失业与货币工资变化率之间的关系》一文，研究发现失业率与货币工资上升率之间存在一种此增彼减的替换关系，在图上表现为一条向右下方倾斜的曲线，如图 12-1 所示。菲利普斯的研究结果问世以后，立即引起经济学界的高度重视，许多经济学家对这一结论进行验证和注释，由于货币工资构成产品成本的一个固定比例，产品价格的变动率基本等同于货币工资的变动率，因此，萨缪尔森等人对菲利普斯曲线进行了修正，认为通货膨胀与失业之间同样存在互为消长的关系。经过修正的菲利普斯曲线表明，要想使失业率保持在较低的水平，就必须忍受较高的通货膨胀率，反之，要保持物价的基本稳定，就必须忍受较高的失业率，政府可以根据这一关系进行相机抉择，选择任何一个位于这一曲线上的通货膨胀率和失业率的组合。

12.4 通货膨胀的治理

由于通货膨胀对一国国民经济乃至社会、政治生活各个方面都产生了严重的影响，因此各国政府和经济学家都将控制和治理通货膨胀作为宏观经济政策研究的重大课题加以探讨，并提出了治理通货膨胀的种种对策措施。

12.4.1 宏观紧缩政策

宏观紧缩政策是各国对付通货膨胀的传统政策调节手段，也是迄今为止在抑制和治理通货膨胀中运用得最多、最为有效的政策措施。其主要内容包括紧缩性货币政策和紧缩性财政政策。

1. 紧缩性货币政策

紧缩性货币政策又称抽紧银根，即中央银行通过减少流通中货币量的办法，提高货币的购买力，减轻通货膨胀压力。其具体政策工具和措施包括：

①通过公开市场业务出售政府债券，以相应地减少经济体系中的货币存量；

②提高贴现率和再贴现率，以提高商业银行存贷款利率和金融市场利率水平，缩小信贷规模；

③提高商业银行的法定准备率，以缩小货币发行的扩张倍数，压缩商业银行放款，减少货币流通量。在政府直接控制市场利率和信贷规模的国家，中央银行也可直接提高利率或直接减少信贷规模。

2. 紧缩性财政政策

紧缩性财政政策主要是通过削减财政支出和增加税收的办法来治理通货膨胀。削减财政支出的内容主要包括生产性支出和非生产性支出。生产性支出主要是国家基本建设和投资支出，非生产性支出主要是政府各部门的经费支出、国防支出、债息支出和社会福利支出等。在财政收入一定的条件下，削减财政支出可相应地减少财政赤字，从而减少货币发行量，并可减少总需求，对于抑制财政赤字和需求拉动引起的通货膨胀比较有效；但财政支出的许多项目具有支出刚性，可调节的幅度有限，因此增加税收就成为另一种常用的紧缩性财政政策。提高个人所得税税率或新开征其他税种可使个人可支配收入减少，降低个人消费水平；而提高企业所得税税率和其他税率则可降低企业的投资收益率，抑制投资支出。

紧缩性货币政策和财政政策都是从需求方面加强管理，通过控制社会的货币供应总量和总需求，实现抑制通货膨胀的目的。在20世纪60年代中期以前，一些国家根据英国经济学家菲利普斯揭示的通货膨胀与失业的相关关系制定需求管理政策，用以治理需求拉动型通货膨胀，取得了显著的成效。

12.4.2 收入政策

针对成本推进型通货膨胀，经济学家提出了收入政策，即由政府拟定物价和工资标准，劳资双方共同遵守，这样既可以控制通货膨胀，又不至于造成大规模的失业。收入政策具体有以下几种形式。

(1) 强制性的工资-价格管制

由政府颁布法令，强行规定工资、物价的上涨幅度，甚至暂时将工资和物价加以冻结。这种严厉的管制措施一般在战争时期或在通货膨胀非常难以对付时采用。

(2) 自愿的工资-价格指导线

政府当局根据估计的平均生产率的增长，估算出工资和物价的最大增长限度，作为工会和雇主协会双方协商的指导线，并要求他们自觉遵守。由于政府只能依靠劝说而不能以法律手段强制执行，因此，其效果并不理想。

(3) 以税收为手段的收入政策

政府当局以税收作为奖励或惩罚的手段来限制工资、物价的上涨。如果企业的工资和商品价格的增长率在政府规定的幅度内，政府就以降低所得税的方式予以鼓励；否则就以增加税收作为惩罚，但是这一政策的效果也不显著。

12.4.3 收入指数化政策

收入指数化是指对货币性契约订立物价指数条款，使工资、利息、各种债券收益以及其他货币收入按照物价水平的变动进行调整。这种措施有三个作用：一是能借此剥夺政府从通货膨胀中获得的收益，杜绝其制造通货膨胀的动机；二是可以消除物价上涨对个人收入的影响，保持社会各阶层原有的生活水平，有利于社会稳定；三是可稳定通货膨胀环境下微观主体的消费行为，维持正常的社会秩序。收入指数化政策对面临世界性通货膨胀的开放经济尤其具有积极意义，但由于全面实行收入指数化政策在技术上具有很大的难度，会增加金融机构经营上的困难，而且有可能造成工资—物价螺旋上升，反而加剧成本推动型通货膨胀，因此，该政策通常会被当作一种适应性的反通货膨胀措施，不能从根本上对通货膨胀起到抑制作用。

12.4.4 供给政策

这是一种与抑制总需求相对应的措施和思路。凯恩斯和供应学派的一些经济学家，认为总供给的减少是造成经济停滞、物价上涨的主要原因，因此，想办法促进生产、扩大供给便成为可以考虑的重要方面。改善供给的一般措施主要有以下几点。

(1) 降低税率，以促进生产发展

20 世纪 80 年代初期，美国在治理通货膨胀时，里根政府就采取了在压缩需求的同时，3 年内降低所得税 16%的措施。此外，还提高机器设备的折旧率，以刺激投资，促进生产发展，增加有效供给。

(2) 实行有松有紧、区别对待的信贷政策

在压缩总需求的同时，货币当局要实行产业倾斜政策，对国民经济中的瓶颈部门、事

关国计民生的主要产业和产品，要实行比较优惠的信贷政策。对那些产品积压、投入多、产出少的产业或产品，要紧缩信用。只有这样，产业结构、产品结构才能得到优化，社会资源才能得到合理配置，货币流通状况才能得到根本好转。

(3)发展对外贸易，改善供给状况

通过对外贸易，不但可以调节供给总量，而且可以改善供给结构。当国内供求矛盾比较尖锐时，可动用黄金外汇储备进口商品，增加供给总量。当国内市场上某种商品供给过多，而另一些商品供不应求时，通过进口贸易，可以调节供给结构。

不同经济学派还有对通货膨胀不同的治理方法，如货币学派的单一规则，但治理通货膨胀是一个十分复杂的问题，涉及社会生活的方方面面，因此不可能有一个完美的方法，必须从各国的实际情况出发，采取一些针对性较强的有力措施，保持国民经济健康稳定的发展。

12.5 通货紧缩

12.5.1 通货紧缩的含义

通货紧缩(Deflation)是指货币供应量少于流通领域对货币的实际需求量而引起的货币升值，从而引起的商品和劳务的货币价格总水平的持续下跌现象。通货紧缩，包括物价水平、货币供应量和经济增长率三者同时持续下降；它是市场上的货币减少，购买能力下降，导致物价下跌所造成的；长期的货币紧缩会抑制投资与生产，导致失业率升高与经济衰退。对通货紧缩的概念理解应该注意几点。

(1)从本质上说通货紧缩是一种货币现象

实体经济中的总需求对总供给的偏离或实际经济增长率对潜在经济增长率的偏离是产生通货紧缩的根本原因。当总需求持续低于总供给时，就会出现通货紧缩。

(2)通货紧缩表现为物价水平的持续、普遍下降

个别商品和服务的价格下降，不一定就表示通货紧缩，可能是由于某些商品或服务供大于求或者技术进步、市场开放、生产率提高等原因所致。

(3)通货紧缩也是一种实体经济现象

它通常与经济衰退相伴，表现为投资的边际效益下降和投资机会减少，信贷增长困难，企业普遍开工不足，非自愿失业增加，收入增加减少，各个市场普遍低迷。

在经济实践中，判断某个时期的物价下跌是否是通货紧缩，一看消费者物价指数是否由正转变为负，二看这种下降的持续是否超过了一定时限。

也有学者将通货紧缩细分为Deflation与Disinflation，前者的标志是消费者物价指数转为负数，亦即物价指数与前一年相比下降；后者的标志是消费者物价指数连续下降，亦即物价指数月度环比连续下降。

12.5.2 通货紧缩的成因

尽管不同时期的通货紧缩有着不同的原因，但从国内经济学家们关于通货紧缩的理论分析中，仍可概括出引致通货紧缩发生的一般原因。

(1) 紧缩性的货币财政政策

一国当局采取紧缩性的货币政策或财政政策，大量减少货币发行或削减政府开支以减少赤字，会直接导致货币供应不足或加剧商品和劳务市场的供求失衡，使“太多的商品追逐太少的货币”，从而引起物价下跌，出现政策紧缩型的通货紧缩。

(2) 经济周期的变化

经济周期达到繁荣的高峰阶段，生产能力大量过剩，供大于求，可引起物价下跌，出现经济周期型通货紧缩。

(3) 生产力水平的提高和生产成本的降低

技术进步提高了生产力水平，放松管制和改进管理降低了生产成本，因而会导致产品价格下降，出现成本压低型通货紧缩。

(4) 投资和消费的有效需求不足

当预期实际利率进一步降低和经济走势不佳时，消费和投资会出现有效需求不足，导致物价下跌，形成需求拉下型通货紧缩。金融体系的效率降低或信贷扩张过快导致出现大量不良资产和坏账时，金融机构“惜贷”或“慎贷”引起信用紧缩，也会减少社会总需求，导致通货紧缩。

(5) 本币汇率高估和其他外部因素的冲击

一国实行钉住“强币”的汇率制度时，本币汇率高估，会减少出口，扩大进口，加剧国内企业经营困难，促使消费需求趋减，导致物价持续下跌，出现外部冲击型的通货紧缩。国际市场的动荡也会引起国际收支逆差或资本外流，形成外部冲击性的通货紧缩压力。

(6) 体制和制度因素

体制和制度方面的因素也会加重通货紧缩，如企业制度由国有制向市场机制转轨时，精简下来的大量工人现期和预期收入减少，导致有效需求下降；住房、养老、医疗、保险、教育等方面的制度变迁和转型，都可能会影响到个人和家庭的收支和消费行为，引起有效需求不足，导致物价下降，形成体制转轨型的通货紧缩。

(7) 供给结构不合理

由于前期经济中的盲目扩张和投资，造成了不合理的经济结构和过多的无效供给，当积累到一定程度时必然会加剧供求之间的矛盾。一方面许多商品无法实现其价值，迫使价格下跌；另一方面大量货币收入不能转变为消费和投资，减少了有效需求，就会导致结构型通货紧缩。

12.5.3　通货紧缩的治理

通货紧缩既是一种货币现象，又是一种社会经济现象。及时适度调动金融杠杆进行宏观调节，无疑对缓解通货紧缩具有重要的现实意义。然而，金融调控又不是唯一的政策手段。只有把金融调控、财政税收调控、法制规范等措施有机结合起来，才能收到显著效果。

1. 实行扩张性的货币政策和财政政策

通货紧缩实际上是物价水平处于通货膨胀的“另一端”，它违背了经济平稳发展对价格稳定的要求，并可能最终导致经济衰退。这就需要采取宽松的货币政策，制定有效措施，努力增加货币供应量，提高货币流通速度。扩张性货币政策的直接目标是，力求使一般物价回到经济发展所需要的平稳水平。从财政政策方面来看，应把扩大财政赤字、增加政府投资与开支、减轻税负、加大税收征管力度和增加收益调节税种结合起来。减轻税负主要指降低有关税目的征税税率，通过财政手段减轻企业生产成本。加大税收征管力度是指在减税后，更要封堵跑、冒、偷、漏税收的口子，把应该缴纳的税收尽可能全部收来。这样有利于把减税后的财政损失再补回来。需要增设的税种，包括遗产税和高额储蓄利息税、租金税等。遗产税是指对遗产的征税；高额储蓄利息税是指针对高额存款利息所征的税收；租金税是指对房产租金、土地租金等所征的税收。设立这些税种，一方面可以部分地解决社会分配不公问题，另一方面也可弥补由于减税所造成的财政损失。

协调货币政策与财政政策及其他宏观经济政策之间的关系，促进经济增长。要根据积极的财政政策要求，在利率政策、基础货币供应方面做出相应调整，充分发挥财政政策及其他宏观经济政策的作用。此外，货币政策要与税收政策、对外贸易政策、产业政策密切配合，使宏观经济各种政策工具实现有效组合。

2. 扩大需求以启动市场

防止出现持续性通货紧缩，最根本的是要努力启动国内市场。要研究制定有利于提高居民消费倾向的政策措施，进一步扩大消费信用，增加居民住房贷款、耐用消费品贷款和汽车贷款等。同时，为了解决企业投资不足，商业银行要增加对产品有市场、有发展潜力的企业的贷款支持，促进这些企业增加投资，建立新型的银企关系，为实现国民经济的可持续发展创造良好的进入环境。

(1) 启动消费需求

总需求不足最终表现为消费需求不足，消费无热点。调整居民的需求结构，分开需求层次。改变居民需求偏重于消费需求的格局，扩大居民投资需求的领域。根据不同的收入层次，开发消费热点。根据地区和城乡的差异，建立商品和服务供给的层次结构，以扩大有效需求。

(2) 拓展消费信用

世界经济发展表明，随着消费结构的升级，居民消费方式也同步发生变化，由“自我积蓄型滞后消费”向“信用支持型提前消费”转变，即进入消费信用化时代。进行金融创新，使消费信贷与生产信贷同步发展，防止需求与供给之间出现长时间的断裂。

(3) 提高居民收入水平

需求的增加来自收入的增加。提高居民的当前收入和预期收入才是解决问题的关键所在。政府在扩大支出时要和产业政策、就业政策相配合，同时合理调整收入分配。改善投资环境，加大民间投资力度，扩大就业，提高收入。

3. 加大产业结构调整的力度

短期内扩大内需保持经济总量的平衡可以缓解通货紧缩的压力。从长期来看，没有结构的调整，通货紧缩无法得到有效治理，将成为经济发展的桎梏。产业结构调整，应朝着高层次的方向努力，因为随着生活水平提高，人们对产品的需求日趋多样化，档次也不断提高。产业结构高级化旨在改变单一、低档的产品供给结构，适应需求变化，以带动经济的回升。产业高级化主要在于提高技术和组织结构层次。

小　结

1. 通货膨胀定义为一般物价水平(商品和服务货币价格总水平)在某一时期内，连续性地以相当的幅度上涨。

2. 通货膨胀的度量主要采用消费者物价指数、批发物价指数和国民生产总值物价平减指数来衡量通货膨胀的水平。

3. 从不同的角度，可以对通货膨胀进行不同的分类：一是按市场机制的作用来划分，通货膨胀可以分为公开型通货膨胀和隐蔽型通货膨胀；二是按照发生通货膨胀的程度或物价上涨速度与幅度的不同，可划分为爬行式、步行式、快步式和恶性通货膨胀；三是按通货膨胀预期来划分，通货膨胀可分为预期通货膨胀和非预期通货膨胀；四是按通货膨胀产生的原因来划分，通货膨胀可以分为需求拉上型通货膨胀、成本推进型通货膨胀、供求混合型通货膨胀和结构型通货膨胀等。

4. 通货膨胀的成因有需求拉上型通货膨胀、成本推进型通货膨胀、供求混合型通货膨胀和结构型通货膨胀。

5. 通货膨胀的效应有产出效应、强制储蓄效应、收入分配效应、财富再分配效应、资产结构调整效应和社会就业效应。

6. 通货膨胀的治理有需求管理政策、收入政策、收入指数化政策和供给政策。

7. 通货紧缩是指货币供应量少于流通领域对货币的实际需求量而引起的货币升值，从而引起的商品和劳务的货币价格总水平的持续下跌现象。

8. 通货紧缩一般是由紧缩性的货币财政政策、经济周期的变化、生产力水平的提高和生产成本的降低、投资和消费的有效需求不足、本币汇率高估和其他外部因素的冲击、体制和制度因素和供给结构不合理等因素造成的。

9. 对通货紧缩的治理可以实行扩张性的货币政策和财政政策、扩大需求以启动市场、加大产业结构调整等政策措施。

思考题

1. 什么是通货膨胀，如何衡量通货膨胀？
2. 简述通货膨胀的分类。
3. 试述通货膨胀的成因。
4. 简述收入分配与财富再分配效应的主要内容。
5. 简述通货膨胀对经济增长的影响。
6. 通货膨胀的治理政策有哪些？
7. 通货紧缩的成因有哪些？
8. 简述通货紧缩的治理。

案例简介

案例[12-1]　2008 年中国应对全面通胀的挑战

据中国国家统计局官方数据显示，进入 2008 年第一季度，中国的居民消费价格指数

(CPI)开始迅速上扬：1月份为7.10%，2月份则一下子抬升到7.90%，3月份更是达到了8%；进入2008年4月，CPI指数继续攀升，到达了一个历史最高水平8.20%，此后数月虽有所下降，但纵观全年的表现都处在一个历史的高位运行，月CPI指数均高于5%的水平。更让我们吃惊的是，此前中国的CPI已经连续上涨了21个月，从2006年8月的1.20%到2008年4月的8.20%。如果说2008年之前中国的通货膨胀还属于轻度的通货膨胀的话，那么进入2008年中国就迎来了全面通胀的时代。

根据中国人民银行2008年第一季度对50个城市储户的问卷调查表明，认为该季度“物价过高，难以接受”的居民占比达49.2%的历史最高水平，并且首次超过认为“物价偏高，但尚可接受”的居民所占比例1.7个百分点。从近一年的数据来看，认为“物价过高，难以接受”的居民占比，从2007年第一季度的25.9%上升至本季度的49.2%，累计提高23.3个百分点，而认为物价偏高，但尚可接受的居民占比则从64.1%下降到47.5%，下降16.6个百分点。

央行在2008年第一季度中国货币政策执行报告中，提出了近期采取从紧的货币政策取向。随之而来的是连续5次上调存款准备金率，分别是1月16日、3月18日、4月16日和5月12日宣布上调存款类金融机构人民币存款准备金率各0.5个百分点，又于6月7日宣布上调存款准备金率1个百分点，达到历史高位的17.5%。这一系列的货币政策举措在下半年收到了较好的效果，CPI开始掉头向下运行。

进入2008年第二季度，CPI达到近期的历史高点后有所滑落，从8.20%下降为7.90%，但是CPI却始终在“警戒线”5%之上运行，通货膨胀压力明显，通货膨胀也逐渐成为人们议论的焦点，经济“过热”二字被人们用得越来越多。6月份，工业品出厂价格指数涨幅为8.8%，比5月份提高了0.6个百分点，涨幅扩大明显。具体来看，生产资料出厂价格指数当中，6月份采掘工业价格涨幅为29.3%，是近期的新高，比上月提高3.4个百分点。原料和加工工业价格涨幅继续扩大，涨幅分别为11.2%和7.2%，较上月分别提高了0.3个和0.9个百分点。分品种看，6月份能源产品价格涨幅继续维持高位，原油出厂价格同比上涨35.9%，涨幅比上月提高5个百分点。成品油中的汽油、柴油和煤油出厂价格分别上涨10.4%、12.2%和15.5%，原煤出厂价格上涨27.1%，涨幅比上月提高3个百分点。

2008年第三季度，中国CPI指数继续回落，从7月份的7.70%下降为9月份的7.00%，但5%的CPI“警戒线”依然没有解除。据中国人民银行公布的数据，9月份企业商品价格环比下降0.9%，同比上涨7%，同比涨幅较上月回落1.2个百分点。分商品类别看，投资品价格9月份环比下降1.1%，同比上涨8.4%；消费品价格9月份环比下降0.4%，同比上涨3.6%。9月份原粮价格环比下降1.3%，同比上涨7.7%；粮油加工业产品价格环比下降1.5%，同比上涨6.3%。铁矿石价格9月份环比下降1%，同比上涨39.1%；钢材价格9月环比下降5.1%，同比上涨24.4%。国内原油价格9月份环比下降11.3%，同比上涨27.5%，同比涨幅较上月回落13.3个百分点。成品油价格9月份环比下降0.5%，同比上涨26.2%。9月份，原煤价格环比上涨0.4%，同比上涨60.4%。

进入2008年第四季度，中国的CPI指数继续呈现回落趋势，主要是由于随着农副产品供求改善与价格回落，加上翘尾因素逐渐变小，CPI从高位开始回落，从10月份的6.70%下降到年底的5.90%。由于受国际大宗商品价格高位暴跌，加上国内生产企业从9月份开始存货调整，减少了原材料采购，导致原油、煤炭、钢材等主要生产资料价格大幅下跌，工业品出厂价格第四季度同比分别上涨 2.50%，原材料、燃料、动力购进价格同比上涨 4.80%，农业生产资料价格同比上涨 16.20%，均比前期高位时的价格出现了大幅度的回落，通货膨胀朝着向好方向发展。

（资料来源：中山日报 2008-3-21、华泰证券 2008 年 6 月份 CPI、PPI 数据点评。）

问题

导致 2008 年全面通货膨胀的原因是什么？政府是如何控制通货膨胀的？

简要提示

全球金融危机之后，各国政府加大了经济复苏的步伐，纷纷出台一系列拯救经济的举措，这在一定程度上增强了市场对未来经济发展的信心，同时为我国经济平稳回升营造了良好的国际环境。2008 年，中央为了保持经济的良好发展势头，制订了一系列稳经济促发展的投资计划，这在一定程度上促进了我国经济的回暖，但同时也大幅度地推高了物价水平。在国际国内两方面价格上涨的大趋势影响之下，导致了中国 2008 年全面通胀的发生。政府为了不使经济“过热”，央行随之进行了如提高存款准备金率等一系列的举措，同时主要是由于随着农副产品供求改善以及国际大宗商品的价格回落，这都在一定程度上遏制了通货膨胀的进一步恶化，才出现了 2008 年下半年 CPI 逐步降低的情况。

案例[12-2]　历史上的通货膨胀典型案例

由于纸币的购买力与纸币的发行量成反比，所以，当纸币的发行量大大地超过商品流通所实际需要的量时，就会出现货币贬值、物价上涨、生产停滞、投机盛行和国民经济混乱的现象，这就是恶性通货膨胀。历史上，一些国家的统治者往往通过滥发纸币，制造恶性通货膨胀来抢夺人民的财富，填补财政亏空，扩充军费，妄图维护其统治，但其结果总是事与愿违。严重的通货膨胀恰恰是造成民不聊生、引起人民革命、推翻政权的重要因素。

进入 20 世纪以来，世界上许多国家都出现过比较严重的通货膨胀。比如，1946 年 6 月，在匈牙利就发生了世界上最严重的一次通货膨胀。当时，1.3×1 020 潘戈，只等于 15 年前的一个潘戈金币，潘戈纸币同废纸没有什么两样。

第一次世界大战之后，德国经历了一次历史上最引人注目的超速通货膨胀。在战争结束时，同盟国要求德国支付巨额赔款。这种支付引起德国财政赤字，德国支付最终通过大量发行货币来为赔款筹资，所以，德国的货币和物价都以惊人的比率上升。例如，每份报纸的价格从 1921 年 1 月的 0.3 马克上升到 1922 年 5 月的 1 马克、1922 年 10 月的 8 马克、1923 年 2 月的 100 马克直到 1923 年 9 月的 1 000 马克。在 1923 年秋季，价格实际上飞起来了：一份报纸价格 10 月 1 日 2 000 马克、10 月 15 日 12 万马克、10 月 29 日 100 万马克、11 月 9 日 500 万马克直到 11 月 17 日 7 000 万马克。1923 年年初，1 马克能兑换 2.38 美元，而到夏天的时候，1 美元能换 4 万亿马克！早上能买一栋房子的钱，傍晚只能买一个面包。在 1923 年，德国街头的一些儿童在用大捆大捆的纸币马克玩堆积木的游戏；一位妇人用手推车载着满满一车的马克，一个小偷趁她不注意，掀翻那一车纸币，推着手推车狂奔而逃；一位家庭主妇正在煮饭，她宁愿不去买煤，而是烧那些可以用来买煤的纸币；到了发工资的时候，领到工资就以百米冲刺的速度冲到商店，跑得稍微慢一点，东西就涨一大块儿；1 磅牛肉在 1923 年 2 月卖 3 400 马克，到 11 月 5 日就已卖到 2 800 亿马克。此时，德国马克实际上已经变成了毫无价值的废纸，连印钞成本也收不回来了。严重的通货膨胀造成魏玛政府迅速垮台，同时，也为希特勒夺取政权创造了条件。

我国在国民党统治时期，也曾发生过恶性通货膨胀。据统计，从1937年7月抗日战争爆发到1949年5月这12年间，货币发行量增加了1 400多亿倍，物价上涨了85 000多亿倍。当时的昆明《民主周刊》曾描写道："物价上涨的速度，连作家的笔尖和排字工人的手指头都追它不上，连老百姓的语言和思想都追它不上。"1948年初，在有些地方出现了这样的怪事，小贩把100元以下的法币当做废纸收购，每斤作价2 000元，而旧报纸每斤售价6 000元，因而民间流传着这样一首歌："如今什么都值钱，只有法币顶讨厌，一捆一扎又一包，去买几根棉纱线；如今什么都涨价，只有法币顶尴尬，一斤小票两千块，好像叫卖黄泥巴。"

武汉解放前夕，"金圆券"如同废纸一样，在商店的玻璃橱窗上出现了用钞票贴作宣传用的文字和图案；在居民住房中出现了糊满钞票的墙壁；在儿童的玩具中出现了用钞票折叠的玩具，使用钞票比使用纸张还要便宜。当时有人作了具体的计算，假若用"金圆券"1元购买商品，那么，便会出现这样的奇迹：购买一个大饼用的1元券有120斤重；用28寸皮箱装满两箱1元券，才能寄发一封平信；购买煤球一担用的1元券要重6 000斤；用4.5吨的卡车装满十几车的1元券才可以购一石大米。

1949年5月22日，上海解放了，这一天的市场行情是：1斤大米192万，1尺白布156万，一个大饼油条要100万，报纸评论说："大饼油条身价百万，贫苦市民只有勒紧裤带，望饼兴叹。"

有人曾统计出1937—1949年期间100元法币购物的变化见表12-1。

表12-1　1937—1949年期间100元法币购物的变化

年　份	可　购　物	年　份	可　购　物
1937年	黄牛一头	1945年	鸡蛋两枚
1938年	黄牛两头	1946年	洗衣皂六分之一块
1939年	猪一头	1947年	煤球一个
1941年	面粉一袋	1948年	大米0.0024两
1943年	鸡一只	1949年	大米四万分之一粒

20世纪80年代后，许多发展中国家的政府支出过多，从而造成大量的财政赤字，迅速增长的货币供应量也就导致了通货膨胀率的急剧上升，像拉丁美洲的通货膨胀率就从1982年的73.3%猛增到1985年的185.3%，其中最严重的是玻利维亚，它的通货膨胀率在1985年的一年里从3位数上升到5位数，达到创纪录的19 872%。据某一家杂志报道，在玻利维亚首都拉巴斯，4个人吃一顿饭，要用两束各半千克重的钞票付账。一顿饭，索价新币50元，换算为玻利维亚货币20万比索便是4 000张钞票。商人之间生意往来，客户进出银行，一大堆钞票就只有雇用专门脚夫代为搬运了。替人运钞票，成了玻利维亚七十二行之一。

钞票太"多"，最感头痛的还是银行。普通人懒得一张张计算，看一束薄厚也就马虎算数，银行却不行。一天，在拉巴斯市内的一家银行里，有一个顾客交来50比索和100比索面额的钞票一大堆，声称有7亿比索，银行只好动员6名职员，从当天下午算到深夜一点。更有甚者，人们在电影院排队买电影票，前面的观众只付4 000比索买一张，排在后面的观众购买时，则要付出20 000比索才能买到一张，比索的急剧贬值可见一斑。在1985年通货膨胀最严重的时候，满载着联邦德国和英国印刷的纸币的飞机，每周在拉巴斯机场降落一次。在玻利维亚，纸币是处于小麦和机器之后的第三大进口项目，仅花在纸币印刷和运输费上的外汇，每年至少有 2 500 万美元。

（资料来源：1.汪祥春. 宏观经济学(第四版). 东北财经大学出版社，1990. 2.圣才学习网.）

问题

分析恶性通货膨胀的危害。

简要提示

1. 恶性通货膨胀极大地削弱了社会购买力，导致了持有现金的人的财富缩水。
2. 恶性通货膨胀还会导致政治上的不稳定，导致社会动荡。

第13章

金融风险与金融监管

本章学习要点

通过本章的学习，掌握金融风险的含义、特征、成因及种类；理解金融监管的含义、必要性及目标；了解我国的金融监管的变革历程。

本章学习重点与难点

重点是金融风险的含义及种类，金融监管的目标；难点是金融风险的特征。

本章基本概念

风险、金融风险、系统性风险、非系统性风险、市场风险、利率风险、国际收支风险、政治风险、法律风险关联风险、信用风险、流动性风险、资本风险、竞争风险、操作风险、声誉风险、金融监管

13.1 金融风险概述

13.1.1 金融风险的含义

社会经济活动中充满着风险，风险中包含着某种潜在的损失或危机。经济学界对风险的定义可谓众说纷纭，但概括起来，风险的定义主要有“主观说”和“客观说”。前者认为风险是指发生损失的不确定性，后者则认为风险是可以用客观尺度加以度量的客观存在的事物。《新帕尔格雷夫经济学大辞典》把风险定义为不确定性以及由不确定性所引起的不利后果。不确定性是指经济行为人面临的直接或间接影响经济活动的无法充分准确地加以分析、预见的各种因素；而风险不仅取决于不确定性因素的不确定性的大小，而且还取决于收益函数的性质。所以，不确定性与风险有着密切的联系，也有着本质的区别。

简单地说，风险是某种不利事件或损失发生的概率及其后果的函数，即

$$R = f(P,C)$$

式中：R 为风险；P 为不利事件发生的概率；C 为该事件发生的后果。

金融风险属于风险的范畴，在本质上也是一种引起损失的可能性，具体指的是经济主体在从事资金融通过程中遭受损失的可能性。随着经济货币化、证券化、金融化程度的不断推进，金融风险不仅客观存在，而且在相当高的程度上反映和显示了微观经济主体的经营风险和宏观经济的运行风险。

金融风险是金融业务经营和管理中客观存在的、不确定的可能导致某种形式损失的不利因素的总称。它既包括经营风险，也包括管理风险。管理风险也包括微观的单个金融机构的管理风险和宏观的金融体系的管理风险。金融风险是金融业务中的一种客观存在和必然存在。因此，金融业务必然是一种风险经营和风险管理的业务。

目前，金融风险还没有统一的定义，但基本内涵是一致的。一种表述为：金融风险，主要指在宏观经济运行中，由于金融体系和金融制度的问题、金融政策的失误，以及经济主体在从事金融活动时因决策失误、客观条件变化或其他情况，而有可能使资金、财产、信誉等遭受损失，客观上会影响宏观经济稳定和协调发展，导致一国国民经济停滞甚至倒退的可能性。我们把这种风险称为经济运行中的金融风险。另一种表述为：金融风险是指在货币经营和信用活动中，由于各种因素随机变化的影响，使金融机构或投资者的实际收益与预期收益发生背离的不确定性及其资产蒙受损失的可能性。

13.1.2 金融风险的特征

认清金融风险的特征，可以帮助我们更好地识别金融风险、控制金融风险、减少风险损失乃至驾驭金融风险，更好地获得利润。更重要的是它可以帮助我们更好地理解和掌握金融风险、经营风险和风险管理之间的关系。

1. 金融风险是一种特殊的经济性风险

经济风险是相对于自然风险、政治风险和社会风险而言的一种风险。金融风险的风险因素、风险事故及风险结果都是经济性的，金融行为主体是经济人，即理性的、追求利益最大化的经济单位，金融风险事故是经济因素发生在经济领域的意外变动，在很多情况下是市场变动引起的金融参数变动，而金融风险的结果是经济上的损益，因而金融风险的经济属性是非常明显的。金融风险的经济属性使它具有可选择性和可测算性。可选择性是指金融行为是一种谋取经济利益的活动，参与这种活动就有金融风险，不参与这种活动就没有金融风险。同时，金融活动的参与时机、参与程度、参与数量也决定了其金融风险的大小，经济主体完全可能根据自身的情况来决定是否参与和怎样参与金融行为，从而选择金融风险的有无和大小。可测算性是指受险金融资产的数量、发生金融事故的概率、风险程度及防范风险的成本都是可能预测和计算的，经济主体可以依据这些测算结果去分析风险、防范风险、作出风险决策。总之，金融风险是一种经济行为引致的经济风险，可以用经济方法进行分析、管理和控制。

2. 金融风险是一种特殊的动态风险

动态风险是相对于静态风险而言的一种风险，是指由经济、社会及政治因素发生变动所引致的风险。静态风险则是自然环境因素发生不正常变动或发生意外人为事故所引致的风险。金融风险本身是社会现象，是由社会因素变动而引起的，无疑是动态风险；但是，金融风险有时也会来源于自然变动，如 2011 年 3 月 11 日，日本本州岛附近海域发生强烈地震导致日本股价大幅下跌，使众多投资者受损。在金融市场上，利率、汇率、价格等金融参数是极其敏感的,对来自社会及自然的各种因素的微妙变动都会做出相当灵敏的反应。金融参数的敏感性使金融风险的产生和存在非常复杂多变且不规则，比其他风险更难以准确预测和估计。金融风险多变性体现在影响的风险因素、风险程度、风险结果随时随地处于变化之中，这既增加了风险管理的难度，也为风险爱好者增添了利用风险、获取风险收益的机会。

3. 金融风险普遍存在于金融业务之中

严格意义上讲，所有的金融业务都存在金融风险，百分之百的无风险的金融业务是不存在的。若某笔金融业务称没有风险，大都是因为该业务风险极低，乃至可以忽略不计，如购买国库券，其风险只有百分之几甚至低于百分之一。金融风险普遍存在的重要原因之一是金融在很大程度上是以信用为基础，金融机构作为融资中介实质上是一个由多边信用共同建立的客体，信用关系的原始借贷关系通过这一中介机构后不再一一对应，而是相互交织，相互连动。因此，金融风险的控制和防范是金融业务中贯穿始终的主题之一。

4. 金融风险具有很强的隐蔽性

由于金融机构具有一定的创造信用的能力，因此，它可以在很长一段时间内通过不断创造新的信用，来维持、掩盖或者补救已经失败的信用关系或者已经发生的金融风险或损失，而使其在“滚雪球”的过程中不被暴露出来，而只有当这一现象发展到难以为继的时候，才以“总爆炸”的形式最终暴露出来。这种对风险和损失的隐蔽还可能因为政府或其他有影响的外部力量的干预而加强或延长，但相应带来的是社会资源的严重的错误分配和浪费，以及金融中介职能破坏程度的加剧。金融风险的可隐蔽性还可以给金融机构提供一些缓冲和弥补的机会，如果银行能够及时有效地采取措施对已发生的风险加以控制，它就可以利用其隐蔽性的特点创造信用进而提高生存和发展的能力而对发生的那部分损失进行弥补。

13.1.3 金融风险的成因

为了防范金融风险，首先应清楚其产生的原因，然后对症下药。

1. 金融体系的内在脆弱性是金融风险发生的直接诱因

关于金融体系的内在脆弱性有两种不同的解释，一种是以明斯基和金德尔伯格为代表的周期性解释，另一种是以弗里德曼为代表的货币主义解释。前者认为，私人信用创造机构，特别是商业银行和其他贷款人的内在特性将使他们经历周期性的危机和破产，金融中介的风险被传递到经济的各个组成部分，产生宏观经济的动荡和危机。这是因为在繁荣时期，贷款人的贷款条件越来越宽松，借款人特别是投机性的借款人和高风险投资的借款人积极利用这种有利的贷款环境，大量借款以投资于价格不断上涨的股票、不动产业和回收期长的高风险项目；而一旦发生信贷资金没有及时流入生产部门的事件，就会引起连锁的违约和破产事件的发生，由此导致的资金回流不畅，使银行和金融机构出现货币兑付困难和挤兑，最终导致银行和金融机构的纷纷破产和倒闭。2008 年因美国次贷危机引发的金融危机就是这样爆发的。货币主义的解释则认为，货币政策的失误引发了金融风险的产生和积累，如果没有货币的过度供给就不会发生金融体系的动荡，金融动荡的基础在于货币政策。显然，这种解释过于片面，完全排除了非货币性因素产生金融动荡的可能性，而基于经济人非理性行为的周期性解释。从现象来说与亚洲金融危机的表现极其吻合。戈德斯坦认为这种非理性金融决策的微观环境就是竞争压力，为了占有市场份额和取得高额利润，银行和金融机构在激烈的竞争中，不顾一切向高风险的产业贷款和投资，从而使金融体系积聚了巨大的风险。在逃避金融管制的金融创新的作用下，竞争更为激烈，不确定性更强，风险更高。这在泡沫经济中的日本和韩国都曾出现过。

2．金融市场上信息的不对称性导致逆向选择和道德风险

逆向选择是指事前委托人与代理人的信息是不对称的，由“参与人错误报告信息引起的问题”，使拥有信息不真实或信息较少的一方，即不知情者会倾向于做出错误的选择——逆向选择。道德风险是由事后非对称信息引起的，某些参与人隐藏行动或隐藏信息，从而出现了“参与人选择错误行动引起的问题” 即道德风险。逆向选择与道德风险既存在于银行客户与银行间，商业银行与中央银行间，又存在于股东与经理间以及国际市场上的贷款者与借款者间的一切委托代理关系中。以股东与经理间的关系为例，投资者在购买某一上市公司的股票前，所拥有的信息不如公司中的内部人掌握的信息全面真实，因此可能会做出不利于自己的选择，即逆向选择。成为股东后，由于经理等内部人隐瞒经营活动，隐瞒信息，股东会做出错误的决策。内部人则有恃无恐，把资金投资于高风险的项目上，在缺乏激励机制和监管不严的情况下，在产权关系不明晰的情况下，上市公司会有无限的资金需求，但是投资效率却很低。即使出现财务亏空危机和破产风险，经理也不会受到多少损失，特别是在我国国有企业中，内部人现象更为严重，赚了归自己，亏了算国家。因此，道德风险越积越重。逆向选择与道德风险恶化了信用环境，加剧了信用风险。一旦有利空消息，股东就会抛卖股票，使资产价格暴跌，金融中介机构破产倒闭，造成整个金融体系的崩溃。

3．虚拟经济与实物经济的严重脱节是导致金融危机的根本原因

经济过程是真实的，虚拟经济的膨胀和投机猖獗，必然导致金融危机的爆发。德国经济学家乔丹·泰纳鲍姆以倒置的金字塔形象地描述了虚拟经济与实物经济的关系。在金字塔的底层是实际的物质产品； 在其上是商品和真实的服务商业贸易；再在其上，是名义的债务、股票、通货和商品期货等；最后在其顶层是衍生期货以及其他纯粹的虚拟资本。虚拟经济是以实物经济为基础的，金融体系的可信度和稳定性取决于货币资产最后能否变成实物，以及维持在倒置的金融金字塔上的虚拟财富有多大能力从下一层资产中取得收入。从这个意义上来说，虚拟经济既依靠实物经济又在和实物经济争夺有限的资金。它越脱离实物经济，实物经济基础越薄弱，金融风险越大，金融危机越有可能爆发。东南亚的金融危机就是实物经济没有后劲的结果。实物经济的最高准则是劳动生产力的增长率，劳动生产力的增长率取决于科技进步率。当虚拟经济掠夺了科技投入的资本时，金融危机的爆发就是不可避免的。

13.1.4 金融风险的分类

按照金融机构经营活动的风险，金融风险可分为系统性金融风险和非系统性金融风险。

1．系统性金融风险

系统性金融风险一般是指由外部因素引起的而无法消除的对所有企业、所有投资产生相似影响的风险，具体包括市场风险、利率风险、国际收支风险、政治风险、法律风险和关联风险。

(1) 市场风险

市场风险是指由市场价格波动而导致表内和表外头寸损失的风险。按照既定的会计准则，这类风险在银行的交易活动中最不明显，不管它们是与债务和股本有关，还是与外汇或头寸有关。对于金融业来说，市场风险具体表现为外汇市场汇率波动以及金融机构在投资买卖动产、不动产时由于市场价值的波动而对金融机构收益和净资产价值的影响。市场风险主要包括外汇风险和货币风险。

①外汇风险。外汇风险是指经济实体或个人在从事国际经营、贸易、金融活动中以外币计价的资产或负债因外汇汇率变动而引起价值上升或下跌所造成的损失的可能性。

②货币风险。货币风险是指由于物价大幅上涨引发严重通货膨胀的风险。严重的通货膨胀会破坏国民经济的平稳运行，使经济发展速度放缓、停滞甚至倒退。

(2) 利率风险

由于受中央银行的管制、货币结算、经济活动水平、资金供求状况、国际利率水平、投资者的预期等因素影响，利率经常波动，它直接影响到金融机构的经济环境，影响到经济主体的资产、负债的市场价值。利率风险是利率的不利变动给银行财务状况带来的风险，或者说是指由于市场利率变动的不确定性导致商业银行的净利息收入与预期的偏差。巴塞尔银行监督委员会在2004年发布的《利率风险管理原则中》将利率风险定义为利率的不利变动给银行的财务状况带来的风险。利率的变动通过影响银行的净利息收入和其他一些利率敏感性收入与经营管理费用，最终影响到银行的收益。利率风险的一个显著特征是导致现金流量(净利息收入或支出)的不确定性，从而使收益和融资成本不确定。

利率风险主要有以下几种。

①重新定价风险。产生于银行资产、负债和表外头寸到期日的不同及重新定价的时间不同。

②利率变动风险。利率变动造成金融机构存放款利率差距缩小或发生负利差，给金融机构造成损失。

③基准风险。当其他重新定价特点相同时，因所依据的基准利率不同而产生的风险。

④期权性风险。产生于银行资产、负债和表外项目中的或隐含的各种期权风险。

(3) 国际收支风险

国际收支风险是指国际收支失衡引发的风险。20世纪90年代初，墨西哥政府为遏制通货膨胀，稳定比索汇率而实行了高利率政策。由于墨西哥比索定值过高，国际收支状况恶化，经常项目逆差每年约230亿美元，占GDP的7%，超过国际公认的5%的警戒线，国外投资者信心不足开始抽逃资本，最后墨西哥政府不得不在1994年12月21日宣布比索贬值15%，从而引发了震动全球的墨西哥金融危机。

(4) 政治风险

政治风险指政局变化、政权更替、战争、种族突变、恐怖活动给金融业造成的风险损失。对境外投资者而言，政治风险包括政治局的变化、投资环境恶化使投资者收益受损的可能性，还包括外国政府因其政策变化而引起拖欠债务国贷款或无力履行其承诺的风险，这实质上是一种主权风险。

(5) 法律风险

法律风险是指当金融机构正常的业务经营与法规变化不相适应时，该金融机构就面临不得不转变经营决策而导致损失的风险。银行要承受不同形式的法律风险，主要包括：因不完善、不正确的法律意见而造成银行同预计的情况相比资产价值下降或负增加的风险。现有法律可能无法解决与银行有关的一些法律问题，有关某一银行的法律案例可能对整个银行业务产生广泛的影响，从而增加该行业乃至其他银行的成本；影响金融机构的有关法律发生变化；在开拓新业务或交易对象的法律权利未能界定时，银行面临的法律风险。

(6) 关联风险

关联风险是指由于相关产业或相关市场发生严重问题，而使行为人遭受损失的可能性。在现代经济中，各种经济实体间关系更加复杂，联系也更加密切，任何一个环节受到损失，往往引起整个市场产生连锁反应，导致市场混乱。对于处在经济枢纽地位的银行业更是如此，一家银行倒闭，就会引起银行支付链条的中断，由此可能引起“多米诺骨牌”效应，而使其他银行也相应倒闭，从而诱发金融危机。

2. 非系统金融风险

非系统金融风险是指由个别企业投资本身的种种不确定性引起的，只对个别企业产生影响的风险，具体包括信用风险、流动性风险、资本风险、竞争风险、操作风险、声誉风险。

(1) 信用风险

信用风险也称违约风险，是指债务人没有能力或不愿意偿付债务而使金融资产遭受损失的风险。自从信用关系出现，信用风险就存在，它是金融业的传统风险，也是最主要的风险。当今世界上许多国家的银行因出现信用风险而被坏账、死账、呆账所困扰，已经严重影响到银行体系的稳定和经济的发展。造成信用风险的原因主要有以下几种情况：债务人没有偿还债务的意愿，金融机构内部人员的违法失职行为，金融机构内部人员与外部人员内外勾结作案，等等。

(2) 流动性风险

流动性风险是指银行等金融机构对客户提现或贷款需求的支付能力严重不足，从而引发清偿问题的可能性。在日常经济生活中，银行资产的流动性越低，资产变现的可能性就越小，应付突变的能力就越弱。严重的流动性危机甚至会导致银行破产。

(3) 资本风险

资本风险是指银行资本过小，不能抵补亏损，难以保障银行正常经营的风险。《巴尔赛协议》规定各国商业银行资本充足率不得低于8%，核心资本充足率不低于4%。

(4) 竞争风险

竞争风险是指金融机构等在经营竞争中的风险。和一般企业一样，在激烈的市场竞争中，金融机构也有可能因竞争激烈导致亏损甚至倒闭，进而影响整个金融体系的稳定。

(5) 操作风险

操作风险是指金融机构因不正确的或错误的内部操作过程、人员、系统或外部事件导致直接或间接损失的风险。最重大的操作风险在于内部控制及治理机制的失效。这种失效可能因为失误、欺诈、未能及时做出反应而导致银行财务损失，或使金融机构的利益在其他方面受到损失。操作风险的其他方面包括信息系统的重大失效或其他灾难等事件，如火灾、遭劫、信息线路故障、计算机失灵、高级管理人员遭遇不测，日常工作差错等。

(6)声誉风险

声誉风险是指由于金融机构操作上的失误，违反有关法规和其他问题而使金融机构在声誉上造成的不良影响。因为金融机构的业务性质要求它能够维持存款人、贷款人和整个市场的信心，所以一旦遭受声誉风险，其损害就非常大。

13.1.5 防范金融风险的对策

基于以上分析，我们应从三个方面来防范金融风险。

(1)在金融全球化的过程中建立起有效的监管体系

许多发展中国家在金融市场开放的同时，由于缺乏管理技能和经验不足，监管机制和体系也没有相应的建立起来，致使投机盛行，泡沫膨胀，而金融体系的内在脆弱性决定了只有依靠体系以外的力量才能防患于未然。因此，高效的监管制度是金融体系稳健运行的保证。

(2)增加信息的透明度并建立起激励机制和约束机制

防范逆向选择和道德风险的最佳途径就是公开信息，建立起有效的信息披露制度。

(3)从具体国情出发，慎重选择金融政策

在金融自由化，全球经济一体化的进程中，作出本国发展战略的正确选择。金融自由化固然有利于经济的效率，但是只有和本国的基本实际相结合时，才能作出正确的选择。特别是发展中国家，在金融深化的过程中，更应慎重行事。要使虚拟经济服务于实物经济，并与实物经济保持相对的协调。这样就会从根本上抑制金融风险的爆发。

13.2 金融监管概述

13.2.1 金融监管的含义和必要性

1. 金融监管的含义

金融监管是金融监督和金融管理的合称，它是指一个国家(地区)政府对金融业的限制、管理和监督。金融监管主要对银行、保险、证券和其他从事金融活动的机构进行监督，使其按照相关法律法规的规定正常发展，稳健运行。金融监管定义有狭义和广义之分。狭义的金融监管是指，依据国家法律法规对整个金融业，由中央银行或者其他的金融监管当局实施的监督管理。广义的金融监管除了上述内容外，还包括金融机构的内部稽核与控制、社会中介组织的市场监督以及同业自律组织的自律性监管等。

2. 金融监管的必要性

在当今金融全球一体化的时代，金融已成为现代经济的核心，关系到国民经济发展的全局。金融业是一个存在诸多风险的特殊行业，关系千家万户和国民经济的方方面面。维护金融安全是国家经济安全的重要组成部分，而实施金融监管是确保金融业和经济持续、稳定、健康运行的必要条件。金融监管有利于维护金融秩序，保护公平竞争，提高金融效率，是实施货币政策和金融调控的保障，也是整个社会经济发展的重要保障。

13.2.2　金融监管的目标与原则

1. 金融监管的目标

金融监管的目标在于通过对金融业的监管，维护经济主体的共同利益以及金融系统的稳定和有效运行。这是由金融业在社会经济中举足轻重的重要地位和作用所决定的，具体来讲，金融监管的目标分以下几个层次。

(1)保护金融体系的安全与稳定

随着金融全球化的发展，资本流动的范围越来越广，流动速度越来越快，一国金融市场遭受内外冲击而出现危机的可能性也越来越大。同时，金融机构之间的竞争也越来越激烈，金融机构的经营风险不断提高。因此，维护本国金融体系的安全稳定是金融监管当局进行金融监管的首要目标。

(2)维护存款人和公众的利益

金融机构作为信用中介，其资金主要来源于社会广大公众，保护金融体系的安全与稳定不仅是维护国家利益，也是维护广大存款人和公众的利益。

(3)保证金融机构竞争的有效与公平

竞争是市场经济的基本特征之一，它可以形成一种优胜劣汰的有效机制，但盲目竞争、不公平竞争或者非法竞争都会导致金融机构的破产倒闭，并形成金融业的垄断，从而危害、障碍经济的平稳发展。因此金融监督当局有必要通过金融监管为金融机构创造一个合法、公平、高效、有序的竞争环境。

(4)保证中央银行货币政策的顺利实施

中央银行在实施货币政策目标时，是以金融市场上的金融机构特别是商业银行作为传导中介的。由于商业银行以营利为经营目标，因此金融监督当局有必要通过一定的监管措施，限制商业银行与中央银行政策目标不一致的经营活动，促使它们配合中央银行贯彻实施货币政策。

2. 金融监管的原则

为了实现金融监管的多元化目标，在金融监管的立法和实践活动中，一般需要遵循以下几点基本准则。

(1)依法管理原则

金融法规的完善与依法管理是金融监督有效实施的基本前提。只要有法可依、有法必依，有关各方权利和义务的确定就会有明确的法律依据，这样才能确保金融监管的权威性、严肃性、强制性和一贯性，从而确保金融监管的有效性。

(2)外部监管与内部自律相结合的原则

金融监管当局的依法监管是金融业健康稳定发展的外部保证，而金融业的内部自律则是金融业安全运行的内在保证。相比之下，金融市场的各个主体以及金融业从业人员的自我约束、自我管理和自我教育是根本，是内因。只要金融机构和金融市场各主体的经营活动是合法合规的，金融监管当局就不应过多干预。反过来，若放松金融监管，而单纯依赖金融业的自我约束，也不可能奏效。因此，只有将外部监管与内部自律有机结合起来，才能获得有效的监管。

(3)适度竞争原则

竞争是市场经济的基本规律，是市场机制发挥作用的前提条件，但过度竞争必然会带有破坏性，只有适度竞争才能真正提高效率，而不至于造成市场混乱。因此，金融监管当局在实施金融监管过程中，必须遵循促进各金融机构适度竞争的原则。这一原则要求金融监管当局在实施金融监管时重心放在为金融业创造适度竞争的环境上，避免形成金融业的高度垄断，防止出现过度竞争，从而做到管而不死、活而不乱，限制过度竞争又不消灭竞争。

(4)社会经济效益原则

与微观经济主体追求自身利益最大化不同的是，金融监管追求的是社会经济效益的最大化，即金融监管当局在实施金融监管的过程中，应当充分考虑金融机构的设立及其业务活动是否符合经济发展的客观需要，是否有利于提高社会经济效益；金融市场的运行状况及各个市场主体的行为是否有利于促进整个社会经济的稳定运行与健康发展。在此基础上，再来确定监管重点和选择相应的管理手段。

13.2.3 金融监管的对象

金融监管对象，也称为被监管者，是专门从事金融业经营和投资经济活动的企业、组织、单位和个人，包括金融机构、工商企业、基金组织、投资者和金融活动的关系人等。金融监管对象的划分可以有不同的标准，从监管的行业划分，可以分为银行业监管对象，保险业监管对象和证券、期货业监管对象。

1. 银行业监管对象

银行业监管对象是从事商业银行业务的金融机构，不管其称谓如何，凡是吸收存款，发放贷款，办理资金清算、信托投资、财务管理，参与货币市场融资交易活动等的机构都属于银行业的监管对象。这些机构包括商业银行、政策性银行、信用合作机构、专业储蓄机构、专业信贷机构、信托投资公司、财务公司、金融租赁公司及典当行等。如果其他非银行金融机构(如保险公司、证券公司等)参与货币市场融资和交易活动，也将作为银行业特定的监管对象。

2. 保险业监管对象

保险业监管对象是从事保险经营和投资保险的企业、机构和个人，是保险产品的供给者和保险中介人。保险产品的供给者是指保险人，具体包括保险公司、保险公司分支机构，如保险公司、人寿保险基金等。保险中介人是辅助保险人和被保险人从事保险业务活动的，如保险代理人、保险经纪人和保险公估人。此外还包括保险偿付能力监管和保险经营监管。保险公司偿付能力是指保险公司偿付其到期债务的能力。我国保险经营监管包括禁止兼营和禁止兼业两层含义。

3. 证券、期货业监管对象

证券业监管对象是从事证券融资和交易活动的企业、机构和个人；期货业监管对象是从事期货投资交易活动的企业、机构和个人。另外，提供证券和期货交易场所的组织机构也是重要的监管对象。证券类监管对象主要包括证券经纪公司、上市公司、投资基金、投资者及证券交易所等。期货类监管对象主要包括期货经纪公司、期货交易所及其附属储备库等。

13.2.4 金融监管的内容

1. 银行业监管的主要内容

对银行业的监管主要分为三方面，即市场准入监管、日常经营监管和市场退出监管。市场准入是监管的首要环节，把好市场准入关是保障银行业稳健运行和整个金融体系安全的重要基础。对市场准入的监管要集中在对商业银行设立和组织机构的监管以及对银行业务范围的监管。日常经营监管主要有资本充足性监管、对存款人保护的监管、流动性监管、贷款风险的控制、准备金管理和对商业银行财务会计的监管等方面。当商业银行可能或已经发生信用危机，严重影响存款人利益时，监管当局将对商业银行做出退出市场的处理，为保证其退出市场的平稳性和最大限度地保护存款人利益，监管当局对金融机构的破产倒闭、变更、合并(兼并)以及违规者经营行为做出具体规定，并进行全过程监控，即为市场退出监管。

2. 证券业监管的主要内容

由于金融市场在市场经济中的特殊重要性和在市场体系中的特殊重要地位，金融市场的活动涉及面广、影响面宽、作用力大，对微观金融运行、宏观金融调控乃至整体经济运行都具有重大影响，因此，保证金融市场的稳健与正常运行具有极为重要的意义。对证券业的监管体现在三方面：一是对证券机构的监管，主要是针对证券经营机构设立、变更和终止的监管，对证券从业人员的管理以及对证券经营机构的日常监管和检查；二是对证券市场的监管，主要包括对内幕交易的监管、对证券欺诈的监管以及对市场操纵的监管；三是对上市公司的监管，主要集中在建立完善的上市公司信息披露制度和加强上市公司治理结构的监督等方面。

3. 保险业监管的主要内容

对保险业的监管体现在四方面。一是市场的准入和退出，是对保险组织(保险公司)的监管，包括对保险公司设立、整顿、接管、终止等方面的监管。二是保险经营的监管，保险监管机构必须规定保险公司的经营种类和范围。这包括两方面内容：禁止兼业问题和禁止兼营问题。兼业问题指可否同时经营保险业务和其他业务。绝大多数国家均通过立法确定商业保险专营原则，保险企业不得经营非保险业务。兼营问题指保险人可否同时经营财产保险和人身保险业务。三是保险偿付能力的监管，保险公司的偿付能力，是指保险公司以其实际资产偿付其负债能力，各国都把偿付能力监管作为现代保险监管的核心内容。四是保险中介人的监管，是指对保险代理人、保险经纪人和保险公估人的监管。保险监管机构依法审核保险代理人、保险经纪人、保险公估人的设立申请，并进行相关的职业管理。

13.2.5 存款保险制度

1. 存款保险制度的概念和种类

存款保险制度是指在银行类金融机构面临支付危机或濒临破产时，专门的存款保险机构对受保护的存款账户的本息基于全部或部分保障的制度。存款保险制度是一种对存款人利益提供保护、稳定金融体系的制度安排，是银行监管的重要工具。在这一制度下，吸收存款的金融机构根据其吸收存款的数额，按规定的保险费率向保险机构投保，当存款机构破产而无法满足存款人的提款要求时，由存款保险机构承担支付法定保险金的责任。

2. 存款保险制度的种类

国际上通行的理论把存款保险制度分为两种，分别是隐性存款保险和显性存款保险。隐性的存款保险制度多见于发展中国家或者国有银行占主导的银行体系中，指政府没有以法律形式对制度进行明确说明，也未建立相关的机构，但是当存款机构发生危机、破产或倒闭时，政府会为存款人提供相应的经济补偿。此种制度虽然未明确说明风险补偿机构，却以政府的信用为存款机构进行担保。显性的存款保险制度是指政府借用法律手段，以法律的形式对存款保险制度的设立方式和运用模式做出明确规定，当存款人的利益发生风险损失时，有专门而非政府的机构为其进行补偿，并由政府强行推行的制度，是真正意义上的存款保险制度。存款保险制度的组织形式可以多种多样，一些国家是官办的，一些国家是银行同业公会办的，还有政府与银行公会合办的。另有一些国家并无形式上的存款保险机构，但一旦商业银行出现危机，政府通过中央银行、财政部等机构干预以保护存款人利益，这可以看做一种隐性的存款保险制度。我国长期以来实施的就是以“国家担保”为主的隐性存款保险制度。

3. 存款保险制度在我国的发展

在我国，关于建立存款保险制度的讨论，近十余年持续不断。从银行越来越走向按市场机制运作的轨道来说，为了加强金融体系的安全性、稳定性，相当普遍的见解是：建立这一制度是必要的，虽然它伴随着难以避免的消极面。但同时也有不同的意见，比如认为国有资本在银行资本中占绝大比重的条件下，通过推行这一制度有多大的紧迫性，还值得进一步论证。从实践角度看，近年我国银行改革的实质性进展、中小金融机构所占比重的持续上升、外资金融机构的大量涌入等，凸显出存款保险对维护国家金融安全、有效保护中小存款人利益具有重要意义。存款保险制度的建立是经济发展的需要，是中国金融市场发展的需要。

1993年我国首次提出建立存款保险基金。自2004年以来，中国人民银行牵头制定了《存款保险条例》，标志着我国真正的存款保险制度建设正式启动。2007年年初召开的全国金融工作会议明确要求加快建设存款保险制度。2014年年底，国务院颁布了《存款保险条例(征求意见稿)》，我国用了近22年的时间探索存款保险制度。经过这22年的探索，我国已铺垫好存款保险制度的研究理论，优化了相关的制度环境。《存款保险条例》也于2015年5月1日正式实施，这一举动意味着我国正式建立了存款保险制度，存款保险制度将有利于改善金融环境，稳定金融市场，推进我国金融行业的良性发展，为金融市场的深化改革奠定基础。

小　结

1. 《新帕尔格雷夫经济学大辞典》把风险定义为不确定性以及由不确定性所引起的不利后果。

2. 风险不仅取决于不确定性因素的不确定性的大小，而且还取决于收益函数的性质。所以，不确定性与风险有着密切的联系，也有着本质的区别。

3. 金融风险属于风险的范畴，在本质上也是一种引起损失的可能性，具体指的是经济主体在从事资金融通过程中遭受损失的可能性。

4. 经济风险是相对于自然风险、政治风险和社会风险而言的一种风险。金融风险的风险因素、风险事故及风险结果都是经济性的，金融行为主体是经济人，即理性的、追求利益最大化的经济单位，金融风险事故是经济因素发生在经济领域的意外变动，在很多情况下是市场变动引起的金融参数变动，而金融风险的结果是经济上的损益，因而金融风险的经济属性是非常明显的。

5. 动态风险是相对于静态风险而言的一种风险，是指由经济、社会及政治因素发生变动所引致的风险。金融风险本身是社会现象，是由社会因素变动而引起的，无疑是动态风险。

6. 金融风险的成因主要有金融体系的内在脆弱性、金融市场上信息的不对称性、虚拟经济与实物经济的严重脱节等。

7. 按照金融机构经营活动的风险，金融风险可分为系统性金融风险和非系统性金融风险。

8. 系统性金融风险一般是指由外部因素引起的而无法消除的对所有企业、所有投资产生相似影响的风险，具体包括市场风险、利率风险、国际收支风险、政治风险、法律风险和关联风险。

9. 非系统金融风险是指由个别企业投资本身的种种不确定性引起的，只对个别企业产生影响的风险，具体包括信用风险、流动性风险、资本风险、竞争风险、操作风险、声誉风险。

10. 金融监管是金融监督和金融管理的合称，它是指一个国家(地区)政府对金融业的限制、管理和监督。

11. 金融监管的目标在于通过对金融业的监管，维护经济主体的共同利益以及金融系统的稳定和有效运行。

12. 为了实现金融监管的多元化目标，在金融监管的立法和实践活动中，一般需要遵循以下几点基本准则：依法管理原则、外部监管与内部自律相结合的原则、适度竞争原则、社会经济效益原则。

13. 金融监管对象，也被称为被监管者，是专门从事金融业经营和投资经济活动的企业、组织、单位和个人，包括金融机构、工商企业、基金组织、投资者和金融活动的关系人等。

14. 金融监管的内容主要包括银行监管、证券监管和保险监管。其中银行监管主要从市场准入监管、日常经营监管和市场退出监管三方面进行监管；证券监管主要分为三方面，分别为：对证券经营机构设立、变更和终止的监管，证券市场的监管，对上市公司的监管；保险监管体现在四方面：一是市场的准入和退出；二是保险经营的监管；三是保险偿付能力的监管；四是保险中介人的监管。

15. 存款保险制度是指在银行类金融机构面临支付危机或濒临破产时，专门的存款保险机构对受保护的存款账户的本息基于全部或部分保障的制度。国际上通行的理论把存款保险制度分为两种，分别是隐性存款保险和显性存款保险。

思考题

1. 《新帕尔格雷夫经济学大辞典》对风险是如何定义的？风险取决于什么？
2. 金融风险的含义是什么？
3. 金融风险的特征有哪些？
4. 金融风险的成因是什么？
5. 什么是系统性金融风险？
6. 什么是非系统性金融风险？
7. 利率风险主要有哪些？
8. 金融监管的含义是什么？
9. 金融监管的目标有哪些？
10. 金融监管的对象有哪些？
11. 金融监管的内容是什么？
12. 存款保险制度的优点有哪些？

案例简介

案例[13-1] 美国次贷危机

美国次贷危机，全称是美国房地产市场上的次级按揭贷款的危机。顾名思义，次级按揭贷款，是相对于给资信条件较好的按揭贷款而言的。因为相对来说，按揭贷款人没有(或缺乏足够的)收入、还款能力证明，或者其他负债较重，所以他们的资信条件较“次”，这类房地产的按揭贷款，就被称为次级按揭贷款。

自20世纪80年代末90年代初以来，美国房地产经历了长达十几年的繁荣。住房销售量不断创下新纪录，房价也以每年增幅超过10%的速度攀升。2000年美国纳斯达克股市泡沫破灭之后，美联储一直保持相对宽松的货币环境，不断调低利率水平，刺激了房地产市场的繁荣。面对房地产市场的繁荣，主流的金融机构都对“次贷”不以为然，金融监管部门的监管力度也不到位。实际上，十多年前，美国家庭拥有的房地产资产总值不超过8万亿美元，约占家庭资产总额的40%；到了2005年底，美国家庭房地产资产总值已升至21.6万亿美元，在家庭财产中的比例提高到56%。这种房地产价格的持续上升，掩盖了次贷证券化中的一系列深层次的问题，例如风险评估能力的缺乏、证券化资产的流动性不足等，在房地产价格持续上扬的时期，这些问题都不容易暴露。

从2006年中期开始，美国房地产市场开始降温，房地产的价格出现下滑。2006年9月，新房中间价比上年同期下降9.7%，创下近36年来的最大跌幅。这就使得原来在房价上扬时期掩盖的问题日益清晰地暴露出来。雷曼兄弟公司最近发布的一份报告称，2006年获得次级抵押贷款的美国人中，约有30%无法及时还贷，全国约有220万人可能因为最终无力还贷而失去住房。受此影响，多家贷款机构和抵押贷款经纪公司破产。2008年9月，雷曼兄弟宣布破产，标志着美国次贷危机演变成全球金融危机和全球经济危机。次贷风波中的风险承担者几乎是全球化的，从美国到欧洲，以及包括中国在内的新兴市场。

应对次贷危机造成的影响，美联储和美国政府采取宏观经济政策对危机进行干预，其中包括向市场注入数千亿美元流动性，调低了基准利率和窗口贴现率，政府提出的一个 1 500 亿美元左右的减税经济刺激计划等，并公布 70 年来最大规模金融监管改革方案，包括对整个金融体系的系统性风险进行监管，成立跨机构委员会，制定银行业资本标准，授权联邦存款保险公司拆分破产的金融机构，等等，以期最大限度地降低次贷危机对经济形势的影响，期待经济的尽快复苏。

（资料来源：由新浪财经、新华网财经频道等网站资料整理。）

问题

1. 分析由美国次贷危机而来的金融风险产生的原因。

2. 美国次贷危机对中国防范金融风险的启示。

简要提示

1. 从具体的成因来看，我们可以大致归结为如下几个方面。

(1) 房地产价格持续上扬条件下快速扩张的房地产信贷，累积了风险的隐患。

(2) 资产证券化的快速发展，促使了风险承担者的分散化，全球化的金融市场加大了这种风险的传染性和冲击力。

(3) 低利率环境下的快速信贷扩张，加上独特的利率结构设计，也使得客观评估次贷偿还能力的难度加大。原先在房地产价格不断攀升的时候，贷款者可以通过卖房还贷。一旦房价不断下跌，而利息反倒有增无减，越来越多的次级抵押贷款者不堪重负。

(4) 监管当局的监管不力使得次级贷款得以出现，由此引发相关风险。

2. 为避免类似于美国的房地产市场上的次贷危机，应采取以下措施。

(1) 紧缩银行信贷，提高个人房贷的进入门槛。

(2) 实施差别购房首付率，即购房首付率要随所购住房面积的大小而实行累进制。对于小户型的住房(第一套)实行低首付率，而针对于大户型的住房，尤其是第二套以上住房实行高首付率。

(3) 防范和化解住房抵押信贷风险。目前，我国的各大商业银行还没有实现资产证券化，所有按揭贷款都存放在商业银行，所有风险都集中于商业银行。因为中国目前还没有将房产抵押贷款证券化以分散风险，因此要加快我国商业银行住房抵押贷款资产证券化的步伐。

(4) 金融监管部门加快相关金融监管政策的制定并贯彻实施，最大限度地从政策层面降低金融风险。

案例[13-2]　信用卡监管

由于缺乏统一的监管标准，少数商业银行出现了信用卡业务违规操作甚至“乱营销、乱发卡、乱签商户”的现象，损害金融消费者权益。针对银行上述“信用卡乱象”，银监会于 2011 年 1 月 13 日发布《商业银行信用卡业务监督管理办法》，严加监管。

信用卡是现代科技信息技术的产物，也是当今商业交易的一种最简便、最快捷的手段。据报道，2011 年全国信用卡总量达 2.1 亿张，同比增长 28%，2010 年信用卡交易量达 5.1 万亿元，同比增长 46%，其中消费金额 2.7 万亿元，同比增长 44%。

可见，在我国不仅信用卡观念已经转变，而且发放、使用信用卡的技术也已经相当成熟，发卡、持卡、刷卡日渐成为生活中的时尚。不过，信用卡数量突飞猛进，全国范围内

"信用卡在飞",并不预示着我国信用体系建设也随之完善和进步。相反,无论对个人还是对金融机构而言,都降低了金融风险的可控性。在信用卡高度普及的背后,还隐藏着一些信用缺失、信用卡使用安全等问题。尤其是随着信用卡市场规模迅速扩大,系统性的金融风险也在急剧积累,一旦各种问题集中爆发,必然会释放出巨大的杀伤力。这些问题的存在,严重制约着我国信用体系的建设和发展,同时也显现出我国信用卡市场亟待加强监管。

最典型的问题就是,一些银行出于竞争需要而滥发信用卡,把信用卡发给了许多缺乏支付能力的人,而且,由于各家银行的各自为战,还导致严重的重复授信和超额授信,更加剧了潜在的风险。对个人来说,意味着一些人被绑架为"卡奴",甚至有遭受牢狱之灾的危险。对金融系统来说,一旦信用卡违约行为集中爆发,其后果不亚于一场小规模的"次贷危机"。

更值得警惕的是,由于国内银行业所处的独特优势,不难利用单方面制定游戏规则的特权,一方面滥发信用卡,另一方面却把风险强行转嫁给消费者。

比如,一些银行以消费者的个人信用记录为要挟,强制性地对未激活的信用卡收取年费;过度拔高信用卡透支行为的恶意程度,不是通过正常的民事法律手段,而是通过刑事法律手段胁迫催收欠款;设置过高的罚息水平,牟取"利滚利"式的超额利息……诸如此类的做法,屡屡见诸报端。

无疑,造成信用卡市场乱象的根源,正是由于以往监管缺位,而让信用卡从"馅饼"变成了"陷阱"。银监会此次出台监管新规之后,还将接受市场的检验,是否能够彻底扭转各种乱象,仍然还是一个未知问题。但无论如何,2008 年的全球金融危机都在提醒我们,对于国内日益加速成长的信用卡市场,采取最为严厉的监管制度,还将是一个长期课题,需要不断完善。

(资料来源:京华时报,2011 年 1 月 28 日。)

问题

1. 思考信用卡的滥发会导致哪些金融风险?

2. 针对一些商业银行滥发信用卡的行为,金融监管部门应采取哪些措施?

简要提示

1. 会产生系统性风险和非系统性风险。对整个金融系统来说,信用卡违约行为如果大量出现将会严重影响金融系统的稳定进而产生系统性风险。还会产生非系统性的金融风险,如信用风险、竞争风险、欺诈风险等。

2. 金融监管部门应根据金融监管的目标出台相应措施。针对商业银行滥发信用卡,金融监管部门应及时推出相应的监管办法:如要求商业银行经营信用卡业务,应当依法保护客户合法权益和相关信息安全,应当建立健全信用卡业务风险管理和内部控制体系,严格实行授权管理,有效识别、评估、监测和控制业务风险等。同时加强监督和管理的力度:如中国银监会对信用卡业务实施现场检查时,应当按照现场检查有关规定组成检查工作组并进行相关业务培训,应当邀请相关商业银行的信用卡业务管理和技术人员介绍其信用卡业务总体框架、运营管理模式、重要业务运营系统和重要电子设备管理要求,商业银行在开展信用卡业务过程中,违反其他有关法律、行政法规和规章的,由中国银监会及其派出机构依据相关法律、行政法规和规章督促整改,并采取相应的监管措施等。

案例[13-3] 银行挤兑

诺森罗克银行始建立于 1850 年，早期只是一家住房贷款协会，1997 年变成一家银行并上市。目前，该行是英国第五大抵押贷款机构，拥有 150 万储户，向 80 万购房者提供房贷，可谓规模庞大。2007 年上半年，诺森罗克银行新增的抵押贷款额占全国新增总量的 18.9%，排名居英国第一。然而令人无法想到的是这样一个金融界的庞然大物会在短短的时间内濒临破产的边缘。2007 年受美国次贷危机导致的全球信贷紧缩影响，英国第五大抵押贷款机构——诺森罗克银行(Northern Rock)发生储户挤兑事件。自 9 月 14 日全国范围的挤兑发生以来，截止到 18 日，仅仅几天的时间就有 30 多亿英镑从诺森罗克银行流出，占该行 240 多亿英镑存款总量的 12%左右，其电话银行和网上银行业务一度出现崩溃。受此影响，几天来，诺森罗克银行股价下跌了将近 70%，创下 7 年来新低，成为英国遭遇本次信贷危机以来的最大受害者。为防止系统性银行危机的出现，英国财政部、英格兰银行(英国央行)与金融管理局先后采取了注资以及存款账户担保等救助措施，至 18 号，诺森罗克银行的储户挤兑情况才有所缓解，各大银行的股价也出现不同程度的上涨，银行体系的恐慌局面才得以控制。

问题

这次挤兑危机给我们什么启示？

简要提示

政府要从以下几方面着手来控制金融风险：要严格监控房地产市场泡沫所带来的金融风险；要密切关注金融创新过程中的金融风险；要提高监管当局对金融风险的预见能力；要合理设计存款保险制度；要加强各部门的协调合作。

第14章

货币政策

本章学习要点

通过本章的学习，掌握货币政策、货币政策目标、货币政策工具等的基本概念；理解货币政策工具的使用时机与效应、货币政策传导机制与中介目标的选择；了解影响货币政策效应的主要因素、货币政策与财政政策之间的协调配合。

本章学习重点与难点

重点是货币政策目标的内容及其相互间的矛盾与协调、各种工具使用的时机和效应；难点是货币政策传导机制、货币政策与财政政策之间的协调配合。

本章基本概念

货币政策、货币政策目标、再贴现政策、存款准备金政策、公开市场业务、直接信用控制、间接信用控制、道义劝告、窗口指导、货币政策传导机制、货币政策中介指标、货币政策效应

货币政策是货币金融理论的核心，是一个充满挑战和激动人心的领域。各国货币当局通过制定和实施货币政策，对宏观经济进行间接调控，以保持经济的平衡运行。

货币政策的范围，有广义和狭义之别。从广义上讲，货币政策包括政府、中央银行和其他有关部门所有关于货币方面的规定，以及所采取的影响货币数量的一切措施政策，包括所有旨在影响金融系统体系的措施政策，甚至可进一步包括像政府借款、国债管理乃至政府税收和开支等可能影响货币支出的行为。

从狭义上讲，货币政策指的是中央银行为实现既定的经济目标，运用各种工具调节货币供给量，进而影响宏观经济的方针和措施的总和。货币政策包括四个方面内容：货币政策目标，货币政策工具，货币政策的传导机制，货币政策的效果。

14.1 货币政策的目标

14.1.1 货币政策的目标概述

货币政策目标是中央银行通过调节货币和信用在一段较长时期内所要达到的目标，它

与政府的宏观经济目标相吻合。中央银行货币政策的实施，经过一定的传导过程，将其影响导入一国经济的实际领域，达到既定的目标，这就是货币政策的目标，又称货币政策的最终目标。货币政策目标既是货币政策理论的出发点，又是中央银行实施货币政策的归宿。本节主要讨论货币政策的最终目标。

1．货币政策目标的历史演变

货币政策目标是在不断发展变化的。20 世纪 30 年代以前金本位制的影响使得维持货币币值的稳定是当时货币政策的主要目标。20 世纪 30 年代以后，经济危机的爆发使货币政策的目标由原来单目标变为稳定币值和充分就业的多目标。到了 40 年代中期，凯恩斯主义的国家干预经济主张盛行以后，英、美等国相继以法律形式宣称，谋求充分就业是其货币政策的目标之一。这样，货币政策目标就由原来的单一目标转化为稳定币值和实现充分就业。50 年代以后，各国中央银行提出把物价上涨控制在可以接受的范围之内的同时，又将促进经济增长(充分就业)作为货币政策目标的重点。60 年代开始，一些国家国际收支逆差的出现使维持固定汇率发生困难，国际收支平衡作为货币政策目标的重点。70 年代后期，经济的“滞胀”促使一些国家的货币政策目标先后转为以稳定货币为主。

另外，各国对货币政策的目标的做法也有所不同。美国联储银行把经济增长、充分就业、稳定物价和国际收支平衡作为货币政策目标；日本银行在 1998 年新银行法实施前，把稳定物价、国际收支平衡和维持对资本设备的适当需求作为货币政策目标；充分就业、实际收入的合理增长率、低通货膨胀率和国际收支平衡则是英格兰银行的货币政策目标；在原德国，货币当局似乎更注重对马克币值和物价稳定的保护。

目前，各国政府都把稳定物价、充分就业、经济增长和国际收支平衡作为其货币政策的目标，这四大目标的确立是随着社会经济的不断发展而完善的。

2．货币政策目标的选择

在选择货币政策最终目标的问题上，20 世纪 90 年代以前，西方经济学界大多主张货币当局应同时选择几个不同的目标，以其中的一个目标作为货币政策的主要目标，而以其他一两个目标作为货币政策的辅助目标。

(1) 多目标论

多重目标选择主要是针对货币政策目标之间存在的补充性关系而提出的。它的理论依据是：货币政策诸目标之间的补充性关系，有时表现为效果和手段的关系。这时，货币当局必须明确哪一个为手段，哪一个为结果；同时还必须确定作为手段的目标当中哪一个更为重要。凯恩斯学派主张多重目标，即稳定物价、经济增长、充分就业和国际收支平衡。新古典学派的代表人物萨缪尔森也主张经济增长和充分就业多重货币政策目标。

(2) 双目标论

这种观点认为，中央银行的货币政策目标不应是单一的，而应当同时兼顾发展经济和稳定物价的要求。强调它们两者的关系是：就稳定货币而言，应是一种积极的、能动的稳定，即在经济发展中求稳定；就经济增长而言，应是持续、稳定、协调的发展，即在稳定中求发展。不兼顾，则两者的要求均不能实现。

(3) 单目标论

自 20 世纪 90 年代以来，越来越多的经济学家就货币政策的单一目标达成共识。这又可分成两种相当对立的意见,一种是从稳定物价乃至经济正常运行和发展的基本前提出发,强调物价稳定是货币政策的唯一目标;另一种是从货币是再生产的第一推动力出发,主张用最大限度的经济稳定增长保障经济起飞作为货币政策的目标,并在经济发展的基础上稳定物价,即强调经济增长应摆在首位。

我国 1995 年 3 月实行的《中华人民共和国中国人民银行法》也就货币政策的单一目标作了明确的规定。《中国人民银行法》第三条规定:“我国的货币政策的目标是保持货币币值的稳定,并以此促进经济增长。”

当代经济学家对货币政策单一目标所强调的物价稳定给予新的解释。他们认为,在单一目标下的物价稳定,不仅是指中央银行应阻止物价的持续上涨,而且还赋予中央银行防止物价持续下跌的职责。经济学家们还认为,单一目标下的物价稳定,更具体地讲应是币值的稳定。经济全球化的趋势,使中央银行不仅负有对内稳定币值(即物价稳定)的义务,而且还有对外稳定币值(即汇率稳定)的职责。

14.1.2 货币政策的目标内容

1. 稳定物价

稳定物价是稳定币值的国内含义。稳定币值包括两点:一是稳定对内的币值,即稳定一般物价水平或物价指数,在短期内应没有显著的或急剧的波动。稳定物价并不是将物价固定在一个水平上绝对不动,而是将一定时期的物价水平增长幅度限制在一定的可接受的范围内,一般的看法是把年物价上涨率控制在 2%~3%以内就可谓稳定。各国对物价的承受能力不同,对物价稳定也没有统一标准。二是稳定对外的币值,即稳定外汇汇率在一定幅度内。

当今社会,越来越多的国家都把稳定物价作为其货币政策的首要目标甚至是唯一目标。这是因为越来越多的人意识到物价持续的不稳定会使整个社会和经济增长付出代价。比如:通货膨胀造成了经济中的不确定性,商品和劳务的价格中所包含的信息很不准确,从而使人们更难以决策,从而减少投资;通货膨胀会混乱地重新配置国民收入,使一些固定收入者、债权人受到损失,进而会造成社会不同利益集团之间的冲突与紧张;通货膨胀会损害价格机制配置资源的效率;等等。因此,德国、美国、欧洲中央银行等都把物价稳定作为其中心目标或唯一目标,可见这一政策目标的重要性。

2. 充分就业

充分就业是指各国能被利用的资源是否得到充分利用,通常是指凡有能力并自愿参加工作的人,都能在较合理的条件下,随时找到适当的工作。通常用失业率来表示,失业率所统计的失业是指非自愿失业。充分就业的目标并不是失业率为零,有的经济学家认为 3%是合理的,有的则认为失业率在 4%~5%以内比较好,美国多数经济学家认为失业率在 5%以内,就算充分就业。

两种失业是排除在充分就业之外的:一是摩擦性失业,即由短期内劳动力供求失调而难以避免的失业;二是自愿失业,即工人不愿意接受现行的工资水平而造成的失业。

一国政府之所以把充分就业列为政策目标,一方面因为过高的失业会给社会大众带来经济上和心理上的痛苦,进而会造成一系列的社会问题;另一方面,过高的失业率,就意味着经济中不仅有赋闲的工人，还有闲置的资源，经济没有发挥应有的潜力。一个负责的政府，应当对充分就业予以关注。

一般地，认为 3%～5%的失业率是可以容忍的。

3. 经济增长

经济增长是一国一定时期内所生产的商品和劳务总量的增长。其大小表明一个国家生产能力和经济实力的强弱。一般用剔除价格因素的国民生产总值增长或人均国民生产总值来衡量。

在现实中，影响经济增长的因素较多：劳动力数量和质量、资本的深化程度、资本产出比率、社会积累、技术革新等。可见，从长期来看，经济增长的主要决定因素简单地说是生产要素的数量和生产力，与中央银行的货币政策没有直接的关系，但货币政策可间接地促进经济增长，具体途径可以是引导较高水平的储蓄与投资，从而增加资本存量，或者可以改善投资环境和投资结构，从而提高资本和劳动的生产力。换句话说，中央银行的货币政策只能以其所能控制的货币政策工具，通过创造一个适宜经济增长的货币金融环境，促进经济增长。

在评价货币政策对经济增长的影响时，经济理论界实际上存在很多的分歧，争论的焦点是：货币政策是否能通过改变生产能力对经济增长有所贡献？一些国家的实践表明，试图运用货币政策推动经济增长似乎总要陷入困境，典型的后果是在短期内可能确实加快了增长速度，有时甚至出现了高速增长，但其代价是通货膨胀迅速上升，国际收支迅速恶化，以及随之而来的经济增长速度的下滑。因此，货币政策在促进经济增长方面的最大贡献莫过于保持物价稳定，降低通货膨胀率，以及避免国际收支危机。

4. 国际收支平衡

所谓国际收支平衡，是指一国对其他国家的全部货币收入和货币支出持平或略有顺差或逆差。国际收支平衡有利于一个国家国民经济的发展，特别是对于开放经济部门占总体经济比重较大的国家更是如此。国际收支的平衡依赖于实施良好的货币政策。因为，良好的货币政策能使国家在对外经济贸易方面保持外汇储备的适当流动性，从而保证对外经济活动的正常进行。另外，中央银行通过货币政策措施的具体实施，如稳定利率、调整汇率等，能解决和预防国际收支的失衡问题。因此，保持国际收支平衡通常也作为货币政策的目标之一。

14.1.3 各目标之间的关系

1. 稳定物价与充分就业

稳定物价与充分就业相互矛盾，要实现充分就业，就要忍受通货膨胀；要维持物价稳定，就要以高的失业率作为代价，两者不能同时兼顾。为了稳定物价，就需要抽紧银根，紧缩信用，降低通货膨胀率，其结果将会导致经济衰退与失业率上升；而为了增加就业，又需要扩张信用，放松银根，增加货币供应，以增加投资和刺激消费，其结果又会导致物价上涨和通货膨胀。英国著名经济学家菲利普斯，研究了 1861—1957 年近一百年英国的失业与物价变动之间的关系，并得出结论：失业率与物价上涨率之间，存在着一种此消彼长的关系。这一结论可用下列曲线(即著名的菲利普斯曲线)表示，如图 14-1 所示。

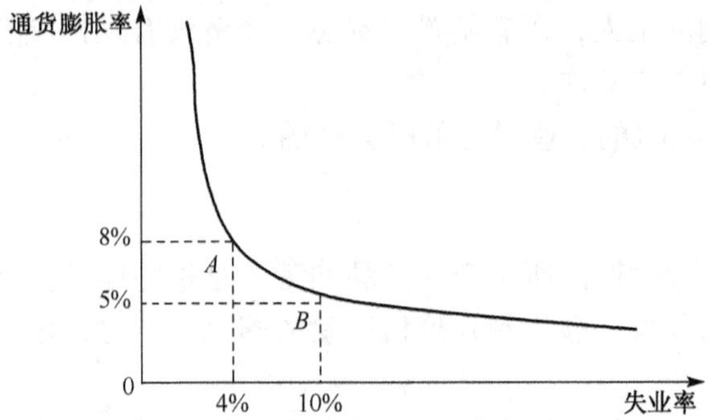

图 14-1 菲利普斯曲线

图 14-1 中，横轴代表失业率，纵轴代表通货膨胀率，向右下方倾斜的曲线即菲利浦斯曲线。这条曲线表明，当失业率高时通货膨胀率就低，当失业率低时通货膨胀率就高。如要将失业率控制在相当于 4%的水平上，就必然要增加货币供应量以刺激社会总需求的增加，而总需求的增加则会引起物价的上涨，如可能导致物价上涨到 8%的水平；如果要降低物价上涨率，要将物价稳定在 5%，那就要求减少货币供应量以抑制社会总需求的增加，而总需求的减少必然提高失业率。

因此，失业率和物价上涨率之间，可能有以下几种选择：一是失业率较高的物价稳定；二是通货膨胀率较高的充分就业；三是在物价上涨率和失业率的两极之间进行组合，即所谓的相机抉择。作为中央银行的货币政策目标，既不应选择失业率较高的物价稳定，也不应选择通货膨胀率较高的充分就业，而只能在物价上涨率与失业率之间相机抉择，根据具体的社会经济条件，进行正确的组合。

如菲利普斯曲线所示，要保持充分就业，就必须扩大生产规模，增加货币供应量，从而导致物价上涨；而要降低物价上涨率，就要紧缩银根，压缩生产规模，则会提高失业率。

2. 稳定物价与经济增长

这两者之间是否存在矛盾，西方各国经济学家对此看法不一。一种观点认为，只有物价稳定，才能保持经济正常增长。因为生产的发展，使社会商品总量增加。由于生产率是随经济发展而不断提高的，货币工资和实际工资也是随生产率而增加，只要物价稳定，总供给和总需求便会相适应，整个经济就能正常运转，并维持其长期增长的势头。另一种观点认为，轻微的物价上涨能刺激经济增长。在轻微的通货膨胀之中，投资活跃，就业增加，从而促进经济增长。第三种观点认为，经济增长能使物价稳定。因为经济增长主要取决于劳动生产率的提高和新的生产要素的投入，而在劳动生产率提高的情况下，一方面是产出的增加，另一方面则是单位产品生产成本的降低。因此，随着经济的增长，价格可能趋于下降或稳定。所以，稳定物价目标与经济增长目标并不矛盾。

现代社会经济发展的历史证明，经济增长总是伴随着物价的上涨。其原因也就是上面分析物价与充分就业关系所说明的道理。西方国家，凡是经济正常增长时期，物价水平都呈上升趋势。尤其是第二次世界大战以后，各个国家在经济增长时期，物价水平均呈上涨趋势。

现代经济实践证明，经济的增长大多伴随着物价的上涨。也有人认为物价稳定和经济增长没有矛盾，理由是经济增长率随着劳动生产率的提高而提高，而物价稳定恰恰为生产率提高和经济正常运行并保持良好势头创造了有利条件。

3. 稳定物价与国际收支平衡

在当前各国生产、经济与国际联系越来越紧密的情况下，一国的物价、外汇收支都要受到其他国家物价变动的影响。如一国的经济和物价相对稳定，而其他国家出现了通货膨胀，则会使本国的物价水平相对地低于其他国家的物价水平，从而使得本国的出口商品价格相对地低于其他国家的商品价格，这样必然使得本国的出口增加，而进口减少，增加本国贸易顺差，从而造成国际收支失衡。同时顺差增大，国家外汇储备增加，又会增加本国货币投放，结果影响本国的物价稳定。

一般来讲，只有在全世界都维持大致相同的物价稳定程度，并且贸易状况不发生大的变动，这样稳定物价目标和平衡国际收支目标才能同时并存，如果这两个条件不能具备，稳定物价目标和平衡国际收支目标就随时可能出现矛盾。

国际收支平衡有利于金融的稳定，国际收支失衡，如贸易赤字和资本大量外流，将导致货币危机；金融的稳定也有利于国际收支的平衡，金融动荡将加剧资本外流，加剧国际收支失衡。

4. 充分就业和经济增长

通常经济增长能够创造更多的就业机会，但在某些情况下，两者也会出现不一致。以内涵型扩大再生产所实现的高经济增长，不能实现高就业；再如，片面强调高就业，硬性分配劳动力到企业单位就业，会出现效益下降，导致经济增长速度放慢。根据奥肯定律：失业率提高 1%，经济的潜在产出与现实产出的缺口增大 3.2%。一般来说，要实现充分就业就必须采取刺激总需求的政策措施，即两者是正相关关系；但若经济增长由劳动密集向资本密集转化，二者有可能为负相关关系。

5. 经济增长与国际收支

在正常情况下，随着国内经济的增长，国民收入的增加以及支付能力的增强，通常会增加对进口商品以及一部分本来用于出口的商品的需求，此时，如果出口贸易不能随进口贸易的增加而增加，就会使贸易收支情况恶化，发生大量的贸易逆差。尽管有时由于经济繁荣而吸收若干外国资本，这种外资的注入可以在一定程度上弥补贸易逆差造成的国际收支失衡，但并不一定就能确保经济增长与国际收支平衡共存。一般来说，经济迅速增长往往使本国对进口商品的需求比出口贸易更快，导致国际收支出现逆差；反之，则为顺差。

14.2 货币政策的工具

货币政策目标是通过货币政策工具的运用来实现的。货币政策工具又称货币政策手段，是指中央银行为实现货币政策目标所采取的措施和手段。按照性质和功能，可以将货币政策工具分成三类：一般性货币政策工具、选择性货币政策工具和其他货币政策工具。

14.2.1 一般性货币政策工具

作为传统的一般性货币政策工具，主要包括：法定存款准备金率、再贴现政策和公开市场业务，其特点是经常使用且能对整个经济运行发生影响，而非个别部门或个别企业。

1. 再贴现

贴现是票据持票人在票据到期之前，为获取现款而向银行贴付一定利息的票据转让。再贴现是商业银行或其他金融机构将贴现所获得的未到期票据再向中央银行进行的票据转让。贴现是商业银行向企业提供资金的一种方式，再贴现是中央银行向商业银行提供资金的一种方式。再贴现率是指中央银行对合格票据的贴现利率，即商业银行在向中央银行借款时所付的利率。再贴现政策是央行最早运用的货币政策工具，是指中央银行通过制定或调整再贴现率，来干预和影响市场利率以及货币市场的供给和需求，从而调节市场货币供应量的一种金融政策。其包括两方面的内容：一是再贴现率的调整；二是规定向中央银行申请再贴现的资格。前者主要着眼于短期，即中央银行根据市场的资金供求状况，随时调低或调高再贴现率，以影响商业银行借入资金的成本，刺激或抑制资金需求，从而调节货币供应量；后者着眼于长期，对要再贴现的票据种类和申请机构加以规定，如区别对待，可起到抑制或扶持的作用，改变资金流向。

再贴现政策作用过程一般遵循这样一个过程：当中央银行认为有必要紧缩银根减少市场货币供应量时，就提高再贴现率，使之高于市场利率，这样就会提高商业银行向中央银行借款的成本，于是商业银行就会减少向中央银行借款或贴现的数量，使其准备金缩减。商业银行就只能收缩对客户的贷款和投资，从而减少货币供应量，使银根紧缩，市场利率上升，社会对货币的需求也相应减少。

再贴现的政策效果体现在以下三个方面。

①再贴现率的变动，在一定程度上反映了中央银行的政策意向，有一种告示效应，从而影响到商业银行和社会大众的预期。如贴现率升高，意味着国家判断市场过热，有紧缩意向；反之，则意味着有扩张意向，这对短期市场利率常起导向作用。

②通过影响商业银行的资金成本和超额准备来影响商业银行的融资决策，使其改变贷款和投资行为。

③能决定对谁开放贴现窗口，可以影响商业银行的资金运用方向，还能避免商业银行利用“贴现窗口”进行套利的行为。

再贴现作为一种货币政策工具也有其局限性，主要体现在：中央银行在使用这一工具控制货币供应量时，处于被动地位，商业银行是否来贴现、贴现数量的多少以及什么时候来贴现都取决于商业银行，如果商业银行有更好的筹资渠道，它就完全可以不依赖中央银行；再贴现率的调整只能影响利率的总水平，而不能改变利率结构；贴现政策缺乏弹性，再贴现率经常调整，会使商业银行和社会公众无所适从，不能形成稳定的预期。

2. 存款准备金

存款准备金是指金融机构为保证客户提取存款和资金清算需要而准备的在中央银行的存款，中央银行要求的存款准备金占其存款总额的比例就是存款准备金率。存款准备金政策是指中央银行在法律所赋予的权力范围内，通过规定或调整商业银行缴存中央银行的存款准备金比率，来改变货币乘数，从而控制商业银行的信用创造能力，间接地控制社会货币供应量的政策措施。

存款准备金及存款准备金率包括两部分：中央银行规定的存款准备金率被称为法定存款准备金率，越过法定准备金的准备金叫做超额准备金，超额准备金与存款总额的比例是超额准备金率。超额准备金的大小和超额准备金率的高低由商业银行根据具体情况自行掌握。在中央银行体制下，各国大都建立了存款准备金制度。确立这一制度的初衷是在一定程度上确保银行存款的流动性，以提高银行等金融机构的清偿能力，从而保证存款人利益以及银行本身的安全。在现代信用制度下，中央银行还可通过法定存款准备金率的调整来控制货币供给量。

根据商业银行派生存款的扩张倍数原理可知，当存款准备金率为零时，派生存款的扩张倍数是无穷大的，而提高存款准备金率则会引起派生存款的倍数减少。借助于存款准备金率与派生存款的倍数间的负相关关系，中央银行在需求过剩、信用膨胀时期可提高存款准备金率以紧缩银根，减少货币供给量；当需求不足、信用紧张时期，中央银行可通过降低存款准备金率以放松银根，加大货币供给量。

法定存款准备金率通过决定或改变货币乘数来影响货币供给，即使准备金率调整的幅度很小，也会引起货币供应量的巨大波动，因而其通常被认为是货币政策最猛烈的工具之一。与其他货币政策工具相比，法定存款准备金率的运用具有如下优点：

①中央银行在货币政策的制定上具有主动权，实施起来方便灵活；

②法定存款准备金率的变动对货币供应量发生作用的时滞短，可以较快见效；

③出于对法定存款准备金率调整的执行是强制性的，所以对所有金融机构产生的影响是相同的。

法定存款准备金率在运用中的不足在于：

①法定存款准备金率的调整对丁货币供应量的影响具有倍数放大效应，导致调整带来的后果过于激烈。对整个经济和社会心理预期都会产生显著的影响，一般不宜作为常用的货币政策工具，因此中央银行有将其固定化的倾向；

②存款准备金对各种类别的金融机构和不同种类的存款的影响不一致，因而货币政策实现的效果可能因这些复杂情况的存在而不易把握。

法定存款准备金率历次调整表见表 14-1。

表 14-1 法定存款准备金率历次调整表

次 数	时 间	调 整 前	调 整 后	调整幅度
1	1984 年	央行按存款种类规定法定存款准备金率，企业存款 20%，农村存款 25%，储蓄存款 40%	–	–
2	1985 年	央行将法定存款准备金率统一调整为 10%	–	–
3	1987 年	10%	12%	2%
4	1988 年 09 月	12%	13%	1%
5	1998 年 03 月 21 日	13%	8%	–5%
6	1999 年 11 月 21 日	8%	6%	–2%
7	2003 年 09 月 21 日	6%	7%	1%
8	2004 年 04 月 25 日	7%	7.50%	0.50%
9	2006 年 07 月 05 日	7.50%	8%	0.50%
10	2006 年 08 月 15 日	8%	8.50%	0.50%
11	2006 年 11 月 15 日	8.50%	9%	0.50%
12	2007 年 01 月 15 日	9%	9.50%	0.50%
13	2007 年 02 月 25 日	9.50%	10%	0.50%
14	2007 年 04 月 16 日	10%	10.50%	0.50%

续表

次　数	时　间	调　整　前	调　整　后	调整幅度
15	2007年05月15日	10.50%	11%	0.50%
16	2007年06月05日	11%	11.50%	0.50%
17	2007年08月15日	11.50%	12%	0.50%
18	2007年09月25日	12%	12.50%	0.50%
19	2007年10月25日	12.50%	13%	0.50%
20	2007年11月26日	13%	13.50%	0.50%
21	2007年12月25日	13.50%	14.50%	1%
22	2008年01月25日	14.50%	15%	0.50%
23	2008年03月18日	15%	15.50%	0.50%
24	2008年04月25日	15.50%	16%	0.50%
25	2008年05月20日	16%	16.50%	0.50%
26	2008年06月07日	16.50%	17.50%	1%
27	2008年09月25日	(大型金融机构)17.50%	17.50%	–
		(中小型金融机构)17.50%	16.50%	–1%
28	2008年10月15日	(大型金融机构)17.50%	17.00%	–0.5%
		(中小型金融机构)16.50%	16.00%	–0.5%
29	2008年12月05日	(大型金融机构)17.00%	16.00%	–1%
		(中小型金融机构)16.00%	14.00%	–2%
30	2008年12月25日	(大型金融机构)16.00%	15.50%	–0.5%
		(中小型金融机构)14.00%	13.50%	–0.5%
31	2010年01月18日	(大型金融机构)15.50%	16.00%	0.5%
		(中小型金融机构)13.50%	不调整	–
32	2010年02月25日	(大型金融机构)16.00%	16.50%	0.5%
		(中小型金融机构)13.50%	不调整	–
33	2010年05月10日	(大型金融机构)16.50%	17.00%	0.5%
		(中小型金融机构)13.50%	不调整	–
34	2010年11月16日	(大型金融机构)17.00%	17.50%	0.5%
		(中小型金融机构)13.50%	14.00%	0.5%
35	2010年11月29日	(大型金融机构)17.50%	18.00%	0.5%
		(中小型金融机构)14.00%	14.50%	0.5%
36	2010年12月20日	(大型金融机构)18.00%	18.50%	0.5%
		(中小型金融机构)14.50%	15.00%	0.5%
37	2011年01月20日	(大型金融机构)18.50%	19.00%	0.5%
		(中小型金融机构)15.00%	15.50%	0.5%
38	2011年02月24日	(中小型金融机构)19.00%	19.50%	0.5%
		(中小型金融机构)15.50%	16.00%	0.5%
39	2011年03月25日	(大型金融机构)19.50%	20.00%	0.5%
		(中小型金融机构)16.00%	16.50%	0.5%
40	2011年04月21日	(大型金融机构)20.00%	20.50%	0.5%
		(中小型金融机构)16.50%	17.00%	0.5%
41	2011年5月18日	20.5%	21%	0.5%
42	2011年6月20日	21%	21.5%	0.5%
43	2011年12月5日	21.5%	21%	–0.5%
44	2012年2月24日	21%	20.5%	–0.5%

续表

次数	时间	调整前	调整后	调整幅度
45	2012 年 5 月 18 日	20.5%	20%	−0.5%
46	2015 年 2 月 5 日	20%	19.5%	−0.5%
47	2015 年 4 月 20 日	19.5%	18.5%	−0.5%
*注：财务公司准备金率不与小型金融机构一致，调整后准备金率为 12%。				

（资料来源：中国人民银行网站。）

3. 公开市场业务

公开市场业务就是中央银行在金融市场上公开买卖各种有价证券，以控制货币供应量，影响市场利率水平的政策措施。

当金融市场上资金缺乏时，中央银行就通过公开市场业务买进有价证券，这实际上相当于投放了一笔基础货币，这些基础货币如果流入社会大众手中，则会直接地增加社会货币供应量，如果是流入商业银行，会使商业银行的超额准备金增加，并通过货币乘数作用，使商业银行的信用规模扩大，社会的货币供应量倍数增加。反之，当金融市场上货币过多时，中央银行就可卖出有价证券，以减少基础货币，使货币供应量减少，信用紧缩。

同前两种货币政策工具相比，公开市场业务有明显的优越性。

(1) 主动性强

中央银行能够运用公开市场业务，影响商业银行准备金，从而直接影响货币供应量。且通过公开市场业务，中央银行可以主动出击，不像贴现政策那样，处于被动地位。

(2) 灵活性高

公开市场业务使中央银行能够随时根据金融市场的变化，进行经常性、连续性的操作，买卖数量可多可少，如发现前面操作方向有误，可立即进行相反的操作，如发现力度不够，可随时加大买卖的数量。

(3) 影响范围广

中央银行在金融市场上买卖证券，如果交易对方是商业银行等金融机构，可以直接改变它们的准备金数额，如果交易对方是公众，则直接改变公众的货币持有量，这两种情况都会使市场货币供给量发生变化。同时，中央银行的操作还会影响证券市场的供求和价格，进而对整个社会投资和产业发展产生影响。

(4) 调控效果和缓

由于公开市场业务的规模和方向可以灵活安排，中央银行可以运用它对货币供应量进行微调，而不会像存款准备金的变动那样，产生震动性影响。

总之，公开市场业务的效果非常显著，表现在对市场利率水平、利率结构、商业银行体系的准备金、货币供应量、公众预期等具有灵活及时、直接主动、经常连续有效的影响，而且不会对经济带来大的震荡，因此成为许多国家中央银行日常操作的、最重要的货币政策工具。

然而，公开市场业务要有效地发挥其作用，必须具备一定的条件。

①中央银行必须具有强大的、足以干预和控制整个金融市场的资金实力。

②中央银行对公开市场操作应具有弹性操纵权力，即中央银行有权根据客观经济需要和政策目标来自主决定买卖证券的种类、数量、时机等，不应受到来自其他方面的干预。

③金融市场要相对发达、完善，而且要具有全国性，这样才有利于中央银行的意图迅速在全国的传播。

④金融市场上的证券数量要足够庞大，种类要齐全，结构要合理。

⑤必须要有其他政策工具，如法定存款准备金政策的配合。

14.2.2 选择性货币政策工具

传统的三大货币政策工具，都属于对货币总量的调节，以影响整个宏观经济。在这些一般性政策工具之外，还有选择地对某些领域的信用加以调节和影响的措施。选择性政策工具只针对某个经济领域或用于特殊用途的信贷而采取的调节措施。比如，消费者信用控制、证券市场的信用控制、不动产信用控制、优惠利率、预缴进口保证金等。

(1) 消费者信用控制

消费者信用控制指中央银行对不动产以外的各种耐用消费品的销售融资予以控制。其主要内容包括：

①规定用分期付款购买耐用消费品时第一次付款的最低金额；

②规定消费信贷购买商品的最长期限；

③规定可用消费信贷购买的耐用消费品种类，对不同消费品规定不同的信贷条件等，在消费信用膨胀和通货膨胀时，中央银行采取消费信用控制，能起抑制消费需求和物价上涨的作用。

(2) 证券市场信用控制

证券市场信用控制是指中央银行对有关证券交易的各种贷款进行限制，目的在于抑制过度的投机。如规定一定比例的证券保证金率，并随时根据证券市场的状况加以调整。

(3) 不动产信用控制

不动产信用控制是指中央银行对金融机构在房地产方面放款的限制措施，以抑制房地产投机。如对金融机构的房地产贷款规定最高限额、最长期限以及首次付款和分摊还款的最低金额等。

(4) 优惠利率

优惠利率是指中央银行对国家重点发展的经济部门或产业，如出口工业、农业等，所采取的鼓励措施。优惠利率不仅在发展中国家多有采用，发达国家也普遍采用。

(5) 预缴进口保证金

预缴进口保证金即中央银行要求进口商预缴相当于进口商品总值一定比例的存款，以抑制进口的过快增长。预缴进口保证金多为国际收支经常出现赤字的国家所采用。

14.2.3 直接信用控制

直接信用控制是指从质和量两个方面，以行政命令或其他方式，直接对金融机构尤其是商业银行的信用活动所进行的控制。其特点是依靠行政干预，具有强制性。其手段包括利率最高限制、信用配额、流动性比率和直接干预等。

(1) 利率最高限制

利率最高限制是规定存贷款最高利率限制，是最常使用的直接信用管制工具。其目的是为了防止银行用抬高利率的办法竞相吸收存款和为谋取高利而进行高风险存贷。

(2)信用配额

信用配额是指中央银行根据金融市场状况及客观经济的需要，分别对各个商业银行的信用规模加以分配，限制其最高数量。在多数发展中国家，由于资金供给相对于需求来说极为不足，这种办法相当广泛地被采用。

(3)流动性比率

规定商业银行的流动性比率，也是限制信用扩张的直接管制措施之一。流动性比率是指流动资产对存款的比重。一般来说，流动性比率与收益率成反比。为保持中央银行规定的流动性比率，商业银行必须缩减长期放款、扩大短期放款和增加易于变现的资产等措施。

(4)直接干预

直接干预是指中央银行直接对商业银行的信贷业务、放款范围等加以干预。如对业务经营不当的商业银行拒绝再贴现，或采取惩罚性利率；如直接干涉商业银行对存款的吸收等。

14.2.4 间接信用控制

间接信用控制是指中央银行通过道义劝告、窗口指导等办法间接影响商业银行的信用创造。间接信用控制具有灵活性的特点，同时，它要以中央银行具有较高的威望和地位，以及拥有控制信用的足够法律权力和工具为前提。

(1)道义劝告

道义劝告指的是中央银行利用其声望和地位，对商业银行和其他金融机构经常发出通告、指示或与各金融机构的负责人举行面谈，劝其遵守政府政策并自动采取贯彻政策的相应措施。例如，在国际收支出现赤字时劝告各金融机构减少海外贷款；在房地产与证券市场投机盛行时，中央银行要求商业银行缩减对这两个市场的信贷等。

(2)窗口指导

窗口指导的内容是中央银行根据产业行情、物价趋势和金融动向，规定商业银行每季度贷款的增减额，并要求其执行。如果商业银行不按规定的增减额对产业部门贷款，中央银行可削减向该银行的贷款甚至采取停止提供信用等制裁措施。虽然窗口指导没有法律约束力，但其作用有时也很大。第二次世界大战结束后，窗口指导曾一度是日本货币政策的主要工具。

间接信用指导的优点是较为灵活，但要真正起作用，必须是中央银行在金融体系中有较强的地位、较高的威望和拥有控制信用的足够的法律权力手段。

14.3 货币政策的传导机制和中介指标

如何运用货币政策工具，最终实现既定的货币政策目标，既涉及货币政策的传导机制，也与中介指标的选择有关。而有关传导机制的观点，往往构成货币政策中介指标选择的理论基础。本节主要介绍西方国家有关这方面的理论和实践。

14.3.1 货币政策的传导机制

1. 传统的货币政策传导机制理论

货币政策传导机制是指货币政策工具的实施，如何引起社会经济生活的某些变化，最终实现既定的货币政策目标的过程。对货币政策传导机制的分析，在西方主要有凯恩斯学派的传导机制理论和货币学派的传导机制理论。

(1) 凯恩斯学派的货币政策传导机制理论

凯恩斯学派认为，通过货币供应 M 的增减影响利率 r，利率的变化则通过资本边际效率的影响使投资 I 以乘数方式增减，而投资的增减进而影响总支出 E 和总收入 Y。用符号表示为：

$$M \to r \to I \to E \to Y$$

式中：M 为货币供应量；r 为利率；I 为投资；Y 为收入。

在这一过程中，主要环节是利率，货币供应量的调整首先影响利率的升降，然后才使投资乃至总支出发生变化。

凯恩斯学派进一步进行了一般均衡分析，其思路有以下几点。

①假定货币供给增加，当产出水平不变时，利率会相应下降；下降的利率刺激投资，并引起总支出增加，总需求的增加推动产出上升，于是收入增加。

②收入的增加，又引起了货币需求的增加。如果没有新的货币供给投入，货币供求的对比就会使下降的利率回升。这是商品市场对货币市场的作用。

③利率的回升，又会使总需求减少，产量下降；产量下降，货币需求下降，利率又会回落。这是一个往复不断的过程。

④最终会逼近一个均衡点，这个点同时满足了货币市场供求和商品市场供求两方面的均衡要求。在这个点上，可能利率较原来的均衡水平低，而产出量较原来的均衡水平高。

凯恩斯学派认为，货币政策在增加国民收入上的效果，主要取决于投资利率弹性和货币需求的利率弹性。如果投资的利率弹性大，货币需求的利率弹性小，则增加货币供给所能导致的收入增长就比较大。总之，这一学派非常重视利率指标在货币政策传导机制中的作用。

(2) 货币学派的货币政策传导机制理论

货币学派认为，在货币传导机制中起重要作用的是货币供应量而不是利率。其传导机制是：

$$M \to E \to I \to Y$$

式中：M 为货币供应量；E 为支出；I 为投资；Y 为收入。

$M \to E$，是表明货币供应量变化直接影响支出。其原因是：

①货币需求有其内在的稳定性；

②货币需求函数中不包含任何货币供应的因素，因而货币供应的变动不会直接引起货币需求的变化，至于货币供应，它是作为外生变量；

③当作为外生变量的货币供应改变，如增大时，由于货币需求并没改变，公众手持货币量会超过他们所愿意持有的货币量，从而必然增加支出。

$E \to I$，是指变化了的支出用于投资的过程，货币主义者认为这是资产结构的调整过程。

①超过意愿持有的货币，或用于购买金融资产，或用于购买非金融资产，甚至用于人力资本的投资。

②不同取向的投资会相应引起不同资产相对收益率的变动，如投资于金融资产偏多，金融资产市值上涨，从而会刺激非金融资产，如产业投资；产业投资增加，既可能促使产出增加，也会促使产品价格上涨等。

③这就引起资产结构的调整，而在这一调整过程中，不同资产收益率的比例又会趋于相对稳定状态。

最后是名义收入 Y，是价格和实际产出的乘积。由于 M 作用于支出，导致资产结构调整，并最终引起 Y 的变动，那么，这一变动究竟在多大程度上反映实际产量的变化，又有多大比例反映在价格水平上？货币主义者认为，货币供应的变化在短期内对两方面均可发生影响；就长期来说，则只会影响物价水平。

(3) 托宾的 q 理论

托宾的 q 理论是在凯恩斯理论的基础上扩展的。其特点是把资本市场，特别把股票价格纳入传导机制，认为货币理论可以看成是一种微观经济行为主体进行资产选择与资产组合的理论。其观点：沟通货币和金融机构与实体经济这两方之间联系的，并不是货币数量或利率，而是资产价格以及形成资产价格和利率结构等因素。传导过程概括为：货币作为起点，直接或间接影响资产价格，资产价格的变动导致实际投资的变化，并最后影响实体经济和产出。托宾定义的 q 是指企业的市场价值除以资本的重置成本所得到的值。如果 q 大于 1，相对于企业的市场价值来说，新的厂房设备就比较便宜，企业更有可能购买厂房设备进行投资生产，反之则更小可能购买厂房设备进行投资生产。当货币供应量(M)上升时，扩张的货币政策引起的利率(I)下降使得债券和银行存款不如股票有吸引力，从而导致公众对于股票的需求上升，这就使得股票价格(PE)上升。更高的股价导致更高的 q，这样就会导致更高的投资支出(I)以及更高的经济产出(Y)。托宾的 q 理论的货币政策传导机制可以表述为：

$$M\uparrow \to I\downarrow \to PE\uparrow \to q\uparrow \to I\uparrow \to Y\uparrow$$

(4) 信贷传导机制理论

①对银行传导机制的研究。其主要观点是：在银行贷款不能全部由其他融资形式替代的情况下，特定的借款人就只能通过银行贷款融资。如果中央银行能够通过货币政策操作影响贷款的供给，那么，就能通过影响银行贷款的增减影响总支出。其过程是：如果中央银行商定实施紧缩的货币政策，售出债券，商业银行可用的准备金 R 相应减少，存款货币 D 的创造相应减少，在其他条件不变时，银行贷款 L 的供给也不得不同时削减。结果，那些依赖银行贷款融资支持的投资者必须削减投资和消费，于是总支出下降。其典型特点是不必通过利率机制，用公式表示为：

$$R \to D \to L \to I \to Y$$

②对资产负债表渠道的研究。其主要观点是：货币供给量的减少和利率的上升，将影响借款人的资产状况，特别是现金流的状况。利率上升直接导致利息等费用支出的增加，会减少净现金流；同时又间接影响销售收入下降，也会减少净现金流。而且，利率上升还将导致股价下跌，从而恶化其资产状况，使可用做借款担保的价值缩水。在这种情况下贷

款的逆向选择和道德风险问题趋于严重，并促使银行少放贷款。这样，一部分资产状况恶化和资信状况不佳的借款人不仅不易获得银行贷款，也很难从金融市场上直接融资，结果，则会导致投资与产出的下降。

(5) 财富传导机制理论

在西方经济学中，所谓财富就是指经济主体所持有的所有未来收入的现在价值，财富传导机制理论主要是从资本市场的财富效应及其对产出的影响来概述的。佛兰克·莫迪利安尼在生命周期模型的研究中，得出如下结论：决定消费支出的是消费者毕生的资财，消费者毕生资财的一个重要组成部分是金融财富，而金融财富的一个主要部分是普通股。其传导公式为：

$$M\uparrow \rightarrow I\downarrow \rightarrow PE\uparrow \rightarrow W\uparrow \rightarrow C\uparrow \rightarrow Y\uparrow$$

式中：PE 为股票价格；W 为财富；C 为消费。

2. 货币政策传导机制过程

货币政策的传导一般由四步组成。

第一步是准备阶段，即中央银行对货币政策的制定。在这一初始环节，中央银行首先根据当时国内的宏观经济状况和国际形势确定货币政策的最终目标，并制定相应的具体实施方案。同时，由于货币政策四大最终目标的矛盾性和冲突性决定了中央银行需要对它们相机进行取舍。一般在经济过热、通货膨胀时期，中央银行需采取紧缩性的货币政策，而在经济衰退、失业严重时期，中央银行应采取扩张性的货币政策。

第二步是对货币政策工具的选择与运用阶段。在确定了货币政策目标后，中央银行将利用各种货币政策工具来实现其目标。常用的货币政策工具包括：存款准备金率、再贴现率和公开市场业务。由于这三种货币政策工具的特点和实施利弊各有不同，因此，中央银行在实际操作中一般会有选择地重点利用某种工具，同时以其他货币政策工具为辅。除了货币政策工具自身的选择外，中央银行还涉及与其配套的财政政策的选择。货币政策与财政政策间存在着三种组合搭配方式，即扩张性的货币政策与扩张性的财政政策相搭配，紧缩性的货币政策与紧缩性的财政政策相搭配及采取二者一松一紧的搭配方式。货币政策实施时的具体情况决定了二者间的配合方式。

第三步是预期中间目标的实现。中间目标是货币政策传导机制中的关键环节，是衡量中央银行能否达到最终目标的重要指标。利率、货币供应量、超额准备金和基础货币是最重要的中间目标。

第四步是最终目标的实现。通过货币政策工具的运用，在中间目标的实现过程中分阶段地检查货币政策实施的效果。通过逐渐地修正，使其不断地向最终目标靠近。从而尽可能最大限度地实现经济持续增长、物价稳定、充分就业和国际收支平衡的目标。

在市场经济发达的国家，货币政策传导途径一般有三个基本环节，其顺序如下。

①从中央银行到商业银行等金融机构和金融市场。中央银行货币政策工具的操作，首先影响的是商业银行等金融机构的准备金、融资成本、信用能力和行为，以及金融市场上货币供给与需求的状况。

②从商业银行等金融机构和金融市场到企业、居民等非金融部门的各类经济行为主体。商业银行等金融机构根据中央银行的政策操作调整自己的行为，从而对企业和居民的消费、储蓄、投资等经济活动产生影响。

③从非金融部门经济行为主体到社会各经济变量，包括总支出量、总产出量、物价、就业等。中央银行就是通过这三个环节或途径使用货币政策工具来实现其货币政策目标的。

14.3.2 货币政策的中介指标

货币政策中介指标是指中央银行为实现特定的货币政策目标而选取的操作对象。从货币政策工具的运用到货币政策目标的实现之间有一个相当长的作用过程。在这个作用过程中有必要及时了解政策工具是否得力，估计政策目标能不能实现，这就需要借助于中介指标的设置。事实上，货币当局本身并不能直接控制和实现诸如稳定、增长这些货币政策的目标，它只能借助于货币政策工具，并通过对中介指标的调节和影响最终实现政策目标。因此，中介指标就成了货币政策作用过程中一个十分重要的中间环节，对它们的选择是否正确以及选定后能否达到预期调节效果，关系到货币政策最终目标能否实现。

1. 货币政策的中介指标选取的标准

通常认为中介指标的选取要符合如下一些标准。

(1)可控性

可控性，即是否易于为货币当局所控制。通常要求中介指标与所能适用的货币政策工具之间要有密切的、稳定的和统计数量上的联系。

(2)可测性

其含义包括两个方面：一是中央银行能够迅速获取有关中介指标的准确数据；二是有较明确的定义并便于观察、分析和监测。

(3)相关性

相关性，是指只要能达到中介指标，中央银行在实现或接近实现货币政策目标方面不会遇到障碍和困难。也就是说，要求中介指标与货币政策的最终目标之间要有密切的、稳定的和统计数量上的联系。

(4)抗干扰性

货币政策在实施过程中常会受到许多外来因素或非政策因素的干扰。只有选取那些受干扰程度较低的中介指标，才能通过货币政策工具的操作达到最终目标。

(5)与经济体制、金融体制有较好的适应性

经济及金融环境不同，中央银行为实现既定的货币政策目标而采用的政策工具不同，选择作为中介指标的金融变量也必然有区别。

2. 货币政策的中介指标的具体内容

根据以上几个条件，尤其是根据前四个条件所确定的中介指标一般有利率、货币供应量、超额准备金和基础货币等。

(1)利率指标(市场利率)

利率作为市场价格的重要组成部分，其所代表的资金价格为社会总需求和总供给提供了重要的指导信号。作为中介指标，利率的优点有两点。

①可控性强。中央银行可直接控制再贴现率，而通过公开市场业务或再贴现政策，也能调节市场利率的走向。

②可测性强。中央银行在任何时候都能观察到市场利率的水平及结构，货币当局能够

通过利率影响投资和消费支出，从而调节总供求。

当然利率指标也有其缺陷，作为内生经济变量，利率的变动是顺循环的：经济繁荣时，利率因信贷需求增加而上升；经济停滞时，利率随信贷需求减少而下降。如果是作为政策变量，利率与总需求也沿同一方向变动：经济过热，应提高利率；经济疲软，应降低利率。这就是说，利率作为内生变量和作为政策变量往往很难区分。比如，确定一个利率提高的目标，为的是抑制需求；但经济过程本身如把利率推向了这个高度，作为一个内生变量，它却是难以直接抑制需求的。在这种情况下，中央银行很难判明自己的政策操作是否已经达到了预期目的。利率既是内生变量，又是外生变量，当央行确定一个利率调控目标时，很可能停一段时间经济需求将利率推到了这一目标，这时，就起不到控制物价的目的。

(2)货币供应量

以货币供应量作为中间目标。就是通过政策工具来调节、监控货币供给量增长水平，以便货币供给增长与经济增长要求相适应。货币供应量与利率一样是经济发展的内生变量，与经济周期呈一致性变化。经济的繁荣往往伴随着信贷扩张，货币供应量随之增加，而经济萧条往往引起信贷减缩，货币供应量即会下降。同时，货币供应量作为政策性变量，其增减变动与货币政策的松紧和社会总需求呈正相关关系。这样，货币供应量作为货币政策的中间目标，不会产生内生变量与外生变量间的相互干扰，二者间是正相关关系，相互推动。

选取货币供应量作为中间目标，其优点在于该项指标与经济发展状况联系密切。社会总供给与社会总需求不管由何种因素引起失衡，都会通过货币供应量的过多或过少反映出来，并且这一指标与货币政策最终目标比较接近。因此，中央银行比较容易判断其政策效果。另外，货币供应量分为 M_0、M_1、M_2 等，这几项都反映在中央银行、商业银行和其他金融机构的资产负债表中，中央银行很容易取得资料并进行分析。

就可测性、可控性来说，三个指标均可满足。它们随时都分别反映在中央银行和商业银行及其他金融机构的资产负债表上，可以进行测算和分析。现金直接由中央银行发行并注入流通，通过控制基础货币，中央银行也能有效地控制 M_1 和 M_2。

问题在于相关性，到底是哪一个指标更能代表一定时期的社会总需求和购买力，并从而通过对它的调控就可直接影响总供求。现金，在现代经济生活中已经起不了这种作用。问题是 M_1 和 M_2 的优劣比较，对此有颇不相同的见解。至于就抗干扰性来说，货币供应量变动作为内生变量是顺循环的，而作为政策变量则应是逆循环的。因此，政策性影响与非政策性影响，一般来说不会相互混淆。

是选用货币供应量，还是选用利率，这里没有哪个绝对好哪个绝对差的定论。如何选择要看条件，并且也只有根据经验的积累才能判断哪种选择对本国条件来说较为理想。如 20 世纪 70 年代中期以后西方各国中央银行纷纷将中介指标由利率改为货币供应量；而进入 90 年代以来，一些发达国家又先后放弃以货币供应量作为中介指标，转而采用利率(如七国集团中除德国中央银行外均如此)。原因是 20 世纪 80 年代末以来的金融创新、金融放松管制和全球金融市场一体化，使得各层次货币供应量之间的界限更不易确定；使得基础货币的扩张系数失去了以往的稳定性；也使得货币总量同最终目标的关系更难把握。结果是中央银行失去了对货币总量强有力的控制，故而纷纷改弦更张，重新采用利率作为中介指标。

(3)超额准备金

超额准备金是商业银行实际持有的准备金在除去法定准备金之后的余额。以超额准备金为中间目标，就是通过政策工具来调节、监控商业银行及其他各类金融机构的超额准备金水平。超额准备金可以反映银行体系扩大放款和投资的能力，是未来货币供应量和利率变动的预测工具。中央银行通过调节银行体系的超额准备金，来实现对货币信贷的调控。超额准备金的高低，反映了商业银行等金融机构的资金紧缺程度。如此项指标过高，说明金融机构资金宽松，从而证明已提供的货币供应量偏多，中央银行便应采取紧缩措施，通过调节使金融机构的超额准备金保持在理想的水平之上，反之便应采取积极措施。超额准备金作为货币政策的中间目标，其首要的优势在于它仅涉及银行系统，较易为中央银行所控制，同时能够比较敏感地反映信贷和货币供需变化。

超额准备金对商业银行的资产业务规模有直接决定作用。存款准备金率、公开市场业务和再贴现率等货币政策工具，都是通过影响超额准备金的水平而发挥作用的；但是，作为中介指标，超额准备金往往因其取决于商业银行的意愿和财务状况而不易被货币当局测度、控制。

(4) 基础货币

基础货币是流通中的现金和商业银行的存款准备金的总和，它构成了货币供应量倍数伸缩的基础。中央银行通过调整基础货币量，再通过乘数作用来改变商业银行创造的存款货币数量，从而引起全社会的货币供应总量的变化。不像超额准备金，它可满足可测性和可控性的要求，数字一目了然，数量也易于调控。不少国家把它视为较理想的近期指标。

此外，有一些经济、金融开放程度高的国家及地区，是以汇率作为其货币政策的中介指标。这些国家或地区的货币当局确定其本币同另一个较强国家货币的汇率水平，并通过货币政策操作，确保这一水平，以此实现最终目标。

另外，根据这些指标对货币政策工具反应的先后和作用于最终目标的过程，又可分为两类：近期指标和远期指标。近期指标是超额准备金和基础货币。超额准备金是商业银行扩大贷款和投资的基础，也是判断银根松紧、市场利率高低、货币供应量大小的良好指示器，而且资料也容易取得。基础货币是流通中现金和银行体系的存款准备金之和，作为中央银行的负债，中央银行可以通过各种资产业务直接控制，并且资料易得，能够满足可测性的要求。远期指标是市场利率和货币供应量。一国选择货币供应量还是利率作为货币政策的中介指标，要依赖于条件、环境与背景，没有一个统一的标准。

西方货币政策通过中介指标的操作，如图 14-2 所示。

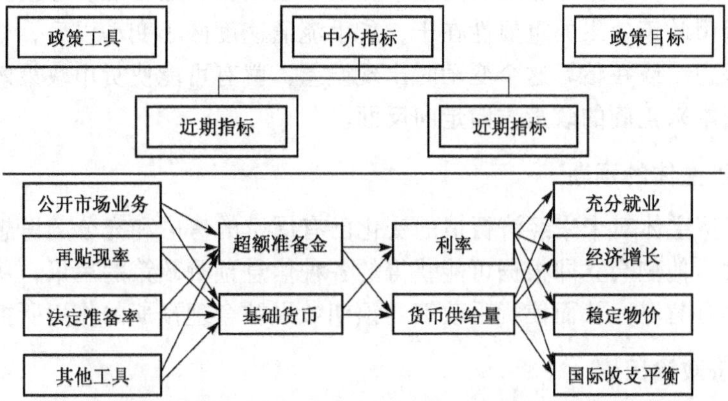

图 14-2 西方货币政策通过中介指标的操作图示

14.4 货币政策的效应

14.4.1 影响货币政策效应的主要因素

所谓货币政策效应,就是指货币供应量变动能够引起总需求和总收入水平的变化程度。这种效果的好坏,取决于货币政策的时滞、货币流通速度、微观主体的心理预期以及经济政策之间的配合等因素。

1. 货币政策时滞

任何政策从制定到取得主要的或全部的效果,必须经过一段时间,这段时间即称为时滞。货币政策时滞是指货币政策从制定到获得主要或全部效果的时间间隔。它是由内在时滞和外在时滞构成的。

内在时滞是指政策制定到中央银行采取行动这一期间。它分为两个阶段:

①从形势变化需要中央银行采取行动到它认识到需要采取行动的时间间隔,称为认识时滞;

②从中央银行认识到需要行动到实际采取行动的时间时隔,称为行动时滞。

内在时滞的长短,取决于中央银行对经济形势发展的预见能力,以及体制、组织效率、决策水平、决定的调节方案出台的速度等,归根到底取决于中央银行本身。

外在时滞又称效应时滞,是指中央银行采取行动开始直到对政策目标产生影响为止这段时间。它分为两个阶段:

①中央银行变更货币政策后,经济主体决定调整其资产总量与结构所耗费的时间;

②从经济主体决定调整其资产总量与结构到整个社会的生产、就业等变化所耗费的时间。

外在时滞的长短,主要是由客观的经济和金融条件决定的,它取决于经济主体对市场变化及信息的反应程度、货币政策实施的经济管理体制、当时的经济发展水平及宏观或微观经济背景、货币政策力度、货币政策实施时机、公众的预期心理等因素。

2. 货币流通速度

在实际生活中,货币流通速度的变化幅度很难被政策制定者准确地预测和估算到。货币流通速度对货币政策效果的重要性在于,货币流通速度微小变动以后,如果中央银行未曾预料并加以考虑,或在估算这个变动时出现误差,就有可能使货币政策效果出现严重偏差,甚至可能使本来正确的政策方向走向反面。

3. 微观经济主体的预期

由于微观经济主体对未来经济行情的变化已有周密的考虑和充分的思想准备,当一项货币政策提出时,他们会立即根据可能获得的各种信息预测政策的后果,从而很快地作出对策,而且极少有时滞,从而使货币政策的预期效果被合理预期的作用所抵消。

4. 其他经济政治因素

除以上因素外,其他外来因素、体制因素、政治因素等也对货币政策效果有一定的影响，中央银行在政策制定的操作过程中应予以统一考虑，例如，客观经济条件的变化等。一项既定的货币政策出台后总要持续一段时期，在这一时期内，如果经济条件发生某些始料不及的变化，而货币政策又难以作出相应的调整时，就可能出现货币政策效果下降甚至失效的情况。政治因素对货币政策效果的影响也是巨大的。当政治压力足够大时，就会迫使中央银行对其货币政策进行调整。

14.4.2 货币政策效应的衡量

货币政策效应的衡量主要有两个方面：一是效应发挥的快慢，即货币政策从制定到获得主要的或全部的效果所经过的时间，也就是上述时滞的长短；二是发挥效力的大小，这是政策效应衡量的主要方面。

对货币政策效应大小的判断，一般着眼于实施的货币政策所取得的效果与预期所要达到的目标之间的差距。以治理通货膨胀为例，若通货膨胀是社会总需求大于社会总供给造成的，可以从以下几个方面了解。

如果通过货币政策的实施，紧缩了货币供给，并从而平抑了价格水平的上涨，或者促使价格水平回落，同时又不影响产出或供给的增长率，那么可以说这项紧缩性政策的有效性最大；如果货币供应量的紧缩在平抑价格水平上涨或促使价格水平回落的同时，也抑制了产出数量的增长率，那么这项货币紧缩政策有效性的大小，则视价格水平变动率与产出变动率的对比而定；如果货币紧缩政策无力平抑价格上涨或促使价格回落，却抑制了产出的增长甚至使产出的增长为负，则可以说这项货币紧缩政策是无效的。

14.4.3 货币政策和财政政策的配合

1. 货币政策与财政政策的关系

货币政策和财政政策是国家宏观经济政策中的两大政策，二者存在着共同点和差异。

(1) 两项政策的共性

两项政策的共性表现在：

①它们共同作用于本国的宏观经济方面；

②它们都是需求管理政策，即着眼于调节总需求，使之与总供给相适应；

③它们追求的目标都是实现经济增长、充分就业、物价稳定和国际收支平衡。

(2) 两项政策的区别

两项政策的区别表现在：

①政策的实施者不同，分别由中央银行和财政部门来具体实施；

②作用过程不同，货币政策的直接对象是货币运动过程，而财政政策的直接对象是国民收入再分配过程，以改变国民收入再分配的数量和结构为初步目标，进而影响整个社会经济生活；

③政策工具不同，货币政策使用的工具通常与中央银行的货币管理业务活动相关，主要是存款准备金率、再贴现率、公开市场业务等，而财政政策所使用的工具一般与政府的收支活动相关，主要是税收、国债及政府的转移性支付等。

2. 货币政策与财政政策的搭配

货币政策与财政政策是既有密切联系，又是不同质的两种宏观经济政策，其作用既有统一的一面，又有特殊性。这就决定了它们在宏观经济管理中，面对不同的经济形势，存在不同的政策组合或配合的问题。这种组合或配合，就构成了两大政策之间关系的基本内容。

货币政策与财政政策的搭配主要有“四种”配合政策模式。

(1) 紧缩的货币政策与紧缩的财政政策，即“双紧”政策

紧缩的财政政策是指通过增税、削减政府支出规模等，抑制消费与投资，从而控制社会总需求；紧缩货币政策是通过提高法定准备金率、提高利率来压缩信贷规模，减少货币供应量。这时，货币当局加强回收贷款，紧缩银根，压缩社会总需求；财政部门压缩财政支出、增加在中央银行的存款，减少社会货币量。这双重压缩使社会上的货币供应量明显减少，社会总需求得以迅速收缩，从而有效地制止通货膨胀，但可能会带来经济停滞的后果。

(2) 宽松的货币政策与宽松的财政政策，即“双松”政策

宽松的财政政策是指通过减税和扩大政策支出规模来增加社会的总需求；宽松的货币政策是指通过降低法定准备金率、降低利息率来扩大信贷规模，增加货币供应量。这种组合的政策效应是财政和银行都向社会注入货币，使社会的总需求在短时间内迅速得到扩展，对经济活动具有强烈的刺激作用。这种组合只有在社会总需求严重不足，社会经济中存在大量未被利用的资源时采用，如果没有足够的闲置资源，那么将导致通货膨胀。

(3) 宽松的货币政策与紧缩的财政政策，即“松货币、紧财政”

紧缩的财政政策可以抑制社会总需求，防止经济过热和制止通货膨胀；宽松的货币政策在于保持经济的适度增长。这样就在控制通货膨胀的同时，保持适度的经济增长，但如果货币政策过松，就难以控制通货膨胀。

(4) 紧缩的货币政策与宽松的财政政策，即“紧货币、松财政”

宽松的财政政策在于刺激社会总需求，对克服经济萧条较为有效，紧缩的货币政策可以避免过高的通货膨胀率。这种政策组合的效应是保持经济适度增长的同时尽可能避免通货膨胀，但长期运用，会积累起大量的财政赤字。

小　结

1. 货币政策指的是中央银行为实现既定的经济目标，运用各种工具调节货币供给量，进而影响宏观经济的方针和措施的总和。货币政策包括四个方面内容：货币政策目标，货币政策工具，货币政策的传导机制，货币政策的效果。

2. 货币政策目标是中央银行通过调节货币和信用在一段较长时期内所要达到的目标，它与政府的宏观经济目标相吻合。货币政策目标既是货币政策理论的出发点，又是中央银行实施货币政策的归宿。

3. 货币政策的目标内容包括稳定物价、充分就业、经济增长和国际收支平衡。彼此之间的关系既相互联系，又相互矛盾。

4. 货币政策目标是通过货币政策工具的运用来实现的。货币政策工具又称货币政策手段，是指中央银行为实现货币政策目标所采取的措施和手段。按照性质和功能，可以将货币政策工具分成三类：一般性货币政策工具，选择性货币政策工具，其他货币政策工具。

5. 一般性货币政策工具作为传统的一般性的政策工具，主要包括法定存款准备金率、再贴现政策和公开市场业务，其特点是经常使用且能对整个经济运行发生影响，而非个别部门或个别企业。

6. 选择性政策工具是指有选择地对某些领域的信用加以调节和影响的措施。它是只针对某个经济领域或用于特殊用途的信贷而采取的调节措施。比如，消费者信用控制、证券市场的信用控制、不动产信用控制、优惠利率、预缴进口保证金等。

7. 货币政策传导机制是指货币政策工具的实施，如何引起社会经济生活的某些变化，最终实现既定的货币政策目标的过程。

8. 货币政策中介指标是指中央银行为实现特定的货币政策目标而选取的操作对象。中介指标一般有利率、货币供应量、超额准备金和基础货币等。

9. 货币政策效应，就是指货币供应量变动能够引起总需求和总收入水平的变化程度。这种效果的好坏，取决于货币政策的时滞、货币流通速度、微观主体的心理预期以及经济政策之间的配合等因素。

10. 货币政策和财政政策是国家宏观经济政策中的两大政策，二者存在着共同点和差异。货币政策与财政政策的搭配主要有“四种”配合政策模式：紧缩的货币政策与紧缩的财政政策，即“双紧”政策；宽松的货币政策与宽松的财政政策，即“双松”政策；宽松的货币政策与紧缩的财政政策，即“松货币、紧财政”； 紧缩的货币政策与宽松的财政政策，即“紧货币、松财政”。

思考题

1. 简述央行货币政策最终目标及其之间的矛盾。
2. 分析中央银行一般性货币政策工具的效果。
3. 简述货币政策中介目标的选择标准。
4. 什么是货币政策传导机制？它有哪些优缺点？
5. 什么是法定存款准备金政策？其效果和局限性如何？
6. 什么是再贴现政策？它有哪些优缺点？
7. 什么是公开市场业务？它有哪些优点？
8. 简述再贴现政策的作用过程。
9. 简述公开市场业务的作用过程。
10. 简述货币政策的效用影响因素。

案例简介

案例[14-1] 2015 年中国存款准备金率变化及其原因

表 14-2 2010—2016 年中国存款准备金率调整

公布日期	大型金融机构			中小型金融机构		
	调整前	调整后	调整幅度	调整前	调整后	调整幅度
2016.2.29	17.00%	16.50%	–0.50%	13.50%	13.00%	–0.50%
2015.10.23	17.50%	17.00%	–0.50%	14.00%	13.50%	–0.50%
2015.8.25	18.00%	17.50%	–0.50%	14.50%	14.00%	–0.50%

续表

公布日期	大型金融机构			中小型金融机构		
	调整前	调整后	调整幅度	调整前	调整后	调整幅度
2015.6.27	18.50%	18.00%	-0.50%	15.00%	14.50%	-0.50%
2015.4.19	19.50%	18.50%	-1.00%	16.00%	15.00%	-1.00%
2015.2.4	20.00%	19.50%	-0.05%	16.50%	16.00%	-0.05%
2012.5.12	20.50%	20.00%	-0.50%	17.00%	16.50%	-0.50%
2012.2.18	21.00%	20.50%	-0.50%	17.50%	17.00%	-0.50%
2011.11.30	21.50%	21.00%	-0.50%	18.00%	17.50%	-0.50%
2011.6.14	21.00%	21.50%	0.50%	17.50%	18.00%	0.50%
2011.5.12	20.50%	21.00%	0.50%	17.00%	17.50%	0.50%
2011.4.17	20.00%	20.50%	0.50%	16.50%	17.00%	0.50%
2011.3.18	19.50%	20.00%	0.50%	16.00%	16.50%	0.50%
2011.1.14	18.50%	19.00%	0.50%	15.00%	15.50%	0.50%
2010.12.10	18.00%	18.50%	0.50%	14.50%	15.00%	0.50%
2010.11.19	17.50%	18.00%	0.50%	14.00%	14.50%	0.50%
2010.11.10	17.00%	17.50%	0.50%	13.50%	14.00%	0.50%
2010.5.2	16.50%	17.00%	0.50%	13.50%	13.50%	0.00%
2010.2.12	16.00%	16.50%	0.50%	13.50%	13.50%	0.00%
2010.1.12	15.50%	16.00%	0.50%	13.50%	13.50%	0.00%

自 2015 年 2 月 5 日起下调金融机构人民币存款准备金率 0.5 个百分点。在此后的一年中，央行不断地下调存款准备金率，甚至在 4 月 19 日宣布下调 1%的存款准备金率，这种下降幅度前所未有。作为央行三大货币工具的存款准备金的不断下降究竟意欲何为呢？目前银行体系流动性较为充裕，实体经济则复苏乏力，两者间的通道不畅，下调存款准备金率很难让银行体系的流动性大规模进入实体层面，而有可能使得银行层面流动性进一步充裕。此次央行下调存款准备金率，又是基于什么原因考虑呢？

(资料来源：根据中新网、中国网相关资料整理。)

问题

分析 2015 年中国存款准备金率变化的原因。

简要提示

准备金率可以冻结流动性，减少商业银行的可用资金，控制贷款增速，缓解物价上涨的压力；降低存款准备金率则有相反的效果。根据传统理论，在货币政策工具中，存款准备金率是作用效果最强、影响范围最广、使用频率相对较低的工具种类。

案例[14-2]　2015 年中国货币政策的选择

在全球金融市场比较动荡、主要股市大幅下跌、风险溢价开始上升、避险情绪浓重、市场弥漫着一种比较悲观的情绪的情况下，对于中国的货币政策走向，周小川的观点非常明确："我觉得中国作为一个经济大国，更重要的还是考虑中国整个宏观经济的整体情况，不会是过度基于外部经济或者资本流动来制定我们的宏观经济政策。"换句话说就是，中国的货币政策调整将以我为主。我国继续实行稳健的货币政策，主要是要使国内经济更加健康发展，在新常态下确保经济发展转向新的增长模式，更加健康，更加可持续，结构更加优化。自 2015 年以来，中国经济运行总体平稳，结构调整积极推进，新产业、新业态、新动力加快孕育。中国人民银行按照党中央、国务院统一部署，继续实施稳健的货币政策，坚定推进金融市场化改革，着力疏通货币政策传导机制，提高金融资源配置效率。2015 年 9 月末，广义货币供应量 M_2 余额同比增长 13.1%，比 6 月末高 1.3 个百分点。人民币贷款余额同比增长 15.4%，比 6 月末高 2.0 个百分点；比年初增加 9.9 万亿元，同比多增 2.3 万亿元。社会融资规模存量同比增长 12.5%，比 6 月末高 0.6 个百分点。9 月份非金融企业及其他部门贷款加权平均利率为 5.7%，比 6 月下降 0.35 个百分点，比上年 12 月下降 1.08 个百分点。9 月末，人民币对美元汇率中间价为 6.361 3 元。

目前，我国的货币政策已从过去比较偏重数量型的货币政策调控，逐渐转向更加注重价格调控的货币政策体系，利率走廊也正在逐步建立的过程中。过去走廊中间值是依赖于基准利率，现在更多依靠央行公开市场操作所产生的利率作为中间值。利率偏离中间值过多的时候，央行的货币市场操作会给予关注，使得它处于合理区间。

（资料来源：根据中新网相关资料整理。）

问题

简要分析 2015 年我国的货币政策。

简要提示

稳健的货币政策的作用主要体现在以下几个方面：一是健全了宏观经济政策的框架，持续发挥货币政策对市场经济的调节作用，完善了货币政策传导机制，加强了金融监管与货币政策的协调；二是促进金融资源优化配置，其政策内容满足了国家重点在建、续建项目的资金需求，拓宽了实体经济融资的渠道，降低了其融资的成本，促进了资本市场的稳定、健康发展；三是守住了不发生系统性和区域性金融风险的底线，引导金融机构稳健经营，加强了对局部和区域性风险以及金融机构表外业务风险的监管，提高了金融支持经济发展的可持续性。

第 15 章

金融创新

本章学习要点

通过本章的学习，掌握金融创新的含义、特征和种类；理解金融创新的主要理论；了解金融创新与金融监管的关系、金融创新的内容。

本章学习重点与难点

重点是金融创新的主要理论；难点是金融创新的内容。

本章基本概念

金融创新、金融管制、金融风险

15.1 金融创新的内涵

15.1.1 金融创新的定义

所谓金融创新(Financial Innovation)，是指金融领域内各种金融要素实行新的组合。具体而言，是指金融机构为生存、发展和迎合客户的需要而创造的新的金融产品、新的金融交易方式，以及新的金融市场和新的金融机构的出现。这个概念包括四方面的内容：金融创新的主体是金融机构；金融创新的目的是营利和效率；金融创新的本质是金融要素的重要组合，即流动性、收益性、风险性的重新组合；金融创新的表现形式是金融业务的创新、金融机构的创新、金融工具的创新和金融制度的创新。

金融创新可以分为狭义的金融创新和广义的金融创新。

(1)狭义的金融创新

狭义的金融创新是以 1961 年美国花旗银行首次推出的大额可转让定期存单(CD)为典型标志，特别是 20 世纪 70 年代西方发达国家在放松金融管制之后而引发的一系列金融业务的创新。放松金融管制的措施包括放宽设立银行的条件、放松或取消利率管制、放松对商业银行的资产负债管理、允许银行和非银行机构实行业务交叉等，这种制度上和观念上的创新直接导致了国际金融市场不断向深度和广度发展，也使高收益的流动性金融资产得以产生。同时，放松金融管制还增强了金融中介机构之间的竞争，使其负债对利率的弹性大大提高，负债管理的创新理论也由此而产生。

(2) 广义的金融创新

广义的金融创新不仅包括微观意义上的金融创新，还包括宏观意义上的金融创新；包括金融发展史上曾经发生的所有的金融创新。可以说，金融创新是一个历史范畴，自从现代银行业诞生那天起，无论是银行传统的三大业务、银行的支付和清算系统、银行的资产负债管理，还是金融机构、金融市场，乃至整个金融体系、国际货币制度，都经历了一轮又一轮的金融创新。整个金融业的发展史就是一部不断创新的历史，这种金融创新是生产力发展后，反过来又对生产关系组成部分的金融结构进行调整而产生的。因此，从某种意义上讲，金融创新也是金融体系基本功能的建设，是一个不断创新的金融体系的成长过程。

本节所讨论和研究的金融创新主要是狭义的金融创新。

15.1.2 金融创新与金融管制的关系

金融创新与金融管制是一对矛盾，金融管制是金融创新的障碍，也是金融创新的诱发原因；而金融创新的不断发展，又促进金融管制的不断完善。

1. 金融管制对金融创新的诱发作用

第二次世界大战后，西方国家为维持金融稳定而对金融机构的业务范围、利率、信贷规模、区域分布等方面采取了一系列的管制办法，成为诱发金融创新的重要原因。由于管制实际上是对金融机构的一种成本追加，或称隐含的税收，追求利润最大化的金融机构必然会想方设法来规避政府管制，于是金融创新应运而生。同时金融创新也是有成本的，当创新所带来的利润大于成本时，金融创新才会成为现实。而当金融创新危及金融稳定和货币政策时，政府会更加严厉地监管。其结果是监管—创新—管制，两者互为因果。如美国的利率管制促使商业银行引进 NOW 账户和创设 ATS 等以规避管制，从而提高了商业银行的竞争力。美国对商业银行跨洲经营的业务限制，促进了银行控股公司的形成和发展。

由于金融创新和金融管制之间存在着高度的相关性，因此，一般说来金融管制越严格，金融创新越活跃。

2. 金融创新对完善金融管制的作用

金融创新使早期的金融管制失去了效率，并推动了 20 世纪 80 年代的金融自由化，但金融自由化和金融创新又增大了金融风险，使金融体系出现新的不稳定因素。因此，各国政府必然要进一步完善金融管制，以维护金融秩序的稳定。

金融监管目标从单纯强调安全性向安全与效率并重转变。金融管制目标的确立是金融管制的核心问题，它决定了管制主体的临界管制和管制措施的制定与实施。20 世纪 70 年代以前，世界各国的金融管制主要侧重于维护金融体系的安全性。这一目标的确立在理论上源于金融业的特殊性及金融危机的渗透性、扩散性和巨大的破坏性。特别是 20 世纪 30 年代大危机的经验教训，促使各国金融管制当局致力于建立并维持一个安全稳定的金融体系。体现在措施上，主要是市场准入条件的限制、金融机构业务范围的划定、准备金率及利率上限的规定等，最具代表性的是 1933 年美国颁布的《银行法》，即《格拉斯-斯蒂格尔法》。应该说，这些法规和管制措施的制定和实施在稳定金融秩序、促进金融机构谨慎经营、保护存款和投资者利益等方面起到了应有的作用，但同时也限制了金融机构的自由，造成金融机构经营效率低下。特别是随着客观经济条件的变化，如20世纪70年代西方国家发生的高通货膨胀，使上述限制性规定导致了金融机构特别是商业银行的经营困难，从而引发了金融创新与金融管制之间的博弈。各国管制当局充分认识到这一点并相应调整监管目标，即从单纯强调安全性转变为寻求安全与效率的某种均衡。

15.2 金融创新的背景与导因

金融创新属于历史范畴，其发生和发展的轨迹与特定历史时期的经济发展背景密切相关。第二次世界大战以后，世界经济形势和格局发生了巨大的变化，经济高速增长，高新技术日新月异，所有这一切正日益深刻地影响和改变着公众的生存方式和经济行为；同时，金融业发展的制度环境也已经发生了很大的变化，正是这些因素促成了国际金融领域创新浪潮的涌起。

15.2.1 金融创新的国际背景

从当代经济发展史来看，对金融创新有较大影响的经济事件主要有：欧洲货币市场的兴起、国际货币体系的转变、石油危机与石油美元的回流、国际债务危机等。

1. 欧洲货币市场的兴起

第二次世界大战后的二三十年中，世界经济发生了深刻变化，其中生产国际化带来了市场国际化和资金国际化，欧洲货币市场就此形成。欧洲货币市场的发展与三个因素有关：

①由于东、西方冷战使苏联和东欧国家持有的货币存入欧洲国家银行；

②由于1957年英国政府加强外汇管制，促使英国银行转向美元进行融资，美元在欧洲可以自由兑换；

③自1958年起，美国的国际收支逆差增大，致使许多国家将获得的剩余美元投向欧洲货币市场。

在这种情况下，美国政府为了限制资本外流，遂采取了一系列措施，如课税、利率调整或贷款限制等。而这些措施的出台又迫使美国商业银行在国内的信贷业务受阻，只得向国外市场寻求发展，形成了美国资金的大量外流，促使了欧洲货币市场业务的兴盛。欧洲货币市场的出现，作为一个离岸金融市场，其本身就是一个在逃避管制中创造出来的产物。可以说，欧洲货币市场的建立，开创了当代金融创新的先河，其灵活多样的经营手段，为以后的金融创新树立了典范。

2. 国际货币体系的转变

1944年，英、美等44个国家确立了第二次世界大战后的国际货币体系——布雷顿森林体系，该体系实际上是以黄金为基础，以美元为最主要的国际储备货币，实行黄金美元本位制。该货币体系实行的是“双挂钩”制度，即美元与黄金挂钩，其他国家的货币又与美元挂钩。这种以美元为中心的国际货币体系对战后的国际贸易和世界经济的发展起到了一定的积极作用。但是，从1950年起，美国的国际收支出现逆差，美元大量外流；20世纪 60 年代中期以后，美元又多次爆发危机，国际货币体系进入了动荡时期；1971 年 8 月，尼克松政府宣布实行“新经济政策”，停止了美元与黄金的兑换；1973 年 2 月，美元再度贬值，各国货币开始浮动，随后不久便逐步发展成为浮动汇率制。浮动汇率制的诞生，标志着布雷顿森林体系的终结。

国际货币体系由相对稳定的“双挂钩”制，转变到不太稳定、极易引发贬值、投机甚至传播通货膨胀的“浮动汇率制”，给各国和世界经济带来较大的风险，这当然也会使金融机构的经营面临的市场风险加大，所以，国际货币体系的改变是促进金融创新的一个重要的环境因素。

3. 石油危机与石油美元回流

1973 年 10 月，中东战争爆发，石油输出组织(OPEC)以石油为武器，与西方发达国家抗衡，在加快石油国产化的同时，大幅度提高了油价，从 1973 年 10 月的每桶 3.10 美元，涨到了 1981 年 10 月的每桶 34 美元，油价上涨了 11 倍，给世界经济带来了巨大影响，形成了石油危机。

随着 OPEC 石油价格的大幅提高，石油输出国的贸易收支出现了巨额顺差，由于石油贸易是以美元计价并结算的，而且美元在石油盈余资金中所占的比重最大，故称石油美元。石油危机造成了全球性的国际收支的严重失衡，1973—1983 年，工业化国家累计有 224 亿美元的经常项目逆差，非产油的发展中国家经常项目的逆差高达 5 682 亿美元，为了弥补国际收支的失衡，逆差国纷纷进入欧洲货币市场和国际资本市场寻求资金。与此同时，石油输出国为了寻求有力的投资场所，也将巨额的石油美元投向了欧美金融市场。这样一来，石油美元从石油输出国返回到了石油进口国，形成了石油美元的回流。

石油美元的回流在一定程度上促进了国际金融市场的发展，1973—1983 年的十年间吸引了累计高达 4 000 多亿美元的资金。但是，由于涌入国际金融市场的资金大部分是短期金融资金，流动性大，在浮动汇率的条件下，石油美元在国际间大量、快速地流动，在一定程度上助长了投机活动，加剧了金融市场的动荡，由此导致了利率、汇率频繁地波动，使融资双方要求有新的金融交易工具来规避日益增大的市场风险。金融机构一方面要满足客户的这种对新金融工具的市场要求，另一方面也是出于自身业务经营的需要，通过各种金融创新来降低市场风险。

4. 国际债务危机

自 20 世纪 70 年代以来，许多发展中国家为了加速本国经济的发展，对国际金融市场上的资金需求极为旺盛，但是由于一些发展中国家缺乏对债务结构、债务规模的宏观管理与控制的经验，不顾自身偿债能力而盲目借入超过自身承受能力的外债，其结果必然是产生严重的债务问题。至 1983 年底，发展中国家的债务总额已高达 8 000 亿美元。此外，还由于石油涨价、利率提高以及国际贸易中的保护主义盛行、发展中国家出口下降等原因，使这些债务国的偿债能力大打折扣。终于爆发了 20 世纪 80 年代初期的以南美发展中国家为主要债务国的债务危机，加剧了国际金融的不稳定性，对国际金融业影响深远。

国际商业银行面对这场严重的债务危机，纷纷缩小融资规模，改革融资方式，从而导致了一大批新的融资工具和融资方式的诞生，同时产生出了许多解决债务问题的新办法，如债权转股权、购回旧债发行有抵押的新债、债务转债券、阶段性持股等，使债务危机得到了很大程度的缓解。所以，从某种意义上来讲，20 世纪 80 年代的这场债务危机，虽然造成了国际金融业的剧烈震荡，但却成就了融资工具和融资方式的改革与创新。

15.2.2 金融创新的直接导因

通过以上国际条件变化的背景分析，可以看出，经济生活对金融创新有着巨大的需求，但是，金融业作为一个特殊的行业，其各种创新的出现和广泛传播，还有一些复杂的原因和条件，正是这些因素构成了金融创新的直接导因。

1. 金融管制的放松

20 世纪 30 年代，随着西方国家经济大危机的爆发，各国为了维护金融体系的稳定，相继通过了一系列管制性的金融法令。严格的管制虽然促进了金融体系的稳定，但也造成了严重的“脱媒”现象。于是，政府的严格管制的逆效应产生了——金融机构通过创新来规避管制，寻求管制以外的获利空间。

如果政府对金融机构的创新行为严加管制，则会使金融机构创新的空间依然狭窄，不利于经济的发展；但如果采取默认的态度，任其打法律的“擦边球”，又有纵容其违法之嫌。所以，从 20 世纪 80 年代起，各国政府为了适应宏观市场的经济发展以及微观金融主体的创新之需，逐步放宽了对金融机构的管制，才使得金融创新掀起了一股浪潮，成为推动国际金融业快速发展的内在动力。由此可见，金融创新是需要一定程度的宽松的制度环境的，否则金融创新就失去实践上的意义了。

2. 市场竞争的日益尖锐化

竞争是市场经济的重要规律之一，没有竞争就不是市场经济。随着现代经济一体化、市场的国际化，金融领域的发展极为迅速。金融机构的种类、数量急剧增加，金融资本高度集中，同时向国外市场发展。由此伴随而来的金融机构之间的竞争也日趋尖锐，而且面临的风险更大，特别是当经济遇到危机时，市场经济优胜劣汰的本能机制，在金融领域里演绎得更加充分，金融机构倒闭、合并、重组的事件屡见不鲜。所以，为了在竞争中求生存、谋发展，在市场上立于不败之地，金融机构就需要不断地改革与创新。可以说，金融业的发展史就是一部创新史。

3. 追求利润的最大化

利润水平的高低，是衡量金融企业实力的重要标志之一，也是进一步开辟市场、发展业务的重要物质条件。发展金融业务，扩大资产负债规模的最终目的就是在于追求利润的最大化。影响金融企业利润的因素有很多，其中既有内部的条件，也有外部的因素。例如，国家的宏观经济政策(包括货币、财政、产业等)，还有金融管制力度方面的变化，法律环境的改善，公众诚信度的提高，金融企业的经营管理水平、员工素质，等等。不过，在市场经济的大环境下，如何在法律许可的范围内进行改革、创新，以获取更大收益，就在于金融企业内在的强大动力。

4. 科学技术的进步

自 20 世纪 70 年代以来，一场以计算机等为根本特征的新技术革命席卷世界。90 年代以后，以网络为核心的信息技术飞速发展，信息产业成为最新兴的产业。这些高新技术也被广泛应用到金融机构的业务处理过程之中，为金融创新提供了技术上的支持，成为技术性金融创新的原动力，促进了金融业的电子化发展。

金融电子化给金融业的运作带来的变革主要体现在两方面：

①以自动化处理方式代替了人工纸处理方式，从而降低了信息管理的费用，如信息的收集、储存、处理和传递等一系列过程；

②以自动渠道(如远程、网络银行、电子银行、手机银行等)来改变客户享受金融服务和金融产品的方式。新技术革命提供的技术支持，为金融业务和金融工具的创新创造了必要条件。

15.3 金融创新的内容

金融创新的内容十分广泛，各种创新又有自己的目的与要求。所以，金融创新可以有不同的分类方法。例如，按创新主体来划分，金融创新可以分为市场主导型和政府主导型；按创新的动因来划分，金融创新可以分为逃避管制型、规避风险型、技术推动型和理财型等；按创新的内容来划分，金融创新可以分为工具的创新、机构的创新、业务的创新、制度的创新等。

下面就按照广泛的划分理解，对金融业务的创新、金融机构的创新、金融工具的创新以及金融市场的创新进行分析。

15.3.1 金融业务的创新

金融业务的创新是把创新的概念进一步引申到金融机构的业务经营管理领域，它是金融机构利用新思维、新组织方式和新技术，构造新型的融资模式，通过其经营过程，取得并实现其经营成果的活动。在金融业务的创新中，因为商业银行业务在整个金融业务中占据举足轻重的地位，所以，商业银行的业务创新构成了金融业务创新的核心内容。此处，重点分析商业银行的业务创新。

1. 负债业务的创新

商业银行负债业务的创新主要发生在20世纪60年代以后，主要表现在商业银行的存款业务上。

(1) 商业银行存款业务的创新是对传统业务的改造、新兴存款方式的创设与拓展

其发展趋势表现在以下四方面：

①存款工具功能的多样化，即存款工具由单一功能向多功能方向发展；

②存款证券化，即改变存款过去那种固定的债权债务形式，取而代之的是可以在二级市场上流通转让的有价证券形式，如大额可转让存单等；

③存款业务操作电算化，如开户、存取款、计息、转账等业务均由计算机操作；

④存款结构发生变化，即活期存款比重下降，定期及储蓄存款比重上升。

(2) 商业银行的新型存款账户的创新迎合了市场不同客户的不同需求

这些新型存款账户主要有：可转让支付指令账户(NOW)；超级可转让支付指令账户

(Super NOW)；电话转账服务和自动转账服务(ATS)；股金汇票账户；货币市场互助基金；协议账户；个人退休金账户；定活两便存款账户(TDA)；远距离遥控业务(RSU)等。

(3)商业银行负债的范围、用途扩大化

过去，商业银行的借入款一般适用于临时、短期的资金调剂，而现在却日益成为弥补商业银行资产流动性、提高收益、降低风险的重要工具，筹资范围也从国内市场扩大到全球市场。

2. 资产业务的创新

商业银行资产业务的创新主要表现在贷款业务上，具体表现在以下四方面。

(1)贷款结构的变化

长期贷款业务，尤其是消费贷款业务，一直被商业银行认为是不宜开展业务的，但是，在 20 世纪 80 年代以后，商业银行不断扩展长期贷款业务，在期限上、投向上都有了极大的改变。以美国商业银行为例，以不动产为主的长期贷款已经占到商业银行资产总额的 30%以上；在消费贷款领域，各个阶层的消费者在购买住宅、汽车、大型家电、留学、修缮房屋等方面，都可以向商业银行申请一次性偿还或分期偿还的消费贷款。消费信贷方式已经成为不少商业银行的主要资产项目。

(2)贷款证券化

贷款证券化作为商业银行贷款业务与国债、证券市场紧密结合的产物，是商业银行贷款业务创新的一个重要表现，它极大地增强了商业银行资产的流动性和变现能力。

(3)与市场利率联系紧密的贷款形式不断出现

在实际业务操作过程中，商业银行贷款利率与市场利率紧密联系并随之变动，有助于商业银行转移其资产因市场利率大幅度波动所引起的价格风险，是商业银行贷款业务的一项重要创新。其具体形式有：浮动利率贷款、可变利率抵押贷款、可调整抵押贷款等。这些贷款种类的出现，是贷款形式更加灵活，利率更能适应市场变化。

(4)商业银行贷款业务“表外化”

为了规避风险，或为了规避管制，还可能是为了迎合市场客户之需，商业银行的贷款业务有逐渐“表外化”的倾向。其具体业务有：回购协议、贷款额度、周转性贷款承诺、循环贷款协议、票据发行便利等。

另外，证券投资业务上的创新主要有股指期权、股票期权等形式。

3. 中间业务的创新

商业银行中间业务的创新，彻底改变了商业银行传统的业务结构，极大地增强了商业银行的竞争力，为商业银行的发展找到了巨大的、新的利润增长点，对商业银行的发展产生了极大的影响。商业银行中间业务创新的内容主要有以下几个方面。

(1)结算业务日益向电子转账发展

资金划转或结算不再使用现金、支票、汇票、报单等票据或凭证，而是通过电子计算机及其网络办理转账。

(2)信托业务的创新与私人银行的兴起

随着金融管制的放松和金融自由化的发展，商业银行信托业务与传统的存、贷、投资业务等逐步融为一体，并大力拓展市场潜力巨大的私人银行业务。如生前信托、共同信托基金等，通过向客户提供特别设计的、全方位的、多品种的金融服务，极大地改善了商业银行盈利结构，拓展了业务范围，使商业银行的竞争力大大提高。

(3)现金管理业务的创新

由于商业银行通过电子计算机的应用，为客户处理现金管理业务的内容不仅限于协助客户减少闲置资金余额并进行短期投资，还包括为企业(客户)提供电子转账服务、有关账户信息服务、决策支援服务等多项内容。该业务既可以增加商业银行的手续费收入，还可以密切银企关系，有利于吸引更多的客户。商业银行之所以可以在信息咨询方面进行创新是因为现代社会已经成为信息社会，而金融业也成为依靠信息及其技术从事业务经营的部门。同时，社会各经济部门对金融信息的依赖程度正日益加深，金融信息的生产日益现代化、市场化，这一切均极大地推动了商业银行信息咨询业的创新与发展。例如，客户咨询数据库，以及由权威专家组成的信息资源分析系统，为社会、客户提供各种准确、及时、权威且有偿的信息服务。

(4)商业银行自动化服务的创新

这也是由电子计算机的广泛应用引起的。电子化、自动化的全方位、全天候的金融服务，使商业银行业务发生了巨大的变革。其主要包括银行卡业务、自助银行、网络银行、手机银行、自动柜员机、收货点终端机、居家银行服务等，得到了广泛的应用。

(5)与中间业务联系密切的表外业务，是商业银行业务创新的重要内容，它们当中有很多都可以在一定的条件下转化为表内业务

商业银行发展、创新表外业务的直接动机是规避金融监管当局对资本金的特殊要求，通过保持资产负债表的良好外观来维持自身稳健经营的形象。当然，表外业务也是商业银行顺应外部金融环境的改变，由传统银行业务向现代银行业务转化的必然产物。表外业务虽然没有利息收入，但有客观的手续费收入，从世界各国银行业的发展情况来看，表外业务发展迅猛，花样品种不断翻新，有些商业银行的表外业务收益已经超过传统的表内业务收益，成为商业银行的支柱业务。目前，商业银行的表外业务主要有：贸易融通业务(如商业信用证、银行承兑汇票)、金融保证业务(如担保、备用信用证、贷款承诺、贷款销售与资产证券化)、衍生产品业务(如各种互换交易、期货和远期交易、期权交易)等。

15.3.2 金融机构的创新

金融机构的创新是指商业银行业务全能化发展和随金融工具创新而产生的大量新的金融机构。如各种各样的投资基金崛起，其中既有独立的非银行的金融机构，也有由商业银行控股的附属机构，主要包括如下机构。

1. 风险投资公司

风险投资公司是 20 世纪 90 年代随“新经济”浪潮兴起的一类新型金融机构，它们是专门管理风险基金，把所掌管的资金有效投入到有盈利潜力的企业，并通过对企业的培育使之上市或并购，获得资本报酬。较之于传统金融机构，风险投资公司的特点：一是，它不再简单地充当金融“中介”，而是直接投身于实体经济运行中，不仅投资，而且直接参加所投资企业的经营管理和决策；二是风险投资公司突破金融业传统稳健经营的理念，它不追求项目风险最小化，而是力图通过分散投资使风险分散化，并从所承担的风险中获得高额回报。

2．对冲基金

对冲基金(Hedge Funds)从名称上看容易产生误解，其实它与“对冲”(或译为“套期保值”)并无必然联系，很多时候，它根本就不做任何保值。对冲基金是一种投资于多种证券的私营有限合伙制企业。在对冲基金中，存在两种合伙人：一名一般合伙人和众多有限合伙人，前者负责交易活动和日常基金业务，并获得基金净收益 20%左右的业绩报酬；后者提供资金但不涉足经营活动。

3．金融集团和跨国金融机构

金融集团和金融控股公司是金融业混业经营以及金融企业兼并收购浪潮中出现的一类综合性的混合型金融集团公司。这类公司往往同时控股商业银行、投资银行、保险公司、信托机构、信用卡机构，甚至还包括非金融企业。通过集团公司或控股公司的范围经济以及规模经济效应，这些大型金融混合企业在整个金融部门的影响越来越大，成为未来金融业发展的一个方向。

跨国银行是由于西方主要发达国家先后放松了对外国资本进入国内资本市场的限制，取消了利率和外汇管制，以及国际间贸易和资本流动的增加，涌现了大量的跨国公司，对提高金融服务质量有了更高的要求。同时，持续不断的金融创新浪潮也推动了跨国银行的急剧发展。

15.3.3 金融工具的创新

金融工具的创新是金融创新的最主要的内容。金融创新中最显著、最重要的特征之一就是大量的新兴的金融工具被创造出来。这些新型金融工具的出现，使人们对“货币”、“资金”、“资本”、“金融商品”、“金融资产”等原有概念的认识产生了新的认识。金融工具创新的出现，是当今特定历史时期的新生事物，要求人们重新审视和界定上述概念的含义及范畴。其中，特别是 20 世纪 70 年代出现的衍生金融工具，更是向人们展示了金融资产保值和风险规避的全新概念。

1．基本存款工具的创新

基本的存款工具有：活期存款、定期存款、储蓄存款等，但是，在金融工具的创新过程中，这些基本存款工具的界限早已被打破，形成了一些新的存款工具，主要包括：可转让支付指令、自动转账服务账户、货币市场存款账户、个人退休金账户等。这些账户的特点是既能灵活方便地支取，又能给客户计付利息，这些新型存款账户的出现，为客户提供了更多的选择，充分满足了存款人对安全、流动和盈利的多重需求，从而吸引了更多的客户，扩大了商业银行的资金来源。

2．大额可转让定期存单(CD)

商业银行的定期存款以其较高的利率而吸引资金，但其最大的弱点在于其流动性差。1961 年由美国花旗银行发行的第一张大额可转让定期存单，则既可以使客户获得高于储蓄账户的利息，又可以在二级市场上流通、转让而变现，使客户原本闲置在账上的资金找到了短期高利投资的对象，所以一经面世就大受欢迎。

随着金融机构竞争的加剧，CD 也出现了许多新的变种。

(1)可变利率定期存单(Variable rate CD)

该种存单在存期内被分成几个结转期，在每一个结转期，银行根据当地的市场利率水平重新设定存单利率。

(2)牛市定期存单(Bull CD)

该种存单与美国标准普尔公司的 500 种股票相联系，虽然存单的投资者没有固定的利息收益，但可根据定期存单的时限长短而获取股票指数增长额的 37%~70%的利率上升受益。

(3)扬基定期存单(Yankee CD)

该种存单是外国银行在美国发行的可转让定期存单，大多由位于纽约的外国著名银行发行。

(4)欧洲或亚洲美元存单(Eurdollar or Asia dollar CD)

该种存单是美国银行在欧洲或亚洲的金融市场上发行的定期存单，以吸引国外资金，因此不必向美联储交存准备金和存款保证金。

3．衍生金融工具的创新

衍生金融工具是伴随着金融创新而兴起和发展起来的。它的出现，可以说给当代金融市场带来了划时代的贡献，它除了让人们重新认识金融资产保值和规避风险的方式手段之外，还具有很强的杠杆作用。同时，衍生金融工具也是一把“双刃剑”，如果运用得当，可给金融业带来很多好处，能起到传统避险工具无法起到的保值、创收作用；但如果运用不当，也会使市场参与者遭受严重损失，甚至危及整个金融市场的稳定与安全。

衍生金融工具的内容主要包括以下几个方面。

(1)远期合约

远期合约是一种最简单的衍生金融工具。它是交易双方在合约中规定在未来某一确定时间以约定价格购买或出售一定数量的某种资产。它常发生在两个金融机构或金融机构与客户之间，是一种场外交易产品，以其中的远期利率协议发展最快。

远期合约的最大功能在于转嫁风险。例如，远期利率合约，买方可以将未来的利率成本或受益提前锁定，且交易方式简单，交易对象、期限方便灵活、限制少、费用低，是一种应用广泛的、避险增值的衍生金融工具。

(2)金融期货

期货合约是一种标准化的合约，是买卖双方分别向对方承诺在合约规定的未来某时间按约定价格买进或卖出一定数量的某种金融资产的书面协议，是一种由交易所发行的、用独特的结算制度进行结算的标准化合约，可以说，是远期合约的标准化。其主要有利率期货、货币期货和股指期货，金融期货的最主要的功能就在于风险转移和价格发现。

金融期货的风险转移功能是指套期保值者通过金融期货交易将价格风险转移给愿意承担风险的投机者。金融期货之所以能够转移价格风险，就在于金融资产的期货价格和现货价格受相同经济因素的影响和制约，它们的变动确实是一致的，且现货价格与期货价格具有市场走势的收敛性，即当期货合约临近到期时，两种价格逐渐趋合，价格差接近于零，它是通过套期保值实现风险转移的。

金融期货的价格发现功能是指在一个公开、竞争的期货市场中，通过集中竞价形成期货价格的功能。金融期货之所以具有价格发现的功能，是因为期货市场将众多的、影响供求关系的因素集中于交易场内，通过买卖双方公开竞价，集中转化为一个统一的交易价格。该价格一旦形成，即刻向世界各地传播并影响供求关系，从而形成新的价格，如此循环往复，价格趋于合理。

(3) 互换(Swaps)

互换也称为掉期，是交易双方根据预先约定的规则，在未来的一段时期内，互相交换一系列现金流量(本金、利息、价差等)的交易。交易双方通过签订互换协议来体现双方的权利，约束双方的义务。据此，互换其实可以视为一系列远期合约的组合，对于互换的研究也是对远期合约和期货合约研究的延伸。1981年世界上第一份互换协议在世界银行的安排下签订以来，得到了迅速发展，已经成为国际金融市场的主要业务之一，构成了场外衍生金融品种的主要内容。目前，互换市场已经成为规模达万亿元的全球市场，几乎涉及并影响到了大部分金融市场。

互换之所以备受追捧并得到广泛应用的原因，在于它作为一种创新的场外衍生金融工具，具有现存的其他衍生金融工具不可比拟的优越性。首先，互换的期限相当灵活，一般为2~10年，甚至可达30年；其次，互换能满足交易者对非标准化交易的要求。第三，也是最重要的，使用互换进行套期保值，可以省却使用期货、期权等产品对头寸的日常管理和经常性重组的麻烦。

根据基本产品的不同，互换可以分为利率互换、货币互换、股票互换和商品互换等。

(4) 金融期权(Option)

期权交易其实很早就已出现，那时的期权交易品种单一，规模也十分有限。1973年4月26日世界上第一个期权集中交易所在美国芝加哥登场，成为一种与远期、期货交易截然不同的新兴的衍生金融产品。与此同时，在场外交易市场上，期权交易上的创新层出不穷，得到了前所未有的发展。

期权又称选择权，是一种权利合约，给予其持有者在约定的时间内，或在此事件之前的任何交易时刻，按约定价格买进或卖出一定数量的某种资产的权利，分为看涨期权和看跌期权。在这份合约中，买卖双方的权利与义务并不平等，期权的买方是有权利而无义务(只需缴纳期权费)，而卖方则只有义务却无自由选择的权利。这与远期、期货的买卖双方到期时都必须履约是完全不同的。也就是说，期权与其他衍生金融工具的主要区别在于其他衍生金融工具所产生的风险格局是对称的，即交易双方共同面临和承担几乎等量的风险；而期权交易的风险在买卖双方之间的分布却不对称，期权买方的损失是有限的，不会超过期权费，而获利的机会从理论上讲却是无限的；期权的卖方则正好相反。

期权这种衍生金融工具的最大魅力就在于可以使期权买方利用它来进行套期保值，并将风险锁定在一定的范围内，若价格发生有利变动，期权买方可以通过执行期权来保护收益；若价格发生不利变动，期权买方则可以通过放弃期权来避免损失。这样，通过金融期权交易，既可以避免价格不利变动造成的损失，又可以在相当程度上保住价格有利变动而带来的收益。所以，金融期权是一种有助于规避风险，获取收益的理想工具。

15.3.4 金融市场的创新

金融市场的创新一方面是指欧洲货币市场上金融工具的创新；另一方面是指衍生金融市场上金融工具的创新。

欧洲货币市场的金融工具创新。在欧洲货币市场上的创新的金融工具主要是贷款工具，如多种货币贷款、平行贷款、背对背贷款、浮动利率债券、票据发行便利、远期利率协定等。

衍生金融市场上的金融创新。衍生金融市场上的金融工具称为衍生金融工具，它们是一种双边合约，其价值取决于基础市场商品或资产的价格及其变化，按合约买方是否有选择权，分为远期类衍生工具和期权类衍生工具。所谓远期类合约，有两个特征：一是合约涉及的商品或金融资产的交割日是未来的某一天；二是合约签订时的价值为零，这类合约的形式主要有远期合约、期货合约和互换合约等。所谓期权类合约，其特点是合约买方在履行合约上具有选择权，合约签订初期就已经具有价值。这类合约的主要形式有期权合约、利率的上限与下限和互换期权等。此外，在衍生金融市场上，还存在着其他类型的工具，如商品派生证券、指数货币期权凭证、弹性远期合约等。

小　结

1. 金融创新是指在金融领域内对各种金融要素实行新的组合。具体而言，是指金融机构为生存、发展和迎合客户的需要而创造的新的金融产品、新的金融交易方式，以及新的金融市场和新的金融机构的出现。这个概念包括四方面的内容：金融创新的主体是金融机构；金融创新的目的是营利和效率；金融创新的本质是金融要素的重要组合，即流动性、收益性、风险性的重新组合；金融创新的表现形式是金融业务的创新、金融机构的创新、金融工具的创新和金融制度的创新。

2. 金融创新的国际背景主要有四方面：第二次世界大战后国际资本流动及欧洲货币市场的建立；国际货币体系的转变；20 世纪 70 年代的“石油危机”以及由此产生的“石油美元”回流；20 世纪 80 年代国际债务危机的爆发。影响深远的科学技术革命和世界范围的放松金融管制则构成了金融创新的直接导因。

3. 金融创新的主要内容包括了金融业务的创新、金融机构的创新、金融工具的创新、金融市场的创新。其中，金融业务的创新包括负债业务的创新、资产业务的创新、中间业务的创新等；金融机构的创新主要是使其金融体制中金融机构由“专业化”向“综合化”转化；金融工具的创新是指其向着证券化的趋势方向不断演进；金融市场的创新一方面是指欧洲货币市场上金融工具的创新，另一方面是指衍生金融市场上金融工具的创新。

思考题

1. 什么是金融创新？金融创新的原因有哪些？
2. 金融创新与金融监管的关系是什么？
3. 金融创新可分为哪些种类，各自的内容是什么？

案例简介

案例[15-1]　金融创新的成果

自 20 世纪 50 年代以来金融创新的成果见表 15-2。

表 15-2　20 世纪 50 年代以来金融创新的成果

时　期	金融创新内容	类　别
20 世纪 50 年代	消费者贷款	金融业务创新
	租赁	金融业务创新
	信用卡	金融业务创新
	欧洲货币市场形成	金融业务创新
	外币掉期	金融业务创新
20 世纪 60 年代	可赎回债券	金融业务创新
	可转让大额定期存单	金融业务创新
	自动转账	金融业务创新
	银团贷款	金融业务创新
	平行贷款	金融业务创新
	跨国银行	金融机构创新
	亚洲美元市场	金融市场创新
	回购协议	金融业务创新
	银行商业票据	金融业务创新
	美国政府全国性抵押协会	金融机构创新
20 世纪 70 年代	联邦房屋贷款抵押协会	金融机构创新
	房地产抵押贷款证券化	金融业务创新
	可转让支付命令账户	金融业务创新
	货币期货	金融业务创新
	货币市场互惠基金	金融业务创新
	股票期权	金融业务创新
	付息债券	金融业务创新
	国债期货	金融业务创新
	货币市场存款证	金融业务创新
	欧洲货币体系建立	金融业务创新
20 世纪 80 年代	利率掉期	金融业务创新
	市政公债	金融业务创新
	浮动优先股	金融业务创新
	零息债券	金融业务创新
	电话银行	金融业务创新
	货币掉期	金融业务创新
20 世纪 80 年代	货币期权	金融业务创新
	伦敦国际金融期货交易所建立	金融业务创新
	标准普尔指数期货	金融业务创新
	远期利率合约	金融业务创新
	欧洲货币期货期权	金融业务创新
20 世纪 90 年代	债券期货期权	金融业务创新
	信用违约掉期	金融业务创新
	欧元	金融制度创新
	《新巴塞尔协议》出台	金融制度创新
	网上银行	金融业务创新

续表

时 期	金融创新内容	类 别
2000 年之后	担保债务权证(Collateral Debt Obligation，CDO)	金融业务创新
	信用违约互换(Credit Default Swaps，CDS)	金融业务创新
	特殊目的机构(Special Purpose Vehicle，SPV)	金融机构创新
	结构投资机构(Structure Investment Vehicle，SIV)	金融机构创新
	资产支持商业票据(Asset-backed Commercial Papers，ABCP)	金融业务创新

(资料来源：宋玮. 金融学. 北京：对外经济贸易大学出版社，2010.09：262-264.)

问题

分析金融创新的背景及动因。

简要提示

自 20 世纪 60 年代以来，西方的金融创新进入一个繁荣发展的时期，其中较具代表性的金融创新是金融市场的创新和负债业务的创新。进入 70 年代，金融创新的内容主要集中在金融机构的传统业务方面，如银行的资产业务、负债业务与中间业务。80 年代后，随着计算机技术的广泛使用和金融市场一体化趋势的加强，新的金融服务技术成为创新的焦点，这一时期的创新主要是融资方式的创新，且多以银行表外业务的形式出现。自 90 年代以来，衍生品交易的种类和规模不断增加，金融创新的重点也由单纯的工具创新转移到了制度建设上，《新巴塞尔协议》的出台和欧元的出现是制度建设的重要成果。

案例[15-2] 建元 2005-1 个人住房抵押贷款证券化

2005 年 12 月，中国建设银行作为发起人创建的建元 2005-1 个人住房抵押贷款支持证券正式发行，这是我国第一例住房抵押贷款的证券化。这次证券化采用信托的形式发行，资产池的抵押贷款来自上海、无锡、福州、泉州四个城市。共设计了四种产品，包括三种优先级债券和一种次级债券。并准备在银行市场上市，它们的信用评级分别为 AAA 级、A 级和 BBB 级；次级债券没有评级，其面值占全部四种债券总面值的 3%，发行后由中国建设银行持有。

(资料来源：根据新华网整理。)

问题

分析个人住房贷款证券化的基本原理。

简要提示

住房抵押贷款证券化是指金融机构(主要是商业银行)把自己所持有的流动性较差但具有未来现金收入流的住房抵押贷款汇聚重组为抵押贷款群组。由证券化机构以现金方式购入，经过担保或信用增级后以证券的形式出售给投资者的融资过程。这一过程将原先不易被出售给投资者的缺乏流动性但能够产生可预见性现金流入的资产，转换成可以在市场上流动的证券。

第16章

金融与经济发展

本章学习要点

通过本章的学习，掌握金融抑制、金融深化和金融约束的主要理论；理解虚拟经济与实体经济之间的关系；了解金融与经济发展的关系。

本章学习重点与难点

重点是金融压抑、金融深化和金融约束的主要理论；难点是虚拟经济与实体经济的关系。

本章基本概念

经济发展、金融压抑、金融深化、金融约束

16.1 金融与经济增长

16.1.1 金融与经济发展的关系

金融是货币与信用的融合，它是商品交换与市场经济发展到一定阶段的产物。在经济的发展过程中，以货币为媒介的商品交换打破了直接的物物交换中买卖双方在时空上的限制。随后信用的发展又令货币与商品的交换在时空上的限制进一步放开，以至即使在交换双方商品所有权转移后市场仍继续存在，货币也逐渐作为一种可有偿转让的特殊商品成为市场交易对象之一。于是，从商品流通中独立出了一种特殊商品——资本，金融也开始具有真正意义。此后，金融工具逐步由单一的货币形式发展为货币、商业票据、股票债券等多种形式并存，出现了专门经营金融业务的金融机构以及从事金融活动的金融市场，金融开始由最初中介商品交换的辅助地位逐渐发展成为经济活动中一个相对独立的因素，通过其自身的货币发行、信用创造、资源配置等功能影响着社会再生产和经济发展的速度和质量。

1．金融对经济增长的促进作用

当金融得到健康有效的发展时，它积极促进着经济发展。

(1)货币的运用降低了交易成本、便利交换

亚当·斯密认为劳动分工即专业化是提高生产力的首要因素。专业化程度越高，工人越可能发明更先进的机器或生产方法。而金融的作用在于货币的产生大大降低了物物交换中因需求和时间的双重巧合的困难而存在的用于评估商品品质、掌握商品信息的单位交易成本，便利了交换，从而实现市场范围扩大专业化程度的提高。随着经济货币化程度的提高、单位交易成本和信息成本仍会下降。这一作用更为加强。

(2)金融能促进储蓄和投资的增长

金融促进储蓄和投资从而为经济发展提供资金支持。经济发展需要大量资金推进，而储蓄是提供资金的重要来源之一。特别是在经济从不发达走向发达的过程，储蓄率的高低起着决定性的作用。几乎所有国家在发展过程中都伴随着储蓄率的上升，其中最有代表性的是日本。日本在20世纪50—70年代的高速发展时期，储蓄率曾达到40%的水平。在促进储蓄率上升的因素中，金融是最重要的一个。金融的特点在于资金融通，而利息率使当前消费转化为未来消费、实物储蓄转化为货币储蓄，储蓄增值并转化为投资成为可能，这就决定了它有条件吸收社会中的闲散资金转化为储蓄，从而为生产提供资金来源。此外，金融的特点又使它成为动员储蓄和投资的最佳途径：一方面，把分散的储蓄用于投资或将存储的资金集中起来需要大量信息和投资渠道，而流动性金融市场能增强金融工具的多样性和流动性、满足持有多样化证券组合的需要；另一方面，动员储蓄牵涉大量筹资企业与拥有剩余资金的诸多投资者，金融中介能以最低的交易成本和信息成本最大量地动员储蓄，有效避免信息不对称的弊端。

(3)金融发展提高资本效率

金融的发展实现了资金的合理流动，优化资源配置，从而提高资本效率。

①金融能降低长期投资的流动性风险。高收益的投资项目需要长期的资金占用，为此储蓄者必须承担因资金长期被占用而产生的资金流动性风险，以致不愿长期投资。而资本市场交易、各种金融工具的创新、金融中介的往来存款业务以及针对外部冲击对流动性投资和非流动性投资进行的动态均衡组合，部分金融工具具有降低和分散流动性风险的能力，向力图回避流动性风险的储蓄者提供最大程度的保险。这使更多资金会流向周期较长的项目。正是基于这一作用，18世纪英国工业革命才能拥有充足的资本支持它最终完成。

②金融的存在能大大节约信息成本。金融中介具有较个体储蓄投资者更强的获取和处理众多企业、管理者和经济环境方面信息的能力和专业评估技术。这使它为其成员提供投资信息服务的成本比个体储蓄投资者通过个人努力获取信息的成本要低得多。

③金融体系能降低监督成本，改进对资金使用者监督。资金所有者在投资时需要核实项目质量和项目回报，这需要支付一定的费用，提高投资成本。同时资金使用者夸大投资收益、掩盖经营问题的内在倾向又会使这种监督成本加大。

为此，金融能借助其专业技能和中介地位来代理资金所有者对资金使用者的监督，提高监督的有效性。

此外，金融业为社会提供大量就业机会、加速科技成果向现实生产力的转化，并促进经济全球一体化的发展。这些都不同程度地为经济发展做出了贡献。

2. 金融对经济发展的阻滞作用

金融在经济运行中所处的重要地位不仅体现在其对经济发展的促进作用上，金融危机

的爆发对整个经济体系正常运转的冲击也显示出它对经济的负面效应。1997年爆发的亚洲金融危机和2007年美国的次贷危机使人们认识到金融的稳健发展对于全球经济与社会稳定发展的重要性。

(1)金融活动中的不确定性带来的金融风险客观存在于经济生活中

只要存在不确定性，风险就存在。金融业是高负债经营的产业，自有资金所占比重小，资金来源主要依靠将其对零散储户的流动性负债转化为对借款人的非流动性债权来实现。这有两个前提条件：一是储蓄者对金融机构有信心；二是金融机构对借款人的筛选和监督高效。由于不能确定这两个条件能否满足，金融风险就客观存在：一方面，由于市场信息不对称性和市场经济主体对客观认识的有限性，即使银行经营稳健，储户能认识到全体不挤兑更利于集体利益，但在面临“囚徒困境”时仍可能为降低预期风险而参与挤兑；另一方面，由于市场经济主体存在机会主义倾向，金融机构管理者趋于采用高风险、高收益的投机策略，以致金融资产质量下降。同时贷款者也可能采用不正当手段，如欺骗及违规操作来不合理占用资金，致使金融机构对借款人的监督有限。

(2)金融对经济运行的广泛渗透性

金融的渗透与扩散性使金融风险具有很强的传染力。

①金融机构作为储蓄和投资的信用中介组织，它的经营失策必将连锁造成众多储蓄者和投资者蒙受损失。

②银行创造存款货币扩张信用的功能也令金融风险具有数倍扩散的效应。

③银行同业支付清算系统把所有银行联在一起，任一银行的支付困难都可能酿成全系统的流动性风险。

④信息不对称会使某一金融机构的困难被误认为全金融业的危机，从而引发恐慌。金融的这些特殊性令其风险相对其他行业而言具有快速、面广的特点。使局部性金融困难能快速演变成全局性金融动荡甚至经济危机。

(3)金融资产的高度流动性、金融风险的隐蔽性以及金融危机的突发性

金融资产的这些特点使得金融风险易于剧变成金融危机并严重危害经济。全球经济金融一体化、国际金融市场的迅猛发展以及科技进步令各地区金融资源融合和互动的规模加大、速度加快，一国或一地区的金融风险能很快传染到别国或别的地区。与此同时，信用存在的有借有还、借新还旧、贷款还息等特点以及银行垄断或政府干预等外在因素又很容易将其掩盖，使其得不到及时解决并日益严重。待这种金融风险渐进累积到一定程度才爆发时，就已演变成金融危机，并加剧对经济和社会的破坏。

因此，金融对经济发展的影响是双重的。它既能极大地支持经济发展，又使客观存在的金融风险演变成金融危机破坏经济发展的可能性和严重性加大。合理地发展金融能促进经济发展，更利于化解金融风险，预防和抑制其对经济发展的阻滞作用。特别是对于发展中国家来说，要赶超发达国家，充分正确地用好金融这一杠杆、稳健发展金融尤为重要。

16.1.2 金融与经济理论的演进

关于金融发展与经济增长的关系和作用机制问题，古典经济学家认为金融发展与经济增长之间没有因果关系，货币金融变量在实体经济中只充当“面纱”角色，经济增长完全由实务部门决定。现代的经济学家则认为金融发展与经济增长之间存在各种可能的关系，

既有金融发展促进经济增长的观点，也有金融发展阻碍经济增长的观点，并且在二者的因果关系和因果方向上观点各异。大部分研究结论支持金融发展促进经济增长的观点，并且在二者的因果关系和因果方向上观点各异。支持金融发展促进经济增长的观点，认为良好的金融系统和金融体制有利于资本的积累和资源的优化配置，便于资金的融通和储蓄向投资的转化，从而对经济增长起到促进作用。格林伍德和乔安那维克(Greenwood & Jovanovic，1990)以及莱维纳(Levine，1992)的门槛效应理论进一步完善了金融发展促进经济增长的观点，他们认为，金融中介体系的组件存在较高的固定成本，导致金融发展与经济增长之间的"门槛效应"。由于门槛效应的存在，只有在其经济规模达到某一水平之后才能发展特定的金融体系，这时金融发展才会体现出对经济增长的促进作用。所以，低水平的经济发展使金融体系的发展受到限制，这反过来又会阻碍投资资源的优化配置，从而限制了经济的增长；而较高的经济发展水平会带来金融体系的充分发展，后者又为进一步的经济增长提供条件。因此只有在发达国家，才会出现金融发展与经济增长相互促进的良性循环，门槛效应理论较好地解释了发达国家与发展中国家金融发展水平的差异。

总的来说，越来越多的学者认定金融发展在促进经济增长方面发挥了重要作用，并被大量的实证研究所证实。这一领域研究的代表人物包括：帕特里克(Patrick，1966)、戈德史密斯(Goldsmith，1969)、麦金农(Mckinnon)、金(R.G.King)、莱维纳(R.Levine，1997 & 2002)等。

16.2　金融压抑、金融深化和金融约束

16.2.1　金融压抑

在当今社会，经济与金融已经紧密地结合在一起，任何国家的经济发展都离不开金融的大力支持。因此，对金融发展与经济发展之间关系的研究也就成了国际经济学界的一个热门课题。20 世纪 70 年代初，以爱德华·肖(E.S.Shaw)和罗纳德·麦金农(R.I.Mckinnon)为代表的经济学家，以广大发展中国家为样本，将这一研究引入更深层次，并提出了全新的"金融压抑与金融深化"理论，这对于迫切希望摆脱贫困的发展中国家来说具有重要的指导意义。就我国的现状而言，推动金融改革的深化，加快金融创新的步伐已成为当务之急，因此研究和借鉴这一理论对于我国的经济发展会起到有益的作用。

爱德华·肖和罗纳德·麦金农等人认为，发展中国家有着一些共同的特点，如劳动生产率低，人口众多，生活水平低下，过分依赖农产品和初级产品出口等，此外，还有一个影响经济发展的重要因素——金融压抑。

所谓金融压抑是指一国的金融体系不健全，金融市场机制未充分发挥作用，经济生活中存在过多的金融管制措施，而受到压制的金融反过来又阻碍经济的成长和发展。

1. 金融压抑的根源

金融压抑现象的产生并不是偶然的，它有着复杂的经济、政治和社会历史根源。

(1)经济根源

麦金农认为，发展中国家的经济具有严重的"分割性"，资金、技术、土地、劳动力等生产要素分散于零散的经济单位之中，国内市场也处在割裂状态，无法发挥其合理配置要

素的功能，市场价格千差万别，生产效率和投资收益率也因时因地而异，这种“分割经济”也就决定了金融体制的割裂与脆弱。由于市场机制的不健全，资金很难通过统一的金融市场来流通，有限金融机构不能充分发挥“导管”作用，因而投资多局限于本行业之中，用于投资的资本也只能依靠企业内部的积累，而这种“内源融资”的盛行又减少了企业和个人的储蓄倾向，导致发展中国家的一个常见病——储蓄不足，进而影响到社会再投资能力，造成全社会范围内效益的损失，延缓了经济发展，并且给一些发展中国家政府进行人为干预制造了借口。可见，经济的分割性是造成金融压抑的一个重要原因。

(2)政治根源

从政治方面来看，由于大多数发展中国家是摆脱殖民统治后取得独立的，所以新政府对于国家主权有强烈的控制欲望。他们大多对宗主国实施的所谓“自由经济”政策给自己带来的恶果记忆犹新，自然对“市场”的作用持怀疑态度，加之本国经济的落后与割裂，因此它们宁可相信政府干预的力量而不愿将国家的经济命脉交由那只“看不见的手”来操纵。这也解释了发展中国家存在如此众多的经济管理部门和管理政策，而这些恰恰是金融压抑的突出表现。

(3)对高利贷和通货膨胀的恐惧也是导致金融压抑的一个重要原因

对大多数发展中国家来说，高利贷就意味着剥削，意味着社会财富的分配不公，而且支付了高额利息的生产商又会通过成本推进效应，将这笔费用计入最终产品的价格中，从而导致通胀率的上升。因此在政府看来，高利率的借贷活动必须禁止并代之以政府的财政计划和信贷配给。这种做法的结果是硬性规定了银行存贷款的利率上限，实际利率同名义利率相差甚远甚至为负数，金融体系对储蓄的吸引力日渐衰弱，而随配给制而来的特权与腐败现象却蔓延开来。实际情况往往是，发展中国家的金融体系的活动受到各种限制，而流通中的名义货币量却未受到有效控制，通胀问题仍然很难有效解决。

2. 金融压抑的手段和表现

由于上述种种原因，发展中国家的政府常常实施一些错误的金融政策和金融制度，主要表现为政府对金融活动的强制干预。例如，人为地控制利率和汇率等，这就是所谓的“金融压抑”。

(1)金融压抑的手段

①对利率的干预。利率能够灵活地调节社会资金的供求关系，作为资金的价格，反映着资本的社会稀缺程度，能够调节资金供求。然而由于惧怕高利率会引发高通胀，一些发展中国家政府采取了规定存贷款利率上限的做法，这种僵硬的名义利率往往低于实际的通货膨胀率。对于储蓄者来说，得到的实际利率为负数，当然就更不愿将货币余额再存入金融体系之中；而另一方面，较低的贷款利率又刺激了借款人的强烈的借款需求，而导致资金需求远远大于供给。于是他们纷纷转向非组织的金融市场来寻求所需的资金。这种游离于金融体系之外的融资反过来又加剧了金融管制的盛行，政府会更加坚定地认为“市场机制会带来无效和混乱”，并采取诸如信贷配给的办法来分配有限的社会资本，消除总需求缺口。可事实上，得到资金的往往是与政府机构有着密切关系的某些“特殊部门和行业”，配给制并未使急需资金的企业获得足够的“动力”，对中小工商业者和农民来讲筹资的困难更大。

②对外汇市场的干预。发展中国家的外汇市场上也存在着干预的情况：由于本国经济的长期落后，有相当数量的产品需要依赖进口，于是政府常常采取高估本币低估外币的方法来保持本币币值的相对稳定性。这样一来，即便是在国内通胀率不断上升的情况下，进口商的实际支付也不会发生太大的变化，能够以官方汇率获得外汇的只是那些持有进口许可证的特权机构，而广大用汇企业和个人只能转向外汇黑市交易。这一方面导致发展中国家幼小的外汇市场发育缓慢；另一方面，本币高估对该国出口来说也是一个灾难性的打击，并造成经济上的长期依赖性和落后性。

③制度方面的缺陷。除了利率和汇率控制之外，发展中国家在金融管理方面还有许多弊病。如政府部门高度集权，管理机构重复设置，财政政策和货币政策相互矛盾等。以财政政策为例，发展中国家的政府为了扶植本国的“新兴产业”，不惜用增加公共税收，提供财政补贴的办法来增加投资，并给予那些所谓的“先进企业”以税收优惠，提供宝贵的外汇帮其引进国外最先进的技术装备。然而，先进的技术却常常因吸收能力有限而被闲置，大量的投资和补贴助长了企业的依赖思想，生产效益仍旧停留于低水平上；相当于一部分生产投入转化成消费资金，增大了通胀压力。这种财政补贴的做法实质上违背了政府控制货币数量的初衷，并且用低效和显失公平的分配手段取代了高效、公平的金融导管作用，从而压抑了金融体系的发展。

(2) 发展中国家受到压抑的金融体系有两个显著表现

①金融市场不健全。国家意志代替经济规律，行政指令胜于市场调节，金融市场还处在萌芽阶段。由于经济上的分割性，银行和非银行等金融机构多局限于各自的传统领地内活动，他们之间缺少一个完整的有机的短期货币市场来连接，同业拆借的资金量缺乏。分割经济又使得外部投资收益具有很大的不确定性，不断上升的通胀率也打击着投资者的信心，因而证券市场上的交易品种和数量十分有限，中长期资本不易流动。外汇汇率由官方决定，过度的外汇需求只能求助于黑市交易，而在有组织的外汇市场上则充斥着多重汇率和用汇额度。

②金融工具单调。这主要表现在银行等储蓄机构仅仅开办存贷款业务，而且期限单一，利率僵硬，无法满足储蓄和借贷双方对金融资产流动、盈利和安全性等方面的需要；因商业信用不佳，商业票据无法广泛流通，证券交易品种有限，投资者缺乏选择金融资产的机会。

3. 金融压抑的后果

由于金融与经济密不可分，金融压抑会对经济发展产生影响，主要表现为以下四个负效应。

(1) 负收入效应

公众所持有的实际货币余额越多，储蓄和投资就越多，而储蓄和投资的增加又会带来生产的增长和收入的提高。在许多发展中国家里，情况却恰恰相反，那里大都存在着较严重的通胀，名义利率却受到严格限制，人们为了逃避通货膨胀，自然会减少以货币形式保有的储蓄，从而导致投资来源枯竭，收入水平长期停滞不前。

(2) 负储蓄效应

许多发展中国家试图用规定名义利率上限的做法来控制货币数量。而在通胀率很高的情况下，较低的名义利率只能造就更低的实际利率，使储蓄者不得不减少其储蓄倾向，用购买物质财富、增加消费支出和向国外转移资金的办法来规避风险，即便是有储蓄意愿，也因金融资产单调、流通变现困难等原因而受挫，这就不能不影响全社会中储蓄占国民收入的比重。

(3) 负投资效应

由于发展中国家急于实现“工业现代化”，常常利用国家集权将有限的资金投向那些规模大、高技术的新兴产业，无形中就限制了向其传统部门的投资，特别是阻碍农业的正常发展，使得本国不得不增加对粮食和原材料的进口，这种需求缺口有时还要靠外援来弥补。而对于农业和小规模生产行业的资金歧视又严重地影响了出口的增长，使国民经济的对外依赖型进一步增强，而在某些资本-劳动比率很高的行业中，不熟练的生产技术和过剩的生产能力，又降低了投资的实际支出，造成资金的浪费。

(4) 负就业效应

金融压抑战略对传统经济部门的限制使大量劳动力涌向城市。而城市工业规划者常常忽略了本国人口众多的国情，热衷于建设资本密集型的工厂和企业。这些企业只能把很小部分的闲散的劳动力吸纳进去，那些未被吸纳的劳动力形成了一个声势浩大的“城市贫民阶层”，并且伴随着生产的发展和技术的改进，失业现象会更加普遍，社会成员间的贫富分化进一步加剧。

16.2.2 金融深化与金融约束

1. 金融深化

金融深化是指如果政府取消对金融活动的过多干预，发展中国家的金融与经济可形成金融改革与经济发展的良性循环。金融深化理论强调“金融资产以快于非金融财富积累的速度而积累”。可见，金融深化的最初含义就是要通过金融产品的快速增长来实现金融与经济发展之间良性关系的形成。金融深化理论认为，金融与经济发展息息相关，功能健全的金融体系能使较贫困地区的经济增长步伐变得更加迅速；反之，扭曲的金融会阻碍经济发展。该理论突破了就只有真实变量论经济发展而忽略金融变量的传统观念，较早地界定了金融因素在经济发展中的作用。

根据爱德华·肖的解释，金融深化具体指政府解除对利息率的控制，使其反应储蓄稀缺性，以刺激储蓄，提高投资收益率。金融深化还包括两方面的内容：一是通过取消高额存款准备金、最高利息限制和命令规定的信贷配给，以保证正的和比较统一的实际利率；二是通过合适的经济措施来稳定物价水平，其目的在于让储蓄者和投资者“感受到”资本的稀缺价格，缩减投资在不同经济部门的盈利率的差距。金融深化的政策措施有六方面：

①提高或开放利率；

②放宽对金融机构的管制；

③建立和发展国内统一的资本市场；

④抑制通货膨胀；

⑤进行财政改革；

⑥进行外贸配套改革。

概括地说，传统的金融深化理论发展经历了两次革命：第一次是麦金农和爱德华·肖等传统理论创始人对经典凯恩斯主义的革命，从而结束了赤字货币化下高通货膨胀给经济带来的不利影响的时代，使发展中国家走上了金融自由化的道路；第二次革命是金融自由化次序理论的创立，其理论核心是金融自由化，它解决了发展中国家财政赤字、国内金融自由化和金融国际化三者之间的无序状态问题。

新的金融深化理论体系有以下几方面的特点。

①突破了金融自由化与金融深化之间方法与目标不分的局限性，以及金融深化研究中对金融自由化与金融抑制认识上的非此即彼的观点，既坚持了金融自由化又坚持了金融深化；承认金融自由化与金融抑制在相对长的时期内是并存的。

②改变了金融深化促进经济增长"模糊感觉"的传统观点，明确了金融深化发展与经济增长的"双重非均衡性"特征。

③冲破了对发展中国家金融脆弱性的表层认识和自由化次序理论的限制，将焦点集中于分析发展中国家的微观主体特征，解释更深层次的金融脆弱性问题。

④跨越了传统的金融深化理论真实利率外生性的观点，阐述真实利率的调整实际上是受经济增长的内生约束。

⑤打破了"就货币论货币，就金融论金融"的理论局限，从发展中国家金融与生产关系出发来研究金融发展问题(如发展中国家企业家的数量对信贷量的影响、真实存款利率受实体经济内生决定的机制)。

⑥否定了传统的通货膨胀与经济萎缩的宏观经济政策解释，发展中国家除了货币因素之外，金融深化过程中的微观内生机制增强成为当前金融与经济问题的主要矛盾。

进入 20 世纪 90 年代，信息经济学的研究成果被广泛应用到各个领域。很多经济学家分析了在信息不完全的前提下金融领域的道德风险、逆向选择等问题。1996 年托马斯·赫尔曼、凯文·穆尔多克、约瑟夫·斯蒂格利茨等人在麦金农和爱德华·肖的金融深化理论基础上，提出了金融约束论，认为政府对金融部门选择性地干预有助于而不是阻碍了金融深化，对于经济落后、金融程度较低的发展中国家应实行金融约束政策。在一定的前提下(宏观经济稳定，通货膨胀率低且是可以预测的、正的实际利率)，通过对存贷款利率加以控制，对市场准入、市场竞争以及资产替代加以限制等措施，来为金融部门和生产部门创造租金，并提高金融体系运行的效率。

2. 金融约束

金融约束是一种选择性干预政策，政府制定金融政策的目的在于为金融部门和生产部门提供和创造租金机会，刺激金融部门和生产部门的发展，并促进金融深化。金融约束是与金融压抑截然不同的政策。金融约束的前提是稳定的宏观环境、较低的通货膨胀率、正的实际利率。最关键的是，金融约束的本质是政府通过一系列金融政策在民间部门创造租金机会，而不是直接向民间部门提供补贴。

政府租金创造并不一定要通过利率限制来达到，也可以采用金融准入政策、定向信贷和政府直接干预等方式，只要政府使银行和企业获得了超过竞争性市场所能得到的收益而政府并不参与利益分配，就可以说政府为它们创造了租金。通过创造经济租金，使银行和企业股本增加，从而产生激励作用，达到增加社会利益的目的。

金融约束是发展中国家从金融压抑状态走向金融自由化过程中的一个过渡性政策，它针对发展中国家在经济转轨过程中存在信息不畅、金融监管不力的状态，发挥政府在市场“失灵”下的应有作用，不是与金融深化完全对立的政策，而是金融深化理论的丰富与发展。

16.3 虚拟经济与实体经济

16.3.1 虚拟经济与实体经济的界定

1. 实体经济是指物质产品和精神产品的生产、销售及提供相关服务的经济活动

实体经济不仅包括农业、能源、交通运输、邮电、建筑等物质生产活动，也包括商业、教育、文化、艺术、体育等精神产品的生产和服务。而虚拟经济大体有三种范畴：一是指证券、期货、期权等虚拟资本的交易活动，也称为金融经济；二是指以信息技术为工具所进行的经济活动，也称为信息经济；三是指用计算机模拟的可视化经济活动，也称为网络经济。这三种范畴之间存在着一定的联系。虚拟经济的本质内涵是资本价值形态的独立运动。

2. 虚拟经济的基础和核心是虚拟资本

虚拟资本是相对于生产资本而言的，它的基本形态是有价证券和衍生金融工具。虚拟资本之所以是虚拟的，首先是因为它的价值是由它的收入派生出来的，即它的价值是虚拟的；其次是因为它的运动不仅与生产资本的运动相脱离，而且还与其所代表的资金的运动相脱离。经济的虚拟化是市场经济发展的必然趋势之一。当资本的运动越来越远离直接生产过程时，经济就虚拟化了。有价证券的出现标志着经济虚拟化的开始。有价证券的形式有两种：一种是债务工具，体现了借贷关系；另一种是权益工具，体现了所有权关系。我们以公司债券和股票为例，它们发行以后，企业把获得的资金投入生产过程，货币资本转化为生产资本。虽然公司债券和股票以独立的形态不断地在交易和流通，但是这种流通仅仅改变着债权人或所有者，它们所代表的资金仍然在生产过程中。有价证券可以带来收益，成为资本，但这种资本的运动与生产资本的运动已发生一定程度的偏离，即资本开始虚拟化了，衍生金融工具的发展标志着经济虚拟化的深入。

16.3.2 虚拟经济与实体经济的关系

在现代市场经济条件下，实体经济和虚拟经济两种经济形态及其互动构成了现代经济体系的新格局，二者相互促进，共同发展，不可或缺。

1. 实体经济是虚拟经济产生和发展的基础

虚拟经济是市场经济高度发展的产物，没有实体经济的发展，就没有虚拟经济。虚拟经济的载体是股票、债券等有价证券，而这些有价证券的发行规模是由实体经济的发展的需要决定的；实体经济运行状况和有价证券的发行规模又制约着虚拟资本的交易规模。金融衍生工具也决定于实体经济活动的规模和需要，一定的实体经济活动规模决定了虚拟经济规模不可能无限膨胀。实体经济的状况是虚拟经济健康运行的基础，实体经济状况良好，则虚拟经济的运行就有了坚实的物质基础；反之，虚拟经济的运行就会受到影响。

2．虚拟经济是相对独立的经济活动领域

虚拟经济是实体经济发展到一定阶段的产物，但它自身又是一个相对独立的经济活动领域。虚拟经济的规模与实体经济的规模经常会有很大的偏离。如股票，其所代表的实际资产已经投入到企业的生产经营过程中去创造价值和利润，而股票本身又在资本市场上流通转让甚至被当做交易对象进行买卖，成为与其所代表的实物资本相对应的另一套资本的载体。这些股票又可能衍生出股票期权、期货合约或股票指数期权期货合约，与同一套实物资本相对应的可能是几套甚至几十套虚拟资本。

3．虚拟经济的发展受到实体经济的制约

如果没有实体经济的支撑，虚拟资本的运行在实际资本的增值运动受阻时迟早会难以进行下去。当虚拟经济发展到泡沫经济的时候，如果控制不当，就会引发金融危机，致使市场失灵和宏观调控失灵。20 世纪 90 年代的日本泡沫经济破裂、墨西哥和巴西的金融危机以及东南亚金融风暴，情况虽然千差万别，但从经济泡沫形成到泡沫破灭爆发金融危机，都是由虚拟经济过度发展、实体经济运行结构不合理造成的。

4．虚拟经济对实体经济的积极影响

虚拟经济虽然独立于实体经济而存在，但却以现实的实体经济为基础，并且能对实体经济的运行产生积极的影响，有助于提高实体经济的质量和效益。一方面，金融自由化和金融深化不仅可以提高社会资源的配置效率，提高实体经济的运行效率，而且资本证券化和金融衍生工具提供的套期保值等服务，还为实体经济提供了稳定的经营环境，降低了实体经济的经营成本和因价格或汇率波动引致的不确定性经营风险，使实体经济能够稳定增长。另一方面，虚拟经济自身产值的增加既促进了 GDP 的增长，为虚拟经济的发展提供了大量就业机会，也直接促进了第三产业的迅速发展。

虚拟经济是市场经济高度发达的产物，以服务于实体经济为最终目的。正确处理虚拟经济和实体经济的关系是全面建设小康社会、实现本世纪经济建设和改革任务的需要，也是适应经济全球化和加入世贸组织新形势的需要。

16.3.3 资本市场对实体经济的促进作用

资本市场与实体经济关系的研究属于虚拟经济与实体经济关系的分析框架。虚拟经济包容了资本市场，资本市场是虚拟经济的重要内容之一。一方面，实体经济的增长为资本市场和虚拟经济的发展奠定物质基础；另一方面，资本市场的增长拓展了实体经济的发展空间。在这种良性互动中，资本市场和虚拟经济的产生与发展提高了资本社会化的配置效率，分散了市场微观主体的市场营运风险，从而促进了实体经济运行效率的提高。不过，倘若人们受到资本市场和虚拟经济高流动性和高投机性等特点的诱导，而偏离实体经济去盲目追逐资本市场和虚拟经济的过度增长，就会给整个实体经济带来破坏。因此，一国经济的稳定发展有赖于资本市场和实体经济之间的互动与平衡。

1. 资本市场为实体经济提供了多样化的融资渠道

资本市场作为社会储蓄转化为实体投资的中介，其发展为居民提供了多样化的投资选择，为企业提供融资渠道，为政府对经济运行实施宏观调控提供了多样化的手段。理论上，资本市场通过融通资金、传递信息、提供流动性支持等，可以提高社会经济资源的配置效率；通过提供专业化服务和套期保值等，可以有效地分散和降低风险；但是，资本市场发展的实际效应如何不仅取决于他自身的完善程度，也取决于资本市场运行的外在条件。资本市场同其他市场一样具有内在的局限性，因而在发挥积极作用的同时，不可避免地会产生负面影响。其突出的表现在于，它增大了货币经济的独立性，资本市场越发达，货币经济在越来越大的范围和规模上成为一种相对独立于真实经济的系统，因而存在产生“泡沫经济”的可能性；它的扩张和收缩对实体经济具有加速器的作用，从而增大了实体经济的不稳定性。

资本活动的出现使储蓄和投资分离为两个独立的行为，资本市场本身既不是投资者，也非储蓄者，它通过对储蓄者和投资者资金供求的重新安排，提高了储蓄与投资的总水平，从而发挥对资源配置导向性作用。由于资本市场存在强大的评价、选择和监督机制，投资主体作为理性经济人始终具有明确的逐利动机，从而使资金从低效益部门向高效益部门流动，不断优化资源配置，促进产业结构向合理化、高级化发展。在资金存量与资金流量的相互作用中，它首先作用于资金流量，进而再作用于资金存量。经济金融化程度越高，上述作用的传递过程越明显、越有效。故资本市场在产业结构调整中的作用可归结为：在一定的金融制度下，借助国家产业政策和宏观货币政策，资本市场能够调节资金的产业投向，优化产业的结构，促进要素投入与要素生产率的提高。

2. 资本市场初步具备了公司治理的功能

资本市场在公司治理中的作用表现在以下两个方面。

①企业为了上市必须进行股份制改造，深化企业改革，转变经营机制，建立现代企业制度，从而促进了企业法人治理结构的改变和完善。在我国，公司治理是与企业改革、企业改制等联系在一起，资本市场的发展对企业改革和公司治理起到了促进作用。

②企业上市后成了公众公司，资本市场通过股东投票机制、并购接管机制和股权激励机制，发挥对公司管理层的激励、监督和约束作用。也就是说，资本市场的公司治理功能在企业上市前后的表现是不同的。

3. 资本市场的发展为资本在全球范围内流动建立了制度基础

资本市场为资本的运行提供了广阔的空间，对全球实体经济的发展创造了更为便利的条件和环境，起到了极大的促进作用。资本市场的发展有利于全球范围内的资源优化配置，促进世界经济增长。世界经济持续增长的基础在于资源在全球范围内的优化配置，而各种资源优化配置的核心是资本在全球范围内的优化配置。资本追求高额利润的本性必然要求其寻找高风险、高收益的投资领域。而一般来说，在世界各国，各种社会资源的充裕程度是有很大差异的。有的国家资本充裕，有的国家资本缺乏，资本缺乏的地区市场风险较高，而利润也较高。在经济全球化的环境下，资本必然从收益较低的国家或地区流向收益较高的国家或地区，从利润较低的行业和部门流向利润较高的行业和部门，使得资源配置在更大范围内得以优化，既提高了资本流出国资本的收益，也促进了资本流入国经济的发展。

而且在市场经济条件下，资本的流出流入还能使其他社会资源，如劳动力和自然资源得到更为合理的配置。如发达国家对发展中国家的直接投资，一方面可以利用资本流出国缺乏而资本流入国充裕的劳动力资源和自然资源，为资本流出创造利润；另一方面有利于解决资本流入国的就业问题，增加社会总福利，促进其经济增长。

16.4 中国金融与经济发展

16.4.1 中国金融深化程度

按照现代金融发展理论的分析，金融发展首先表现为金融深化的程度。为了衡量我国的金融深化程度，根据金融深化理论，金融深化指标可以从三个方面来考察：货币化比率(M_2/GDP)；金融相关率(FIR)；实际利率(RATE)。

1. 货币化比率(M_2/GDP)

经济货币化程度用货币化比率(M_2/GDP)来衡量。它反映一国的货币化程度，实际衡量了在全部经济发展活动中，以货币来衡量的交易活动所占的比重，体现了一国金融深化的程度。从总体上看，它是衡量一国经济金融化的指标，该比值越大，说明经济货币化的程度越高。图 16-1 显示了我国各年 M_2/GDP 的变化。

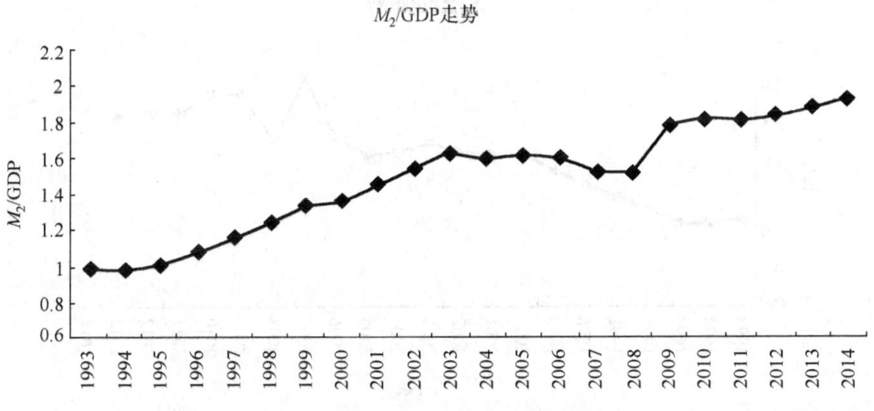

图 16-1 我国各年 M_2/GDP 走势图

(数据来源：根据《中国统计年鉴》(2014)数据计算得出。)

金融深化主要表现在经济货币化程度的提高上。我国货币化程度上升的速度非常快，1993 年的 M_2/GDP 为 0.987，到 2014 年提高为 1.932。货币化比率上升表明经济发展过程中以货币来衡量的经济活动所占比重越来越大。根据金融深化理论(麦金农和肖)，在一个比较稳定的经济环境中，当货币化比率上升到一定程度后，该比率就会处于相对稳定的状态，货币化比率(M_2/GDP)超过 1 说明一国的货币化程度较好。货币化比率一直处于上涨的状态反映出我国的金融市场发展迅速，经济环境得到了很大的改善。

尽管货币化比率(M_2/GDP)通常反映了金融发展的程度，但作为传统的金融深化指标，单独运用 M_2/GDP 并不能十分精确地衡量金融深化的程度，我国正处于市场化转轨的关键时期，货币化速度较快，资产市场发展迅速。我国储蓄率过高，在 M_2 中所占的比例较大，同时以银行存款为主要形式的间接融资仍然是经济发展的主要融资渠道，这些因素导致了 M_2/GDP 较高。

M_2/GDP 的提高表明我国的金融深化程度有了很大提高，但同时也暴露出我国金融改革的进程中存在许多问题。我国金融资产结构中储蓄存款太多、融资渠道单一、银行系统承担了过多的市场风险，要解决这些问题，就需要继续进行金融改革，完善金融体系。

2. 金融相关率(FIR)

戈德·史密斯在其著作《金融结构与发展》中，探讨金融结构、金融发展与经济增长之间的关系，提出了衡量金融深化程度的一个重要指标：金融相关比率(FIR)。金融相关比率指标是指一定时期内社会金融活动总量与经济活动总量的比值，它反映了通过金融工具来促进经济活动的水平。金融活动总量一般用金融资产总额表示。金融资产是指非金融部门发行的金融工具，包括股票、债券以及各种信贷凭证。金融资产总量包括 M_2、股票市价总值、债券余额三个组成部分。

金融相关率(FIR)反映了利用各种金融工具来引导现实经济活动的水平，可以集中反映金融发展的总体水平。在社会发展的低级阶段，金融的发展表现为货币化程度提高，当经济发展到一定程度，M_2 的上升趋势减缓，而各种非货币性金融资产的发展速度越来越快，在经济中的作用越来越大，这就是“经济金融化”。我国各年 FIR 的走势如图 16-2 所示。

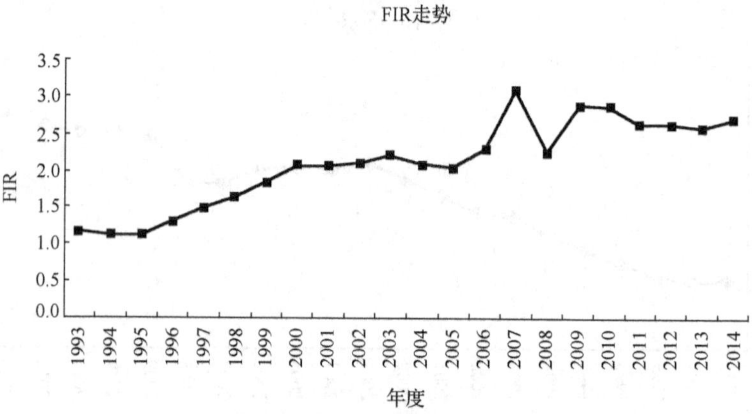

图 16-2 我国各年 FIR 走势图

(数据来源：根据《中国统计年鉴》(2014)数据计算得出。)

从图 16-2 中可以看出，我国金融相关比率总体上呈现上升趋势，这说明我国的金融发展是显著的，资本市场以及证券市场发展迅速，我国的金融深化程度正逐步加深。

3. 实际利率(RATE)

与凯恩斯主义者奉行的低利率政策不同，麦金农认为在发展中国家高利率政策能够消除金融抑制的影响。金融深化的根本目标是发挥利率的杠杆作用，将储蓄转化为投资。高利率能够真实地反映资本的稀缺程度，抑制低效率的投资活动，保证经济的健康平稳运行。麦金农认为，金融深化的最关键特征在于金融市场的实际利率为正，而且保持一直上升的趋势。

正的实际利率能够提高储蓄效率和投资效率。同时由于资金运用的机会成本过低而降低社会投资的平均收益率、资金使用效率低下，这两方面的作用阻碍了经济的增长。只有发展中国家进行金融深化改革，使利率逐步向市场均衡利率水平靠近，实际利率为正，才能促进经济持续健康的发展。我国各年实际利率的走势如图 16-3 所示。

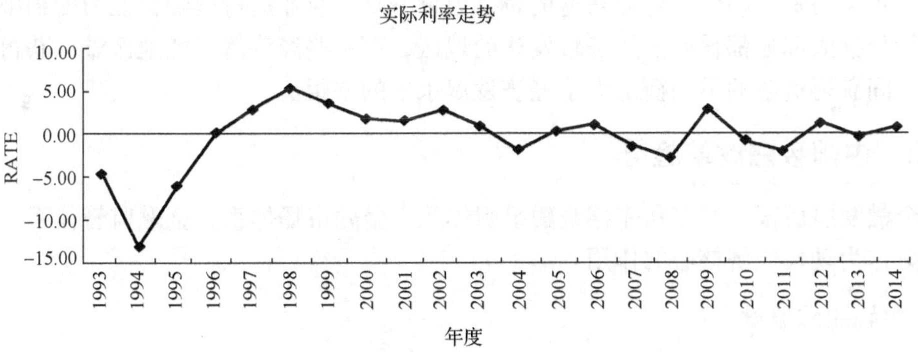

图 16-3　我国各年实际利率走势

（数据来源：根据《中国统计年鉴》(2014)数据计算得出。）

图 16-3 反映了我国 1993—2011 年实际利率的变动趋势。从图中我们可以看出，我国的实际利率水平与麦金农设想的理想状态不吻合，并没有呈现持续上升的状态，而是围绕零值上下波动。我们还能看到，1993—1996 年，实际利率为负，且数值较大。这一时期我国正处于高通货膨胀率时期，实际利率与价格水平的变动呈现负相关关系。实际利率围绕零值上下波动，说明尽管我国的经济发展迅速，金融资产大量增加，但仍然存在着一定程度的金融抑制，说明我国金融改革得还不够彻底。由于这样的金融抑制，货币政策无法在金融体系内部形成高效、敏感的传导机制。通过对以上三个金融深化指标的分析可以看出，我国的金融水平总体来说发展迅速，我国金融深化的量化指标达到较高的水平。但金融发展的规范化程度不高，金融发展的内在质量还需进一步提高。

16.4.2　中国货币金融结构存在的问题

尽管我国的金融深化取得了许多成就，金融深化的数量化指标都达到较高水平，但在金融深化的过程中仍存在许多问题，金融发展的规范性和质量水平仍有待提高。

(1)金融市场存在缺陷

我国资本市场主要由政府主导，金融资本主要偏重于支持国有企业、大型企业，贷款充足；而民营企业、中小企业则被忽视，使得中小企业难以获得足够的信贷资金，发展受到限制。货币市场仍处于初级阶段，利率市场化进程缓慢，资金配置效率较低，利率不能真实反映市场上资金的稀缺程度。

(2)金融资产结构不合理

长久以来金融资产的主要形式是银行存款，我国居民大都倾向于把钱存入银行，很少用来进行投资。金融改革以来人们的投资方式、投资渠道比以前有了很大的改善，银行存款仍然是金融资产的主要形式，股票、债券和保险等金融产品数量有所增加，但仍然占较小的比重。

(3)银行业垄断程度非常高

随着金融改革的不断推进，银行业形成多元化的体系，股份制商业银行、城市商业银行发展迅速。但实质上，四大国有银行占据很高的市场份额，中小银行、非银行金融机构没有足够的发展空间，银行业竞争不够充分，行业发展不够完善。

(4)银行贷款的利用效率低下，银行贷款的对象并不是按照资金使用效率来确定

目前我国的银行贷款大部分都投向了效率低下的国有企业，这部分的贷款使用收益较低；而真正需要资金的中小企业获得的贷款数量不足，企业的持续经营能力受到限制。此外，银行贷款大部分都投向了经济较发达的地区，而一些经济落后的地区难以获得发展机会，地区间获得资金的不均衡加大了经济发展水平的差距。

16.4.3 中国金融改革趋势

对金融发展而言，建立和完善金融组织体系、金融市场体系、金融监管体系，以有效发挥金融作为现代经济核心的作用。

1. 金融组织建设

建立有利于金融机构发挥职能作用的组织体系对于提高金融运行效率来讲是至关重要的。如何才能使有效性低的金融组织体系开始创新呢？有以下几点。

(1)金融组织体系应对经济运行机制具有适应性

经济运行决定金融运行，当前经济运行最主要、最基本的机制是市场机制，因此，按照市场经济运行法则建立健全金融组织体系，在现阶段就集中体现在建立健全非权力制约型金融组织体系上，可以形象地表述为金融组织机构与行政权力机构错位设置。

(2)金融组织体系应对经济运行结构具有适应性

经济运行结构制约金融运行结构，经济活动不同层次的融资需求决定了金融组织体系应根据不同区域的市场经济发展程度，分层次设置运行机构。

(3)金融组织体系应对经济增长的需要具有适应性

经济增长是市场机制优化资源配置的落脚点，金融作为经济增长的促进因素，必须通过建立与经济增长相适应的金融组织体系来体现。目前，我国加速经济增长是以经济增长方式转变为契机的，金融组织体系构建必须符合经济增长方式转变的要求。

(4)金融组织体系运行应对经济运行、经济运行的结构以及经济增长具有适应性

这是金融组织体系有效性的显著标志。通常这种有效性具体反映在最大化地动员储蓄资源，并能及时满足不同层次和不同地域经济发展的融资需求，概括起来就是金融区位的组织构建原则能有效地使储蓄转化为投资。

2. 金融市场建设

货币市场与资本市场良性互动是关键，要正确把握两市场的不同定位。

(1)货币市场与资本市场需要平衡发展、协调发展

从宏观经济发展考虑，中国资本市场承担着改革的重任，货币市场要有利于资本市场的发展；但衡量货币市场发展程度的标准要考虑资本市场尤其是股市的融资需要，更应从货币市场自身的发展规律特别是银行体系的需求出发，考虑货币市场的大政方针。

(2)功能定位

现阶段在积极消除货币市场与资本市场障碍的同时，还应强调两个市场功能的区别。货币市场的发展对提高证券市场流动性、推动股票市场良性发展也起到了极大的作用。当

股票市场发展到一定程度，如果投资者没有相应的货币市场工具进行资金余缺调剂，没有相应的主要由债券市场构成的货币市场作为股市之外的融资渠道，那么，股票市场的活力就不够。中国人民银行提出进一步发展货币市场，借以促进宏观金融调控机制的改进，这也要依赖于国债市场的发展，况且发展债券市场可以丰富包括基金管理公司在内的投资者的投资组合，真正达到资产组合管理。

3．金融监管一体化

随着分业经营的不断呈现，特别是金融企业集团接二连三地出现，传统的监管安排难免陷入困境，监管效率无从谈起。为此，当前最紧迫的任务就是做好监管部门之间的协调工作。由于在现行监管制度框架下，协调工作的难度非常大，特别是风险因素可以在整个金融业自由流动，而不同监管部门在监管目标、要求和手段等方面又各不相同，就更难及时达到有效协调。在这个意义上讲，金融监管体制一体化成为整合金融监管效率的必然选择。金融监管体制一体化，即把银行、证券及保险监管职能合并在一家机构中。它最早发端于北欧国家。北欧国家在整合的监管机构下运转有着较长的历史，实践证明这提高了效率，实现了规模收益。建立一家超级的、统一的监管机构，形成了“牵头监管者”是北欧国家监管体制的“一体化”思路的延伸。英国已经成立金融服务管理局(FSA)，由其统一对各类金融机构进行监管，并规定英格兰银行此后只在总体上对金融体系的安全性和稳定性负责。日本、美国也正在积极筹备建立这样一家超级监管机构，统一对全能化了的金融机构进行监管。超级监管机构的优势主要在于：

①监管机构的减少使得一些稀缺的资源可以共享，这有可能降低制度成本，带来一定程度的规模经济，同时也有可能带来范围经济，即因同时管制不同职能领域而受到制度成本降低之利；

②可以更好地与金融集团企业相抗衡，更有效地、全方位地监控业务多样化了的金融机构；

③单一监管机构原则上可以避免政出多门所导致的政策不一致、相互重叠或管制缺口，容易确定和分清管制的责任，避免相互推诿情况的发生；

④可以缓解管制人才匮乏的问题，使有限的人才资源得到集中和有效的利用。

4．中国金融体系的稳定与效率

按照西方经济学家切纳德等人的观点，一国金融体系要较好地发挥功能，适宜的宏观经济环境、有效的监督和管理体制、健全的金融市场基础设施是必不可少的。上述三项因素已被西方学界视为构成金融稳定的三根主要支柱。具体地说，要保持一个国家金融体系的稳定性、流动性和效率，最重要的是要建立规模很大、市场透明度很强的金融市场；金融实际上就是一种分散的机制，其前提是建立多元化的资金通道；建立什么样的金融体系取决于有什么样的金融文化；中国未来的金融体系必须是以市场为主导、以资本市场为核心的金融体系，资本市场的规范和发展才能使金融稳健而有效率地发展。

小 结

1. 现代的经济学派认为金融发展与经济增长存在各种可能的关系，既有金融发展促进经济增长的观点，也有认为金融发展阻碍经济增长的观点，并且在二者的因果关系和因果方向上观点各异。大部分研究结论支持金融发展促进经济增长的观点，认为良好的金融系统和金融体制有利于资本的积累和资源的优化配置，便于资金的融通及储蓄向投资转化，从而对经济增长起到促进作用。

2. 金融压抑是指一国的金融体系不健全，金融市场机制未充分发挥作用，经济生活中存在过多的金融管制措施，而受到压制的金融反过来又阻碍着经济的成长和发展。

3. 金融约束是发展中国家从金融压抑状态走向金融自由化过程中的一个过渡性政策，它针对发展中国家在经济转轨过程中存在的信息不畅、金融监管不力的状态，发挥政府在市场“失灵”下应有的作用，不是与金融深化完全对立的政策，而是金融深化理论的丰富与发展。

4. 虚拟经济虽然独立于实体经济而存在，但却以现实的实体经济为基础；虚拟经济虽然是与实体经济相对应的，但却能对实体经济的运行产生积极的影响，有助于提高实体经济的质量和效益。

5. 随着我国经济货币化程度的不断提高，我国金融的规模获得快速发展，金融资产规模和结构正趋于优化，金融部门应在这个过程中通过有效的金融组织建设、金融市场建设、金融监管一体化以及保证金融的稳定措施，在稳定发展的前提下吸引和发掘潜在的金融服务需求，提升向国民经济渗透的能力。

思考题

1. 为什么发展中国家普遍存在金融抑制？
2. 虚拟经济与实体经济的关系是怎样的？
3. 阐述金融压抑的根源、手段和表现。
4. 试论述中国金融深化的程度及存在的问题。

案例简介

案例[16-1]　发展中国家金融深化的反思

20世纪70年代末80年代初，有一大批发展中国家进行了金融深化的实践，如亚洲的马来西亚、韩国、斯里兰卡、菲律宾、印度尼西亚和拉丁美洲的阿根廷、智利、乌拉圭等。这些国家的金融深化大多以金融自由化为核心内容，主要举措有：放松对金融的管制和干预；取消或部分取消利率限制；放宽信贷政策；发展资本市场；允许汇率浮动和放松对资本流动的限制。

发展中国家金融深化收获的并不仅仅是成功的喜悦，有些发展中国家在金融深化过程中，由于操之过急，出现了比较严重的金融危机，比较典型的有两次。

(1)1994年12月至1995年3月墨西哥金融危机

1994年12月19日，墨西哥政府突然对外宣布，本国货币比索贬值15%。这一决定在市场上引起极大恐慌。外国投资者疯狂抛售比索，抢购美元，比索汇率急剧下跌。12月20日比索兑美元的汇率从最初的3.471跌至3.925 1，狂跌13%，21日再跌15.3%。伴随比索贬值，外国投资者大量撤走资金，墨西哥外汇储备在20日至21日锐减近40亿美元。资本外流对于股市如同釜底抽薪，墨西哥股市应声下跌。12月30日，墨西哥IPC指数跌6.26%，

1995 年 1 月 10 日更是狂跌 11%。到 3 月 3 日，墨西哥股市 IW 指数已跌至 1 500 点，比 1994 年金融危机前最高点 2 881.17 点已经累计跌去了 47.94%，股市下跌幅度超过了比索贬值的幅度。为了稳定墨西哥金融市场，墨西哥政府经过多方协商，推出了紧急经济拯救计划：尽快将经常项目赤字压缩到可以正常支付的水平，迅速恢复正常的经济活动和就业，将通货膨胀降低到尽可能小的程度，向国际金融机构申请紧急贷款援助等。为帮助墨西哥政府渡过难关，减少外国投资者的损失，美国政府和国际货币基金组织等国际金融机构决定提供巨额贷款，支持墨西哥经济拯救计划，以稳定汇率、股市和投资者的信心。直到以美国为主的 500 亿美元的国际资本援助逐步到位，墨西哥的金融动荡才于 1995 年上半年趋于平息。

(2) 1997 年 7 月爆发的东南亚金融危机

对于导致东南亚金融危机原因的问题也有了很多的研究，可以说，尽管一些理解还不一样，但应该说基本有了一定的共识。就是发展中国家在体制上还存在缺陷的时候，过早过度的金融开放所带来的风险太大，承受不起。这场危机首先是从泰铢贬值开始的。1997 年 7 月 2 日，泰国被迫宣布泰铢与美元脱钩，实行浮动汇率制度，当日泰铢汇率狂跌 20%。和泰国具有相同经济问题的菲律宾、印度尼西亚和马来西亚等国迅速受到泰铢贬值的巨大冲击。7 月 11 日，菲律宾宣布允许比索在更大范围内与美元兑换，当日比索贬值 11.5%。同一天，马来西亚则通过提高银行利率阻止林吉特进一步贬值。印度尼西亚被迫放弃本国货币与美元的比价，印尼盾 7 月 2 日至 14 日贬值了 14%。继泰国等东盟国家金融风波之后，中国台湾的台币贬值，股市下跌，掀起金融危机第二波。10 月 17 日，台币贬值 0.98 元，达到 1 美元兑换 29.5 元台币，相应地，当天台湾股市下跌 165.55 点，10 月 20 日，台币贬值至 30.45 元兑换 1 美元，台湾股市再跌 301.67 点。台湾货币贬值和股市大跌，不仅使东南亚金融危机进一步加剧，而且引发了包括美国股市在内的大幅下挫。10 月 27 日，美国道·琼斯指数暴跌 554.26 点，迫使纽约交易所 9 年来首次使用暂停交易制度。10 月 28 日，日本、新加坡、韩国、马来西亚和泰国股市分别跌 4.4%、7.6%、6.6%、6.7%和 6.3%。特别是中国香港股市，受外部冲击，香港恒生指数 10 月 21 日和 27 日分别跌 765.33 点和 1 200 点，10 月 28 日再跌 1 400 点，这三日香港股市累计跌幅超过了 25%。11 月下旬，韩国汇市、股市轮番下跌，形成金融危机第三波。11 月，韩元汇价持续下挫，其中 11 月 20 日开始半小时就狂跌了 10%，创下 1 139 韩元兑换 1 美元的新低；至 11 月底，韩元兑美元的汇价下跌了 30%，韩国股市跌幅也超过 20%。与此同时，日本金融危机也进一步加深，11 月，日本先后有数家银行和证券公司破产或倒闭，日元兑美元也跌破 1 美元兑换 130 日元大关，较年初贬值 17.03%。从 1998 年 1 月开始，东南亚金融危机的重心又转到印度尼西亚，形成金融危机第四波。1 月 8 日，印尼盾兑美元的汇价暴跌 26%。1 月 12 日，在印度尼西亚从事巨额投资业务的中国香港百富勤投资公司宣告清盘。同日，中国香港恒生指数暴跌 773.58 点，新加坡、中国台湾、日本股市分别跌 102.88 点、362 点和 330.66 点。直到 2 月初，东南亚金融危机恶化的势头才初步被遏制。此次危机持续时间之长、危害之大、波及面之广，远远超过人们的预料。

(案例来源：曹龙骐.金融学案例与分析.北京：高等教育出版社，2005.)

问题

1. 探讨金融深化理论的有效性。

2. 分析金融深化与金融监管之间的关系。

3. 分析发展中国家金融深化所需要注意的问题。

简要提示

金融深化在有些发展中国家或地区虽然取得了一定成效，但在有些发展中国家或地区则不理想；在有些国家或地区某些时期成效比较显著，但在另一些时期则收效不大，甚至出现严重的反作用。总结发展中国家金融深化实践的经验与教训，有以下几点值得深思。

1. 金融深化理论的有效性需要重新论证

金融深化理论是建立在通货膨胀和经济不发达这两个前提基础上的。而在这两个条件不具备，或者说在通货紧缩和经济发展到一定程度的背景下，金融深化还有没有促进经济增长的作用，这需要重新论证。特别是墨西哥金融危机和亚洲金融危机后，金融深化还有没有类似于发展经济学家们所描述的促进经济增长的作用是值得怀疑的。至少在不同的经济制度下、不同的经济发展阶段和经济发展水平条件下，不同国家应有不同的金融深化策略。如发展中国家虽然多以发展出口导向的劳动密集型经济为其特征，但每个发展中国家的劳动力成本、市场竞争力是有很大差异的，这要求采取不同的金融深化策略。

2. 金融深化必须要加强金融监管

发展中国家在金融深化的过程中，由于放松了金融监管，使银行贷款过分宽松，房地产投资过热，商品房空置率上升，银行呆账、坏账等不良资产日益膨胀，而金融机构表外业务和代理理财业务增加更是加剧了金融风险。

3. 发展中国家金融深化需要注意以下几点

(1)放松利率和资本流动的管制需要稳步推进

墨西哥金融危机和东南亚金融危机有个共同的特点就是，发生危机的国家金融市场开放过急，对外资依赖程度过高。如墨西哥通过金融开放和鼓励外资流入，在开放条件和应变能力尚不充分的情况下，过早地开放金融市场，加入国际金融一体化，当国际游资乘机兴风作浪时，一些发展中国家和地区往往不知所措或措施不力，完全处于被动地位。

(2)金融深化必须与金融制度的变迁相结合

如墨西哥在金融深化过程中，忽视了汇市和股市的联动性研究，使金融政策顾此失彼。墨西哥政府宣布货币贬值的本意在于阻止资金外流，鼓励出口，抑制进口，以改善本国的国际收支状况；但在社会经济不稳定的情况下，货币贬值极易引发通货膨胀，也使投资股市的外国资本因比索贬值蒙受损失，从而导致股市下跌。股市下跌反过来又加剧墨西哥货币贬值，只是这场危机愈演愈烈。

(3)金融深化需要良好的社会环境相配套

金融深化需要稳定的政局和不断健全的法律法规、会计制度、企业制度等，但墨西哥金融深化却是在政局不稳的背景下进行的。

案例[16-2] 金融深化与经济增长

实际金融资产增长率和实际国内生产总值增长率(1971—1980年)见表16-2，这组数据是国际货币基金组织专家兰伊(Lanyi)和萨拉卡格鲁(Saracoglu)根据21个发展中国家的资料计算的(之所以选择这21个国家，是因为它们具备这些数据，而且它们都是国际货币基金组织的成员国)。兰伊和萨拉卡格鲁收集了这些国家从1971年至1980年的30天存款的实际利率(它等于名义利率减消费物价增长率)，据此计算出这些国家在这一期间的平均实际利率。然后将它们分为正值、低负值和高负值三组，并分别考察其实际金融资产增长率和实际国内生产总值增长率。

表 16-2 实际金融资产增长率和实际国内生产总值增长率(1971—1980 年)

国 家	实际金融资产增长率	实际国内生产总值增长率
实际利率为正值的国家		
马来西亚	3.8	8.0
韩国	11.1	8.6
斯里兰卡	10.1	4.7
尼泊尔	9.6	2.0
新加坡	7.6	9.1
菲律宾	5.6	6.2
实际利率略为负值的国家		
巴基斯坦	9.9	5.4
泰国	8.5	6.9
摩洛哥	8.2	5.5
哥伦比亚	5.5	5.8
希腊	5.4	4.7
南非	4.3	3.7
肯尼亚	3.6	5.7
缅甸	3.5	4.3
葡萄牙	1.8	4.7
赞比亚	–1.1	0.8
实际利率为高负值的国家		
秘鲁	3.2	3.4
土耳其	2.2	5.1
牙买加	1.9	–0.7
扎伊尔	–6.8	0.1
加纳	–7.6	–0.1

资料来源：国际货币基金组织专家兰伊(Lanyi)和萨拉卡格鲁(Saracoglu)根据 21 个发展中国家的资料计算得出。

(案例来源：根据人大经济论坛资料整理。)

问题

从上述案例中得到什么启示?

简要提示

这组数据也许可以在一定程度上印证金融发展促进经济增长的观点。从表 16-2 中我们不难看出，实际利率为正值的国家，实际金融资产增长率普遍较高，实际国内生产总值增长率也普遍较高；而实际利率为高负值的国家，情况正好相反；实际利率略为负值的国家则介于两者之间。

参考文献

[1] 黄达. 货币银行学. 北京：中国人民大学出版社，2009.
[2] 黄达. 金融学. 北京：中国人民大学出版社，2004.
[3] 刘永明. 货币银行学. 上海：上海财经大学出版社，2005.
[4] 刘隽亭. 金融学. 北京：首都经贸大学出版社，2002.
[5] 曹龙骐. 货币银行学. 北京：高等教育出版社，2000.
[6] 曹龙骐. 金融学. 北京：高等教育出版社，2010.
[7] 翟建华，李军燕. 金融学概论. 大连：东北大学出版社，2005.
[8] 盖锐. 金融学概论. 北京：清华大学出版社，2005.
[9] 房燕. 金融学概论. 北京：机械工业出版社，2004.
[10] 钱晔. 金融学概论. 北京：经济科学出版社，2007.
[11] 宋玮. 金融学概论. 北京：中国人民大学出版社，2007.
[12] 罗剑朝. 货币银行学. 北京：清华大学出版社，2007.
[13] 刘建波. 金融学概论. 北京：清华大学出版社，2006.
[14] 龙玮娟，郑道平. 货币银行学原理. 北京：中国金融出版社，2005.
[15] 朱新蓉. 金融学. 北京：中国金融出版社，2005.
[16] 安烨. 货币银行学. 上海：上海财经大学出版社，2006.
[17] 成立为. 货币银行学. 北京：科学出版社，2003.
[18] 胡庆康. 现代货币银行学教程. 上海：复旦大学出版社，2010.
[19] 刘舒年. 国际金融. 北京：对外经贸大学出版社， 2005.
[20] 钱荣堃. 国际金融. 成都：四川人民出版社， 1997.
[21] 师玉兴. 国际金融. 北京：对外经贸大学出版社，2004.
[22] 吕随启，苏英姿，姚志勇. 国际金融教程. 北京：北京大学出版社，2001.
[23] 沈能. 现代金融学概论——原理与案例. 北京：经济科学出版社，2011.
[24] 于敏，肖华东. 金融学. 北京：高等教育出版社，2010.
[25] 张强，乔海曙. 金融学. 北京：高等教育出版社，2007.
[26] 马亚. 金融学. 北京：中国人民大学出版社，2010.
[27] 艾洪德，范立夫. 货币银行学. 大连：东北财经大学出版社，2005 .
[28] 杜佳. 货币金融学. 北京：清华大学出版社，北京交通大学出版社，2010.
[29] 王广谦. 中央银行学. 北京：高等教育出版社，2006.
[30] 戴国强. 货币金融学. 上海：上海财经大学出版社，2008.
[31] 牛建高，杨亮芳. 金融学. 南京：东南大学出版社，2005.
[32] 陈孟熙，郭建青. 经济学说史教程. 北京：中国人民大学出版社，2003.

[33] 康书生，鲍静海. 货币银行学. 北京：高等教育出版社，2007.
[34] 张贵乐，艾洪德. 货币银行学教程. 大连：东北财经大学出版社，1996.
[35] 曹龙骐，金融学案例与分析. 北京：高等教育出版社，2005.
[36] 易纲，吴有昌. 货币银行学. 上海：上海人民出版社，2005.
[37] 马瑞华. 现代金融学. 武汉：武汉理工大学出版社，2008.
[38] 王静. 金融学. 北京：冶金工业出版社，2008.
[39] 韩玉珍. 金融学基础. 北京：首都经济贸易大学出版社，2007.
[40] 李廷荣. 金融学概论. 北京：中国市场出版社，2002.
[41] 唐安宝. 金融学. 北京：中国矿业大学出版社，2005 .
[42] 李琼. 金融学教程. 成都：西南财经大学出版社，2006.
[43] 刘松鹤. 金融学概论. 北京：北京理工大学出版社，2009.
[44] 刘金章，孙可娜. 现代金融理论与实务. 北京：清华大学出版社，北京交通大学出版社，2006.
[45] 段进朋. 货币金融学. 北京：中国政法大学出版社，2006.
[46] 李成. 货币金融学. 北京：科学出版社，2004.
[47] [美]弗里德里克·S·米什金. 货币金融学. 郑艳文，译. 北京：中国人民大学出版社，2011.
[48] 裴少峰. 货币银行学. 广州：中山大学出版社，2006.
[49] 张亦春. 货币银行学. 厦门：厦门大学出版社，1995.
[50] 黄亚. 货币理论与货币政策. 上海：上海人民出版社，2004.
[51] 张波. 转型经济中的货币需求与 M2/GDP 的变动. 中国社会科学院研究生院博士论文，2009.
[52] 苏平贵. 金融学. 北京：清华大学出版社，2007.
[53] [美]兹维·博迪，罗伯特·C·莫顿. 金融学. 刘澄，等译. 北京：中国人民大学出版社，2004.
[54] 赵颖. 货币供应增长率与通货膨胀之间动态关系的实证研究. 经济研究导刊，2010(21).
[55] 戴建军. 我国货币供应与经济增长关系的理论和实证研究. 湖南大学博士学位论文，2008.
[56] 梁佳佳. 我国经济增长与货币供给物价水平关系实证分析——基于 1984—2008 年的数据. 现代商贸工业，2010(21).
[57] [美]保罗·克鲁格曼. 国际经济学(第五版). 海闻，等译. 北京：中国人民大学出版社，2002 .
[58] 胡海鸥. 货币理论与货币政策. 上海：上海人民出版社，2004.
[59] 黄亚钧. 宏观经济学. 北京：高等教育出版社，2009.
[60] 张颖熙，赵秀丽. 货币均衡理论的发展与演变. 内蒙古财经学院学报，2007(2).
[61] 马涛. 关于我国上一轮通货膨胀的成因及治理研究. 中共中央党校硕士学位论文，2009.
[62] 杨丽. 中国国际收支双顺差的货币供给效应研究. 辽宁大学博士学位论文，2008.
[63] 廖家勤. 我国财政支出规模变化的分析及其合理控制. 当代财经，2004(12).
[64] 凌江怀. 金融学概论. 北京：高等教育出版社. 2010.
[65] 严存宝，石全虎. 金融学教程. 北京：中国金融出版社. 2009.
[66] 柳永明. 货币银行学. 上海：上海财经大学出版社. 2005.
[67] [美]彼得·S·罗斯. 货币与资本市场(第 11 版). 路军，等译. 北京：中国人民大学出版社，2006.
[68] 王仁祥，喻平. 金融风险管理. 武汉：武汉理工大学出版社，2004.
[69] 黄亚均. 微观经济学. 北京：高等教育出版社，2005.
[70] 陈春光. 金融一体化条件下银行业监管研究. 北京：中国财政出版社，2004.

[71] 赵喆. 金融全球化趋势下我国金融监管体制的科学构建. 中国政法大学博士学位毕业论文，2008.
[72] 李伏安. 我国金融创新制度研究. 大连理工大学博士学位毕业论文，2010.
[73] 陈建华. 中国金融监管模式选择. 北京：中国金融出版社，2001.
[74] 杨公朴，夏大慰. 现代产业经济学. 上海：上海财经大学出版社，2005.
[75] 杜厚文，樊慧文. 论金融风险的特征与实质. 经济评论，1998(3).
[76] 孙斌. 金融风险的原因及防范对策研究. 中国安全科学学报，2007(7).
[77] 赵庆森. 商业银行信贷风险与行业分析. 北京：中国人民大学出版社，2004.
[78] 茆训城. 金融学概论. 北京：机械工业出版社，2011.
[79] 李健. 金融学. 北京：高等教育出版社，2010.
[80] 周浩明，米双红，龚治国，毛新平. 金融学. 上海：上海交通大学出版社，2012.
[81] 林俊国. 金融学. 厦门：厦门大学出版社，2008.
[82] 戴世昌. 金融深化对我国经济发展影响的实证分析. 中国海洋大学,2013.
[83] 尚昱吟. 存款保险制度研究. 云南大学，2015.
[84] 翟雅琴. 亚投行推动世界金融体系变革初探. 海南金融，2015(09).
[85] 张晓朴. 入世后中国应对国际资本流动的政策选择. 经济社会体制比较，2002(05).
[86] 王京东. 国际投资论. 北京：中国经济出版社，1993.
[87] 张中华，李荷君. 国际投资理论与实务. 北京：中国财政经济出版社，1995.